Estatuto da Ordem dos Solicitadores e dos Agentes de Execução

Estatuto da Ordem dos Solicitadores e dos Agentes de Execução

2019 • 4ª Edição

Lei dos Atos Próprios dos Advogados e dos Solicitadores
Regulamento da Caixa de Previdência dos Advogados e Solicitadores
Código Deontológico dos Solicitadores e dos Agentes de Execução
Regulamento das Compensações
Regulamento Disciplinar
Regulamento de Laudos
Regulamento Eleitoral
Regulamentos das Contas-Cliente
Regulamento da Caixa de Compensações
Regulamentos do Estágio

ALMEDINA

ESTATUTO DA ORDEM DOS SOLICITADORES
E DOS AGENTES DE EXECUÇÃO
1ª Edição, outubro, 2015
EDITOR
EDIÇÕES ALMEDINA, S.A.
Rua Fernandes Tomás nºs 76, 78, 80
3000-167 Coimbra
Tel.: 239 851 904 · Fax: 239 851 901
www.almedina.net · editora@almedina.net
DESIGN DE CAPA
FBA.
CAPA: Edições Almedina
PRÉ-IMPRESSÃO
EDIÇÕES ALMEDINA, S.A.
IMPRESSÃO E ACABAMENTO

novembro, 2019
DEPÓSITO LEGAL
??????/19

ALMEDINA | GRUPOALMEDINA

BIBLIOTECA NACIONAL DE PORTUGAL – CATALOGAÇÃO NA PUBLICAÇÃO

ESTATUTO DA ORDEM DOS SOLICITADORES
E DOS AGENTES DE EXECUÇÃO
Estatuto da Ordem dos Solicitadores e dos Agentes
de Execução . – 4ª ed. – (Textos da lei)
ISBN 978-972-40-8200-4
CDU 347

NOTA PRÉVIA À 4ª EDIÇÃO

A presente edição contempla as alterações ao Regulamento da Caixa de Previdência dos Advogados e Solicitadores (CPAS), levadas a cabo pelo Decreto-Lei nº 116/ /2018, de 21 de dezembro.

Contempla ainda o novo Regulamento Disciplinar da Ordem dos Solicitadores e dos Agentes de Execução, aprovado pelo Regulamento nº 87/2019, publicado no Diário da República, 2ª série, nº 14, de 21 de janeiro de 2019.

Coimbra, novembro de 2019

SOFIA BARRACA

Estatuto da Ordem dos Solicitadores e dos Agentes de Execução

Lei nº 154/2015, de 14 de setembro

Transforma a Câmara dos Solicitadores em Ordem dos Solicitadores e dos Agentes de Execução, e aprova o respetivo Estatuto, em conformidade com a Lei nº 2/2013, de 10 de janeiro, que estabelece o regime jurídico de criação, organização e funcionamento das associações públicas profissionais.

A Assembleia da República decreta, nos termos da alínea *c*) do artigo 161º da Constituição, o seguinte:

ARTIGO 1º
Objeto

A presente lei transforma a Câmara dos Solicitadores em Ordem dos Solicitadores e dos Agentes de Execução, e aprova o respetivo Estatuto, em conformidade com a Lei nº 2/2013, de 10 de janeiro, que estabelece o regime jurídico de criação, organização e funcionamento das associações públicas profissionais.

ARTIGO 2º
Aprovação do Estatuto da Ordem dos Solicitadores e dos Agentes de Execução

É aprovado, em anexo à presente lei e que dela faz parte integrante, o Estatuto da Ordem dos Solicitadores e dos Agentes de Execução.

ARTIGO 3º
Disposições transitórias

1 – No prazo de 180 dias a contar da publicação da presente lei, o presidente da Câmara dos Solicitadores, ouvido o conselho geral, promove a realização de eleições para um mandato, que termina em dezembro de 2017, dos seguintes órgãos:

a) Assembleia de representantes;
b) Assembleias de representantes dos colégios;

c) Conselho profissional dos solicitadores;
d) Conselho regional de Coimbra;
e) Delegações distritais;
f) Delegados concelhios.

2 – Os órgãos referidos no número anterior devem tomar posse no prazo de 60 dias após as eleições, cessando funções os que eventualmente por eles sejam substituídos, nomeadamente as secções regionais deontológicas, as delegações regionais do colégio de especialidade de agentes de execução e os delegados de círculo ou de comarca.

3 – Mantêm-se em funções até ao final do mandato previsto no nº 1 e assumem as funções cometidas aos órgãos equiparáveis:

a) A mesa da assembleia geral;
b) O presidente da Câmara que assume as funções de bastonário;
c) O conselho geral;
d) O conselho superior;
e) O conselho do colégio de especialidade dos agentes de execução;
f) Os conselhos regionais do Porto e de Lisboa.

4 – Sendo necessário substituir algum dos membros dos órgãos referidos no número anterior ou aumentar o seu número, seguem-se as regras de cooptação previstas no Estatuto da Câmara dos Solicitadores, aprovado pelo Decreto-Lei nº 88/2003, de 26 de abril, alterado pelas Leis nºs 49/2004, de 24 de agosto, e 14/2006, de 26 de abril, e pelo Decreto-Lei nº 226/2008, de 20 de novembro.

5 – Para efeitos do disposto no nº 3, mantêm-se em funções todos os membros daqueles órgãos, ainda que se preveja um número menor de elementos nos novos órgãos.

6 – A assembleia geral deve proceder à aprovação de todos os regulamentos previstos no Estatuto da Ordem dos Solicitadores e dos Agentes de Execução, aprovado em anexo à presente lei, no prazo de dois anos após a sua tomada de posse.

7 – Até à sua substituição, os regulamentos aprovados ao abrigo do Estatuto da Câmara dos Solicitadores, aprovado pelo Decreto-Lei nº 88/2003, de 26 de abril, mantêm-se em vigor, com as necessárias adaptações, competindo ao conselho geral suprir eventuais lacunas, salvo se dispuserem em contrário ao disposto no Estatuto da Ordem dos Solicitadores e dos Agentes de Execução, aprovado em anexo à presente lei, caso em que apenas se aplicam as disposições conformes a este.

8 – O conselho geral, no prazo de 60 dias a contar da publicação da presente lei, deve constituir e regulamentar uma comissão instaladora do conselho regional de Coimbra, que promove a instalação dos respetivos órgãos.

9 – Aos solicitadores regularmente inscritos na Câmara dos Solicitadores, na data de entrada em vigor da presente lei, é reconhecida a plena qualidade profissional para estarem inscritos no colégio dos solicitadores.

10 – Aos agentes de execução regularmente registados na Câmara dos Solicitadores na data de entrada em vigor da presente lei é reconhecida a plena qualidade profissional para estarem inscritos no colégio dos agentes de execução.

11 – Podem inscrever-se nos respetivos colégios os candidatos a solicitadores ou agentes de execução que tenham concluído com aproveitamento o respetivo estágio iniciado ao abrigo do Estatuto da Câmara dos Solicitadores, aprovado pelo Decreto-Lei nº 88/2003, de 26 de abril, desde que o façam no prazo de cinco ou três anos, respetivamente, quanto a solicitadores e agentes de execução, contado a partir da entrada em vigor do Estatuto da Ordem dos Solicitadores e dos Agentes de Execução, aprovado em anexo à presente lei, e desde que ao abrigo daquela legislação já reunissem as condições necessárias para a inscrição ou reinscrição.

12 – As incompatibilidades e impedimentos criados pelo Estatuto da Ordem dos Solicitadores e dos Agentes de Execução, aprovado em anexo à presente lei, não prejudicam os direitos legalmente adquiridos ao abrigo de legislação anterior, sem prejuízo do disposto no número seguinte.

13 – Os solicitadores e advogados que exerçam funções de agentes de execução regularmente inscritos na Câmara dos Solicitadores, relativamente aos quais se verifique incompatibilidade relativa ao mandato judicial, devem pôr termo a essas situações de incompatibilidade até 31 de dezembro de 2017, sem prejuízo de poderem prosseguir com os mandatos judiciais já constituídos até à data da entrada em vigor do Estatuto da Ordem dos Solicitadores e dos Agentes de Execução, aprovado em anexo à presente lei.

14 – Os agentes de execução que integrem sociedades têm o prazo de um ano para optar pela integração dos processos para os quais foram designados como agentes de execução na sociedade, com delegação total dos seus processos naquela, mediante valor que acordem, pela cedência da quota ou exoneração da sociedade, ou para designar colega substituto nos termos do artigo 174º do Estatuto da Ordem dos Solicitadores e dos Agentes de Execução, aprovado em anexo à presente lei.

15 – Após as eleições referidas no nº 1, os processos disciplinares pendentes nas secções regionais deontológicas, que resultem da atividade do profissional enquanto solicitador, são transferidos para o conselho superior.

16 – Todas as referências à Câmara dos Solicitadores em leis, regulamentos e outros atos devem passar a ser entendidas como referindo-se à Ordem dos Solicitadores e dos Agentes de Execução, salvo se estiver em causa o exercício das atribuições da Comissão para o Acompanhamento dos Auxiliares da Justiça (CAAJ), caso em que devem ser entendidas como referindo-se a esta.

17 – O valor em dívida pelos agentes de execução à caixa de compensações em processos instaurados antes de 31 de março de 2009 que não tenha ainda sido declarado pelos próprios até à data de entrada em vigor do Estatuto da Ordem dos Solicitadores e dos Agentes de Execução, aprovado em anexo à presente lei, ou que venha a ser detetado em sede de fiscalização, destina-se em 60% ao fundo de garantia respetivo e em 40% à caixa de compensações.

18 – O regulamento das contas-cliente dos agentes de execução, previsto no artigo 171º do Estatuto da Ordem dos Solicitadores e dos Agentes de Execução,

aprovado em anexo à presente lei, pode definir os prazos e condições para a conciliação das antigas contas-cliente, bem como o destino dos saldos que não possam ser conciliados.

19 – As sociedades de solicitadores e as de agentes de execução constituídas antes da entrada em vigor da presente lei devem adotar as regras estabelecidas no Estatuto da Ordem dos Solicitadores e dos Agentes de Execução, aprovado em anexo à presente lei, no prazo de 180 dias a contar da data da sua entrada em vigor, sob pena de poder ser requerida a sua dissolução.

20 – Os agentes de execução ou sociedades que tenham de prestar a caução prevista no artigo 174º do Estatuto da Ordem dos Solicitadores e dos Agentes de Execução, aprovado em anexo à presente lei, devem entregar metade do valor apurado a 31 de dezembro de 2016, no mês seguinte ao do seu apuramento, devendo entregar a outra metade conjuntamente com o valor apurado a 31 de dezembro de 2017.

21 – Podem inscrever-se nos respetivos colégios os candidatos a solicitadores ou agentes de execução que tenham concluído com aproveitamento o respetivo estágio, iniciado ao abrigo do Decreto-Lei nº 88/2003, de 26 de abril, desde que o façam no prazo de cinco ou três anos, respetivamente, quanto a solicitador e agente de execução, contado a partir da entrada em vigor do Estatuto da Ordem dos Solicitadores e dos Agentes de Execução, aprovado em anexo à presente lei.

22 – Podem reinscrever-se no respetivo colégio profissional os solicitadores que tenham a sua inscrição cancelada há menos de 10 anos, no prazo de cinco anos, contados a partir da entrada em vigor do Estatuto da Ordem dos Solicitadores e dos Agentes de Execução, aprovado em anexo à presente lei.

23 – Os limites à renovação de mandatos previstos no artigo 71º do Estatuto da Ordem dos Solicitadores e dos Agentes de Execução, aprovado em anexo à presente lei, não se aplicam aos mandatos resultantes de eleições anteriores à entrada em vigor daquele Estatuto.

24 – Até à entrada em vigor de todas as normas do Estatuto da Ordem dos Solicitadores e dos Agentes de Execução, aprovado em anexo à presente lei, mantém-se em vigor o Estatuto da Câmara dos Solicitadores, aprovado pelo Decreto-Lei nº 88/2003, de 26 de abril.

ARTIGO 4º
Norma revogatória

É revogado o Decreto-Lei nº 88/2003, de 26 de abril, que aprovou o Estatuto da Câmara dos Solicitadores, alterado pelas Leis nºs 49/2004, de 24 de agosto, e 14/2006, de 26 de abril, e pelo Decreto-Lei nº 226/2008, de 20 de novembro.

ARTIGO 5º
Disposições finais

1 – No âmbito de processos disciplinares em curso, e por deliberação da Comissão de Disciplina da CAAJ, podem os processos a cargo dos auxiliares da justiça ser apreendidos pela mesma.

2 – A resolução fundamentada de declaração do interesse público da medida de apreensão de processos compete ao órgão de gestão da CAAJ.

3 – Para efeitos do disposto no nº 2 do artigo 36º da Lei nº 77/2013, de 21 de novembro, consideram-se colaboradores, à data da tomada de posse dos membros do órgão de gestão da CAAJ:

a) Os membros do Grupo de Gestão da Comissão para a Eficácia das Execuções que se encontravam em regime de exclusividade de funções, com exceção do presidente;

b) O secretário executivo previsto no artigo 14º da Lei nº 32/2004, de 22 de julho;

c) O pessoal que exercia funções de apoio administrativo na Comissão para a Eficácia das Execuções.

4 – Os colaboradores referidos no número anterior transitam para a CAAJ em regime de contrato de trabalho, com inserção na carreira correspondente ao conteúdo das funções anteriormente exercidas, mantendo-se as remunerações antes auferidas.

ARTIGO 6º
Entrada em vigor e produção de efeitos

1 – Sem prejuízo do disposto no número seguinte, a presente lei entra em vigor 30 dias após a sua publicação.

2 – As normas do Estatuto da Ordem dos Solicitadores e dos Agentes de Execução, aprovado em anexo à presente lei, que não sejam necessárias à realização dos atos eleitorais referidos no artigo 3º, apenas produzem efeitos 180 dias após a entrada em vigor da presente lei ou na data de tomada de posse dos novos órgãos eleitos, caso esta seja anterior.

Aprovada em 22 de julho de 2015.

A Presidente da Assembleia da República, *Maria da Assunção A. Esteves.*

Promulgada em 25 de agosto de 2015.

Publique-se.

O Presidente da República, Aníbal Cavaco Silva.

Referendada em 27 de agosto de 2015.

Pelo Primeiro-Ministro, *Paulo Sacadura Cabral Portas*, Vice-Primeiro-Ministro.

Estatuto da Ordem dos Solicitadores e dos Agentes de Execução

TÍTULO I
Da Ordem dos Solicitadores e dos Agentes de Execução

CAPÍTULO I
Disposições gerais

ARTIGO 1º
Denominação, natureza e sede

1 – A Ordem dos Solicitadores e dos Agentes de Execução, adiante designada abreviadamente por Ordem, é a associação pública profissional representativa dos solicitadores e dos agentes de execução.

2 – A Ordem é uma pessoa coletiva de direito público, que no exercício dos seus poderes públicos pratica os atos administrativos necessários ao desempenho das suas funções e aprova os regulamentos previstos na lei e no presente Estatuto, de forma independente dos órgãos do Estado, gozando de personalidade jurídica, autonomia administrativa, financeira, científica, disciplinar e regulamentar, dentro dos limites impostos pela lei.

3 – Ressalvados os casos previstos na lei, os atos e regulamentos da Ordem não estão sujeitos a homologação governamental.

4 – A Ordem tem a sua sede em Lisboa.

ARTIGO 2º
Selo e insígnia da Ordem

1 – A Ordem tem direito ao uso de selo e insígnia próprios.

2 – A insígnia é constituída pela figuração plana da esfera armilar com o escudo das armas nacionais, tendo sobreposta a balança da justiça e entrelaçada uma fita com a legenda «Labor Improbus Omnia Vincit».

ARTIGO 3º
Fins e atribuições

1 – A Ordem tem como fins o controlo do acesso e exercício da atividade profissional dos solicitadores e dos agentes de execução, elaborando, nos termos da lei, as normas técnicas e deontológicas respetivas e exercendo o poder disciplinar sobre quem exerça essas atividades profissionais, sem prejuízo das atribuições especificamente cometidas à Comissão para o Acompanhamento dos Auxiliares da Justiça (CAAJ), contribuindo ainda para o progresso da atividade profissional dos seus associados, estimulando os esforços dos seus associados nos domínios científico, profissional e social, e para o cumprimento das regras éticas e de deontologia profissional.

2 – São atribuições da Ordem:

a) Colaborar na administração da justiça, propondo as medidas legislativas que considere adequadas ao seu bom funcionamento;

b) Regular o acesso e o exercício das profissões de solicitador e de agente de execução;

c) Atribuir os títulos profissionais de solicitador e de agente de execução, emitindo as respetivas cédulas profissionais;

d) Elaborar e atualizar o registo profissional dos associados;

e) Elaborar e aprovar os regulamentos internos de natureza associativa e profissional;

f) Emitir parecer sobre os projetos de atos normativos relacionados com as suas atribuições;

g) Defender os interesses gerais dos destinatários dos serviços prestados pelos seus associados;

h) Zelar pela função social, dignidade e prestígio da profissão, promovendo a formação inicial e contínua dos seus associados e o respeito pelos valores e princípios deontológicos;

i) Defender os direitos e interesses dos seus associados;

j) Exercer o poder disciplinar sobre os seus associados, quando não se encontre legalmente atribuído a outras entidades;

k) Contribuir para o relacionamento com a Ordem dos Advogados e com outras associações públicas e privadas em Portugal e no estrangeiro, podendo aderir a uniões e federações internacionais;

l) Promover o aperfeiçoamento profissional dos seus associados;

m) Fomentar o desenvolvimento do ensino das matérias relevantes para o exercício das profissões;

n) Desenvolver ou promover o desenvolvimento de plataformas informáticas e de serviços que confiram maior transparência, simplifiquem o exercício das profissões e operacionalizem atividades profissionais dos associados;

o) Proteger os títulos profissionais, promovendo as medidas necessárias e adequadas à sua defesa contra quem os use ilegalmente;

p) Promover a cooperação e solidariedade entre os seus associados;

q) Prestar, no âmbito das suas funções, a colaboração técnica e científica solicitada por quaisquer entidades, públicas ou privadas, quando tal se revele necessário;

r) Participar nos processos oficiais de acreditação e avaliação dos cursos que dão acesso às profissões de solicitador e de agente de execução;

s) Reconhecer as qualificações profissionais obtidas fora de Portugal, nos termos da lei, do direito da União Europeia ou de convenção internacional;

t) Exercer as demais atribuições que resultam das disposições do presente Estatuto e da lei.

ARTIGO 4º
Tutela de legalidade

Os poderes de tutela de legalidade sobre a Ordem dos Solicitadores e dos Agentes de Execução, em conformidade com o artigo 45º da Lei nº 2/2013, de 10 de janeiro, são exercidos pelo membro do Governo responsável pela área da Justiça.

ARTIGO 5º
Previdência social

A previdência social dos associados é realizada pela Caixa de Previdência dos Advogados e Solicitadores, nos termos das disposições legais e regulamentares aplicáveis.

ARTIGO 6º
Correspondência e requisição oficial de documentos

No exercício das suas atribuições legais podem os órgãos da Ordem corresponder-se com quaisquer entidades públicas, autoridades judiciárias e policiais, bem como com órgãos de polícia criminal, podendo requisitar, com isenção de pagamento de despesas, documentos, cópias, certidões, informações e esclarecimentos, incluindo a remessa de processos em confiança, devendo tal requisição ser satisfeita nos termos em que os organismos oficiais devem satisfazer as requisições dos tribunais judiciais.

ARTIGO 7º
Dever de colaboração

1 – As entidades públicas, autoridades judiciárias e policiais, bem como os órgãos de polícia criminal, devem, nos termos da lei, colaborar com a Ordem, no exercício das suas funções.

2 – Os particulares, sejam pessoas singulares ou coletivas, têm o dever de colaboração com a Ordem no exercício das suas atribuições.

CAPÍTULO II
Organização, estrutura orgânica, composição dos órgãos e competências

SECÇÃO I
Disposições gerais

ARTIGO 8º
Território

A Ordem abrange o continente e as regiões autónomas.

ARTIGO 9º
Organização

1 – A Ordem está organizada em função do território e das atividades profissionais dos solicitadores e dos agentes de execução.

2 – No plano territorial a Ordem está organizada em três níveis:

a) Nacional;
b) Regional;
c) Local.

3 – No plano das atividades profissionais a Ordem é composta pelos seguintes colégios profissionais:

a) Colégio dos solicitadores;
b) Colégio dos agentes de execução.

4 – Os associados da Ordem podem pertencer simultaneamente a um ou mais colégios profissionais, sem prejuízo das incompatibilidades e dos impedimentos de atividade, nos termos legais.

ARTIGO 10º
Divisão em regiões

1 – Sem prejuízo do disposto nos números seguintes, a divisão regional da Ordem coincide em número e território com as áreas de competência dos tribunais da Relação.

2 – Enquanto não ocorrer a desagregação referida no número seguinte, a região de Lisboa abrange as áreas de competência dos tribunais da Relação de Lisboa e de Évora, e a região do Porto, as áreas de competência dos tribunais da Relação do Porto e de Guimarães.

3 – Por deliberação da assembleia geral, tomada por maioria simples dos seus membros, podem as regiões de Lisboa e do Porto ser desagregadas, no caso de o número de associados da área de competência do tribunal da Relação respetiva ser superior a 10% dos associados.

4 – Caso se verifique que o número de associados da área de competência do tribunal da Relação respetivo é inferior a 10% dos associados, a assembleia geral pode deliberar a agregação dessa região à região limítrofe que tenha menor número de associados.

5 – Cabe ao conselho geral nomear as respetivas comissões instaladoras e definir os meios e os prazos para realizar a agregação ou a desagregação, em função do disposto nos números anteriores, podendo tal deliberação ser alterada pela assembleia de representantes, no prazo de 90 dias.

6 – As sedes dos conselhos regionais são em Lisboa, Porto e Coimbra.

ARTIGO 11º
Divisão em delegações distritais

1 – A divisão local da Ordem coincide em número e território com os distritos administrativos.

2 – Sem prejuízo do disposto no número anterior, nos distritos administrativos em que o número de associados efetivos seja inferior a 25, as delegações distritais são agregadas à delegação distrital confinante com menor representatividade.

3 – Cada uma das regiões autónomas corresponde a uma delegação distrital, não lhe podendo ser agregadas outras delegações distritais.

4 – Cabe ao conselho geral decidir a agregação ou desagregação em função do disposto no nº 2, podendo tal deliberação ser alterada pela assembleia geral no prazo de 90 dias.

5 – Por deliberação da assembleia geral podem as delegações distritais ser agregadas ou desagregadas de forma a fazê-las coincidir com o mapa judiciário aprovado pela Lei de Organização do Sistema Judiciário.

6 – No caso de uma delegação distrital ocupar a área de competência de mais do que um tribunal de Relação, o conselho geral deve determinar a que região e delegação distrital ficam afetos os associados de cada um dos respetivos concelhos, podendo essa deliberação ser alterada, por assembleia geral, se a mesma for requerida no prazo de 90 dias.

ARTIGO 12º
Determinação do número de associados

1 – Para efeito do disposto nos artigos anteriores, na determinação do número de associados são considerados os inscritos em 31 de dezembro do ano anterior.

2 – A distribuição regional e local é apurada tendo por base o domicílio profissional declarado pelo associado até 31 de dezembro do ano anterior.

ARTIGO 13º
Órgãos da Ordem

1 – São órgãos nacionais da Ordem:

a) O congresso;

b) A assembleia geral;
c) A assembleia de representantes;
d) O bastonário;
e) O conselho superior;
f) O conselho geral;
g) O conselho fiscal;
h) As assembleias de representantes dos colégios profissionais;
i) Os conselhos profissionais.

2 – São órgãos regionais da Ordem:

a) As assembleias regionais;
b) Os conselhos regionais.

3 – São órgãos locais da Ordem:

a) As assembleias distritais;
b) As delegações distritais;
c) Os delegados concelhios.

4 – A hierarquia protocolar dos titulares dos órgãos da Ordem é a seguinte:

a) Bastonário;
b) Presidente do conselho superior;
c) Presidente da mesa da assembleia geral;
d) Provedor;
e) Presidente do conselho fiscal;
f) Presidentes dos conselhos profissionais;
g) Presidentes dos conselhos regionais;
h) Presidente da mesa da assembleia de representantes;
i) Presidentes das mesas das assembleias de representantes dos colégios profissionais;
j) Presidentes das mesas das assembleias regionais;
k) Presidentes das delegações distritais;
l) Delegados concelhios.

5 – Em todos os órgãos colegiais em que esteja designado um presidente, este, ou o seu substituto, têm voto de qualidade em caso de empate nas votações.

6 – No caso de ser necessária a substituição de membros dos órgãos colegiais são chamados os suplentes pela ordenação das respetivas listas apresentadas.

ARTIGO 14º
Competências

1 – As competências dos órgãos nacionais da Ordem devem ser exercidas de forma a garantir:

a) O caráter nacional da Ordem enquanto associação pública representativa daqueles que exercem em Portugal as atividades profissionais previstas no presente Estatuto;

b) A necessidade de fomentar a unidade dos seus associados;

c) O respeito pelas características e interesses próprios dos colégios profissionais;

d) O respeito pela individualidade e pela autonomia das regiões;

e) A necessidade de integrar as ações regionais, inserindo-as em planos nacionais.

2 – Os órgãos nacionais da Ordem exercem as suas competências em matérias de caráter nacional, designadamente:

a) A defesa e melhoria das condições de exercício das profissões previstas no presente Estatuto, designadamente pela participação na elaboração de disposições legislativas e regulamentares;

b) A intervenção junto dos órgãos da administração central ou outras entidades de âmbito nacional;

c) O desenvolvimento das relações internacionais da Ordem;

d) O acompanhamento do ensino nas licenciaturas em solicitadoria e direito;

e) A apreciação dos níveis de formação, competência e experiência necessários para a admissão de associados;

f) A apreciação dos requisitos necessários para a atribuição dos títulos de especialização;

g) A identificação dos problemas nacionais com incidência na área da justiça;

h) A avaliação das necessidades de valorização da atividade dos seus associados, designadamente nos planos científico e técnico, bem como da sua intervenção social;

i) A preparação de planos nacionais, coordenando, a médio e longo prazo, o conjunto das atividades a desenvolver pelos colégios profissionais, pelas regiões e pelas delegações;

j) O desenvolvimento de iniciativas culturais, designadamente as relacionadas com a biblioteca e a atividade editorial;

k) Todas as que não estejam exclusivamente atribuídas aos órgãos regionais ou locais e aquelas que o presente Estatuto preveja ou que lhes venham a ser concedidas ou delegadas.

3 – Compete a cada órgão aprovar o respetivo regimento aplicando-se, na falta deste, com as necessárias adaptações, o regimento da assembleia geral.

4 – Sem prejuízo das reuniões determinadas pelo presente Estatuto, compete a cada órgão definir a periodicidade das suas reuniões.

ARTIGO 15º
Proporcionalidade nas listas de candidatura

1 – As listas de candidatos aos órgãos executivos colegiais nacionais devem assegurar a candidatura de associados oriundos de todas as regiões.

2 – As listas de candidatos aos órgãos executivos regionais devem assegurar a candidatura de associados provenientes de mais de metade das respetivas delegações distritais.

3 – As listas de candidaturas devem garantir que qualquer dos colégios profissionais tem no mínimo uma quota de um terço de candidatos.

4 – Um candidato que pertença a mais do que um colégio pode preencher a quota de qualquer colégio.

ARTIGO 16º
Escolha de cargo

1 – Com os limites previstos no nº 3 do artigo seguinte e no artigo 69º, um associado pode ser candidato a mais do que um órgão da Ordem, mas apenas pode tomar posse num único órgão, sem prejuízo dos cargos que são ocupados por inerência.

2 – Os candidatos que integrem um órgão executivo de outra associação pública profissional apenas podem tomar posse num órgão da Ordem depois de renunciarem às funções na outra associação pública.

ARTIGO 17º
Incompatibilidades no exercício de funções

1 – O exercício de funções executivas, disciplinares e de fiscalização em órgãos da Ordem é incompatível entre si.

2 – O cargo de titular de órgão da Ordem é incompatível com o exercício de quaisquer funções dirigentes na função pública e com qualquer outra função com a qual se verifique um manifesto conflito de interesses.

3 – O disposto no número anterior não se aplica:

a) Ao provedor;

b) Aos trabalhadores em funções públicas providos em cargos de solicitadores expressamente previstos nos quadros orgânicos dos correspondentes serviços e aos contratados para o mesmo efeito;

c) Aos eleitos para as assembleias de representantes, delegações distritais e delegados concelhios.

ARTIGO 18º
Regra geral de convocação

1 – As reuniões dos órgãos colegiais da Ordem são convocadas pelo respetivo presidente ou, nos casos previstos no presente Estatuto, pelo bastonário, preferencialmente por via eletrónica.

2 – A primeira reunião dos órgãos colegiais que não tenham ainda presidente é convocada pelo primeiro membro da lista mais votada, a quem incumbe dirigir os trabalhos até à eleição da mesa.

SECÇÃO II
Órgãos nacionais

SUBSECÇÃO I
Bastonário

ARTIGO 19º
Bastonário

1 – O bastonário é o presidente da Ordem.

2 – Salvo no que respeita ao conselho superior e ao conselho fiscal, o bastonário tem direito a assistir às reuniões dos órgãos colegiais da Ordem, na respetiva mesa, caso exista, tendo o direito de nelas intervir e propor livremente, ainda que não tenha direito de voto.

ARTIGO 20º
Competências

1 – Compete ao bastonário:

a) Representar a Ordem em juízo e fora dele, designadamente perante os órgãos de soberania;

b) Velar pelo cumprimento da legislação respeitante à Ordem e pelos respetivos regulamentos, bem como zelar pela realização das suas atribuições;

c) Presidir ao conselho geral e ao congresso;

d) Promover a execução das deliberações da assembleia geral, da assembleia de representantes, do conselho superior e do conselho geral;

e) Proceder, por iniciativa própria ou mediante solicitação de outros órgãos, à constituição da Ordem como assistente em processo penal, à promoção de ações judiciais, ou à defesa da Ordem em ação em que esta seja demandada;

f) Submeter a qualquer órgão da Ordem ou aos respetivos associados a elaboração de pareceres sobre as matérias que interessem às atribuições da Ordem;

g) Presidir a quaisquer comissões ou indicar um associado da Ordem para tais funções;

h) Decidir sobre os pedidos de dispensa de sigilo profissional e autorizar intervenções públicas sobre questões profissionais pendentes;

i) Interpor recurso para o conselho superior das deliberações de todos os órgãos da Ordem, incluindo do conselho geral, que julgue contrárias às leis e aos regulamentos;

j) Exercer em casos urgentes as competências do conselho geral;

k) Convocar a assembleia de representantes;

l) Convocar, excecionalmente, a reunião de qualquer órgão colegial da Ordem ou mesmo a reunião conjunta de um ou mais órgãos, nos termos do nº 1 do artigo 18º;

m) Exercer quaisquer outros poderes ou funções que lhe sejam delegados pelo conselho geral ou pela assembleia de representantes;

n) Designar um secretário-geral que, além das competências que lhe sejam delegadas, assiste às reuniões do conselho geral e das assembleias de representantes, salvo deliberação destas em sentido contrário, e pode emitir certidões das deliberações dos órgãos da Ordem;

o) Exercer as demais funções que as leis e os regulamentos lhe atribuam.

2 – A competência referida na alínea *e*) do número anterior confere ao bastonário, por deliberação do conselho geral e ouvido o órgão em causa, decidir reagir ou não, no todo ou em parte, relativamente a litígios em que a Ordem seja demandada.

3 – O bastonário pode delegar qualquer uma das suas competências nos membros do conselho geral, individualmente considerados ou reunidos em comissões, ou ainda em grupos de trabalho por estes dirigidos.

4 – O bastonário pode delegar no secretário-geral as competências identificadas na alínea *d*) do nº 1.

ARTIGO 21º
Competências dos vice-presidentes

Compete aos vice-presidentes:

a) Coadjuvar o bastonário nas suas funções, substituindo-o nas suas ausências ou impedimentos;

b) Executar as competências que lhes sejam delegadas pelo bastonário ou que resultem do presente Estatuto.

SUBSECÇÃO II
Assembleia-geral

ARTIGO 22º
Composição e competência

1 – A assembleia geral é constituída por todos os associados com inscrição em vigor.

2 – Compete à assembleia geral:

a) Eleger o bastonário, a mesa da assembleia geral, o conselho superior, o conselho geral e a assembleia de representantes;

b) Destituir os órgãos que lhe compete eleger, determinando a convocação de eleições;

c) Aprovar o seu regimento;

d) Aprovar propostas de alteração ao presente Estatuto;

e) Aprovar a convocação de referendo após emissão de parecer favorável sobre a legalidade do mesmo pelo conselho superior;

f) Discutir e votar o plano de atividades, o orçamento, o relatório e as contas do conselho geral;

g) Aprovar o código deontológico;

h) Aprovar os regulamentos eleitorais;

i) Fixar o valor das taxas e quotas, tendo em consideração os limites máximos previstos no presente Estatuto;

j) Deliberar sobre a criação de especializações e outorgar os respetivos títulos;

k) Designar o provedor e o revisor oficial de contas;

l) Atribuir a qualidade de associado honorário da Ordem.

3 – Salvo disposição em contrário, compete ainda à assembleia geral aprovar os regulamentos da Ordem, sob proposta do conselho geral, nos termos e com as exceções seguintes:

a) As propostas de regulamento disciplinar são apresentadas pelo conselho superior, sendo obrigatoriamente ouvidos o conselho geral, os presidentes dos conselhos profissionais e a CAAJ, cujo parecer é vinculativo quanto às normas que respeitem a agentes de execução;

b) Nas propostas de regulamento que digam respeito a matéria financeira e de gestão interna da Ordem são ouvidos o conselho superior e o conselho fiscal;

c) Nas propostas de regulamento que digam respeito a matérias que afetem exclusivamente determinada atividade profissional, é sempre ouvido o conselho profissional respetivo, podendo este submeter as propostas a apreciação da assembleia de representantes do colégio, sendo igualmente ouvida a CAAJ quando digam respeito a agentes de execução;

d) A assembleia geral pode delegar nas assembleias de representantes dos colégios profissionais a aprovação de regulamentos que afetem exclusivamente determinada atividade profissional, devendo a delegação de competências definir o objeto, o sentido, a extensão, os limites e a duração da delegação.

4 – As competências previstas nas alíneas *f*) a *l*) do nº 2 e no nº 3 podem ser delegadas na assembleia de representantes, no todo ou em parte.

ARTIGO 23º
Mesa

1 – A mesa da assembleia geral é constituída pelo presidente e pelos primeiro e segundo secretários.

2 – Em caso de falta ou impedimento, o presidente é substituído pelo primeiro-secretário e, na falta deste, pelo segundo-secretário.

3 – Na falta, total ou parcial, dos membros referidos nos números anteriores, a assembleia geral escolhe de entre os associados presentes os que devam constituir ou completar a mesa.

4 – Compete ao presidente da mesa:

a) Coordenar com os presidentes de outras mesas eleitorais as datas das realizações de assembleias que não se devam sobrepor, prevalecendo as reuniões nacionais sobre as restantes;

b) Convocar a assembleia;

c) Verificar o número de presenças;

d) Dirigir os trabalhos, ouvindo a mesa, sem prejuízo de recurso para a assembleia;

e) Rubricar e assinar as atas;

f) Dar posse aos novos órgãos nos 30 dias seguintes à sua eleição.

5 – Compete aos restantes membros da mesa da assembleia coadjuvar o presidente nas respetivas decisões e assegurar a elaboração das atas, do escrutínio e do registo de presenças.

6 – Compete à mesa constituir-se em comissão eleitoral, nas assembleias-gerais eleitorais e nos referendos, anunciando previamente a distribuição do número de representantes por delegações distritais, coordenando e dirigindo o processo de votação e assegurando a igualdade das candidaturas, ou opções, nos termos do regulamento eleitoral.

ARTIGO 24º
Convocatórias, documentos, representação e quórum

1 – A assembleia geral é convocada por aviso expedido com a antecedência mínima de 10 dias, para o endereço de correio eletrónico fornecido aos associados pela Ordem, sendo simultaneamente divulgado no sítio da Ordem e em anúncio publicado em jornal diário.

2 – Os documentos a aprovar, designadamente as propostas de regulamentos ou de deliberações necessários ao debate dos pontos da ordem de trabalhos, devem ser disponibilizados através do correio eletrónico institucional dos associados.

3 – Um associado pode ser representado nas reuniões das assembleias-gerais por outro, desde que o mandatário não represente mais do que cinco associados.

4 – A aprovação de propostas de alteração do presente Estatuto, convocação de referendo, ou destituição de órgãos nacionais, exigem a presença, ou representação de um mínimo de 10% dos associados inscritos e votação favorável de dois terços destes.

5 – Não estando presentes, à hora designada na convocatória, metade dos membros que constituem a assembleia geral, esta reúne 15 minutos depois, sendo, sem prejuízo do número anterior, válidas as deliberações tomadas com qualquer número de presenças.

ARTIGO 25º
Reuniões

1 – A assembleia geral reúne:

a) Em dezembro de cada ano, para discutir e votar o plano de atividades e o orçamento do conselho geral para o ano seguinte;

b) Em março de cada ano, para discutir e votar o relatório e as contas do conselho geral respeitantes ao exercício anterior;

c) Para a realização das eleições previstas no presente Estatuto e para a realização de referendos;

d) A requerimento do bastonário, do conselho fiscal ou de, pelo menos, um décimo dos associados com inscrição em vigor;

e) Por decisão da própria mesa, para discutir e votar o regimento.

2 – Do requerimento mencionado na alínea *d*) do número anterior consta a ordem de trabalhos.

3 – A assembleia geral reúne normalmente em Lisboa.

4 – A requerimento do bastonário, a assembleia geral pode reunir fora de Lisboa, no caso de a sua realização coincidir com o congresso ou assembleia de representantes.

5 – O presidente da mesa deve convocar a assembleia geral no prazo de 10 dias, para reunir nos 20 dias seguintes a contar da receção do requerimento mencionado na alínea *d*) do nº 1.

6 – Nas assembleias deliberativas o presidente da mesa pode agregar pontos da ordem de trabalhos numa mesma assembleia.

7 – Não sendo possível concluir a ordem de trabalhos no dia anunciado, a mesa elabora ata e convoca os associados presentes para reunirem em novo dia e hora, no prazo de 15 dias, com o objetivo de completarem a discussão e votação dos pontos em falta, promovendo a divulgação da continuação da assembleia geral junto dos restantes associados no sítio da Ordem e através de correio eletrónico.

8 – Para efeito de validade das deliberações da assembleia geral, só são consideradas essenciais as formalidades da convocatória referidas no nº 1 do artigo anterior.

SUBSECÇÃO III
Assembleia de representantes

ARTIGO 26º
Composição

A assembleia de representantes é composta por 51 associados eleitos por sufrágio universal, direto, secreto e periódico.

ARTIGO 27º
Reunião

1 – A assembleia de representantes reúne por iniciativa:

a) Do bastonário;

b) Do conselho geral;

c) De, pelo menos, um terço dos seus membros;

d) Do conselho fiscal;

e) Por deliberação das assembleias de representantes de qualquer um dos colégios profissionais ou das assembleias regionais, aprovada por maioria qualificada de dois terços dos seus membros.

2 – A assembleia de representantes deve ser convocada com um mínimo de oito dias de antecedência.

3 – As assembleias de representantes referidas na alínea *e*) do nº 1 devem ser convocadas nos 30 dias subsequentes à receção do pedido de convocação, o qual deve vir acompanhado dos pontos da ordem de trabalhos pretendidos e das propostas a submeter à apreciação da assembleia.

4 – O facto de a assembleia de representantes ter sido convocada nos termos dos números anteriores não impede a inclusão na convocatória de outros pontos na ordem de trabalhos, por deliberação da mesa ou a requerimento do bastonário ou do conselho geral.

5 – O quórum para funcionamento da assembleia de representantes preenche-se com:

a) Mais de metade dos seus membros, sem prejuízo de poder deliberar, em segunda convocatória, com a presença de, pelo menos, um terço dos seus membros;

b) Mais de metade dos seus membros, no caso de deliberação sobre proposta de alteração do presente Estatuto.

6 – As matérias submetidas a votação são aprovadas por maioria absoluta dos votos validamente expressos, excluindo as abstenções, salvo no caso da aprovação de proposta de alteração ao presente Estatuto, a qual carece de maioria absoluta de todos os representantes.

7 – Na primeira reunião da assembleia de representantes, em cada mandato, é eleita, entre os seus membros, uma mesa composta por um presidente e dois secretários, a quem incumbe a condução dos trabalhos.

8 – A mesa da assembleia referida no número anterior pode ser livremente substituída pela assembleia de representantes, desde que esta tenha sido convocada com esse assunto na ordem de trabalhos.

9 – Incumbe à assembleia de representantes a substituição pontual de membros da mesa, em caso de ausência ou impedimento de algum dos membros que para a mesma hajam sido designados.

10 – O conselho geral faz-se representar obrigatoriamente nas sessões da assembleia de representantes e nas suas comissões através do bastonário ou de substituto que este designe, sem direito de voto.

11 – Os demais membros do conselho geral podem intervir nos debates, mediante solicitação da assembleia de representantes ou com a anuência do bastonário, em mesa própria e sem direito de voto.

12 – A presença nas reuniões da assembleia de representantes é obrigatória, podendo a ausência ser justificada perante o conselho superior nos 10 dias seguintes à realização da reunião.

13 – A assembleia de representantes reúne preferencialmente na sede da Ordem, podendo reunir noutra localidade por decisão do bastonário.

ARTIGO 28º
Competência

Compete à assembleia de representantes:

a) Eleger e destituir a respetiva mesa;

b) Eleger comissões para tratar de assuntos específicos;

c) Deliberar sobre os assuntos da competência da assembleia geral, ou do conselho geral, que lhe forem delegados ou submetidos para apreciação.

SUBSECÇÃO IV
Conselho geral

ARTIGO 29º
Composição

1 – Compõem o conselho geral:

a) O bastonário;
b) Três vice-presidentes;
c) Dois secretários;
d) O tesoureiro;
e) Cinco vogais.

2 – Integram ainda o conselho geral, por inerência:

a) Os presidentes dos conselhos profissionais;
b) Os presidentes dos conselhos regionais.

ARTIGO 30º
Reuniões

1 – O conselho geral é presidido pelo bastonário ou, em caso de ausência ou de impedimento, pelo primeiro vice-presidente e, em caso de ausência ou de impedimento de ambos, pelo segundo vice-presidente.

2 – As deliberações são tomadas por maioria simples, podendo ser tomadas através de deliberação escrita obtida por meios informáticos.

3 – Os membros agem a título individual e não como representantes dos restantes órgãos que possam integrar, salvo quando lhes tenha sido expressamente solicitado mandato para o efeito.

4 – O conselho geral não pode reunir sem a presença da maioria dos seus membros e do bastonário ou de um dos seus substitutos.

5 – O bastonário pode convidar terceiros para participar nas reuniões, ficando esta possibilidade sempre sujeita à aprovação pela maioria dos membros, no caso de o participante não ser associado da Ordem.

6 – Sem prejuízo do disposto no número anterior, apenas os membros do conselho geral têm direito de voto, não podendo fazer-se representar.

7 – As atas das reuniões e as certidões das deliberações são assinadas pelo bastonário e por um dos secretários, devendo conter o resultado das votações e as eventuais declarações de voto, bem como classificar, fundamentando, as deliberações que tenham caráter reservado.

ARTIGO 31º
Competência

1 – Compete ao conselho geral:

a) Elaborar as propostas de orçamento e de plano de atividades, a serem submetidas à assembleia geral;

b) Homologar as linhas gerais dos programas de ação dos colégios profissionais e dos conselhos regionais, com o objetivo de verificar a sua articulação com o plano de atividades;

c) Propor à assembleia geral o regulamento das especializações, ouvidos os respetivos colégios profissionais e os interessados;

d) Submeter à assembleia geral pedidos de parecer ou de deliberação sobre matérias de especial relevância para a Ordem;

e) Propor à assembleia geral alterações ao presente Estatuto e a realização de referendos;

f) Propor à assembleia geral a designação de associado honorário;

g) Desenvolver as relações internacionais da Ordem;

h) Promover a cobrança das receitas da Ordem e autorizar a realização de despesa;

i) Exercer as competências definidas na lei relativamente aos nacionais de Estados membros da União Europeia e do Espaço Económico Europeu que pretendam exercer funções em Portugal como solicitador;

j) Inscrever os associados e associados estagiários, bem como deliberar sobre quaisquer questões relativas à inscrição dos associados;

k) Zelar pela boa conservação, atualização e operacionalidade do registo geral das inscrições de associados e de sociedades profissionais de associados;

l) Assegurar à comissão eleitoral os meios necessários à organização das eleições e referendos;

m) Deliberar sobre a propositura, a defesa, a transação, a confissão e a desistência de ações judiciais;

n) Alienar ou onerar bens, contrair empréstimos e aceitar doações, heranças e legados;

o) Fixar os emolumentos devidos pela emissão de documentos ou práticas de atos no âmbito de serviços da Ordem;

p) Emitir pareceres vinculativos sobre omissões ou lacunas do presente Estatuto e dos regulamentos, após serem ouvidos os conselhos profissionais quando se trate de matéria respeitante às atividades profissionais;

q) Elaborar e aprovar os demais regulamentos não previstos no presente Estatuto, designadamente os regimentos de eventuais institutos e comissões, bem como relativos ao funcionamento de sistemas de informação a cargo da Ordem;

r) Participar nos processos oficiais de acreditação e avaliação dos cursos que dão acesso às profissões de solicitador e de agente de execução, obtendo parecer dos respetivos colégios profissionais;

s) Gerir os bens e serviços da Ordem, respeitando as necessidades dos colégios profissionais e das estruturas regionais, deles apresentando contas à assembleia geral;

t) Elaborar e aprovar a regulamentação interna dos serviços da Ordem, incluindo os relativos às atribuições e competências do seu pessoal e os relativos à contratação e despedimento do pessoal da Ordem;

u) Admitir e despedir os trabalhadores dos serviços administrativos e efetuar contratos de prestação de serviços;

v) Mandatar qualquer associado efetivo da Ordem para o exercício de funções específicas;

w) Aprovar os pactos sociais das sociedades profissionais integradas por solicitadores ou agentes de execução previstas no presente Estatuto;

x) Aprovar as normas de funcionamento dos serviços da Ordem;

y) Exercer todas as competências que não sejam da competência exclusiva de outros órgãos.

2 – O conselho geral pode delegar qualquer das suas competências no bastonário, em quaisquer outros dos seus membros e em comissões por estes constituídas.

3 – O conselho geral pode delegar no secretário-geral as competências referidas nas alíneas *h*), *j*), *k*), *l*) e *s*) do nº 1.

SUBSECÇÃO V
Conselho superior

ARTIGO 32º
Composição

1 – O conselho superior é o órgão de supervisão da Ordem, composto por 11 membros eleitos por sufrágio universal, direto, secreto e periódico, tendo o presidente voto de qualidade.

2 – O conselho superior é independente no exercício das suas funções e a respetiva composição pode incluir até um terço de elementos que não sejam associados.

3 – O conselho elege, de entre os seus vogais, um vice-presidente e um secretário.

ARTIGO 33º
Competência

1 – Compete ao conselho superior, no âmbito da supervisão:

a) Velar pela observância do presente Estatuto e das demais disposições legais e regulamentares aplicáveis pelos outros órgãos da Ordem, sem prejuízo das competências específicas do conselho fiscal;

b) Receber as comunicações de irregularidades sobre o funcionamento de outros órgãos da Ordem e ordenar a abertura de inquéritos ou sindicâncias, designando os respetivos instrutores;

c) Resolver conflitos de competência entre os demais órgãos da Ordem;

d) Efetuar participação de irregularidades ao bastonário e, quando se justifique, às entidades de tutela administrativa ou às autoridades de investigação criminal competentes;

e) Emitir parecer sobre o texto do referendo proposto e sobre a sua conformidade com a lei e o presente Estatuto;

f) Deliberar sobre os recursos das decisões da comissão eleitoral que lhe sejam apresentados;

g) Deliberar sobre os recursos que lhe sejam apresentados quanto à recusa de inscrição como associado da Ordem, à recusa de aprovação de pactos sociais de sociedades ou à recusa dos respetivos registos.

2 – Compete ao conselho superior, no âmbito disciplinar:

a) Exercer o poder disciplinar sobre os associados da Ordem, sem prejuízo do poder disciplinar cometido à CAAJ;

b) Exercer o poder disciplinar sobre os agentes de execução quando estejam em causa condutas violadoras dos deveres para com a Ordem e para com os associados previstos nas alíneas *a*), *e*) a *h*) e *k*) do nº 2 do artigo 124º, no artigo 125º e no artigo 130º;

c) Elaborar proposta de regulamento disciplinar a submeter à aprovação da assembleia geral, ouvidos o conselho geral, os presidentes dos conselhos dos colégios profissionais e a CAAJ, no que respeita à atividade dos agentes de execução, sendo, neste último caso, o seu parecer vinculativo;

d) Pronunciar-se sobre as propostas de regulamentos que versem sobre ética, deontologia, fiscalização e aplicação de sanções em desenvolvimento do presente Estatuto;

e) Assegurar o cumprimento das normas de deontologia profissional, podendo, designadamente, conduzir inquéritos e convocar associados para prestar declarações;

f) Proceder a inspeções e fiscalizações através dos seus membros, de associados, de trabalhadores ou de entidades externas contratadas para o efeito, dando conhecimento à CAAJ, das inspeções e fiscalizações que respeitem a agentes de execução;

g) Comunicar ao conselho geral as decisões disciplinares que não sejam passíveis de recurso, bem como as de natureza cautelar, para que se proceda ao seu registo e eventual divulgação;

h) Comunicar à CAAJ as decisões disciplinares que não sejam passíveis de recurso, bem como as de natureza cautelar, quando as mesmas respeitem a associados que se encontrem igualmente inscritos como agentes de execução, para efeitos de apuramento de responsabilidade disciplinar nesta sua qualidade;

i) Deliberar sobre recursos que lhe sejam dirigidos relativamente a decisões sobre pedidos de dispensa de segredo profissional;

j) Exercer as demais competências que lhe sejam atribuídas por lei ou por regulamento.

3 – O poder disciplinar do conselho superior relativo aos agentes de execução observa os seguintes pressupostos:

a) Consideram-se especificamente da competência do conselho superior os processos disciplinares que resultem do incumprimento dos deveres constantes das alíneas *a*), *e*) a *h*) e *k*) do nº 2 do artigo 124º, no artigo 125º e no artigo 130º;

b) A instauração de processo disciplinar contra agente de execução, a acusação deduzida pelo conselho superior e a decisão final são comunicadas à CAAJ;

c) A CAAJ pode avocar o processo em causa sempre que o considere pertinente, designadamente por força da existência de outros processos disciplinares pendentes ou por considerar que os factos constantes da acusação são suscetíveis de lesar terceiros não associados.

4 – Compete ainda ao conselho superior verificar a existência de incompatibilidades, escusas, impedimentos e suspeições, bem como a inidoneidade dos profissionais.

5 – O conselho superior, para exercício da competência definida na alínea *a*) do nº 1, pode solicitar ao órgão competente cópia das deliberações, das atas das reuniões e dos contratos celebrados.

ARTIGO 34º
Funcionamento

1 – Para o regular desempenho das suas funções, o conselho superior cria secções, compostas por um mínimo de três dos seus membros, com competência relativa a cada uma das atividades profissionais, designando os membros que as presidem e secretariam.

2 – O conselho superior pode ainda criar comissões especiais de âmbito regional, local ou destinadas à liquidação de escritórios ou de sociedades, sendo estas sempre presididas por um membro do conselho superior.

3 – Sem prejuízo do disposto no nº 3 do artigo anterior, a decisão dos processos disciplinares e a apreciação de incompatibilidades, impedimentos, escusas e suspeições, compete à secção da respetiva atividade profissional, podendo a prá-

tica dos demais atos e formalidades ser delegada em terceiro habilitado para o efeito ou numa das comissões referidas no número anterior.

4 – Das decisões das secções cabe recurso para o plenário do conselho superior.

5 – São competências exclusivas do plenário do conselho superior:

a) A supervisão referida no nº 1 do artigo anterior;

b) O julgamento dos processos disciplinares, em primeira instância, instaurados contra o bastonário, os membros do conselho geral, os membros dos conselhos profissionais ou os membros do conselho superior, quando não esteja em causa o exercício de funções como agente de execução;

c) Os recursos das decisões tomadas pelas secções em matéria disciplinar;

d) Os recursos das decisões em matéria de incompatibilidades, impedimentos, escusas e suspeições, bem como a inidoneidade para o exercício da profissão;

e) O cancelamento da inscrição de associado por inidoneidade apurada no âmbito do exercício profissional numa das especialidades.

6 – As decisões de suspensão e de interdição definitiva do exercício da atividade profissional dos associados referidos na alínea *b*) do número anterior, quando não esteja em causa o exercício de funções como agente de execução, e as sanções acessórias de perda do mandato ou de inibição de capacidade eleitoral daqueles associados têm de ser deliberadas pelo plenário do conselho superior por maioria qualificada de dois terços dos seus membros.

7 – As decisões proferidas pelo conselho superior são impugnáveis junto dos tribunais administrativos, nos termos das leis do processo administrativo.

SUBSECÇÃO VI
Conselho fiscal

ARTIGO 35º
Composição

1 – O conselho fiscal é composto por um presidente e um secretário.

2 – Integra ainda o conselho fiscal um revisor oficial de contas, o qual pode ser uma pessoa singular ou coletiva.

ARTIGO 36º
Competências

1 – Compete ao conselho fiscal:

a) Examinar as contas;

b) Emitir parecer sobre os relatórios de atividades e as contas de cada exercício, apresentados pelo conselho geral, bem como sobre as propostas de plano de atividades e de orçamento;

c) Apresentar ao conselho geral sugestões sobre a gestão económico-financeira da Ordem;

d) Requerer a convocação da assembleia geral, quando considere que existem falhas graves na gestão económico-financeira da Ordem.

2 – O requerimento referido na alínea *d*) do número anterior deve ser aprovado por todos os membros do conselho fiscal.

3 – Sem prejuízo da atuação dos outros membros do conselho fiscal, compete ao revisor oficial de contas proceder à revisão e certificação legal das contas, devendo realizar todos os exames e verificações necessários para o efeito.

4 – O conselho fiscal pode solicitar ao órgão competente cópia das deliberações, das atas das reuniões e dos contratos que considere pertinentes.

SUBSECÇÃO VII
Congresso

ARTIGO 37º
Composição

1 – O congresso representa todos os associados efetivos, honorários e correspondentes da Ordem, bem como os estagiários.

2 – Podem ser convidados, como observadores, os representantes de outras associações públicas profissionais ou entidades públicas e privadas nacionais e estrangeiras.

3 – O congresso é composto pelos membros dos órgãos nacionais e regionais, pelos membros dos conselhos profissionais e por delegados eleitos por cada delegação distrital segundo um sistema proporcional, de acordo com o método da média mais alta de Hondt.

4 – Os membros que não sejam eleitos delegados, assim como os prestadores em território nacional de serviços profissionais controlados pela Ordem em regime de livre prestação de serviços podem participar no congresso a título de observadores, podendo intervir sem direito de voto.

ARTIGO 38º
Realização

1 – O congresso realiza-se, ordinariamente, de quatro em quatro anos e, extraordinariamente, por decisão do bastonário, por deliberação tomada por maioria qualificada de três quartos dos membros do conselho geral presentes ou por deliberação, tomada por maioria absoluta dos presentes, da assembleia geral.

2 – As decisões ou deliberações sobre a realização extraordinária do congresso devem mencionar a ordem de trabalhos.

3 – O congresso é convocado pelo bastonário, com a antecedência mínima de:

a) Seis meses, caso reúna ordinariamente;

b) Um mês, caso reúna extraordinariamente.

4 – O congresso é organizado por uma comissão constituída para o efeito, nomeada pelo conselho geral.

5 – A comissão organizadora designa a comissão de honra e o secretariado.

6 – O secretariado submete à aprovação da comissão organizadora o programa e o regimento do congresso, assegurando a sua execução.

ARTIGO 39º
Competências

Compete ao congresso pronunciar-se sobre o exercício das atividades profissionais exercidas pelos associados da Ordem e sobre as questões da ordem jurídica e as suas consequências sobre os direitos, liberdades e garantias dos cidadãos.

SUBSECÇÃO VIII
Assembleias de representantes dos colégios profissionais

ARTIGO 40º
Composição

1 – Cada colégio profissional tem uma assembleia de representantes que é composta por 21 membros.

2 – O conselho profissional participa na assembleia de representantes do colégio profissional em mesa própria, sem direito de voto.

ARTIGO 41º
Reuniões

1 – As assembleias de representantes de cada um dos colégios profissionais reúnem:

a) Até ao dia 15 de outubro, para aprovação do plano de atividades e de proposta de orçamento a serem considerados no plano de atividades e no orçamento da Ordem para o ano seguinte, mediante proposta do conselho profissional respetivo;

b) Até ao dia 31 de março, para emitir parecer sobre o respetivo relatório de atividades e contas do ano anterior;

c) Por decisão ou deliberação do conselho profissional, do presidente do conselho profissional, do bastonário, do conselho geral ou por requerimento subscrito, pelo menos, por um terço dos representantes eleitos.

2 – Aplica-se às assembleias de representantes dos colégios profissionais o disposto quanto à organização e funcionamento da assembleia representativa, com as necessárias adaptações.

3 – As reuniões da assembleia de representantes dos colégios profissionais têm lugar, preferencialmente, na sede da Ordem.

ARTIGO 42º
Competência

Compete às assembleias de representantes dos colégios profissionais:

a) Eleger a sua mesa;

b) Aprovar propostas de regulamento de exercício das respetivas atividades profissionais a sujeitar à assembleia de representantes;

c) Propor à assembleia geral a criação de especializações;

d) Aprovar o plano de atividades apresentado pelo conselho profissional;

e) Aprovar o relatório de atividades do conselho profissional;

f) Aprovar a convocação de assembleia de representantes;

g) Aprovar a convocação de eleições antecipadas para o conselho profissional.

SUBSECÇÃO IX
Conselhos profissionais

ARTIGO 43º
Composição

Cada colégio tem um conselho profissional composto por um presidente, um vice-presidente e três vogais.

ARTIGO 44º
Reuniões

1 – Cada conselho profissional reúne ordinariamente de dois em dois meses, podendo reunir extraordinariamente mediante convocatória do seu presidente.

2 – O funcionamento de cada um dos conselhos é apoiado pelos serviços administrativos, nos termos a definir entre o conselho profissional e o conselho geral.

ARTIGO 45º
Competência

Compete a cada conselho profissional:

a) Representar os colégios profissionais;

b) Discutir e propor medidas respeitantes a questões profissionais no âmbito da atividade profissional, designadamente quanto à admissão, qualificação, atualização e especialização dos respetivos associados;

c) Analisar e preparar os processos de inscrição de associados no colégio profissional;

d) Emitir parecer sobre matérias da atividade profissional;

e) Emitir parecer sobre os processos de acreditação e de avaliação dos cursos que dão acesso à profissão;

f) Emitir parecer sobre as boas práticas da atividade profissional;

g) Emitir laudos sobre honorários, quando tal for solicitado pelos associados, pelos tribunais ou por outros interessados;

h) Constituir tribunais arbitrais e nomear os seus presidentes para resolução de conflitos, nomeadamente referentes a delegações para a prática de atos, honorários ou cálculo do valor das participações sociais, entre colegas que exerçam a mesma atividade profissional ou entre sócios da mesma sociedade profissional;

i) Apoiar o conselho geral nos assuntos relativos à respetiva atividade profissional;

j) Participar na coordenação da atividade geral da Ordem, nomeadamente através do seu presidente;

k) Desenvolver ações de fiscalização e de inspeção dos associados inscritos no colégio respetivo, participando quaisquer ocorrências aos órgãos disciplinares competentes;

l) Nomear representantes para, junto das regiões ou das delegações distritais, em articulação com os respetivos órgãos, prestar assistência no âmbito de processos de inscrição;

m) Submeter o plano de atividades e de proposta de orçamento a integrar o plano de atividades e o orçamento da Ordem para o ano seguinte, bem como os relatórios de atividades e contas, à aprovação da assembleia de representantes do colégio profissional respetivo;

n) Apresentar ao conselho geral, até ao dia 15 de outubro de cada ano, proposta de plano de atividades e de orçamento a serem consideradas no plano de atividades e no orçamento da Ordem para o ano seguinte.

SECÇÃO III
Órgãos regionais

SUBSECÇÃO I
Assembleias regionais

ARTIGO 46º
Composição

As assembleias regionais são constituídas por todos os associados com inscrição em vigor nas respetivas regiões.

ARTIGO 47º
Competência

Compete às assembleias regionais:

a) Eleger a mesa;

b) Apreciar os atos de gestão dos respetivos órgãos regionais;

c) Aprovar o plano de atividades e a proposta de orçamento a serem considerados no plano de atividades e no orçamento da Ordem para o ano seguinte;

d) Emitir parecer sobre os relatórios de atividades e contas, que lhes sejam submetidos pelos conselhos regionais;

e) Apreciar assuntos que, no âmbito do presente Estatuto, lhes sejam submetidos;

f) Deliberar sobre a convocação da assembleia de representantes;

g) Aprovar a convocação de eleições antecipadas do conselho regional;

h) Exercer as demais competências previstas no presente Estatuto.

ARTIGO 48º
Reuniões das assembleias regionais

1 – As assembleias regionais reúnem nos meses de março e de setembro, para exercerem as competências previstas nas alíneas *c*) e *d*) do artigo anterior.

2 – As assembleias regionais reúnem:

a) Sempre que os respetivos conselhos regionais o considerem necessário, por deliberação tomada por maioria absoluta dos seus membros;

b) Por requerimento subscrito, pelo menos, por 10% dos seus membros.

3 – As deliberações das assembleias regionais não vinculam os órgãos nacionais da Ordem.

4 – Nas assembleias regionais aplicam-se, com as necessárias adaptações, as disposições previstas para a assembleia geral quanto à sua convocação e funcionamento.

SUBSECÇÃO II
Conselhos regionais

ARTIGO 49º
Composição

Os conselhos regionais são constituídos por um presidente, um secretário e três vogais.

ARTIGO 50º
Competências

Compete aos conselhos regionais:

a) Representar a Ordem nas regiões;

b) Colaborar com os demais órgãos da Ordem no exercício das suas competências;

c) Gerir as atividades das respetivas regiões, nos termos do presente Estatuto e dos regulamentos;

d) Administrar os bens que lhes são confiados;

e) Requerer a convocação de assembleias regionais;

f) Submeter a proposta de plano de atividades e de orçamento a integrar no plano e orçamento da Ordem para o ano seguinte, bem como os respetivos relatórios de atividades e contas, à aprovação da assembleia regional;

g) Apresentar ao conselho geral, até ao dia 15 de outubro de cada ano, proposta de plano de atividades e de orçamento a integrar o plano de atividades e o orçamento da Ordem para o ano seguinte;

h) Colaborar no funcionamento dos estágios, nos termos dos respetivos regulamentos e das competências delegadas pelo conselho geral;

i) Colaborar na realização dos atos eleitorais e de referendos, de acordo com as determinações dos órgãos responsáveis;

j) Colaborar na receção e instrução dos pedidos de inscrição, nos termos a definir pelos conselhos profissionais;

k) Coordenar as atividades das delegações distritais;

l) Propor ao conselho geral a admissão ou o despedimento de trabalhadores administrativos dos serviços de âmbito regional e local, sem prejuízo das competências que lhes sejam delegadas nesta matéria;

m) Publicitar e proceder a atos materiais necessários à execução das decisões proferidas nos processos disciplinares em que sejam condenados associados com domicílio profissional na respetiva região;

n) Organizar e dirigir os respetivos serviços administrativos.

SECÇÃO IV
Órgãos locais

SUBSECÇÃO I
Assembleias distritais

ARTIGO 51º
Composição

As assembleias distritais são constituídas por todos os associados com inscrição em vigor no respetivo território.

ARTIGO 52º
Competência

Compete às assembleias distritais:

a) Apreciar os atos de gestão dos respetivos órgãos locais;

b) Aprovar as propostas de planos de atividades e de orçamento a integrar o orçamento da Ordem para o ano seguinte, bem como os pareceres sobre os respetivos relatórios de atividades e contas que lhes sejam submetidos pelas delegações distritais;

c) Apreciar assuntos que, no âmbito do presente Estatuto, lhes sejam submetidos;

d) Deliberar sobre a convocação da assembleia regional;

e) Aprovar a convocação de eleições antecipadas das delegações distritais;

f) Eleger os delegados ao congresso;

g) Exercer as demais competências previstas no presente Estatuto.

ARTIGO 53º
Reuniões

1 – As assembleias distritais reúnem ordinariamente até 31 de março de cada ano para aprovação dos respetivos relatórios de atividades e de contas e até 30 de setembro para aprovação da proposta de plano de atividades e de orçamento a integrar o orçamento da Ordem relativos ao ano seguinte.

2 – As assembleias distritais reúnem extraordinariamente sempre que as respetivas delegações distritais o deliberem por maioria simples, aplicando-se ao seu funcionamento, com as necessárias adaptações, as normas previstas para a assembleia geral.

3 – As deliberações das assembleias distritais não vinculam os órgãos nacionais ou regionais da Ordem.

SUBSECÇÃO II
Delegações distritais

ARTIGO 54º
Composição

1 – As delegações distritais são constituídas por três membros:

a) Um delegado, que preside;

b) Dois secretários.

2 – O delegado acumula as suas funções com a de membro da assembleia de representantes.

3 – Sem prejuízo do disposto no nº 5 do artigo 11º, a sede da delegação é na capital de distrito.

ARTIGO 55º
Competências

Compete às delegações distritais:

a) Representar a Ordem nos respetivos distritos;

b) Colaborar com os demais órgãos da Ordem no exercício das suas competências;

c) Gerir as atividades da Ordem na área do distrito, nos termos do presente Estatuto e dos regulamentos;

d) Administrar os bens que lhes são confiados;

e) Requerer a convocação de assembleias locais;

f) Submeter a proposta de plano de atividades e de orçamento a integrar o orçamento da Ordem para o ano seguinte, bem como os respetivos relatórios de atividades e contas, à aprovação da assembleia regional;

g) Apresentar ao conselho regional, até ao dia 30 de setembro de cada ano, proposta de plano de atividades e de orçamento a integrar o orçamento da Ordem para o ano seguinte;

h) Colaborar na organização e funcionamento dos estágios, nos termos dos respetivos regulamentos e das competências delegadas pelo conselho geral ou pelo conselho regional;

i) Colaborar na realização dos atos eleitorais e dos referendos, de acordo com as determinações da comissão eleitoral;

j) Presidir às assembleias locais;

k) Coordenar os delegados concelhios, nos quais pode delegar as suas competências;

l) Convocar reuniões de esclarecimento e de debate sobre os temas a submeter a referendo e antes dos atos eleitorais;

m) Receber os novos associados da Ordem;

n) Organizar e dirigir os eventuais serviços administrativos.

SUBSECÇÃO III
Delegações concelhias

ARTIGO 56º
Composição e competências

1 – Em todos os concelhos com, pelo menos, cinco associados que não sejam sede de delegação distrital é eleito um delegado.

2 – Nos concelhos com menos de cinco associados ou quando não seja possível a eleição, o conselho regional pode, sob proposta da delegação distrital, designar o delegado de entre os associados do concelho ou, no seu impedimento, de entre os de concelho limítrofe.

3 – O delegado, sob coordenação da delegação distrital, assume as competências da delegação distrital no concelho.

SECÇÃO V
Provedor

ARTIGO 57º
Designação, exercício do cargo e competências

1 – O provedor é designado por proposta fundamentada do conselho geral e aprovada em assembleia geral, para um mandato coincidente com o previsto para o conselho geral.

2 – Se o provedor for associado da Ordem, tem de suspender a sua inscrição durante o mandato.

3 – O provedor não pode ser destituído, salvo em caso de ocorrência de falta grave no exercício das suas funções, por deliberação do conselho geral.

4 – Compete ao provedor:

a) Analisar as queixas apresentadas pelos destinatários dos serviços prestados pelos associados da Ordem ou profissionais referidos no artigo 139º, visando esclarecê-los nos seus direitos;

b) Mediar conflitos entre os destinatários dos serviços prestados pelos associados ou profissionais referidos no artigo 139º, sem prejuízo de eventual participação aos órgãos disciplinares competentes;

c) Fazer recomendações aos associados e aos órgãos da Ordem, tendo em vista a resolução das queixas referidas nas alíneas anteriores ou o aperfeiçoamento do desempenho da associação;

d) Apresentar um relatório anual ao bastonário e à assembleia geral.

CAPÍTULO III
Eleições, mandatos, referendos e exercício dos cargos

SECÇÃO I
Disposições gerais

ARTIGO 58º
Direito de voto

1 – Sem prejuízo do disposto no nº 3, têm direito de voto os associados efetivos com inscrição em vigor na Ordem.

2 – Os associados efetivos que se encontrem inscritos em mais do que um colégio profissional, podem exercer o seu direito de voto relativo a matéria atinente a cada colégio profissional.

3 – As sociedades de profissionais previstas no presente Estatuto não têm direito de voto.

ARTIGO 59º
Requisitos de elegibilidade

1 – Só podem ser eleitos para órgãos da Ordem associados no pleno exercício dos seus direitos associativos que não sejam sociedades profissionais.

2 – Pelo menos 85% dos membros de cada um dos órgãos colegiais da Ordem com competências executivas ou disciplinares devem ser associados efetivos com a inscrição em vigor e no pleno exercício dos seus direitos, que tenham exercido a respetiva profissão durante um período mínimo de cinco anos.

3 – No caso de o número de membros do órgão executivo colegial ser inferior a sete, pode ser sempre incluído na lista um candidato que não tenha exercido a respetiva profissão durante um período mínimo de cinco anos.

4 – A contagem do tempo de inscrição é feita por referência à data limite para apresentação de candidaturas.

ARTIGO 60º
Membros da assembleia de representantes

1 – A eleição dos membros da assembleia de representantes é realizada por sufrágio universal, direto, secreto e periódico, em cada uma das delegações distritais previstas no artigo 11º, em simultâneo com as eleições para o conselho geral.

2 – Cada delegação distrital elege um número de membros proporcional ao número total de inscritos na Ordem, apurado nos termos do artigo 11º, arredondado para o número inteiro inferior.

3 – Se em resultado do arredondamento não forem atribuídos todos os lugares na assembleia de representantes, os lugares vagos são repartidos pelas delegações distritais, iniciando-se pela menos representativa.

4 – Todas as delegações têm de ser representadas, sendo reduzido progressiva e sucessivamente o número de representantes naquelas com maior número de associados inscritos para que as menos representadas elejam pelo menos um representante.

5 – Os membros da assembleia dos representantes são eleitos por método de Hondt, entre as listas candidatas às delegações distritais.

6 – Os membros da assembleia de representantes podem integrar em simultâneo a assembleia representativa de qualquer um dos colégios profissionais em que estejam inscritos.

ARTIGO 61º
Bastonário

1 – O bastonário é o primeiro candidato da lista eleita para o conselho geral.

2 – Só pode ser eleito para bastonário um associado efetivo com a inscrição em vigor e no pleno exercício dos seus direitos que tenha exercido a respetiva profissão durante, pelo menos, 10 anos.

ARTIGO 62º
Membros do conselho geral

1 – É eleita para o conselho geral a lista que obtiver mais de metade dos votos validamente expressos, não se considerando como tal os votos em branco.

2 – Se nenhuma das listas concorrentes a bastonário e ao conselho geral obtiver o número de votos previsto no número anterior, procede-se a segunda eleição, à qual devem concorrer apenas as duas listas mais votadas que não tenham desistido da sua candidatura.

ARTIGO 63º
Membros do conselho superior

Os membros do conselho superior são eleitos em lista autónoma, por sufrágio universal, direto, secreto e periódico, em simultâneo com as eleições do conselho geral.

ARTIGO 64º
Membros do conselho fiscal

1 – Os membros do conselho fiscal são eleitos em lista autónoma apresentada a sufrágio à assembleia geral.

2 – O revisor oficial de contas é escolhido autonomamente pela assembleia geral, perante proposta dos restantes membros do conselho fiscal, elaborada com respeito pelas normas de contratação pública, com as necessárias adaptações.

ARTIGO 65º
Membros das assembleias de representantes dos colégios profissionais

1 – Os membros das assembleias de representantes dos colégios profissionais são eleitos de entre membros do respetivo colégio pelos associados efetivos com o título profissional respetivo em vigor.

2 – Os membros das assembleias de representantes dos colégios profissionais são eleitos nos termos previstos para a eleição dos membros da assembleia de representantes.

ARTIGO 66º
Membros dos conselhos profissionais

Os membros dos conselhos profissionais são eleitos em lista autónoma, por sufrágio universal, direto, secreto e periódico, em simultâneo com as eleições do conselho geral.

ARTIGO 67º
Membros dos conselhos regionais

Os membros dos conselhos regionais são eleitos em cada uma das regiões.

ARTIGO 68º
Membros das delegações distritais

1 – O primeiro candidato da lista mais votada para a assembleia de representantes em cada delegação distrital assume as funções de delegado.

2 – O delegado designa, como secretários, dois associados inscritos na respetiva delegação distrital para o coadjuvarem na gestão da delegação.

3 – Na escolha deve ser satisfeita a proporcionalidade entre os colégios profissionais, nos termos do artigo 15º

ARTIGO 69º
Regras comuns

1 – As listas candidatas a órgãos colegiais devem conter tantos membros quanto o número máximo de candidatos elegíveis, acrescido de metade de suplentes, arredondado para a unidade imediatamente superior.

2 – No mesmo período eleitoral, os candidatos apenas podem apresentar candidatura a um máximo de dois órgãos diferentes.

3 – Salvo tratando-se das assembleias de representantes, sendo eleitos para mais do que um órgão, os candidatos devem indicar em qual pretendem tomar posse.

4 – Tratando-se de eleições intercalares, a candidatura de um associado a um órgão pressupõe a prévia renúncia ao cargo que eventualmente ocupe, salvo se se tratar de eleição para o órgão que já integra.

5 – As assembleias de representantes elegem as suas mesas na primeira reunião do mandato.

6 – As assembleias distritais são presididas pelo delegado da respetiva delegação distrital ou por quem este indique de entre os associados ali inscritos.

7 – As listas para bastonário, mesa da assembleia geral e conselho geral são apresentadas em conjunto e individualizam os respetivos cargos.

ARTIGO 70º
Regulamento eleitoral

Compete à assembleia geral aprovar o regulamento eleitoral, que deve prever:

a) A designação da comissão eleitoral quando a sua constituição não resulte do previsto no presente Estatuto;

b) A participação nas reuniões da comissão eleitoral dos representantes das listas de candidatos ou das tendências em processo referendário;

c) A possibilidade de criação de mesas de voto regionais e locais;

d) A possibilidade de proceder à votação através de meios eletrónicos;

e) A forma e os prazos para apresentação das candidaturas;

f) A designação de mandatários por cada uma das listas candidatas;

g) A forma e os meios de divulgação dos programas eleitorais de cada candidatura;

h) A possibilidade de realização de debates entre os candidatos;

i) As regras a observar em caso de referendo.

SECÇÃO II
Mandatos

ARTIGO 71º
Duração do mandato

1 – O mandato dos titulares dos órgãos da Ordem tem a duração de quatro anos, salvo atraso na realização do ato eleitoral ou ocorrência de eleições intercalares, e cessa com a posse dos novos membros eleitos.

2 – Não é admitida a reeleição de titulares dos órgãos da Ordem para um terceiro mandato consecutivo, para as mesmas funções.

3 – O impedimento de renovação do mandato a que se reporta o número anterior não se aplica ao mandato que tiver tido uma duração inferior a um ano.

4 – Os titulares de qualquer órgão da Ordem só podem ser eleitos para o mesmo órgão decorrido o período de um mandato completo após a cessação de funções no órgão em causa.

5 – Os órgãos eleitos em eleições intercalares asseguram o mandato até à realização de novas eleições.

6 – Não é impedimento à candidatura:

a) A bastonário, o facto de o candidato ter pertencido em mandatos anteriores ao conselho geral;

b) A um determinado órgão, o facto de o candidato ter sido membro deste em mandatos anteriores por inerência de funções.

ARTIGO 72º
Eleições intercalares e antecipadas

1 – Há lugar à realização de eleições intercalares quando:

a) Se verifique a renúncia ou o impedimento definitivo de mais de metade dos membros eleitos do órgão, após a chamada dos suplentes;

b) Por deliberação da assembleia geral, da assembleia de representantes dos colégios profissionais e das assembleias regionais, para dissolução, respetivamente, do conselho geral, do conselho superior, do conselho fiscal, dos conselhos profissionais ou dos conselhos regionais;

c) Por deliberação da assembleia distrital, para dissolução da respetiva delegação.

2 – Há lugar a eleições antecipadas para todos os órgãos quando, relativamente ao conselho geral, a deliberação ou a verificação dos pressupostos de realização de eleições ocorra durante o último ano do mandato.

3 – As deliberações referidas na alínea *b*) do nº 1 são tomadas por maioria qualificada de dois terços dos membros do órgão, em reunião extraordinária expressamente convocada para esse efeito, com a antecedência mínima de 15 dias.

4 – As mesas das assembleias deliberativas podem ser substituídas em reuniões expressamente convocadas para esse fim.

ARTIGO 73º
Exercício do cargo

1 – O exercício de cargos nos órgãos da Ordem pode ser remunerado, nos termos a definir em regulamento aprovado pela assembleia geral.

2 – Os titulares dos cargos da Ordem têm direito ao pagamento de quaisquer despesas decorrentes de representação ou deslocação ao serviço da Ordem, nos casos e nos termos previstos em regulamento.

3 – A remuneração que, nos termos do nº 1, for fixada para o exercício do cargo de provedor não pode ser diminuída no decurso do respetivo mandato.

ARTIGO 74º
Escusa e renúncia do exercício do mandato

1 – Podem pedir ao conselho superior escusa do cargo para que foram eleitos os membros que fiquem impossibilitados do seu exercício normal, nomeadamente por motivo de doença ou em virtude da mudança do domicílio profissional para localidade mais distante da sede do órgão.

2 – Os titulares dos órgãos da Ordem podem renunciar ao respetivo cargo, mediante requerimento apresentado junto do conselho superior e comunicado aos restantes órgãos nacionais.

3 – A escusa que não seja motivada por facto impeditivo do imediato exercício de funções e a renúncia produzem efeitos 30 dias após a apresentação dos requerimentos previstos nos números anteriores, se a substituição não for anterior.

ARTIGO 75º
Substituição por impedimento ou renúncia do bastonário

1 – Verificada a renúncia ou o impedimento definitivo do bastonário, compete ao conselho geral designar, por maioria de dois terços da totalidade dos seus membros, de entre os vice-presidentes, o novo bastonário.

2 – Não se verificando a maioria prevista no número anterior no prazo de 30 dias contados da data em que foi reconhecida a renúncia ou o impedimento definitivo do bastonário, o primeiro vice-presidente assume interinamente as funções de bastonário, iniciando de imediato os trâmites necessários à constituição da comissão eleitoral para organização das eleições para o conselho geral.

ARTIGO 76º
Substituição por impedimento ou renúncia dos restantes órgãos

1 – Nas situações previstas no artigo 74º, os membros dos outros órgãos são substituídos pelos suplentes, pela ordem em que constam na lista.

2 – Havendo lugar à recomposição de um órgão por força da aplicação do número anterior, os membros em exercício podem optar, por consenso, pela redistribuição dos cargos, com exceção do presidente.

ARTIGO 77º
Substituição por impedimento temporário

1 – No caso de impedimento temporário de algum membro dos órgãos da Ordem, sem que esteja prevista a forma da sua substituição, o órgão a que pertence o impedido delibera sobre as situações de impedimento e a necessidade de substituição temporária, a efetuar por cooptação de entre os membros elegíveis.

2 – É aplicável o regime de impedimentos previsto no Código do Procedimento Administrativo em tudo o que não contrarie o presente Estatuto.

3 – A substituição temporária dos delegados de delegação distrital é deliberada pelos respetivos conselhos regionais.

ARTIGO 78º
Perda de mandato

1 – Os membros dos órgãos da Ordem perdem o mandato:

a) Quando for suspensa ou cancelada a sua inscrição;

b) Quando faltarem, injustificadamente, a mais de três reuniões seguidas ou a cinco reuniões interpoladas, durante o mandato do respetivo órgão;

c) Pela decisão de convocação de eleições antecipadas.

2 – A natureza injustificada da falta é apreciada pelo respetivo órgão no início da reunião seguinte.

3 – A perda do mandato nos casos referidos na alínea *b*) do nº 1 é reconhecida pelo próprio órgão, mediante deliberação tomada por três quartos dos votos dos respetivos membros.

4 – A perda do mandato do delegado nos casos referidos na alínea *b*) do nº 1 é reconhecida pelo respetivo conselho regional, por deliberação tomada por três quartos dos votos dos seus membros.

ARTIGO 79º
Títulos honoríficos e direito ao uso de insígnia

1 – O associado que tenha sido membro de órgão da Ordem conserva honorariamente a designação correspondente ao cargo mais elevado que haja ocupado.

2 – Os associados que sejam ou tenham sido membros de órgãos da Ordem, quando compareçam em atos de grande solenidade, podem usar sobre o trajo profissional insígnia de prata da Ordem, sendo de prata dourada as dos antigos bastonários.

SECÇÃO III
Referendos

ARTIGO 80º
Referendos

1 – Os referendos têm âmbito nacional, podendo destinar-se à votação:

a) De propostas de alteração ao presente Estatuto;

b) De propostas de código deontológico, ou das suas alterações;

c) De propostas relativas à dissolução da Ordem;

d) De propostas sobre matérias que tenham especial relevância para a Ordem.

2 – A realização de referendo depende de deliberação da assembleia geral, devendo ser precedida de parecer do conselho superior sobre a respetiva conformidade com a lei.

3 – O referendo é obrigatório na situação prevista na alínea *c*) do nº 1.

4 – A fixação da data, a organização do referendo e a divulgação dos resultados cabem à mesa da assembleia geral, nos termos dos respetivos regulamentos.

ARTIGO 81º
Efeitos e regulamento do referendo

1 – Os resultados dos referendos só podem ser considerados como vinculativos se neles votarem, pelo menos, 40% dos associados efetivos.

2 – Se mais de metade dos votos validamente expressos forem em sentido positivo, considera-se aprovada a questão sujeita a referendo.

3 – Quando se trate de referendos relativos à dissolução da Ordem, a aprovação carece do voto validamente expresso de mais de metade dos associados efetivos.

4 – Compete à assembleia geral aprovar o regulamento do referendo, sob proposta do conselho geral.

CAPÍTULO IV
Regime financeiro

ARTIGO 82º
Receitas da Ordem

1 – Constituem receitas da Ordem:

a) As liberalidades, as dotações e os subsídios;

b) As quantias provenientes de inscrições, quotas, pagamento de serviços, multas, taxas e quaisquer outras receitas que lhe sejam atribuídas por lei e que não se encontrem legalmente afetas a outras entidades;

c) O rendimento dos bens da Ordem;

d) O produto da alienação de quaisquer bens;

e) As importâncias relativas à taxa de justiça.

2 – As receitas destinam-se a satisfazer os encargos da Ordem na realização dos objetivos estatutários.

ARTIGO 83º
Quotas

1 – Os associados com inscrição em vigor são obrigados a contribuir para a Ordem através de uma quota mensal, fixada nos seguintes termos, com base no valor da retribuição mínima mensal garantida em vigor no dia 31 de dezembro do ano anterior:

a) 5%, a título de quota geral;

b) 1%, por cada atividade profissional em que o associado esteja inscrito.

2 – A cobrança das quotas compete ao conselho geral, sem prejuízo da delegação de competências nos órgãos regionais ou locais.

3 – A cobrança de quotas é feita mensalmente, podendo no entanto ser determinada outra periodicidade pelo conselho geral.

4 – Têm direito à redução ou isenção do valor das quotas, em termos a regulamentar pela assembleia geral:

a) Os novos associados, nos primeiros três anos subsequentes à inscrição;

b) Os associados reformados, desde que comprovem não ter auferido, por qualquer meio, no ano anterior, rendimento mensal igual ou superior à retribuição mínima mensal garantida;

c) Os associados que procedam antecipadamente ao pagamento anual;

d) Os associados que efetuem o pagamento através de débito direto em conta.

5 – O associado cuja inscrição seja cancelada não tem direito à restituição das quotas liquidadas até à data em que é notificado do cancelamento.

6 – A cobrança das quotas e demais receitas da Ordem é objeto de regulamento a ser aprovado pela assembleia geral.

7 – Os associados correspondentes pagam quotas com o valor correspondente a dois duodécimos das quotas previstas anualmente, salvo dispensa deliberada pelo conselho geral.

8 – O não pagamento das quotas, por prazo superior a 12 meses, deve ser comunicado ao órgão disciplinar competente, para efeitos de instauração de processo disciplinar.

ARTIGO 84º
Cobrança de taxas e outras quantias

1 – Compete à Ordem proceder à liquidação e cobrança das suas receitas, através dos órgãos competentes para o efeito, incluindo as quotas e taxas, bem como as multas e outras receitas obrigatórias.

2 – Em caso de não pagamento dentro dos prazos devidos é emitido aviso para pagamento no prazo de 15 dias.

3 – À cobrança coerciva de taxas ou outras quantias devidas à Ordem aplicam-se as regras do Código de Processo Civil.

4 – É considerado título executivo bastante a certidão de dívida passada pelo conselho geral da Ordem no que se refere a quotas, e às taxas devidas à caixa de compensações.

5 – A falta de pagamento de taxas, bem como das multas e outras receitas obrigatórias, pode ter como consequência a suspensão da prestação de serviços pela Ordem nos termos dos respetivos regulamentos.

ARTIGO 85º
Taxa pelos serviços de reforço de segurança documental

1 – Constitui, ainda, receita da Ordem, o valor das taxas pagas pelos associados e pelos profissionais referidos no artigo 139º, que sejam devidas pelos serviços de segurança documental dos documentos que emitem no exercício da sua atividade profissional.

2 – A receita referida no número anterior destina-se a fazer face aos encargos com o desenvolvimento, arquivo e a gestão dos mecanismos de reforço da segurança daqueles documentos.

3 – Para efeitos do disposto nos números anteriores, o associado ou o profissional previsto no artigo 139º entrega à Ordem o valor correspondente a 0,2% de uma unidade de conta processual, sempre que pratique cada um dos seguintes atos:

a) Citações e notificações sob a forma de citação;
b) Notificações avulsas ou similares, com igual efeito;
c) Certificações, autenticações e reconhecimentos;
d) Requerimentos em suporte de papel, que sejam apresentados perante qualquer autoridade pública ou administrativa, relativos à primeira intervenção em processo ou procedimento.

4 – Nos documentos em suporte de papel, o valor previsto no número anterior é pago no momento da aquisição, junto dos serviços da Ordem, dos selos de autenticação que devem ser apostos no documento emitido pelo associado com o objetivo de reforçar a segurança dos mesmos, designadamente dificultando a sua falsificação.

5 – O selo de autenticação é o sinal identificativo dos associados e profissionais referidos no artigo 139º, cujas características são definidas por regulamento a aprovar pela assembleia geral.

6 – Nos documentos desmaterializados, o valor previsto no nº 3, que pode ser reduzido a metade por deliberação da assembleia geral, é cobrado através de conta corrente, conforme regulamento aprovado pela assembleia geral, que defina os procedimentos necessários a garantir a data e a hora de geração do documento e a identidade de quem o produziu.

7 – Os valores referidos nos nºs 3 e 6 podem ser aumentados até 0,5% de uma unidade de conta processual, por deliberação da assembleia geral.

ARTIGO 86º
Finalidade das receitas

As receitas da Ordem são destinadas à prossecução dos seus fins estatutários.

ARTIGO 87º
Orçamento e tesouraria

1 – A Ordem tem um orçamento único, elaborado pelo conselho geral e aprovado pela assembleia geral, tendo por base as previsões de receitas e de despesas para o ano seguinte e as propostas de afetação de verbas de cada um dos órgãos.

2 – Os conselhos regionais e os colégios profissionais remetem até 15 de outubro, ao conselho geral, as suas propostas de afetação orçamental, incluindo aqui, em rubrica própria, as propostas das delegações distritais.

3 – A gestão financeira da Ordem compete ao conselho geral, que tem uma tesouraria única, a quem incumbe efetuar pagamentos e recebimentos e emitir certidões de dívida, podendo delegar, total ou parcialmente, esta competência nos órgãos regionais e locais.

ARTIGO 88º
Dotações orçamentais

1 – Cada um dos órgãos referidos nas alíneas *c*), *d*) e *g*) do nº 1, na alínea *b*) do nº 2 e na alínea *b*) do nº 3 do artigo 13º tem uma dotação orçamental mínima anual assegurada, podendo esta ser pontualmente alterada por deliberação da assembleia geral, conforme resulta do anexo ao presente Estatuto e que dele faz parte integrante.

2 – A atribuição da dotação referida a cada um dos colégios profissionais é calculada tendo por base o valor cobrado a título de quotas aos associados inscritos em cada colégio.

3 – A autorização de despesa com base nas dotações referidas no nº 1 pode ficar dependente da efetiva arrecadação das receitas que fundamentam a dotação, de modo a evitar a ocorrência de problemas de tesouraria.

TÍTULO II
Das atividades profissionais

CAPÍTULO I
Disposições gerais

ARTIGO 89º
Títulos profissionais de solicitador e de agente de execução

A atribuição do título profissional de solicitador ou de agente de execução e o exercício profissional destas atividades depende de inscrição como associado efetivo no colégio profissional respetivo da Ordem.

ARTIGO 90º
Associados

1 – Existem as seguintes categorias de associados da Ordem:

a) Efetivo;
b) Estagiário;
c) Honorário;
d) Correspondente.

2 – Sem prejuízo do disposto no nº 3 do artigo 58º, só os associados efetivos podem votar, ser eleitos e participar nas assembleias.

3 – A Ordem pode atribuir, dentro de cada colégio profissional, o título de especialista, nos termos de regulamento em que se definam:

a) As áreas de prática profissional específicas a que corresponde o título;

b) Os conhecimentos e a experiência profissional exigidos para a atribuição do título;

c) Os requisitos necessários à manutenção daquele título, designadamente em termos de infraestrutura afeta ao exercício da área de especialização e de formação contínua.

4 – Os associados regularmente inscritos num colégio profissional não carecem da atribuição do título de especialista para poderem exercer a respetiva atividade profissional.

ARTIGO 91º
Associado efetivo

1 – A admissão como associado efetivo depende da titularidade do grau académico de licenciado em solicitadoria ou direito e de ter sido aprovado nos estágios profissionais de acesso às profissões de solicitador ou agente de execução nos respetivos exames finais, consoante o colégio ou os colégios profissionais em que o candidato se pretenda inscrever.

2 – É admissível a inscrição em ambos os colégios profissionais.

ARTIGO 92º
Associado estagiário

1 – Tem a categoria de associado estagiário o candidato que, não estando inscrito definitivamente em qualquer um dos colégios profissionais, tenha sido admitido à realização de estágio num dos colégios.

2 – O associado inscrito definitivamente num colégio profissional que pretenda inscrever-se em outro colégio profissional como associado efetivo é considerado, em relação a este colégio profissional e até à obtenção do título profissional pretendido, associado estagiário.

ARTIGO 93º
Associado honorário

A assembleia geral pode atribuir a qualidade de associado honorário da Ordem a individualidades, instituições ou coletividades que, exercendo ou tendo exercido atividade de reconhecido interesse público, ou tendo contribuído para a dignificação e prestígio de profissão sujeita ao controle da Ordem, sejam considerados como merecedores de tal distinção, mediante proposta fundamentada do conselho geral.

ARTIGO 94º
Associado correspondente

1 – São associados correspondentes:

a) Os profissionais que, estando regularmente inscritos, requeiram a suspensão da sua atividade profissional e declarem pretender manter a sua inscrição como correspondentes;

b) As pessoas singulares ou coletivas a quem, em virtude da eventual conexão da atividade desenvolvida com as atribuições da Ordem, o conselho geral considere conveniente atribuir esta categoria, por um período de quatro anos;

c) As organizações associativas referidas no artigo 96º

2 – Os associados correspondentes têm direito a receber a revista e as comunicações públicas da Ordem.

3 – As associações referidas na alínea *c*) do nº 1 têm ainda o direito a ser apoiadas na prestação de serviços profissionais pela Ordem, sem prejuízo do pagamento das taxas que sejam definidas em regulamento.

ARTIGO 95º
Sociedades de profissionais

1 – Os solicitadores e os agentes de execução estabelecidos em território nacional podem exercer as respetivas profissões, constituindo-se ou ingressando em sociedades profissionais de solicitadores e de agentes de execução, podendo uma mesma sociedade ter ambos os objetos sociais, nos termos do presente Estatuto.

2 – As sociedades profissionais referidas no número anterior gozam dos direitos e estão sujeitas aos deveres aplicáveis aos profissionais associados efetivos da Ordem que sejam compatíveis com a sua natureza, estando nomeadamente sujeitas aos princípios e regras deontológicos constantes do presente Estatuto, bem como ao poder disciplinar da entidade competente.

3 – Os membros do órgão executivo das sociedades referidas no nº 1 devem respeitar os princípios e regras deontológicos, a autonomia técnica e científica e as garantias conferidas aos solicitadores e aos agentes de execução pela lei e pelo presente Estatuto.

4 – Os membros dos órgãos de administração de sociedades de solicitadores e ou de agentes de execução devem ser profissionais inscritos na respetiva Ordem.

5 – Sem prejuízo do disposto no nº 1, não são admissíveis quaisquer sociedades multidisciplinares que integrem solicitadores ou agentes de execução.

6 – Sem prejuízo das normas constantes do presente Estatuto, à constituição e funcionamento das sociedades de solicitadores e ou agentes de execução aplica-se o regime jurídico da constituição e funcionamento das sociedades de profissionais que estejam sujeitas a associações públicas profissionais.

7 – As sociedades devem optar, no momento da sua constituição, por um dos dois tipos seguintes, consoante o regime de responsabilidade por dívidas sociais a adotar, devendo a firma conter a menção ao regime adotado:

a) Sociedades de responsabilidade ilimitada, RI;
b) Sociedades de responsabilidade limitada, RL.

8 – A responsabilidade por dívidas sociais inclui as geradas por ações ou omissões imputadas a sócios, associados e estagiários, no exercício da profissão.

9 – Nas sociedades de responsabilidade ilimitada, os sócios respondem pessoal, ilimitada e solidariamente pelas dívidas sociais, sem prejuízo do disposto no número seguinte.

10 – Os credores da sociedade de responsabilidade ilimitada só podem exigir aos sócios o pagamento de dívidas sociais após a prévia excussão dos bens da sociedade.

11 – Nas sociedades de responsabilidade limitada, apenas a sociedade responde pelas dívidas sociais, até ao limite do seguro de responsabilidade civil obrigatório.

12 – Às sociedades de profissionais previstas no nº 1 aplica-se o regime fiscal previsto para as sociedades constituídas sob a forma comercial.

ARTIGO 96º
Organizações associativas de profissionais de outros Estados membros da União Europeia e do Espaço Económico Europeu

1 – As organizações associativas de profissionais equiparados a solicitadores constituídas noutro Estado membro da União Europeia e do Espaço Económico Europeu cujo capital e direitos de voto caibam exclusivamente àqueles profissionais, podem inscrever as respetivas representações permanentes em Portugal, como sociedades profissionais, desde que exista um sistema de reciprocidade no respetivo país.

2 – As entidades referidas no número anterior são, enquanto tal, equiparadas a sociedades profissionais de solicitadores para efeitos da presente lei, e aplica-se-lhes, com as devidas adaptações, o disposto no nº 4 do artigo anterior.

3 – Os requisitos de capital referidos no nº 1 não são aplicáveis caso, de acordo com a forma jurídica adotada pela organização associativa em causa, esta não disponha de capital social, aplicando-se, em seu lugar, o requisito de atribuição dos direitos de voto aos profissionais ali referidos.

4 – O disposto nos números anteriores não se aplica a organizações associativas constituídas noutro Estado membro da União Europeia ou do Espaço Económico Europeu que reúnam profissionais equiparados a agentes de execução.

ARTIGO 97º
Domicílio profissional

1 – Cada inscrito na Ordem indica o respetivo domicílio profissional.

2 – O disposto no número anterior não impede a existência de escritórios secundários.

3 – A todos os associados efetivos, bem como aos estagiários, é atribuído um endereço de correio eletrónico e um certificado digital de assinatura e autenti-

cação, nos termos e nas condições determinados em regulamento aprovado pela assembleia geral.

ARTIGO 98º
Comunicações da Ordem aos seus associados

1 – As comunicações e as notificações de decisões ou deliberações de órgãos da Ordem aos seus associados são feitas, preferencialmente, por via eletrónica, nos termos a definir em regulamento aprovado pela assembleia geral.

2 – As comunicações e notificações, quando remetidas em suporte de papel, são endereçadas para o domicílio profissional e, quando remetidas em suporte eletrónico, para o endereço de correio eletrónico fornecido pela Ordem.

ARTIGO 99º
Formação contínua

1 – Os associados com inscrição em vigor devem frequentar periodicamente ações de formação contínua, com vista a assegurar o permanente acompanhamento da evolução teórica e prática do exercício da atividade, nos termos a definir em regulamento aprovado pela assembleia geral, sob proposta de cada um dos colégios profissionais.

2 – O regulamento referido no número anterior pode impor a realização de provas periódicas para a manutenção do exercício da atividade profissional de agente de execução ou para o uso de título de especialista.

ARTIGO 100º
Listas públicas dos associados e dos prestadores em livre prestação de serviços

1 – A Ordem deve manter listas públicas atualizadas, acessíveis no seu sítio na Internet, destinadas a dar a conhecer a todos os interessados informação relativa aos profissionais e sociedades aptas a exercer as funções de solicitador e de agente de execução em território nacional.

2 – Das listas constam obrigatoriamente as seguintes informações:

a) Identificação profissional dos associados efetivos e estagiários, com indicação da atividade profissional exercida e especializações reconhecidas, domicílio profissional, eventuais escritórios secundários, número de cédula profissional, número fiscal, endereço de correio eletrónico obrigatório, contacto telefónico, datas de inscrição como associado efetivo e de associado dos colégios e número de apólice de seguro profissional ou garantia ou instrumento equivalente, quando obrigatório;

b) No que se refere especificamente a profissionais, ainda os cargos assumidos na Ordem;

c) No que se refere especificamente a sociedades de profissionais, ainda os seus números de registo, de identificação de pessoa coletiva, sócios profissionais, associados, gerentes ou administradores e capital social;

d) Identificação dos prestadores, equiparados a solicitadores, em regime de livre prestação de serviços em território nacional, com indicação dos domicílios profissionais referidos nos nºs 3 e 4 do artigo 139º, a associação pública profissional de origem e da organização associativa de profissionais a que pertençam nesse mesmo Estado membro;

e) Identificação dos associados cuja inscrição tenha sido cancelada, ou suspensa por motivos disciplinares, com a indicação do nome ou firma profissional, cédula, número de identificação fiscal, último domicílio profissional, bem como identificação do associado responsável pela eventual liquidação do escritório ou sociedade;

f) Registo das sociedades extintas, ou em liquidação, com a indicação do número de identificação de pessoa coletiva, da última sede e dos últimos gerentes, administradores ou liquidatários;

g) Identificação dos associados relativamente aos quais tenha sido decretada a suspensão de designação para novos processos, prevista no artigo 167º

3 – Compete ao conselho geral regulamentar a inserção de informação adicional, bem como a definição das regras de retificação, correção ou atualização dos dados constantes da lista e a forma de identificação de colaboradores ou serviços conexos com as atividades profissionais.

ARTIGO 101º
Arquivos de documentos de associados e da Ordem

1 – Quando não tenham sido transmitidos a outra sociedade ou associado, a Ordem deve promover a manutenção em arquivo dos documentos autênticos, autenticados, ou de importância similar, depositados em exclusivo junto de solicitadores ou agentes de execução ou de sociedades profissionais que, consoante os casos aplicáveis, tenham falecido, ficado incapazes de exercer a profissão, requerido a cessação das funções no colégio profissional, sido interditos definitivamente do exercício da atividade profissional ou suspensos por período superior a dois anos.

2 – Consideram-se incluídos nos documentos referidos no número anterior:

a) Os documentos existentes no acervo documental de solicitadores, cuja manutenção em arquivo seja imposta por lei, designadamente os documentos particulares autenticados e os documentos submetidos eletronicamente em atos de registo cujo original não esteja em arquivo público;

b) No que se refere a agentes de execução, os títulos executivos cujo original não esteja em arquivo público, os títulos de transmissão de bens e os documentos de citação ou notificação avulsa subscritos pelos citandos, notificandos ou por terceiros.

3 – Compete à assembleia geral regulamentar a organização e transmissão do arquivo, dos associados e da Ordem, definindo:

a) Os documentos que devem ser mantidos em suporte físico e simultaneamente em suporte digital e os que podem constar exclusivamente de suporte digital;

b) O prazo mínimo de arquivo dos suportes físicos;

c) A forma de transmissão do arquivo a favor de solicitadores, agentes de execução ou das respetivas sociedades;

d) A forma e as garantias necessárias à eventual contratação de entidades que assegurem a manutenção destes arquivos;

e) As medidas cautelares a adotar para organizar o arquivo de qualquer associado que esteja em risco de perda ou deterioração.

4 – Compete ainda à assembleia geral definir as taxas devidas pela prestação dos seguintes serviços, a suportar por quem deles beneficia:

a) Arquivo dos documentos dos associados que não estejam incluídos no nº 1 e pretendam usar estes serviços;

b) Avaliação da massa documental e arquivo dos documentos;

c) Emissão de certidões e cópias de documentos arquivados em suporte físico ou digital.

5 – Decorridos os prazos obrigatórios de manutenção de arquivos regulados no presente artigo, a Ordem deve promover a destruição dos documentos cujo arquivamento se revele inútil, sem prejuízo da eventual entrega em depósito ou arquivo da responsabilidade do Estado.

CAPÍTULO II
Incompatibilidades, impedimentos e inscrição

SECÇÃO I
Incompatibilidades e impedimentos

ARTIGO 102º
Incompatibilidades genéricas

1 – Para além das incompatibilidades específicas para cada atividade profissional, são incompatíveis com o exercício de qualquer das atividades profissionais reguladas no presente Estatuto os seguintes cargos, funções e atividades:

a) Titular ou membro de órgão de soberania, os representantes da República para as regiões autónomas, os membros do Governo Regional das regiões autónomas, os presidentes, vice-presidentes ou substitutos legais dos presidentes e vereadores a tempo inteiro ou em regime de meio tempo das câmaras municipais e, bem assim, respetivos adjuntos, assessores, secretários, trabalhadores com vínculo de emprego público ou outros contratados dos respetivos órgãos, gabinetes ou serviços, sem prejuízo do disposto na alínea *a*) do número seguinte;

b) Membro do Tribunal Constitucional e respetivos adjuntos, trabalhadores com vínculo de emprego público ou contratados;

c) Membro do Tribunal de Contas e os respetivos adjuntos, trabalhadores com vínculo de emprego público ou contratados;

d) Provedor de Justiça e os respetivos adjuntos, trabalhadores com vínculo de emprego público ou contratados do respetivo serviço;

e) Magistrado, ainda que não integrado em órgão ou função jurisdicional;

f) Assessor, administrador, trabalhador com vínculo de emprego público ou contratado de qualquer tribunal;

g) Notário ou conservador de registos e os trabalhadores ou contratados do respetivo serviço;

h) Gestor público;

i) Trabalhador com vínculo de emprego público ou contratado de quaisquer serviços ou entidades que possuam natureza pública ou prossigam finalidades de interesse público, de natureza central, regional ou local;

j) Membro de órgão de administração, executivo ou diretor com poderes de representação orgânica das entidades indicadas na alínea anterior;

k) Membro das Forças Armadas ou militarizadas;

l) Revisor oficial de contas ou técnico oficial de contas e trabalhadores ou contratados do respetivo serviço;

m) Administrador judicial ou liquidatário judicial ou pessoa que exerça idênticas funções;

n) Mediador imobiliário e os trabalhadores ou contratados do respetivo serviço.

2 – As incompatibilidades referidas no número anterior verificam-se qualquer que seja o título, designação, natureza e espécie de provimento, modo de remuneração e, em geral, qualquer que seja o regime jurídico do respetivo cargo, função ou atividade, com exceção das seguintes situações:

a) Dos membros da Assembleia da República, bem como dos respetivos adjuntos, assessores, secretários, trabalhadores com vínculo de emprego público ou outros contratados dos respetivos gabinetes ou serviços;

b) Dos que estejam aposentados, reformados, em situação de inatividade, com licença ilimitada ou na reserva;

c) Dos trabalhadores em funções públicas providos em cargo de solicitador, expressamente previstos nos quadros orgânicos do correspondente serviço e dos contratados para o mesmo efeito, sem prejuízo dos impedimentos que constem do presente Estatuto;

d) Dos docentes;

e) Dos que estejam contratados em regime de prestação de serviços.

3 – É permitido o exercício da atividade de solicitadoria às pessoas indicadas nas alíneas *i*) e *j*) do nº 1, quando esta seja prestada em regime de subordinação e em exclusividade, ao serviço de quaisquer das entidades previstas nas referidas alíneas.

4 – É ainda permitido o exercício da atividade de solicitadoria às pessoas indicadas nas alíneas *i*) e *j*) do nº 1 quando providas em cargos de entidades ou estru-

turas com caráter temporário, sem prejuízo do disposto no estatuto do pessoal dirigente dos serviços e organismos da administração central, regional e local do Estado.

ARTIGO 103º
Impedimentos

1 – Os impedimentos diminuem a amplitude do exercício da profissão quando a sua independência possa ser, direta ou indiretamente, afetada por interesses conflituantes e, para solicitadores, constituem incompatibilidades relativas do mandato forense e da consulta jurídica, tendo em vista determinada relação com o cliente, com os assuntos em causa ou por inconciliável disponibilidade para a profissão.

2 – Para além dos impedimentos especificamente previstos para cada uma das atividades profissionais, o associado está impedido de:

a) Exercer funções para pessoa diversa da entidade com a qual tenha vínculo, nos casos previstos na alínea *c*) do nº 2 do artigo anterior;

b) Exercer a sua atividade profissional para entidades às quais preste, ou tenha prestado, nos últimos três anos, serviços de juiz de paz, administrador judicial, mediador, leiloeiro, revisor oficial de contas ou técnico oficial de contas;

c) Praticar atos profissionais e mover qualquer influência junto de entidades, públicas ou privadas, onde desempenhe ou tenha desempenhado funções cujo exercício possa suscitar, em concreto, uma incompatibilidade, se aqueles atos ou influências entrarem em conflito com as regras deontológicas contidas no presente Estatuto.

3 – Os associados que sejam membros das assembleias representativas das autarquias locais, bem como os respetivos adjuntos, assessores, secretários, trabalhadores com vínculo de emprego público ou outros contratados dos respetivos gabinetes ou serviços, estão impedidos, em qualquer foro, de patrocinar, diretamente ou por intermédio de sociedade de que sejam sócios, ações contra as respetivas autarquias locais, bem como de intervir em qualquer atividade da assembleia a que pertençam sobre assuntos em que tenham interesse profissional diretamente ou por intermédio de sociedade a que pertençam.

4 – Os associados referidos na alínea *a*) do nº 2 do artigo anterior estão impedidos, em qualquer foro, de patrocinar ações pecuniárias contra o Estado.

5 – Os associados a exercer funções de vereador sem tempo atribuído estão impedidos, em qualquer foro, de patrocinar, diretamente ou por intermédio de sociedade de que sejam sócios, ações contra a respetiva autarquia, bem como de intervir em qualquer atividade do executivo a que pertençam sobre assuntos em que tenham interesse profissional diretamente ou por intermédio de sociedade de advogados a que pertençam.

6 – Havendo dúvida sobre a existência de qualquer impedimento, que não haja sido logo assumido pelo associado, compete ao respetivo colégio decidir.

SECÇÃO II
Inscrição

ARTIGO 104º
Cédula profissional

1 – Ao associado inscrito é entregue uma cédula profissional por cada colégio em que se encontre inscrito, a qual serve de prova da inscrição na Ordem e do direito ao uso do título profissional de solicitador ou de agente de execução.

2 – As cédulas profissionais são emitidas pelo conselho geral.

3 – Compete à assembleia geral regulamentar o formato e conteúdo das cédulas referidas nos números anteriores.

4 – No caso de o associado integrar uma sociedade profissional ou entidade equiparada, da cédula profissional referida no nº 2 consta a identificação daquela.

ARTIGO 105º
Requisitos de inscrição na Ordem

1 – São requisitos para a inscrição de profissionais na Ordem, além da aprovação no estágio e respetivo exame final:

a) A titularidade do grau de licenciatura em solicitadoria ou em direito ou de um grau académico superior estrangeiro no domínio da solicitadoria ou do direito a que tenha sido conferida equivalência a um daqueles graus;

b) Não se encontrar em nenhuma situação de incompatibilidade para o exercício da profissão;

c) Não se encontrar judicialmente interdito do exercício da atividade profissional nem, sendo pessoa singular, judicialmente interdito ou declarado inabilitado;

d) Não ser considerado inidóneo para o exercício da atividade profissional, nos termos do artigo seguinte.

2 – A inscrição no colégio profissional de solicitadores, por parte de profissionais cujas qualificações tenham sido obtidas em Portugal pressupõe ainda:

a) Informação favorável de estágio prestada pelo patrono ou pelos centros de estágio;

b) Apresentação de requerimento de inscrição no colégio até cinco anos após a conclusão do estágio com aproveitamento.

3 – São, ainda, requisitos de inscrição no colégio dos agentes de execução:

a) Ter nacionalidade portuguesa;

b) Não ter sido, nos últimos 10 anos, inscrito em lista pública de devedores legalmente regulada;

c) Ter concluído, com aproveitamento, o estágio de agente de execução;

d) Requerer a inscrição no colégio até três anos após a conclusão do estágio com aproveitamento;

e) Tendo sido agente de execução há mais de três anos, submeter-se ao exame previsto no nº 3 do artigo 115º e obter parecer favorável da CAAJ.

4 – A inscrição de profissionais provenientes da União Europeia ou do Espaço Económico Europeu no colégio dos solicitadores efetua-se nos termos da Lei nº 9/2009, de 4 de março, alterada pelas Leis nºs 41/2012, de 28 de agosto, e 25/2014, de 2 de maio.

5 – A inscrição das sociedades profissionais de solicitadores, e das organizações associativas de solicitadores referidas no artigo 96º segue os termos prescritos no regime jurídico da constituição e funcionamento das sociedades de profissionais que estejam sujeitas a associações públicas profissionais.

ARTIGO 106º
Restrições ao direito de inscrição

1 – Sem prejuízo do disposto no número seguinte, a inscrição é recusada a quem não preencha os requisitos previstos no artigo anterior.

2 – A inscrição pode ser recusada ou cancelada ao associado considerado inidóneo para o exercício da atividade profissional, sem prejuízo das demais situações suscetíveis de motivar a suspensão ou o cancelamento da inscrição previstas no presente Estatuto.

3 – Sem prejuízo do disposto no nº 5, considera-se inidóneo para o exercício da atividade profissional quem, nomeadamente, tenha sido:

a) Condenado, por decisão nacional ou estrangeira transitada em julgado, pela prática de crime desonroso para o exercício da profissão;

b) Declarado, há menos de 15 anos, por decisão nacional ou estrangeira transitada em julgado, insolvente ou responsável por insolvência de empresa por si dominada ou de cujos órgãos de administração ou fiscalização tenha sido membro;

c) Sujeito a pena disciplinar superior a pena de multa no exercício das funções de trabalhador em funções públicas ou equiparado, advogado ou associado de diferente colégio profissional ou associação pública profissional.

4 – Para efeitos do disposto na alínea *a*) do número anterior, consideram-se crimes desonrosos para o exercício da profissão, designadamente, os crimes de furto, roubo, burla, burla informática e nas comunicações, extorsão, abuso de confiança, recetação, infidelidade, falsificação, falsas declarações, insolvência dolosa, frustração de créditos, insolvência negligente, favorecimento de credores, emissão de cheques sem provisão, abuso de cartão de garantia ou de crédito, apropriação ilegítima de bens do sector público ou cooperativo, administração danosa em unidade económica do sector público ou cooperativo, usura, suborno, corrupção, tráfico de influência, peculato, receção não autorizada de depósitos ou outros fundos reembolsáveis, prática ilícita de atos ou operações inerentes à atividade seguradora ou dos fundos de pensões, fraude fiscal ou outro crime tributário, branqueamento de capitais ou crime previsto no Código das Sociedades Comerciais ou no

Código dos Valores Mobiliários, bem como os previstos na alínea *i*) do artigo 55º do Código dos Contratos Públicos.

5 – A verificação de uma das situações previstas no nº 3 não afeta a idoneidade de todos aqueles que tenham sido reabilitados, nem impede o órgão competente de considerar, de forma justificada, que estão reunidas as condições de idoneidade para o exercício da atividade profissional, tendo em conta, nomeadamente, o tempo decorrido desde a prática dos factos.

6 – O processo para averiguação de inidoneidade para o exercício da profissão é instaurado nos mesmos termos em que o são os processos disciplinares, seguindo os seus trâmites, com as necessárias adaptações.

7 – A recusa ou o cancelamento de inscrição por falta de idoneidade exige uma votação por maioria qualificada de dois terços dos votos dos membros do órgão competente.

8 – Sempre que o órgão competente considere existir uma situação de inidoneidade para o exercício da atividade profissional, deve justificar de forma fundamentada as razões de facto e de direito em que baseia o seu juízo de inidoneidade, comunicando a sua decisão ao conselho geral, para efeitos de atualização do registo da lista de associados.

9 – Da deliberação final cabe recurso, nos termos previstos para as decisões em matéria disciplinar.

ARTIGO 107º
Formalidades do pedido de inscrição

1 – O pedido de inscrição é instruído e apresentado ao respetivo conselho profissional, o qual pode delegar esta função em órgãos regionais ou locais.

2 – Compete ao conselho profissional emitir parecer sobre a inscrição, cabendo ao conselho geral a decisão e o respetivo registo.

3 – Da decisão de recusa de inscrição cabe recurso para o conselho superior.

4 – Compete à assembleia geral aprovar o regulamento de inscrição e as respetivas taxas, devendo o mesmo prever, designadamente, os documentos a apresentar obrigatoriamente pelo candidato, incluindo declaração escrita em que ateste que dispõe da aptidão necessária para o exercício da atividade profissional e que não se encontra em nenhuma das situações referidas no nº 2 do artigo anterior.

ARTIGO 108º
Inscrição e início de funções de agente de execução

1 – O agente de execução estabelecido em território nacional só pode iniciar funções após:

a) Dispor das estruturas e meios informáticos mínimos, definidos por regulamento aprovado pela assembleia geral;

b) A prestação de juramento solene perante o presidente do tribunal da Relação e o representante do conselho profissional de agentes de execução, em que assuma o compromisso de cumprir as funções de agente de execução nos termos da lei e do presente Estatuto.

2 – A ata do auto de juramento deve ser subscrita pelos empossantes e empossados.

3 – Pode ser autorizada a abertura de escritórios secundários, nos termos a estabelecer em regulamento da assembleia geral.

4 – A existência de escritórios secundários dos agentes de execução e das respetivas sociedades é sujeita ao pagamento de uma taxa anual, de valor correspondente a uma unidade de conta processual, que constitui receita da CAAJ.

ARTIGO 109º
Emissão do diploma e da cédula profissional

Feita a inscrição, são emitidos, pelo conselho geral, o diploma e a cédula profissional, sendo aquele subscrito pelo bastonário e pelo presidente do conselho profissional onde o associado foi inscrito.

SECÇÃO III
Suspensão da inscrição

ARTIGO 110º
Causas de suspensão da inscrição

1 – A inscrição na Ordem é suspensa quando o associado:

a) For punido com sanção disciplinar de suspensão;

b) For suspenso preventivamente em processo disciplinar;

c) Não der cumprimento, no prazo fixado, à decisão do processo disciplinar, nos termos definidos no regulamento disciplinar;

d) Não pagar as suas quotas à Ordem, por um período superior a 12 meses e se apurar, em processo disciplinar, que o incumprimento é culposo;

e) Requerer a suspensão;

f) Seja declarado judicialmente interdito ou inabilitado.

2 – A suspensão prevista nas alíneas *a*) e *b*) do número anterior, aplicada ao associado inscrito em mais do que um colégio profissional, é comunicada ao presidente do conselho profissional do outro colégio profissional, assim como ao órgão disciplinar competente, para efeito de aferição da manutenção de idoneidade profissional para o exercício dessa outra atividade profissional.

ARTIGO 111º
Casos de cessação da suspensão

A suspensão da inscrição cessa quando:

a) Nos casos previstos na alínea *a*) do nº 1 do artigo anterior, se encontre cumprida a sanção disciplinar de suspensão;

b) Nos casos previstos na alínea *b*) do nº 1 do artigo anterior, o associado seja absolvido ou condenado em sanção disciplinar que não implique o cancelamento ou a suspensão da inscrição;

c) Nos casos previstos nas alíneas *c*) e *d*) do nº 1 do artigo anterior, for cumprida a decisão ou efetuado o pagamento;

d) Nos casos previstos na alínea *e*) do nº 1 do artigo anterior, forem cumpridas as formalidades previstas para a cessação da suspensão por iniciativa própria, previstas no artigo 116º;

e) Nos casos previstos na alínea *f*) do nº 1 do artigo anterior, for judicialmente declarada o fim da interdição ou inabilitação.

ARTIGO 112º
Suspensão por iniciativa própria

1 – O associado pode requerer, com motivo fundamentado, a suspensão da sua inscrição, em cada um dos colégios profissionais em que esteja inscrito e nos termos e condições previstos no presente Estatuto.

2 – O associado deve requerer a suspensão da sua inscrição, em cada um dos colégios profissionais em que esteja inscrito e nos termos e condições previstos no presente Estatuto, assim que deixe de preencher qualquer um dos requisitos de inscrição previstos no artigo 105º.

3 – Se, em resultado do pedido de suspensão, o associado deixar de estar inscrito em qualquer dos colégios, a inscrição na Ordem é automaticamente suspensa e publicitada na lista a que se refere o artigo 100º.

4 – Incumbe ao associado que requer a sua suspensão assegurar a transmissão do seu arquivo, dos valores de terceiros depositados em contas-cliente, dos bens de que seja depositário e dos processos que esteja a tramitar a favor de outro colega, ou sociedade que manifeste a sua aceitação.

5 – No caso de a transmissão não ser efetuada, e sem prejuízo da responsabilidade disciplinar que ao caso caiba, o associado está sujeito ao pagamento das taxas compensatórias à Ordem pelo custo dos serviços de transferência.

6 – A assembleia geral regula a forma de transmissão referida no nº 4 e as taxas a liquidar.

ARTIGO 113º
Inibição do exercício da profissão para associados com a inscrição suspensa

A suspensão da inscrição nos colégios profissionais inibe o exercício da atividade profissional respetiva.

ARTIGO 114º
Cancelamento da inscrição

É cancelada a inscrição:

a) Por falecimento do associado ou, quando se trate de pessoa coletiva ou equiparada, sua extinção;

b) Quando aplicada a sanção disciplinar de interdição definitiva do exercício da atividade profissional;

c) Quando o associado seja considerado inidóneo para o exercício da atividade profissional;

d) A requerimento do interessado.

ARTIGO 115º
Nova inscrição

1 – Sem prejuízo do disposto no número seguinte, quem requeira nova inscrição fica obrigado a cumprir os requisitos exigíveis para o acesso à atividade à data do novo pedido, previstos nos nºs 1 e 3 do artigo 105º

2 – Não estão abrangidos pelo previsto no número anterior os associados que tenham a sua inscrição cancelada há menos de 10 anos.

3 – Aquele que pretenda reinscrever-se deve submeter-se a um exame de avaliação sobre a atualização dos seus conhecimentos e competências, não sendo exigível a realização do estágio quando, no período temporal que precede a apreciação do pedido de reinscrição, não tenha exercido a sua atividade por um período ininterrupto superior a:

a) Cinco anos no caso de solicitador;

b) Três anos no caso de agente de execução.

4 – Os exames referidos no número anterior são regulamentados pela assembleia geral, ouvidos os conselhos profissionais.

ARTIGO 116º
Cessação da suspensão por iniciativa própria

1 – Sem prejuízo do disposto no artigo anterior, a suspensão da inscrição cessa a requerimento do interessado, do qual consta a declaração expressa de que não se encontra em situação de incompatibilidade.

2 – A declaração prevista no número anterior não prejudica a obtenção, por parte da Ordem, de outras informações ou documentos complementares necessários para comprovar o declarado.

3 – O pedido de cessação da suspensão da inscrição por iniciativa própria é dirigido ao bastonário.

4 – Com o pedido é paga a respetiva taxa.

ARTIGO 117º
Apreensão da cédula e dos selos profissionais

A Ordem providencia para que sejam apreendidos a cédula e os selos profissionais ao associado que tenha sido suspenso ou a quem tenha sido cancelada a inscrição, notificando-o para proceder à sua entrega no prazo de 15 dias, sob pena de, sem prejuízo do procedimento judicial adequado, dar publicidade pelos meios julgados convenientes e junto dos tribunais e de outros serviços do Estado ou de quaisquer entidades públicas ou privadas, de que o associado não procedeu à entrega daqueles documentos e dos factos que motivaram a necessidade de tal apreensão.

CAPÍTULO III
Direitos e deveres profissionais

SECÇÃO I
Princípios gerais

ARTIGO 118º
Das garantias em geral

1 – Os magistrados, os órgãos de polícia criminal e os trabalhadores em funções públicas devem assegurar aos solicitadores e agentes de execução, quando no exercício da profissão, tratamento compatível com a dignidade e as condições adequadas ao cabal desempenho das suas funções.

2 – Os solicitadores e agentes de execução, no exercício da profissão, têm preferência no atendimento e direito de ingresso nas secretarias judiciais e noutros serviços públicos, nos termos da lei.

ARTIGO 119º
Independência

Os associados, no exercício das suas funções, mantêm sempre e em quaisquer circunstâncias a sua independência, devendo agir livres de qualquer pressão, especialmente a que resulte dos seus próprios interesses ou de influências exteriores, abstendo-se de negligenciar a deontologia profissional no intuito de agradar ao seu cliente, aos seus colegas, ao tribunal, a exequentes, a executados, aos seus mandatários ou a terceiros.

ARTIGO 120º
Imposição de selos, arrolamentos e buscas em escritórios

1 – A imposição de selos, o arrolamento, as buscas e outras diligências equivalentes no escritório de solicitadores ou de agentes de execução ou em qualquer outro local onde mantenham arquivo, assim como a interceção e a gravação de conversações ou comunicações efetuadas através de telefone ou endereço eletrónico, utilizados pelos associados no exercício da profissão, constantes do registo da Ordem, só podem ser decretados e presididos pelo juiz competente.

2 – Com a necessária antecedência, o juiz deve convocar para as diligências referidas no número anterior o associado a elas sujeito e o presidente do conselho regional, o qual pode delegar noutro membro do conselho.

3 – O juiz deve convocar para a apreensão de processos de agentes de execução a CAAJ.

4 – Na falta de comparência do representante da Ordem e da CAAJ ou havendo urgência incompatível com os trâmites dos números anteriores, o juiz deve nomear qualquer associado que possa comparecer imediatamente, de preferência de entre os que hajam feito parte dos órgãos da Ordem ou, quando não seja possível, o que for indicado pelo associado a quem as instalações ou arquivo pertencerem.

5 – Às diligências referidas nos nºs 2 e 3 são admitidos também, quando se apresentem ou o juiz os convoque, os familiares ou empregados do associado interessado.

6 – Até à comparência do representante da Ordem podem ser tomadas as providências indispensáveis para que se não inutilizem ou desencaminhem quaisquer papéis ou objetos.

7 – O auto de diligência faz expressa menção das pessoas presentes, bem como de quaisquer ocorrências sobrevindas no seu decurso.

ARTIGO 121º
Integridade

1 – O solicitador e o agente de execução são indispensáveis à realização de tarefas de interesse público e à administração da justiça e, como tal, devem ter um comportamento público e profissional adequados à dignidade e à responsabilidade associadas às funções que exercem, cumprindo pontual e escrupulosamente os deveres consagrados no presente Estatuto e todos aqueles que as demais disposições legais e regulamentares, os usos, os costumes e as tradições profissionais lhes imponham.

2 – São deveres gerais de conduta profissional o cumprimento do código de ética e deontologia de conduta profissional, designadamente a honestidade, a probidade, a retidão, a lealdade, a cortesia, a pontualidade e a sinceridade.

3 – O solicitador e o agente de execução têm a obrigação de atuar com zelo e diligência relativamente a todas as questões ou processos que lhes sejam confiados e proceder com urbanidade para com os colegas, magistrados, advogados e quaisquer trabalhadores.

ARTIGO 122º
Contas-cliente

1 – As quantias detidas por associado, ou sociedade profissional deste, por conta dos seus clientes ou de terceiros, que lhe sejam confiadas ou destinadas a despesas, devem ser depositadas em conta ou contas abertas em instituição de crédito em seu nome ou da sociedade profissional que integre e identificadas como contas-cliente.

2 – As quantias depositadas em contas-cliente não constituem património próprio do associado, sendo as contas-cliente patrimónios autónomos.

3 – As contas-cliente são abertas em qualquer instituição de crédito que efetue protocolo para esse efeito com a Ordem e pelo qual aceite submeter-se às normas estatutárias e regulamentares sobre esta matéria.

4 – As condições de movimentação das contas-cliente, as normas de registo de movimentos e da sua liquidação são regulamentadas em termos gerais e por especialidade pela assembleia geral, devendo ser diferenciadas no caso de o associado ter mais do que uma especialidade.

5 – A conta-cliente pressupõe um registo rigoroso dos movimentos efetuados relativamente a cada cliente, e a cada processo, sendo disponibilizado esse registo ao cliente sempre que este o solicite.

6 – No âmbito de processo disciplinar, o associado pode ser notificado para apresentar o registo das contas-cliente.

7 – É instaurado processo disciplinar no caso de se verificar falta de provisão em qualquer das contas-cliente ou se houver indícios de irregularidade na respetiva movimentação.

8 – No caso previsto no número anterior, o órgão disciplinar competente determina as medidas cautelares que considere necessárias, podendo ordenar a suspensão preventiva do associado e designando outro associado que assuma a responsabilidade da gestão das respetivas contas-cliente.

ARTIGO 123º
Responsabilidade civil profissional

1 – O associado com inscrição em vigor deve celebrar e manter um seguro de responsabilidade civil profissional, tendo em conta a natureza e o âmbito dos riscos inerentes à sua atividade, por um capital de montante não inferior ao que seja fixado pelo conselho geral, sem prejuízo do regime especialmente aplicável às sociedades e do disposto no artigo 38º da Lei nº 2/2013, de 10 de janeiro.

2 – O seguro de responsabilidade civil profissional tem que cobrir as responsabilidades profissionais pelos seguintes valores mínimos:

a) De 100.000 euros no caso de solicitadores;

b) De 100.000 euros quando se trate de agentes de execução ou o correspondente a 50% do valor da faturação do ano anterior, caso seja superior a € 100 000.

3 – As sociedades profissionais com responsabilidade limitada devem celebrar e manter um seguro de responsabilidade civil profissional no valor mínimo de € 200 000, não podendo ser inferior a 50% do valor da faturação da sociedade no ano anterior, com um limite máximo de € 5 000 000.

4 – O solicitador ou agente de execução que comprove que exerce a sua atividade profissional exclusivamente no âmbito de uma sociedade profissional de responsabilidade limitada com o seguro em vigor, nos termos estatutários, não é obrigado a manter o seguro referido no nº 1.

5 – Quando a responsabilidade civil profissional do associado se fundar na mera culpa, o montante da indemnização tem como limite máximo o correspondente ao fixado para o seguro no nº 2.

6 – Por regulamento aprovado pela assembleia geral, os custos dos seguros referidos no presente artigo podem ser suportados, total ou parcialmente, pela

Ordem, relativamente aos associados que não tenham dívidas de qualquer natureza para com a Ordem.

SECÇÃO II
Relações com terceiros

ARTIGO 124º
Deveres para com a comunidade

1 – O solicitador e o agente de execução estão obrigados a pugnar pela boa aplicação do direito, pela rápida administração da justiça e pelo aperfeiçoamento do exercício da profissão.

2 – Em especial, constituem deveres gerais do associado:

a) Usar de urbanidade e de educação na relação com colegas, magistrados, advogados, trabalhadores e demais pessoas ou entidades com quem tenham contacto profissional;

b) Recusar o exercício de funções quando suspeitar seriamente que a operação ou atuação jurídica em causa visa a obtenção de resultados ilícitos e que o interessado não pretende abster-se de tal atuação;

c) Recusar-se a receber e movimentar fundos que não correspondam estritamente a uma questão que lhe tenha sido confiada;

d) Ser rigoroso na gestão dos valores que lhe são confiados ou que administra no exercício das suas funções;

e) Diligenciar no sentido do pagamento dos honorários e de demais quantias devidas aos colegas que o antecederam no mandato ou nas funções que lhe foram confiadas;

f) Não fazer publicidade fora dos limites previstos no presente Estatuto;

g) Não solicitar nem angariar clientes por si ou por interposta pessoa, sem prejuízo do disposto no artigo 128º;

h) Usar trajo profissional de acordo com o respetivo regulamento;

i) Não recusar a aceitação do processo para que tenha sido designado oficiosamente, salvo por motivo de impedimento ou suspeição;

j) Ter domicílio profissional, comunicando de imediato ao conselho geral a sua alteração, devendo a Ordem regulamentar as suas características essenciais em função da atividade profissional exercida;

k) Manter os empregados forenses registados na Ordem, nos termos do regulamento aprovado pela assembleia geral;

l) Não agir contra o direito, não usar meios ou expedientes ilegais ou dilatórios, nem promover diligências inúteis ou prejudiciais para a correta aplicação do direito, administração da justiça e descoberta da verdade;

m) Cumprir as regras de fixação de honorários, questionando os órgãos competentes da Ordem quanto à aplicação dos mesmos, sempre que tenha dúvidas sobre a sua aplicação;

n) Manter os seus conhecimentos atualizados, designadamente através do acompanhamento das alterações legislativas e regulamentares.

ARTIGO 125º
Deveres para com a Ordem

Constituem deveres do associado para com a Ordem:

a) Não prejudicar os fins e o prestígio da Ordem e de qualquer das atividades profissionais reguladas pela Ordem;

b) Observar escrupulosamente o disposto no código de deontologia da Ordem;

c) Colaborar na prossecução das atribuições da Ordem;

d) Exercer os cargos para que tenha sido eleito ou nomeado e desempenhar os mandatos que lhe forem confiados;

e) Declarar no ato de inscrição, para efeito de verificação de incompatibilidade, qualquer cargo ou atividade profissional que exerça e que possa consubstanciar uma incompatibilidade nos termos do presente Estatuto;

f) Requerer, no prazo de 30 dias, a suspensão da inscrição na Ordem quando ocorrer incompatibilidade superveniente;

g) Informar a Ordem da ocorrência de quaisquer circunstâncias que indiciem a falta de idoneidade exigida para o exercício das suas funções;

h) Pagar pontualmente as quotas, as taxas devidas pela prestação de serviços pela Ordem e outras quantias, designadamente as decorrentes da aplicação de penas pecuniárias ou sanções acessórias, devidas à Ordem, que sejam estabelecidas no presente Estatuto ou nas demais disposições legais e regulamentares aplicáveis;

i) Dirigir com empenho o estágio dos associados estagiários de que seja patrono.

ARTIGO 126º
Direitos perante a Ordem

O associado tem direito a:

a) Requerer a intervenção dos órgãos da Ordem na defesa dos seus direitos e interesses profissionais;

b) Requerer a convocação das assembleias nos termos do presente Estatuto e nelas intervir;

c) Eleger os órgãos da Ordem e ser eleito para os referidos órgãos da Ordem, ressalvadas as inelegibilidades estabelecidas na lei e no presente Estatuto, e ser nomeado para comissões;

d) Apresentar propostas e formular consultas nas conferências de estudo e debate sobre quaisquer assuntos que interessem às atribuições da Ordem;

e) Examinar, no momento devido, as contas da Ordem;

f) Reclamar, perante o conselho geral, os conselhos profissionais, ou os conselhos regionais respetivos e ainda junto das suas delegações distritais, de atos lesivos dos seus direitos.

ARTIGO 127º
Segredo profissional

1 – Sem prejuízo das normas específicas de segredo profissional de cada atividade profissional, os associados estão obrigados a manter reserva sobre quaisquer matérias que lhes estejam confiadas, designadamente documentos, factos ou quaisquer outras questões das quais tenham conhecimento no âmbito de negociações entre as partes envolvidas.

2 – O disposto no número anterior não é aplicável aos casos em que o serviço prestado se destine a comprovar ou a certificar uma determinada situação de facto.

ARTIGO 128º
Informação e publicidade

1 – A publicidade dos associados é meramente informativa, devendo ter suporte escrito.

2 – O associado pode divulgar a sua atividade profissional de forma objetiva, verdadeira e digna, no rigoroso respeito dos deveres deontológicos, do segredo profissional e das normas legais sobre publicidade e concorrência.

3 – Entende-se, nomeadamente, por informação objetiva:

a) A identificação pessoal, académica, curricular e profissional do associado ou da sociedade de solicitadores e ou de agentes de execução e dos respetivos colaboradores;

b) A denominação, o logótipo ou outro sinal distintivo do escritório ou da sociedade;

c) A indicação das atividades profissionais que exerçam, das áreas ou das matérias jurídicas de exercício preferencial;

d) Os cargos exercidos na Ordem;

e) O horário de atendimento ao público;

f) Os idiomas falados ou escritos;

g) A indicação do respetivo sítio oficial na Internet;

h) A colocação, no exterior do escritório ou da sociedade, de uma placa ou tabuleta identificativa da sua existência.

4 – São, nomeadamente, atos lícitos de publicidade:

a) A utilização de cartões nos quais se inscreva informação objetiva;

b) A publicação de anúncios na imprensa escrita e em listas telefónicas, de faxes ou análogas;

c) A apresentação dos serviços prestados em sítio na Internet dentro das normas regulamentares aplicáveis;

d) A menção da condição de solicitador ou de agente de execução em anuários profissionais, nacionais ou estrangeiros;

e) A intervenção em conferências ou colóquios;

f) A publicação de brochuras ou de escritos, circulares e artigos periódicos sobre temas relacionados com a profissão na imprensa, podendo assinar com a indicação da sua condição de associado, da respetiva atividade profissional e da organização profissional que integre;

g) A menção a assuntos profissionais que integrem o currículo profissional do associado e em que este tenha intervindo, não podendo ser feita referência ao nome do cliente, salvo quando autorizada por este;

h) A referência, direta ou indireta, a qualquer cargo público, privado ou relação de emprego que tenha exercido;

i) A menção à composição e à estrutura do escritório ou da sociedade que integre;

j) A inclusão de fotografias, ilustrações e logótipos adotados;

k) A utilização de marcas da titularidade da Ordem, nos termos de regulamento aprovado pela assembleia geral;

l) A indicação da qualidade de administrador judicial ou de secretário de sociedade;

m) A indicação dos atos para cuja prática tem competência;

n) A menção ao seguro de responsabilidade profissional e respetivo montante máximo de cobertura.

5 – São atos ilícitos de publicidade:

a) A colocação de conteúdos persuasivos, ideológicos, de autoengrandecimento e de comparação;

b) A promessa ou indução da produção de resultados;

c) A prestação de informações erróneas ou enganosas;

d) A menção a título académico ou a curso que não seja certificado.

6 – As disposições constantes dos números anteriores são aplicáveis ao exercício de qualquer das atividades profissionais, independentemente de serem exercidas a título individual ou em sociedade, cabendo à assembleia geral concretizar, por regulamento, as normas da publicidade previstas no presente Estatuto.

ARTIGO 129º
Aceitação da prestação de serviços e competência

1 – O associado não pode aceitar a prestação de quaisquer serviços profissionais se para tal não tiver sido livremente solicitado ou mandatado pelo cliente, ou por representante deste, ou se não tiver sido designado para o efeito por entidade legalmente competente.

2 – O associado não deve aceitar a prestação de quaisquer serviços se souber ou dever saber que não tem competência, disponibilidade ou meios necessários para se ocupar prontamente do assunto ou do processo em causa, e o acompanhar de modo efetivo, a menos que atue em sociedade com competência, disponibilidade e meios necessários para o efeito.

ARTIGO 130º
Deveres recíprocos dos associados

1 – A solidariedade profissional impõe uma relação de confiança e de cooperação entre os associados em benefício dos clientes, nos termos da lei, e de forma a evitar litígios inúteis, conciliando, tanto quanto possível, os interesses da profissão com os da justiça ou daqueles que a procuram.

2 – Constituem deveres dos associados, nas suas relações recíprocas:

a) Proceder com a maior correção e urbanidade, abstendo-se de qualquer ataque pessoal, alusão deprimente ou crítica desprimorosa, de fundo ou de forma;

b) Responder, em prazo razoável, às solicitações orais ou escritas;

c) Não emitir publicamente opinião sobre questão que saiba estar confiada a outro associado, salvo na presença deste ou com o seu prévio acordo;

d) Atuar com a maior lealdade, procurando não obter vantagens ilegítimas ou indevidas para o seu cliente;

e) Não assinar escritos profissionais que não sejam da sua autoria ou em que não tenha colaborado;

f) Comunicar atempadamente a impossibilidade de comparecer a qualquer diligência aos outros associados que nela devam intervir.

3 – O associado a quem se pretende cometer assunto anteriormente confiado a outro associado não deve iniciar a sua atuação sem antes diligenciar no sentido de a este serem pagos os honorários e demais quantias que lhe sejam devidas, devendo expor ao colega, oralmente ou por escrito, as razões da aceitação do serviço, bem como dar-lhe conta dos esforços que tenha desenvolvido para aquele efeito.

ARTIGO 131º
Discussão pública de questões profissionais

1 – O associado não deve pronunciar-se publicamente sobre questões profissionais pendentes, salvo autorização prévia do bastonário, a qual pode ser requerida sempre que o exercício desse direito de resposta se justifique, de forma a prevenir ou a remediar ofensa à dignidade, aos direitos ou aos interesses legítimos do cliente, das partes ou do próprio.

2 – O pedido de autorização deve ser justificado com indicação das questões que se pretendem abordar, devendo ser decidido no prazo de três dias úteis sob pena de se considerar tacitamente deferido.

3 – Em caso de manifesta urgência o associado pode exercer esse direito de forma restrita e contida, informando o bastonário da respetiva motivação no prazo de cinco dias úteis.

SECÇÃO III
Regras gerais sobre o estágio

ARTIGO 132º
Organização

1 – Os estágios são organizados pelo conselho geral, que deve constituir comissões de coordenação de estágio para cada uma das especialidades, nas quais se integram representantes dos respetivos conselhos profissionais.

2 – Compete à assembleia geral aprovar os regulamentos de estágio.

3 – Os regulamentos de estágio:

a) Preveem as regras de seleção, contratação, designação e substituição dos patronos, bem como definem a eventual remuneração que lhes seja devida;

b) Definem a forma de registo e os termos formais que devem revestir os acordos que os estagiários celebrem com outros associados, para complementarem a respetiva formação em estágio;

c) Podem determinar a dispensa da frequência do estágio ou da realização do exame de estágio a profissionais jurídicos de reconhecido mérito que já tenham prestado provas públicas no exercício de outras funções, mediante exames de avaliação, nomeadamente dos conhecimentos deontológicos e regulamentares.

4 – Os regulamentos de estágio estão sujeitos a homologação governamental, nos termos da Lei nº 2/2013, de 10 de janeiro.

ARTIGO 133º
Direitos e deveres dos patronos

1 – O patrono acompanha todo o período do estágio, sendo o principal responsável pela orientação e direção do exercício profissional do estagiário.

2 – Os patronos são selecionados pela Ordem, nos termos previstos na alínea *a*) do nº 3 do artigo anterior.

3 – O patrono tem os seguintes direitos:

a) Ser compensado pelas despesas que efetue quando a Ordem lhe solicite a presença em reuniões ou ações de formação relacionadas com o estágio;

b) Ser informado pelos serviços da Ordem sobre o teor das prestações do seu estagiário, desde que não esteja em causa a quebra de nenhuma regra de confidencialidade.

4 – O patrono fica vinculado ao cumprimento dos seguintes deveres:

a) Aconselhar, orientar e informar o estagiário durante todo o seu período de estágio;

b) Cumprir as formalidades legais inerentes à realização do estágio;

c) Permitir ao solicitador estagiário o acesso às suas instalações e a utilização destas;

d) Permitir que o solicitador estagiário tenha acesso a atos e peças e assegurar que este acompanhe diligências, quer nos tribunais, quer noutros serviços públicos.

5 – Apenas pode aceitar a direção do estágio, como patrono, o solicitador ou agente de execução com um mínimo de cinco anos de inscrição válida no colégio profissional respetivo, sem ter sofrido sanção disciplinar superior à de multa.

6 – O patrono pode pedir escusa, desde que fundamentada, mediante solicitação escrita apresentada no prazo de 10 dias a contar da data em que lhe for comunicada a nomeação.

ARTIGO 134º
Direitos e deveres do estagiário

1 – São direitos dos associados estagiários:

a) Praticar os atos da sua competência sob a orientação do patrono;

b) Assistir a atos e procedimentos e consultar os respetivos processos.

2 – São deveres dos associados estagiários:

a) Guardar respeito e lealdade para com o patrono, preservando as suas relações profissionais e não angariando clientes para si ou para terceiros;

b) Assegurar a confidencialidade sobre os métodos de trabalho, com respeito pela estrutura hierárquica do escritório ou da sociedade;

c) Observar escrupulosamente as regras de utilização das instalações do patrono ou de outras instalações onde decorram os atos de estágio;

d) Submeter-se aos planos de estágio que vierem a ser definidos pelo patrono ou pela sociedade profissional em que este se insira;

e) Colaborar com o patrono e com os restantes sócios da sociedade profissional em que este se insira, bem como efetuar os trabalhos que lhe sejam determinados, desde que se revelem compatíveis com a atividade do estágio;

f) Colaborar com empenho, zelo e competência em todas as atividades, trabalhos e ações de formação que venha a frequentar no âmbito dos programas de estágio;

g) Não assumir durante o período de estágio funções que, por lei ou regulamento aplicável, sejam exclusivas dos solicitadores ou agentes de execução;

h) Comunicar à estrutura coordenadora de estágio qualquer facto que possa condicionar ou limitar o pleno cumprimento das normas estatutárias e regulamentares inerentes ao estágio;

i) Cumprir em plenitude todas as demais obrigações legais, deontológicas e regulamentares no exercício da atividade profissional.

3 – Os associados estagiários estão ainda vinculados aos deveres de reserva e de segredo profissional, nos mesmos termos aplicáveis aos seus patronos.

ARTIGO 135º
Seguros do estagiário

No momento da inscrição, o estagiário deve apresentar comprovativo de subscrição da apólice de seguro de grupo disponibilizada pela Ordem, ou contratada por si, relativa a:

a) Seguro de acidentes pessoais que cubra os riscos que possam ocorrer durante e por causa do estágio;

b) Seguro de responsabilidade civil profissional que cubra, durante a realização do estágio e enquanto a respetiva inscrição se mantiver ativa, os riscos inerentes ao desempenho das tarefas que enquanto solicitador estagiário lhe forem atribuídas, conforme o estabelecido na apólice respetiva, renovando-o sempre que necessário até à sua conclusão.

CAPÍTULO IV
Dos solicitadores

SECÇÃO I
Exercício da atividade de solicitador

ARTIGO 136º
Exclusividade do exercício da solicitadoria

1 – Além dos advogados, apenas os solicitadores com inscrição em vigor na Ordem e os profissionais equiparados a solicitadores em regime de livre prestação de serviços, podem, em todo o território nacional e perante qualquer jurisdição, instância, autoridade ou entidade pública ou privada, praticar atos próprios da profissão, designadamente exercer o mandato judicial, nos termos da lei, em regime de profissão liberal remunerada.

2 – São considerados atos próprios os definidos na Lei nº 49/2004, de 24 de agosto.

ARTIGO 137º
Requisitos de inscrição de nacionais de outros Estados

1 – Os títulos profissionais são atribuídos a nacionais de Estados membros da União Europeia ou do Espaço Económico Europeu ou de países terceiros cujas qualificações foram obtidas fora de Portugal com o reconhecimento daquelas qualificações, nos termos do presente Estatuto, da Lei nº 2/2013, de 10 de janeiro, e da Lei nº 9/2009, de 4 de março, alterada pelas Leis nºs 41/2012, de 28 de agosto, e 25/2014, de 2 de maio.

2 – O profissional que pretenda inscrever-se na Ordem nos termos do número anterior e que preste serviços, de forma subordinada ou autónoma ou na qualidade de sócio, ou que atue como gerente ou administrador no Estado membro de

origem, no âmbito de organização associativa de profissionais, deve identificar a organização em causa no pedido apresentado nos termos do artigo 47º da Lei nº 9/2009, de 4 de março, alterada pelas Leis nºs 41/2012, de 28 de agosto, e 25/2014, de 2 de maio.

3 – Caso o facto a comunicar nos termos do número anterior ocorra após a apresentação do pedido de reconhecimento de qualificações, deve a organização associativa em causa ser identificada perante a Ordem no prazo de 60 dias.

ARTIGO 138º
Livre prestação de serviços

1 – Os profissionais legalmente estabelecidos noutro Estado membro da União Europeia ou do Espaço Económico Europeu que aí desenvolvam funções comparáveis às de solicitador podem exercê-las, de forma ocasional e esporádica, em território nacional, em regime de livre prestação de serviços, nos termos da Lei nº 9/2009, de 4 de março, alterada pelas Leis nºs 41/2012, de 28 de agosto, e 25/2014, de 2 de maio.

2 – O profissional que preste serviços, de forma subordinada ou autónoma ou na qualidade de sócio, ou que atue como gerente ou administrador no Estado membro de origem, no âmbito de organização associativa de profissionais e pretenda exercer a sua atividade profissional em território nacional nessa qualidade, em regime de livre prestação de serviços, deve identificar perante a Ordem a organização associativa, por conta da qual presta serviços, na declaração referida no artigo 5º da Lei nº 9/2009, de 4 de março, alterada pelas Leis nºs 41/2012, de 28 de agosto, e 25/2014, de 2 de maio.

3 – Sem prejuízo do disposto no nº 2 do artigo 3º da Lei nº 9/2009, de 4 de março, alterada pelas Leis nºs 41/2012, de 28 de agosto, e 25/2014, de 2 de maio, os profissionais referidos nos números anteriores ficam sujeitos, no que se refere ao exercício da profissão em território nacional:

a) Às regras sobre publicidade e angariação de clientela;

b) Às incompatibilidades, impedimentos e normas sobre conflito de interesses e suspeições;

c) Às regras de segredo profissional;

d) Às regras deontológicas em geral;

e) Às regras de procedimento e processo que lhes sejam aplicáveis, incluindo o disposto no artigo 84º;

f) À obrigação de indicar um domicílio, próprio ou de outro profissional, em território nacional, para receção de citações e notificações, salvo nos processos em que aceitem citação e notificação por telecópia ou sistema eletrónico de informação;

g) Às regras referidas nos artigos 149º a 154º.

4 – Os profissionais referidos nos números anteriores são equiparados a solicitadores para todos os efeitos legais, exceto quando o contrário resulte das disposições em causa.

ARTIGO 139º
Comércio eletrónico

Os profissionais legalmente estabelecidos em Estado membro da União Europeia ou do Espaço Económico Europeu que aí desenvolvam funções comparáveis às de solicitador podem exercê-las, através de comércio eletrónico, com destino ao território nacional, observado que seja o disposto no Decreto-Lei nº 7/2004, de 7 de janeiro, alterado pelo Decreto-Lei nº 62/2009, de 10 de março, e pela Lei nº 46/2012, de 29 de agosto, e com sujeição às regras de procedimento e processo que lhes sejam aplicáveis, incluindo o disposto no artigo 84º

ARTIGO 140º
Contrato de trabalho

O contrato de trabalho celebrado com o solicitador não pode afetar os seus deveres deontológicos e a sua isenção e autonomia técnica perante o empregador.

ARTIGO 141º
Segredo profissional do solicitador

1 – Sem prejuízo do disposto no artigo 127º, tratando-se de um solicitador, o segredo profissional abrange ainda:

a) Os factos de que tenha tido conhecimento em virtude de cargo desempenhado na Ordem;

b) Os factos referentes a assuntos profissionais comunicados por colega com o qual esteja associado ou ao qual preste colaboração.

2 – A obrigação do segredo profissional mantém-se ainda que o serviço solicitado ou cometido ao associado envolva representação judicial ou extrajudicial, seja ou não remunerado ou não tenha chegado a ser aceite.

3 – O disposto no número anterior abrange todos os associados que, direta ou indiretamente, tenham qualquer intervenção no serviço.

4 – O segredo profissional abrange ainda documentos ou outras coisas que se relacionem, direta ou indiretamente, com os factos sujeitos a sigilo.

5 – O segredo profissional compreende a proibição de discussão pública ou de realização de comentários sobre qualquer processo pendente.

6 – O associado pode revelar factos abrangidos pelo segredo profissional, desde que tal seja absolutamente necessário para a defesa da dignidade, dos direitos e dos interesses legítimos do próprio associado ou do cliente ou seus representantes, mediante prévia autorização do bastonário, da qual cabe recurso para o conselho superior.

7 – Os atos praticados pelo associado em violação de segredo profissional não podem fazer prova em juízo.

8 – Ainda que seja dispensado, nos termos do disposto no nº 6, o associado pode manter o segredo profissional.

9 – O dever de guardar sigilo é extensivo a todas as pessoas que colaborem com o associado no exercício da sua atividade profissional, com a cominação prevista no nº 7.

10 – O associado deve exigir das pessoas referidas no número anterior o cumprimento do dever aí previsto em momento anterior ao início da mencionada colaboração.

ARTIGO 142º
Apreensão de documentos

1 – Não pode ser apreendida a correspondência, seja qual for o suporte utilizado, que respeite ao exercício da profissão.

2 – A proibição estende-se à correspondência trocada entre o solicitador e aquele que lhe tenha cometido ou pretendido cometer mandato ou lhe haja solicitado parecer, mesmo que este não tenha sido ainda dado ou tenha sido recusada a sua prestação.

3 – Compreendem-se na correspondência as instruções e informações escritas sobre o assunto da nomeação ou mandato ou do parecer solicitado.

4 – Excetua-se o caso de a correspondência respeitar a facto criminoso, relativamente ao qual o solicitador tenha sido constituído arguido.

ARTIGO 143º
Conflito de interesses

1 – O solicitador deve recusar a prestação de serviços numa questão em que já tenha intervindo em qualquer outra qualidade ou seja conexa com outra em que represente, ou tenha representado, a parte contrária.

2 – O solicitador deve recusar a prestação de serviços contra quem, noutra causa pendente, preste serviços.

3 – O solicitador não pode aconselhar, representar ou agir por conta de dois ou mais clientes, no mesmo assunto ou em assunto conexo, se existir conflito de interesses entre esses clientes.

4 – Se um conflito de interesses surgir entre dois ou mais clientes, bem como se ocorrer risco de violação do segredo profissional ou de diminuição da sua independência, o solicitador deve deixar de agir por conta de todos os clientes, no âmbito desse conflito.

5 – O solicitador deve abster-se de aceitar um novo cliente se tal puser em risco o cumprimento do dever de guardar sigilo profissional relativamente aos assuntos de um anterior cliente ou se do conhecimento destes assuntos resultarem vantagens ilegítimas ou injustificadas para o novo cliente.

6 – Sempre que o solicitador exerça a sua atividade em associação, sob a forma de sociedade ou outra, o conflito de interesses é extensivo e analisado também em função dos associados.

ARTIGO 144º
Outros deveres na relação com clientes

1 – Nas relações com o cliente, são ainda deveres do solicitador:

a) Dar a sua opinião conscienciosa sobre o merecimento da pretensão do cliente, assim como prestar, sempre que tal lhe for solicitado, informação sobre o andamento das questões que lhe forem confiadas, sobre os critérios que utiliza na fixação dos seus honorários, indicando, sempre que possível, o seu montante total aproximado, e ainda sobre a possibilidade e a forma de obter apoio judiciário;

b) Estudar com cuidado e tratar com zelo a questão de que seja incumbido, utilizando para o efeito todos os recursos da sua experiência, saber e atividade;

c) Aconselhar toda a composição que ache justa e equitativa;

d) Não celebrar, em proveito próprio, contratos sobre o objeto das questões que lhe são confiadas;

e) Não cessar, sem motivo justificado, a prestação de serviços nas questões que lhe estão cometidas.

2 – Ainda que exista motivo justificado para a cessação da prestação de serviços, o solicitador não deve fazê-lo de modo a impossibilitar o cliente de obter, em tempo útil, a assistência de outro solicitador.

ARTIGO 145º
Valores e documentos do cliente

1 – O solicitador deve dar a aplicação devida a valores, objetos e documentos que lhe tenham sido confiados, bem como prestar contas ao cliente de todos os valores deste que tenha recebido, qualquer que seja a sua proveniência, e apresentar nota de honorários e despesas, logo que tal lhe seja solicitado.

2 – Quando cesse a representação, o solicitador deve restituir ao cliente os valores, objetos ou documentos deste que se encontrem em seu poder.

3 – O solicitador, apresentada a nota de honorários e despesas, goza do direito de retenção sobre os valores, objetos ou documentos referidos no número anterior, para garantia do pagamento dos honorários e o reembolso das despesas que lhe sejam devidos pelo cliente, a menos que os valores, objetos ou documentos em causa sejam necessários para prova do direito do cliente ou que a sua retenção cause a este prejuízos irreparáveis.

4 – Deve, porém, o solicitador restituir tais valores e objetos, independentemente do pagamento a que tenha direito, se o cliente tiver prestado caução arbitrada pelo conselho profissional.

5 – Pode o conselho profissional, antes do pagamento e a requerimento do solicitador ou do cliente, mandar entregar a este quaisquer objetos e valores quando aqueles que permaneçam em poder do solicitador sejam manifestamente suficientes para garantir o pagamento do crédito.

ARTIGO 146º
Contas-cliente de solicitadores

1 – O registo de movimentos das contas-cliente de solicitador é efetuado segundo as normas do respetivo regulamento podendo ser efetuado usando suporte informático disponibilizado pela Ordem através de protocolo que o associado subscreva.

2 – O solicitador não pode utilizar as quantias que lhe foram entregues pelos clientes ou por terceiros para pagamento dos seus honorários, salvo se tiver instruções escritas nesse sentido.

ARTIGO 147º
Liquidação das contas-cliente

1 – Procede-se à liquidação da conta-cliente de solicitador quando:

a) Tenha falecido ou sido declarado incapaz ou interdito;

b) Tenha sido suspenso por período superior a seis meses, interdito definitivamente ou cancelada a inscrição por decisão disciplinar;

c) Tenha requerido a suspensão ou o cancelamento das funções no colégio profissional.

2 – Procede-se à liquidação das contas-cliente das sociedades quando estas tenham sido dissolvidas por qualquer razão.

3 – A liquidação consiste no apuramento dos valores devidos aos clientes ou terceiros que a eles tenham direito, através de informações destes e do cotejo dos documentos existentes, respeitando os princípios do contraditório.

4 – A liquidação é efetuada por solicitador ou sociedade profissional que seja selecionada de lista de candidatos pelo conselho profissional.

5 – O liquidatário designado recebe toda a colaboração das instituições de crédito e do solicitador impedido ou dos seus herdeiros ou legais representantes, sendo-lhe entregues os registos das contas-cliente a liquidar.

6 – Finda a liquidação, os valores apurados são pagos pela instituição bancária, a quem a estes tenha direito, mediante certidão subscrita pelo liquidatário e pelo bastonário.

7 – Se após a liquidação se averiguar que há valores em falta, são retiradas certidões para efeitos disciplinares e penais e efetuados os pagamentos a quem tenha direito, mediante rateio proporcional ao valor dos créditos.

8 – O custo da liquidação incumbe ao associado que lhe deu causa.

ARTIGO 148º
Provisões

1 – O solicitador pode requerer ao cliente a entrega de provisões por conta dos honorários ou para pagamento de despesas, não devendo tais provisões exceder uma estimativa razoável dos honorários e despesas prováveis.

2 – Não sendo entregue a provisão solicitada, o solicitador pode renunciar a ocupar-se do assunto ou recusar-se a aceitá-lo.

3 – O solicitador apenas pode ser responsabilizado pelo pagamento de taxas de justiça, despesas ou quaisquer outros encargos que tenham sido provisionados para tal efeito pelo cliente e não é obrigado a dispor das provisões que tenha recebido para honorários, desde que a afetação destas aos honorários tenha sido autorizada nos termos do nº 2 do artigo 147º

ARTIGO 149º
Honorários

1 – Os honorários do solicitador devem corresponder a uma compensação económica adequada pelos serviços efetivamente prestados, devendo ser paga em dinheiro, podendo assumir a forma de retribuição fixa.

2 – Na falta de convenção prévia reduzida a escrito, o solicitador apresenta ao cliente a respetiva conta de honorários com discriminação dos serviços prestados.

3 – Na fixação dos honorários deve o solicitador atender à importância dos serviços prestados ao cliente, à dificuldade e urgência do assunto, ao grau de criatividade intelectual da sua prestação, ao resultado obtido, ao tempo despendido, às responsabilidades por ele assumidas e aos custos em que tenha que incorrer para a prestação do serviço solicitado, bem como aos demais usos profissionais.

4 – Os atos fundados em usos profissionais podem ser espelhados em tabela de honorários.

SECÇÃO II
Direitos e deveres do solicitador

ARTIGO 150º
Direitos do solicitador

1 – Os solicitadores podem, no exercício da sua profissão, requerer, por escrito ou oralmente, em qualquer tribunal ou serviço público, o exame de processos, livros ou documentos que não tenham caráter reservado ou secreto, bem como a passagem de certidões, sem necessidade de exibir procuração.

2 – A recusa do exame ou da certidão a que se refere o número anterior deve ser justificada imediatamente e por escrito.

3 – Os solicitadores têm o direito de comunicar, pessoal e reservadamente, com os seus clientes, mesmo quando estes se encontrem detidos ou presos.

ARTIGO 151º
Audiências de julgamento

Nas audiências de julgamento, os solicitadores dispõem de bancada.

ARTIGO 152º
Deveres específicos do solicitador

Sem prejuízo dos demais deveres consagrados no presente Estatuto, nas demais disposições legais e regulamentares, e nos usos e costumes da profissão, aos solicitadores cumpre:

a) Verificar a identidade do cliente e dos representantes do mesmo, assim como os poderes de representação conferidos a estes últimos;

b) Recusar o mandato ou a nomeação oficiosa para causa que seja conexa com outra em que representem ou tenham representado a parte contrária;

c) Não contactar ou manter relações com a parte contrária ou com contra-interessados, quando representados por solicitador ou advogado, salvo se por estes forem previamente autorizados;

d) Prestar as informações que lhes sejam pedidas pela parte, relativas ao estado das diligências que lhes foram cometidas, e comunicar-lhe prontamente a sua realização ou a respetiva frustração, com indicação das suas causas;

e) Usar o trajo profissional quando pleiteiem oralmente;

f) Utilizar o selo de autenticação nos reconhecimentos de assinatura, nas traduções, na certificação de traduções, na certificação de fotocópias e na autenticação de documentos.

ARTIGO 153º
Correspondência entre solicitadores e entre estes e advogados

1 – Sempre que um solicitador pretenda que a sua comunicação dirigida a outro associado ou a advogado tenha caráter confidencial, deve exprimir claramente tal intenção.

2 – As comunicações confidenciais não podem, em qualquer caso, constituir meio de prova, não lhes sendo aplicável o disposto no nº 6 do artigo 141º

3 – O solicitador ou advogado destinatário da comunicação confidencial que não tenha condições para garantir a confidencialidade da mesma deve devolvê-la ao remetente sem revelar a terceiros o respetivo conteúdo.

SECÇÃO III
Infrações disciplinares

ARTIGO 154º
Infrações disciplinares do solicitador

1 – Constitui infração disciplinar do solicitador a violação, por ação ou omissão, dos deveres específicos do solicitador, dos deveres previstos na parte geral, relativos aos associados da Ordem, bem como das demais disposições legais e regulamentares aplicáveis.

2 – Os profissionais que exerçam solicitadoria em território nacional em regime de livre prestação de serviços ao abrigo do disposto no artigo 139º, as sociedades de solicitadores, as sociedades de solicitadores e de agentes de execução e as organizações associativas de solicitadores referidas no artigo 96º, também são passíveis de responsabilização disciplinar, na medida em que os deveres referidos no número anterior lhes sejam aplicáveis.

SECÇÃO IV
Fundo de garantia dos solicitadores

ARTIGO 155º
Fundo de garantia dos solicitadores

1 – A assembleia geral pode, por proposta conjunta do conselho geral e do colégio dos solicitadores, afetar parte das receitas resultantes da respetiva atividade à criação de um fundo de garantia, destinado a responder pelas obrigações assumidas na gestão das contas-cliente de solicitadores e na gestão de arquivos de solicitadores que cessem involuntariamente as suas funções.

2 – A regulamentação do fundo referido no número anterior compete à assembleia geral, ouvido o conselho profissional de solicitadores.

SECÇÃO V
Estágio para solicitador

ARTIGO 156º
Estágio

1 – O estágio tem por objetivo proporcionar ao solicitador estagiário o conhecimento dos atos e termos mais usuais da prática forense e dos direitos e deveres dos solicitadores.

2 – A duração do estágio é de 12 a 18 meses a contar da data do pedido de inscrição, incluindo as fases de formação e avaliação, e inicia-se uma vez por ano em data a fixar pelo conselho geral.

3 – O estágio destina-se ao aprofundamento dos conhecimentos técnico-profissionais e deontológicos necessários ao exercício da profissão e à utilização destes no relacionamento entre os serviços da justiça e da administração e os seus representados.

4 – No segundo período de estágio o solicitador estagiário, no exercício dos conhecimentos adquiridos, passa a poder exercer as competências que lhe estão definidas no presente Estatuto sob a supervisão do seu patrono ou do associado que tenha assumido essa responsabilidade, nos termos do disposto na alínea *b*) do nº 3 do artigo 132º

ARTIGO 157º
Serviços de estágio

1 – A comissão de coordenação de estágio pode criar, nos conselhos regionais ou nas delegações distritais, centros de estágio e serviços de estágio, nos quais pode delegar a instrução e a tramitação dos processos de inscrição dos solicitadores estagiários.

2 – Os centros de estágio e os serviços de estágio são constituídos por solicitadores, podendo ainda ser integrados por outros profissionais designados pela comissão de coordenação de estágio.

ARTIGO 158º
Inscrição no estágio

1 – Podem requerer a inscrição no estágio:

a) Os titulares de uma das habilitações a que se refere a alínea *a*) do nº 1 do artigo 105º que não se encontrem inscritos noutra ordem profissional;

b) Os nacionais de outro Estado membro da União Europeia ou do Espaço Económico Europeu que sejam titulares das qualificações legalmente requeridas para o acesso ao estágio, com vista ao exercício de profissão equiparada no respetivo Estado de origem.

2 – O estagiário deve fazer-se acompanhar de cartão identificativo dessa qualidade, emitido segundo regras e modelo definidos no regulamento de estágio.

3 – Podem ainda realizar estágio, em regime especial, os profissionais provenientes de outro Estado membro que aqui se queiram estabelecer, como medida de compensação, nos termos do artigo 11º da Lei nº 9/2009, de 4 de março, alterada pelas Lei nºs 41/2012, de 28 de agosto, e 25/2014, de 2 de maio.

ARTIGO 159º
Primeiro período de estágio

O regulamento de estágio pode determinar a exigência aos solicitadores estagiários de elaboração de trabalhos e de relatórios sobre os temas desenvolvidos no primeiro período de estágio, que comprovem os conhecimentos adquiridos, os quais devem ser tidos em conta na sua avaliação, como elementos integrantes do exame final.

ARTIGO 160º
Segundo período de estágio

No segundo período de estágio, o candidato pode exercer todas as funções permitidas por lei aos empregados forenses, promover citações sob a orientação do seu patrono, efetuar serviços de apoio ao escritório ou à sociedade em que exerce a sua atividade e acompanhar o patrono em todas as diligências nos tribunais ou noutros serviços do Estado.

ARTIGO 161º
Regime de suspensão e cessação do estágio

1 – O estágio pode ser suspenso através de requerimento fundamentado dirigido ao bastonário.

2 – O estágio é, obrigatoriamente, reiniciado no período de estágio imediatamente seguinte, retomando-se na mesma fase em que foi suspenso.

3 – Se ao estágio referido no número anterior, vierem a ser aplicáveis outras normas para admissão e frequência, o estagiário só pode reiniciá-lo se assegurar o seu cumprimento nos termos que vierem a ser determinados por deliberação do conselho geral.

4 – O período de estágio já realizado perde qualquer validade se o pedido de reinício não for efetuado para o estágio seguinte.

CAPÍTULO V
Dos agentes de execução

SECÇÃO I
Exercício da atividade e estágio

ARTIGO 162º
Definição e exercício da atividade de agente de execução

1 – O agente de execução é o auxiliar da justiça que, na prossecução do interesse público, exerce poderes de autoridade pública no cumprimento das diligências que realiza nos processos de execução, nas notificações, nas citações, nas apreensões, nas vendas e nas publicações no âmbito de processos judiciais, ou em atos de natureza similar que, ainda que não tenham natureza judicial, a estes podem ser equiparados ou ser dos mesmos instrutórios.

2 – As competências específicas de agente de execução e as demais funções que lhe forem atribuídas são exercidas nos termos do presente Estatuto e da lei.

3 – O agente de execução, ainda que nomeado por uma das partes processuais, não é mandatário desta nem a representa.

ARTIGO 163º
Estágio de agente de execução

1 – O estágio tem por objetivo proporcionar ao agente de execução estagiário o conhecimento dos atos e termos mais usuais da prática de atos próprios de agente de execução, bem como dos seus direitos e deveres.

2 – A duração do estágio de agente de execução é de 18 meses a contar da data do pedido de inscrição, incluindo as fases de formação e avaliação.

3 – O estágio efetua-se segundo as disposições do presente Estatuto e do regulamento de estágio.

4 – Podem requerer a inscrição no estágio os titulares de licenciatura em direito ou em solicitadoria.

5 – O estagiário deve fazer-se acompanhar de cartão identificativo dessa qualidade, emitido segundo regras e modelo definidos no regulamento de estágio.

6 – A periodicidade e o número de vagas para acesso ao estágio de agente de execução são determinados pelo conselho geral, tendo em conta a necessidade efetiva de agentes de execução para o funcionamento eficiente do sistema de justiça, ouvidos o conselho profissional e a CAAJ.

7 – O exame final de estágio para agente de execução versa sobre o processo executivo e sobre os atos de competência específica do agente de execução, sendo a elaboração do exame, a definição dos critérios de avaliação, e a própria avaliação efetuados por entidade externa e independente da Ordem, selecionada por um júri constituído por um representante indicado pelo bastonário, por um representante indicado pelo conselho profissional dos agentes de execução e por um representante da CAAJ.

8 – Compete à Ordem assegurar o pagamento dos serviços da entidade externa referida no número anterior através da cobrança de uma taxa de inscrição no exame e que é fixada em cada exame pelo júri.

9 – Durante a parte prática do estágio e sob a orientação do patrono, o agente de execução estagiário pode praticar os atos de natureza executiva em processos de valor inferior à alçada dos tribunais judiciais de primeira instância, bem como os que lhe sejam expressamente delegados pelo patrono.

10 – Exclusivamente para efeitos de avaliação do estagiário, pode a entidade referida no nº 7 aceder aos dados dos processos executivos em que o agente de execução estagiário teve intervenção, estando obrigada aos mesmos deveres de sigilo que o agente de execução.

11 – A entidade externa e independente referida no nº 7 não pode:

a) Ser designada por mais de três períodos de estágio consecutivos;

b) Ministrar cursos ou associar-se à organização de cursos de preparação para o exame final, durante o período em que for designada ao abrigo do nº 7.

12 – Ao estágio de agente de execução aplica-se o regime de suspensão e cessação do estágio previsto no artigo 161º

ARTIGO 164º
Direitos e deveres dos patronos e estagiários

1 – Para além dos direitos e deveres previstos no artigo 133º, o patrono fica ainda vinculado ao cumprimento dos seguintes deveres:

a) Confiar ao agente de execução estagiário a prática de atos de natureza executiva, até ao valor da alçada da primeira instância, para que este os tramite sob sua orientação, bem como a promoção de citações em processos de natureza declarativa da responsabilidade daquele, sempre sob a sua alçada e direção;

b) Permitir que o agente de execução estagiário tenha acesso a atos e peças forenses da autoria do patrono e que assista a diligências relacionadas com as funções de agente de execução;

c) Consentir a aposição da assinatura do agente de execução estagiário juntamente com a do patrono, em todos os trabalhos por aquele realizados.

2 – O agente de execução estagiário tem o dever de registar todos os atos que pratica, no âmbito de processos judiciais, no sistema informático de suporte à atividade dos agentes de execução.

SECÇÃO II
Incompatibilidades, impedimentos e limites de designação

ARTIGO 165º
Incompatibilidades

1 – Para além do disposto no artigo 102º, é incompatível com o exercício das funções de agente de execução:

a) O exercício do mandato judicial;

b) O exercício da atividade de administrador judicial;

c) O desenvolvimento de quaisquer outras atividades que possam consubstanciar uma incompatibilidade nos termos do presente Estatuto.

2 – As funções próprias de agente de execução não podem ser exercidas em regime de contrato de trabalho, exceto quando o empregador seja:

a) Um agente de execução;

b) Uma sociedade profissional de agentes de execução.

3 – Na situação prevista no número anterior o agente de execução com contrato de trabalho não pode ser designado para processos, mas não fica impedido de praticar atos específicos determinados pela entidade empregadora.

4 – As incompatibilidades a que está sujeito o agente de execução estendem-se aos solicitadores, advogados e demais colaboradores com quem partilhem instalações ou tenham sociedade profissional.

5 – O agente de execução que exerça funções em regime de contrato de trabalho deve informar quaisquer pessoas ou entidades com as quais se relacione sobre a identificação da sua entidade empregadora, a qual é corresponsável pela prática dos seus atos.

ARTIGO 166º
Impedimentos e suspeições

1 – É aplicável ao agente de execução, com as necessárias adaptações, o regime estabelecido no Código de Processo Civil acerca dos impedimentos e suspeições dos juízes.

2 – Para além do disposto no artigo 103º, constituem também impedimentos do agente de execução:

a) O exercício das funções de agente de execução quando tenha participado na obtenção do título que serve de base à execução, salvo se este tiver sido obtido como ato próprio de agente de execução;

b) A representação judicial ou extrajudicial de alguma das partes ocorrida nos últimos dois anos.

3 – Os impedimentos a que está sujeito o agente de execução estendem-se aos respetivos sócios, agentes de execução e profissionais que partilhem a mesma estrutura, derivando igualmente da atividade destes.

4 – O agente de execução designado considera-se impedido independentemente de a circunstância impeditiva se verificar em si ou em qualquer outra pessoa com quem partilhe instalações.

5 – Só pode exercer mandato judicial em representação de parte interveniente em processo de execução no qual tenha assumido as funções de agente de execução quem tenha cessado tais funções, pelo menos, há três anos.

ARTIGO 167º
Limites de designação para novos processos

1 – A CAAJ pode fixar, até 15 de junho de cada ano, o número máximo e espécie de processos para os quais os agentes de execução ou as sociedades que integrem podem ser designados a qualquer título, depois de ouvido o conselho profissional dos agentes de execução.

2 – Os agentes de execução podem requerer, fundamentadamente, ao conselho profissional dos agentes de execução, a suspensão da sua designação para novos processos, por determinado período, ou a limitação do número mensal de processos para os quais sejam designados a qualquer título.

3 – O requerimento mencionado no número anterior é apresentado ao conselho profissional por via eletrónica, o qual deve decidir, sob pena de deferimento tácito, no prazo de 30 dias.

4 – Decretada a suspensão, é a mesma inscrita na lista a que se refere o artigo 100º

SECÇÃO III
Deveres do agente de execução

ARTIGO 168º
Deveres dos agentes de execução

1 – Para além dos deveres de associado, e sem prejuízo do disposto nos artigos seguintes, são deveres dos agentes de execução:

a) Praticar diligentemente os atos processuais de que sejam incumbidos, nos termos da lei e das disposições regulamentares aplicáveis;

b) Prestar ao tribunal, às partes e a terceiros as informações determinadas nos termos da lei ou das disposições regulamentares aplicáveis;

c) Prestar contas da atividade realizada, entregando prontamente as quantias, os objetos ou os documentos de que sejam detentores por causa da sua atuação como agentes de execução;

d) Não exercer nem permitir o exercício, no seu escritório ou sociedade, de atividades não forenses ou que sejam incompatíveis com a atividade de agente de execução, nos termos do presente Estatuto;

e) Apresentar a cédula profissional no exercício da sua atividade;

f) Independentemente dos montantes de receita anual, ter contabilidade organizada nos termos da lei fiscal, sem prejuízo das normas definidas nos regulamentos das contas-cliente;

g) Diligenciar no sentido de promover a sua substituição em processos para que tenham sido designados, quando ocorra motivo justificativo que impeça a condução normal dos mesmos;

h) Não aceitar a designação para novos processos, requerer a suspensão de designação ou a limitação do número mensal de processos em que sejam designados, quando não disponham dos meios necessários para o seu efetivo acompanhamento;

i) Manter atualizada a informação relativa ao estado de cada processo no sistema informático de suporte à atividade dos agentes de execução;

j) Participar disciplinarmente do agente de execução a quem tenham delegado a prática de atos determinados quando não realizados atempadamente, procedendo à sua substituição após o decurso do prazo para a prática daqueles;

k) Pagar atempadamente as taxas e outras quantias devidas à Ordem e à CAAJ;

l) Pagar as despesas correspondentes à liquidação dos processos a seu cargo;

m) Prestar toda a colaboração necessária ao exercício das atribuições da CAAJ;

n) Utilizar o selo de autenticação, no âmbito do processo judicial, na emissão de certidões, nas citações, nas notificações avulsas e nos autos de penhora, com exceção dos emitidos telematicamente.

2 – São ainda deveres dos agentes de execução cumprir as normas legais e regulamentares aplicáveis, nomeadamente as relativas a:

a) Registo de atos e de movimentos financeiros e contabilísticos;

b) Utilização de meios de comunicação e de assinatura eletrónica nas relações com outras entidades públicas e privadas, designadamente com os tribunais;

c) Uso de endereço eletrónico;

d) Estruturas e meios informáticos;

e) Registo, junto da Ordem, dos bens de que seja fiel depositário, nos termos de portaria do membro do Governo responsável pela área da justiça;

f) Arquivo de documentos relativos às execuções ou outros atos por si praticados;

g) Registo, por via eletrónica, junto da Ordem, dos processos em que intervenha como parte.

3 – O agente de execução não está sujeito ao dever de sigilo profissional quanto aos atos processuais efetivamente praticados, estando no entanto impedido de revelar:

a) Fora do exercício das suas funções, a identificação dos intervenientes ou a tramitação processual;

b) Os dados a que tenha acesso através dos meios informáticos que lhe são disponibilizados para fins diferentes dos previstos na lei processual;

c) O teor de negociações destinadas a intermediar acordo quando expressa e previamente comunique aos intervenientes confidencialidade destas.

4 – A falta de apresentação do comprovativo de seguro de responsabilidade civil profissional à CAAJ implica a imediata suspensão de designação do agente de execução para novos processos.

ARTIGO 169º
Deveres de informação

1 – O agente de execução e, quando integrado em sociedade, também esta, deve disponibilizar à CAAJ, anualmente, e em qualquer caso, sempre que lhe seja solicitada, documentação comprovativa da regularidade da situação contributiva perante a administração tributária e a segurança social, bem como o mapa de responsabilidades de crédito emitido pelo Banco de Portugal.

2 – Sem prejuízo da sanção disciplinar a que possa haver lugar, bem como da aplicação de outras medidas de caráter cautelar, a inobservância considerada injustificada dos deveres de informação a que se referem os números anteriores, por prazo superior a 30 dias, pode determinar a suspensão da designação para novos processos até ser emitida declaração da CAAJ atestando o cumprimento do dever de informação violado.

ARTIGO 170º
Formação contínua

1 – Os agentes de execução devem cumprir o plano de formação contínua obrigatória, definido por regulamento a aprovar pela assembleia geral.

2 – O regulamento referido no número anterior deve prever:

a) A atribuição de créditos por cada ação de formação;

b) O número de créditos mínimo que o agente de execução deve obter no período de dois anos;

c) A realização de um exame eliminatório de aferição de conhecimentos quando o agente de execução não obtenha o número de créditos mínimo, referido na alínea anterior;

d) A possibilidade de realizar novo exame eliminatório, volvidos seis meses após o exame referido na alínea anterior, podendo haver lugar a suspensão de designação para novos processos caso o agente de execução mantenha uma avaliação negativa;

e) O cancelamento da inscrição pela Ordem, a determinar pela CAAJ, decorridos dois anos sem que se verifique a aprovação no exame referido na alínea anterior.

3 – Os empregados forenses e os demais trabalhadores e contratados de agente de execução estão igualmente sujeitos ao cumprimento de um plano de formação, inicial e contínua, obrigatória, destinado a verificar e garantir a aquisição e a permanente atualização dos conhecimentos necessários ao exercício das suas funções e ao correto cumprimento da lei.

4 – O plano de formação a que se refere o número anterior é definido por regulamento a aprovar pela assembleia geral, devendo nele prever-se a possibilidade de cancelamento do registo do empregado forense junto da Ordem quando este demonstre não possuir os conhecimentos necessários ao exercício das suas funções e ao correto cumprimento da lei.

ARTIGO 171º
Contas-cliente do agente de execução

1 – Os agentes de execução estão sujeitos às disposições legais e regulamentares aplicáveis relativas a contas-cliente, nomeadamente as previstas nos artigos 147º e 148º, com as necessárias adaptações e as especificidades constantes dos números seguintes.

2 – O agente de execução deve ter, pelo menos, duas contas-cliente à sua ordem, uma com a menção da circunstância de se tratar de uma conta-cliente dos exequentes e a outra com a menção de se tratar de uma conta-cliente dos executados, nas quais obrigatoriamente deposita:

a) Nas contas-cliente dos exequentes, todas as quantias destinadas a taxas de justiça, despesas e honorários;

b) Nas contas-cliente dos executados, todas as quantias recebidas e destinadas ao pagamento da quantia exequenda e aos demais encargos com o processo.

3 – É obrigatório o registo informático de todos os movimentos das contas-cliente do agente de execução operados em cada processo, devendo ser observadas as demais normas e procedimentos definidos nos termos regulamentares tal como refere o nº 1.

4 – O registo informático dos movimentos das contas-cliente do agente de execução operados em cada processo é disponibilizado às partes, preferencialmente por via eletrónica.

5 – Se forem creditados juros, resultantes do depósito de quantias nas contas-cliente do agente de execução, estes devem ser entregues, proporcionalmente, a quem a eles tenha direito, desde que superiores a 1/20 de unidade de conta processual (UC), sendo o restante valor acumulado transferido anualmente para o fundo de garantia dos agentes de execução.

6 – Os suportes documentais e informáticos das contas-cliente são obrigatoriamente disponibilizados, pela instituição de crédito e pelos agentes de execução, à CAAJ.

7 – O agente de execução deve manter contas-cliente diferenciadas para serviços que não decorram dessa sua qualidade.

8 – Os movimentos a débito das contas-cliente são efetuados ou autorizados através de aplicação informática aprovada pelo conselho geral.

9 – Os movimentos a débito e a crédito realizam-se nos termos definidos em portaria do membro do Governo responsável pela área da justiça.

10 – Quando haja lugar à liquidação do património autónomo constituído pela conta-cliente, o saldo credor que venha a ser apurado:

a) Da conta-cliente de executados, destina-se a ampliar a verba disponibilizada pelo fundo de garantia para pagamentos dos valores devidos pelo agente de execução;

b) Da conta-cliente de exequentes, no caso de não haver dívidas na conta--cliente de executados, destina-se ao agente de execução ou aos seus herdeiros, após serem pagas as despesas de liquidação e as taxas e impostos devidos.

11 – As contas-cliente constituídas antes de 1 de maio de 2012, inclusivamente, são obrigatoriamente conciliadas nos termos do regulamento a aprovar pela assembleia geral.

12 – Entende-se por conciliação a associação de todos os movimentos a crédito e a débito que devam ter lugar nas respetivas contas aos respetivos movimentos processuais.

ARTIGO 172º
Falta de provisão ou irregularidades nas contas-cliente

1 – Constitui fundamento para a instauração de processo disciplinar a verificação de falta de provisão nas contas-cliente, de existência de indícios de irregularidade na respetiva movimentação, bem como a falta de registo dos valores recebidos e pagos nas contas-cliente, nos termos dos regulamentos aplicáveis.

2 – Presume-se irregular o movimento a débito ordenado pelo agente de execução sem que cumpra as regras legais ou regulamentares aplicáveis.

3 – No caso previsto no número anterior, a CAAJ pode determinar a aplicação das medidas cautelares que considere necessárias, previstas no artigo 205º

4 – Havendo lugar à aplicação de suspensão preventiva de funções, a CAAJ determina o bloqueio imediato do acesso às contas-cliente e designa agente de execução liquidatário, que assegura a liquidação dos processos e o depósito dos bens penhorados, tendo em vista a regular tramitação dos processos pelo agente de execução substituto que seja designado pelo exequente ou, na sua falta, por aquela comissão.

5 – As verbas a creditar nas contas-cliente após o respetivo bloqueio não são consideradas para efeitos de liquidação, sendo entregues ao agente de execução substituto nos termos da alínea *b*) do nº 10 do artigo 178º

6 – Ainda que não haja lugar à aplicação de suspensão preventiva de funções, a CAAJ pode também designar um agente de execução liquidatário se considerar

que há necessidade de proceder à liquidação dos processos para efeitos de instrução do processo disciplinar.

ARTIGO 173º
Tarifas

1 – O agente de execução é obrigado a aplicar, na remuneração dos seus serviços, as tarifas aprovadas por portaria do membro do Governo responsável pela área da justiça, ouvida a Ordem.

2 – As tarifas previstas no número anterior podem compreender uma parte fixa, estabelecida para determinados tipos de atividade processual, e uma parte variável, dependente da consumação dos efeitos ou dos resultados pretendidos com a atuação do agente de execução.

3 – O agente de execução deve afixar no seu escritório ou na sua sociedade as tarifas aplicáveis nas execuções e nos outros tipos de processos ou atos de que esteja legalmente incumbido e informar os interessados, desde logo, do montante provável dos seus honorários e despesas, devendo tal informação ser registada no processo.

4 – O agente de execução deve ainda informar os interessados, ao longo do processo, dos honorários e despesas efetivamente devidos, bem como de todos os demais custos associados aos processos ou atos que lhe sejam confiados.

5 – São suportados pelo agente de execução os custos a que indevidamente der azo, de forma manifesta, no exercício da sua atividade.

ARTIGO 174º
Caução

1 – Os agentes de execução que recebam anualmente mais de 1 000 processos, ou que tenham pendentes mais de 2 000 processos, devem prestar uma caução em dinheiro, através de depósito a favor da CAAJ, que garanta o pagamento das despesas decorrentes da liquidação dos processos a seu cargo, ou da sociedade que integrem, quando cessem funções temporária ou definitivamente ou seja extinta a sociedade, em função do número de processos.

2 – Tratando-se de uma sociedade de agentes de execução, esta deve prestar caução quando o número de processos entrados e pendentes, dividido pelo número dos seus sócios, no final de cada ano civil, seja superior a qualquer dos limites previstos no número anterior.

3 – O valor da caução é calculado multiplicando-se o número de processos que ultrapasse algum dos limites referidos no nº 1 no final de cada ano civil por um fator fixado entre 0,15 e 0,5 UC.

4 – Compete à CAAJ gerir os fundos depositados na conta a que se refere o nº 1.

5 – O agente de execução ou a sociedade profissional podem prestar garantia bancária de valor equivalente ao do depósito desde que esta seja acionável à primeira solicitação da CAAJ e garanta liquidez imediata.

6 – A determinação do fator a que se refere o nº 3, o modo de prestação da caução, os limites à gestão dos fundos depositados e o seu reembolso são definidos por regulamento a aprovar pela assembleia geral, sob proposta do conselho geral.

7 – O agente de execução que não esteja integrado em sociedade profissional de agentes de execução deve designar colega que o substitua em caso de impedimento temporário e que possa assegurar a tramitação dos processos, a gestão do escritório e das contas-cliente, devendo observar as seguintes regras:

a) O agente de execução designado tem de manifestar por escrito a aceitação da designação;

b) Ao agente de execução designado têm de ser concedidos os poderes necessários para exercer as funções a qualquer momento, assumindo as funções para todos os atos equivalentes a agente de execução delegado;

c) Quando preveja um impedimento temporário por um período inferior a seis meses, o agente de execução deve informar desse facto a Ordem e a CAAJ;

d) No caso de impedimento temporário superior a seis meses ou incapacidade não prevista, compete à CAAJ determinar a substituição do agente de execução e o respetivo prazo de duração.

8 – O incumprimento do disposto no presente artigo, por um período superior a 30 dias, constitui infração disciplinar e determina a suspensão da designação para novos processos até ser prestada a caução em falta ou indicado o agente de execução substituto.

9 – Os eventuais juros da caução depositada são receita do fundo de garantia.

10 – Compete à CAAJ regulamentar o procedimento de caução e o processo de substituição previsto no presente artigo.

ARTIGO 175º
Caixa de compensações

1 – A caixa de compensações destina-se a:

a) Compensar as deslocações efetuadas por agente de execução, dentro da própria comarca ou para qualquer lugar, nos casos de designação oficiosa, quando os seus custos excedam o valor definido por portaria do membro do Governo responsável pela área da justiça;

b) Apoiar as ações de formação dos agentes de execução ou dos candidatos a esta atividade profissional;

c) Suportar o desenvolvimento e a manutenção das aplicações informáticas necessárias ao exercício, ao acompanhamento e à fiscalização da atividade de agente de execução;

d) Pagar serviços de inspeção e fiscalização promovidos pela Ordem;

e) Financiar a atividade da CAAJ;

f) Financiar o fundo de garantia dos agentes de execução;

g) Suportar os custos da liquidação, manutenção e gestão do arquivo dos processos dos agentes de execução que cessam funções, quando estes não possam ser suportados nos termos do artigo 148º e não sejam cobertos por caução;

h) Suportar outras despesas destinadas a simplificar a tramitação dos processos executivos, a reduzir os custos processuais e a permitir o regular exercício da atividade dos agentes de execução.

2 – As receitas da caixa de compensações são constituídas por uma permilagem dos valores recebidos no âmbito das funções de agente de execução, a definir por portaria do membro do Governo responsável pela área da justiça após proposta fundamentada da Ordem, podendo aquela variar em função das características dos processos que lhes são confiados.

3 – A caixa de compensações é gerida por um profissional especificamente designado para o efeito, nomeado pelo conselho geral, ouvidos o conselho profissional e a CAAJ.

4 – Para financiar o fundo de garantia dos agentes de execução, são cativadas 15% das receitas anuais da caixa de compensações.

5 – Deduzido o montante destinado ao fundo de garantia, são cativadas 1/3 das receitas da caixa de compensações para financiar a CAAJ.

6 – A transferência do cativo a que se refere o número anterior para a CAAJ efetua-se até ao termo do mês seguinte em que a cobrança ocorre, sem prejuízo de, por protocolo entre a Ordem e a referida comissão, poderem ser acordadas outras condições de transferência ou utilização do cativo.

7 – A cobrança dos valores devidos à caixa de compensações é efetuada pela Ordem de forma automática, com o pagamento do valor sobre o qual a permilagem é calculada, ou previamente à movimentação do processo.

8 – A contabilização dos valores arrecadados e despendidos com as obrigações da caixa de compensações é objeto de registo próprio, devendo a informação ser prestada à CAAJ.

9 – Os demais aspetos relativos à cobrança e gestão das verbas a afetar à caixa de compensações são regulamentados pela assembleia geral, nos termos previstos no artigo 22º, incluída a obrigatoriedade do débito direto automático do valor devido à caixa de compensação sempre que este esteja indexado ao valor de um honorário determinado.

10 – Sempre que não tenha sido realizado débito direto, o não pagamento atempado pelo agente de execução à caixa de compensações pode determinar, pelo período em que durar o não pagamento, a indisponibilização:

a) Dos serviços de suporte informático prestados pela Ordem que possam ser efetuados por meios próprios, nomeadamente as consultas, as penhoras eletrónicas que não sejam obrigatoriamente realizadas por tal forma e os serviços postais protocolados;

b) Do acesso a atendimento no apoio informático;

c) Do acesso às ações de formação ou conferências promovidas pela Ordem de caráter gratuito ou subsidiado;

d) Do certificado digital exclusivo de agente de execução;

e) Do seguro de responsabilidade civil profissional eventualmente disponibilizado pela Ordem.

11 – A Ordem notifica o agente de execução para, em sede de audiência prévia, se pronunciar por escrito, no prazo de 10 dias, sobre a aplicação do disposto no número anterior.

12 – Após a audiência prévia do agente de execução, a Ordem comunica ao agente de execução, com a antecedência mínima de 10 dias, a aplicação do disposto no nº 10.

ARTIGO 176º
Fundo de garantia dos agentes de execução

1 – O fundo de garantia dos agentes de execução é o património autónomo, solidariamente responsável pelas obrigações do agente de execução perante determinadas entidades, resultantes do exercício da sua atividade, se houver falta de provisão em qualquer das suas contas-cliente ou irregularidade na respetiva movimentação, respondendo até ao valor máximo de (euro) 100 000 por agente de execução.

2 – Compete à CAAJ aprovar o regulamento do fundo de garantia em que se estabeleçam as regras que determinem o pagamento prioritário a determinados beneficiários do fundo ou a limitação das categorias de beneficiários do mesmo.

3 – O regulamento referido no número anterior deve, pelo menos, garantir que é dada prioridade aos executados e a outras entidades privadas que não sejam exequentes nem credores reclamantes relativamente a outros interessados sendo, em igualdade de circunstâncias, beneficiadas as pessoas singulares face às pessoas coletivas.

4 – O acionamento do fundo de garantia é precedido de liquidação, promovida pela CAAJ, do escritório do agente de execução ou da sociedade de agentes de execução.

5 – O fundo é gerido pela CAAJ.

6 – O agente de execução é responsável perante o fundo pelo valor do seu acionamento e, perante a CAAJ, pelos custos da liquidação.

ARTIGO 177º
Delegação

1 – O agente de execução pode delegar noutro agente de execução ou em sociedade de agentes de execução a competência para a prática de todos ou determinados atos num processo, comunicando prontamente tal facto à parte que o designou.

2 – Não é necessária a delegação entre agentes de execução que sejam sócios da mesma sociedade profissional, sendo o registo informático do ato por quem o efetua suficiente para afastar a presunção de responsabilidade do agente de execução inicialmente designado pela sociedade.

3 – O agente de execução que delegue noutro, com reservas, a competência para a prática de atos específicos é responsável pelo cumprimento dos prazos pro-

cessuais, pela verificação da regularidade dos atos praticados pelo agente de execução delegado e ainda pelo pagamento de honorários e despesas deste.

4 – Fora dos casos previstos no número anterior, a delegação de competências para a prática de todos os atos num processo é comunicada ao exequente, a outros eventuais interessados processuais e aos executados, se citados, nos seguintes termos:

a) Com a comunicação da intenção de delegar e a identificação do delegado proposto é remetida uma nota de liquidação provisória, podendo o exequente, no prazo de 10 dias, indicar outro agente de execução para efetuar a substituição;

b) No caso de não serem apresentadas reclamações ou estando estas decididas, o agente de execução delegante disponibiliza ao substituto o processo físico, os valores e os bens que tenha depositado;

c) Cessa a responsabilidade do delegante após a entrega do processo, valores e bens ao agente de execução substituto.

5 – As despesas resultantes dos procedimentos relativos à delegação total são suportadas nos termos de acordo celebrado entre delegante e delegado.

6 – Às delegações aplica-se ainda o regulamento de delegações, a aprovar pela assembleia geral.

ARTIGO 178º
Agente de execução liquidatário

1 – No caso de morte ou incapacidade definitiva do agente de execução que exerça funções em prática isolada, de dissolução, impedimento temporário ou definitivo de sociedade profissional, bem como no caso de cessação das funções de agente de execução por iniciativa própria, suspensão por período superior a 10 dias ou interdição definitiva do exercício da atividade, a CAAJ designa agente de execução liquidatário, que assegura a liquidação dos processos e o depósito dos bens penhorados, tendo em vista a regular tramitação do processo executivo pelo agente de execução substituto que venha a ser designado nos termos da lei.

2 – O agente de execução liquidatário é nomeado e compensado nos termos de regulamento a aprovar pela assembleia geral.

3 – Se o agente de execução integrar sociedade, aplica-se o disposto no nº 4 do artigo 222º

4 – Ao agente de execução liquidatário são obrigatoriamente entregues:

a) O arquivo das execuções pendentes;

b) Os registos e suportes informáticos de contabilidade, das contas-cliente do agente de execução e das execuções para as quais tenha sido designado;

c) Os bens móveis de que o agente de execução em liquidação era fiel depositário nessa qualidade.

5 – O agente de execução liquidatário deve:

a) Notificar os intervenientes no processo com direito a reclamar valores que considere devidos;

b) Elaborar um relatório da liquidação para cada processo, que discrimine os valores reclamados notificando os intervenientes processuais interessados, do qual cabe recurso para o juiz do processo.

6 – O relatório global de liquidação pode ser impugnado nos termos gerais de direito.

7 – O liquidatário deve apresentar à CAAJ um relatório geral sobre a situação dos processos a cargo do agente de execução em liquidação.

8 – Nos casos de manifesta urgência, o agente de execução liquidatário pode requerer ao juiz do processo autorização para a prática de atos processuais estritamente necessários.

9 – Logo que a liquidação de cada processo esteja concluída, o processo é transferido para o agente de execução substituto, a designar pelo exequente, podendo ser o próprio liquidatário, ou, na falta de designação por aquele, pela CAAJ, sem prejuízo da posterior transferência dos valores que venham a ser apurados.

10 – É oficiosamente transferido para o agente de execução substituto, mediante a apresentação de certidão emitida pela entidade competente:

a) O valor disponível existente no processo antes do bloqueio das contas-cliente do agente de execução, após a liquidação global dos processos a cargo do agente de execução;

b) O valor disponível no processo que deu entrada após o bloqueio das contas-cliente do agente de execução, após a liquidação do respetivo processo;

c) A qualidade de fiel depositário dos bens entregues ao liquidatário no respetivo processo.

11 – Se o saldo das contas-cliente for insuficiente para garantir o cumprimento das obrigações assumidas pelo agente de execução, tal facto é comunicado à CAAJ.

ARTIGO 179º
Fiscalização

1 – Sem prejuízo do poder inspetivo cometido à Ordem, os agentes de execução são fiscalizados pela CAAJ.

2 – O bastonário, o conselho superior, o conselho geral e o conselho profissional podem solicitar à CAAJ a realização de determinada fiscalização, caso em que é remetido ao órgão requerente da mesma o relatório respetivo.

3 – Às comunicações entre o agente de execução e a CAAJ aplica-se o disposto no artigo 98º

SECÇÃO IV
Infrações disciplinares

ARTIGO 180º
Infrações disciplinares dos agentes de execução

1 – Constitui infração disciplinar do agente de execução a violação, por ação ou omissão, dos seus deveres específicos, dos deveres previstos na parte geral, relativos aos associados, bem como das demais disposições legais e regulamentares aplicáveis.

2 – As sociedades de agentes de execução também são passíveis de responsabilização disciplinar, na medida em que os deveres referidos no número anterior lhes sejam aplicáveis.

CAPÍTULO VI
Poder disciplinar

SECÇÃO I
Disposições gerais

ARTIGO 181º
Infração disciplinar

1 – Considera-se infração disciplinar toda a ação ou omissão de qualquer associado que viole os deveres consignados na lei, no presente Estatuto ou nos regulamentos aplicáveis.

2 – As infrações disciplinares previstas no presente Estatuto e demais disposições legais e regulamentares aplicáveis são puníveis a título de dolo ou negligência.

3 – A tentativa é punível.

ARTIGO 182º
Responsabilidade disciplinar

1 – Os solicitadores estão sujeitos ao poder disciplinar dos órgãos da Ordem, nos termos previstos no presente Estatuto e no regulamento disciplinar.

2 – Sem prejuízo da competência legalmente atribuída à CAAJ, os agentes de execução estão ainda sujeitos ao poder disciplinar dos órgãos da Ordem quando esteja em causa a violação, por ação ou omissão, dos deveres previstos nas alíneas *a*), *e*) a *h*) e *k*) do nº 2 do artigo 124º, no artigo 125º e no artigo 130º, ou seja aplicada pela CAAJ pena disciplinar a agente de execução que seja titular de órgão da Ordem, nos termos do presente Estatuto e no regulamento disciplinar.

3 – A suspensão ou o cancelamento da inscrição não faz cessar a responsabilidade disciplinar por infrações anteriormente praticadas pelo associado da Ordem enquanto tal.

4 – Durante o tempo de suspensão da inscrição, o associado continua sujeito ao poder disciplinar da Ordem e da CAAJ.

5 – A punição com a sanção de interdição definitiva do exercício da atividade profissional não faz cessar a responsabilidade disciplinar do associado relativamente às infrações por ele cometidas antes da decisão definitiva que tenha aplicado aquela sanção.

6 – Os profissionais que prestem serviços em território nacional em regime de livre prestação são equiparados aos membros da Ordem para efeitos disciplinares, nos termos do nº 2 do artigo 4º da Lei nº 9/2009, de 4 de março, alterada pelas Leis nºs 41/2012, de 28 de agosto, e 25/2014, de 2 de maio, com as especificidades constantes do nº 7 do artigo 190º e do regulamento disciplinar.

7 – As pessoas coletivas que sejam membros da Ordem estão sujeitas ao poder disciplinar dos órgãos desta última e da CAAJ, nos termos do presente Estatuto e da lei que estabelece o regime da constituição e funcionamento das sociedades de profissionais que estejam sujeitas a associações públicas profissionais.

ARTIGO 183º
Independência da responsabilidade disciplinar

1 – A responsabilidade disciplinar é independente da responsabilidade civil ou criminal decorrente dos mesmos atos.

2 – O processo disciplinar é promovido independentemente de qualquer outro e nele se resolvem todas as questões que interessarem à decisão da causa, sem prejuízo da sua apreciação, nos termos legais, para outros efeitos.

3 – Quando, com fundamento nos mesmos factos, tiver sido instaurado processo penal contra associado, pode ser ordenada a suspensão do processo disciplinar quanto a esses factos, por prazo determinado ou, sem prejuízo do disposto no nº 7 do artigo seguinte, até que seja proferida decisão final.

4 – A suspensão do processo disciplinar, nos termos do número anterior, é comunicada pela Ordem ou pela CAAJ, consoante o caso, à autoridade judiciária competente, a qual deve ordenar a remessa à Ordem e à CAAJ, quando se trate de facto praticado por agente de execução, de cópia do despacho de acusação e, se a ele houver lugar, do despacho de pronúncia.

5 – Decorrido o prazo fixado nos termos do nº 3 ou do nº 7 do artigo seguinte, sem a prolação de decisão final, os factos são apurados no processo disciplinar.

6 – Sempre que, em processo penal contra associado, seja designado dia para a audiência de julgamento, o tribunal deve ordenar a remessa à Ordem e à CAAJ, quando se trate de facto praticado por agente de execução, preferencialmente por via eletrónica, do despacho de acusação, do despacho de pronúncia e da contestação, se tiver sido apresentada, bem como quaisquer outros elementos solicitados pelo conselho superior, pelo bastonário, ou pelo órgão de disciplina da CAAJ.

7 – A responsabilidade disciplinar dos associados perante a Ordem decorrente da prática de infrações é independente de eventual responsabilidade disciplinar perante os respetivos empregadores, por infração dos deveres emergentes de relações de trabalho.

ARTIGO 184º
Prescrição do procedimento disciplinar

1 – O procedimento disciplinar extingue-se, por efeito de prescrição, logo que sobre a prática da infração tiver decorrido o prazo de cinco anos, salvo o disposto no número seguinte.

2 – Se a infração disciplinar constituir simultaneamente infração criminal para a qual a lei estabeleça prescrição sujeita a prazo mais longo, o procedimento disciplinar apenas prescreve após o decurso deste último prazo.

3 – O prazo de prescrição do procedimento disciplinar corre desde o dia em que o facto se tiver consumado.

4 – O prazo de prescrição só corre:

a) Nas infrações instantâneas, desde o momento da sua prática;

b) Nas infrações continuadas, desde o dia da prática do último ato;

c) Nas infrações permanentes, desde o dia em que cessar a consumação.

5 – O procedimento disciplinar também prescreve se, desde o conhecimento ou a participação efetuada nos termos do nº 1 do artigo seguinte, não se iniciar o procedimento disciplinar competente num período de um ano.

6 – O prazo de prescrição do processo disciplinar interrompe-se com a notificação ao arguido:

a) Da instauração do processo disciplinar;

b) Da acusação.

7 – Após cada período de interrupção começa a correr novo prazo de prescrição.

8 – O prazo de prescrição do processo disciplinar suspende-se durante o tempo em que:

a) O processo disciplinar estiver suspenso, a aguardar decisão final em processo penal;

b) A decisão final do processo disciplinar não puder ser notificada ao arguido, por motivo que lhe seja imputável.

9 – A suspensão, quando resulte das situações previstas no número anterior, não pode ultrapassar o prazo de dois anos.

10 – O prazo de prescrição volta a correr a partir do dia em que cessar a causa da suspensão.

SECÇÃO II
Do exercício do poder disciplinar

ARTIGO 185º
Participação

1 – Têm legitimidade para participar à Ordem ou à CAAJ, quando se trate de facto praticado por agente de execução, factos praticados por associados suscetíveis de constituir infração disciplinar:

a) O bastonário;

b) O conselho geral e os conselhos regionais;

c) Os conselhos profissionais;

d) O provedor;

e) O Ministério Público, nos termos do nº 3;

f) Qualquer pessoa direta ou indiretamente afetada pelos factos participados.

2 – Os tribunais e quaisquer autoridades devem dar conhecimento à Ordem e à CAAJ, quando se trate de facto praticado por agente de execução, da prática, por associados daquela, de factos suscetíveis de constituírem infração disciplinar.

3 – Sem prejuízo do disposto na lei de processo penal acerca do segredo de justiça, o Ministério Público e os órgãos de polícia criminal remetem à Ordem e à CAAJ, quando se trate de facto praticado por agente de execução, certidão das denúncias, participações ou queixas apresentadas contra associados e que possam consubstanciar factos suscetíveis de constituir infração disciplinar.

ARTIGO 186º
Desistência da participação

A desistência da participação disciplinar pelo participante extingue o processo disciplinar, salvo se a infração imputada afetar o prestígio da Ordem ou de qualquer uma das atividades profissionais exercidas ou a dignidade do associado visado e, neste caso, este manifestar intenção de que o processo prossiga.

ARTIGO 187º
Instauração do processo disciplinar

1 – Qualquer órgão da Ordem ou da CAAJ, oficiosamente ou tendo por base queixa, denúncia ou participação apresentada por pessoa devidamente identificada, contendo factos suscetíveis de integrarem infração disciplinar do associado, comunica de imediato os factos ao órgão competente para a instauração de processo disciplinar.

2 – Quando se conclua que a participação é infundada, dela se dá conhecimento ao associado visado e, a requerimento deste, são emitidas as certidões que o mesmo entenda necessárias para a tutela dos seus direitos e interesses legítimos.

3 – O processo disciplinar contra o bastonário ou contra qualquer membro do conselho superior em efetividade de funções só pode ser instaurado por deliberação do conselho superior tomada por maioria de dois terços dos membros presentes.

ARTIGO 188º
Legitimidade processual

As pessoas com interesse direto, pessoal e legítimo relativamente aos factos participados podem solicitar, à Ordem ou à CAAJ, quando se trate de facto praticado por agente de execução, a sua intervenção no processo, requerendo e alegando o que tiverem por conveniente.

ARTIGO 189º
Direito subsidiário

Sem prejuízo do disposto no presente Estatuto, o processo disciplinar rege-se por regulamento disciplinar, sendo subsidiariamente aplicáveis as normas procedimentais previstas na Lei Geral do Trabalho em Funções Públicas, aprovada pela Lei nº 35/2014, de 20 de junho.

SECÇÃO III
Das sanções disciplinares

ARTIGO 190º
Aplicação de sanções disciplinares

1 – As sanções disciplinares são as seguintes:

a) Advertência;

b) Repreensão registada;

c) Multa, de montante até ao valor da alçada da Relação, ou, no caso de pessoas coletivas ou equiparadas, até ao valor do triplo da alçada da Relação;

d) Suspensão do exercício da atividade profissional até um máximo de 10 anos;

e) Interdição definitiva do exercício da atividade profissional.

2 – A sanção de advertência é aplicável a infrações leves no exercício da profissão dos associados e tem por finalidade evitar a repetição da conduta lesiva.

3 – A sanção de repreensão registada consiste num juízo de reprovação pela infração cometida, sendo aplicável a infrações leves no exercício da profissão dos associados às quais, em razão da culpa do arguido, não caiba mera advertência.

4 – A sanção de multa é fixada em quantia certa, em função da gravidade e das consequências da infração cometida, sendo aplicável a infrações graves.

5 – A sanção de suspensão consiste no afastamento total do exercício da profissão durante o período de cumprimento da sanção e é aplicável quando, tendo

em conta a natureza da profissão, a infração disciplinar seja grave e tenha posto em causa a integridade física das pessoas ou seja gravemente lesiva da honra ou do património alheios ou de valores equivalentes.

6 – A sanção de interdição definitiva do exercício da atividade profissional consiste no afastamento total do exercício da profissão, sem prejuízo de reabilitação, e é aplicável a infrações muito graves que afetem de tal forma a vida, a integridade física, a dignidade ou o prestígio profissionais, que inviabilizem definitivamente o exercício da atividade profissional em causa.

7 – No caso de profissionais em regime de livre prestação de serviços em território nacional, as sanções previstas nos nºs 5 e 6 assumem a forma de interdição temporária ou definitiva do exercício da atividade profissional neste território, consoante os casos, aplicando-se, com as devidas adaptações, o disposto no artigo 106º

8 – A tentativa é punível com a sanção aplicável à infração consumada, especialmente atenuada.

9 – O produto das multas reverte para a Ordem ou para o fundo de garantia, consoante as sanções tenham sido aplicadas pelo órgão disciplinar da Ordem ou pela CAAJ, respetivamente.

10 – Sempre que a infração resulte da violação de um dever por omissão, o cumprimento das sanções aplicadas não dispensa do cumprimento daquele, se tal ainda for possível.

11 – A aplicação da sanção de interdição definitiva do exercício da atividade profissional pela CAAJ determina o cancelamento automático da inscrição do condenado da Ordem, no seguimento da receção da comunicação da aplicação daquela sanção.

12 – A aplicação de sanção de suspensão constitui indício de falta de idoneidade para o exercício de outra profissão organizada pela Ordem.

13 – A aplicação da sanção de suspensão do exercício da atividade profissional pela CAAJ determina a suspensão da inscrição do arguido no colégio profissional respetivo, no seguimento da receção da comunicação da aplicação daquela sanção.

ARTIGO 191º
Graduação

1 – Na aplicação das sanções deve atender-se aos antecedentes profissionais e disciplinares do arguido, ao grau de culpa, à gravidade e às consequências da infração, à situação económica do arguido e a todas as demais circunstâncias agravantes ou atenuantes.

2 – São circunstâncias atenuantes:

a) O exercício efetivo da profissão de solicitador ou agente de execução por um período superior a cinco anos, seguidos ou interpolados, sem qualquer sanção disciplinar;

b) A confissão espontânea da infração ou das infrações;

c) A colaboração do arguido para a descoberta da verdade;

d) A reparação dos danos causados pela conduta lesiva.

3 – São circunstâncias agravantes:

a) A premeditação na prática da infração e na preparação da mesma;

b) O conluio;

c) A reincidência, considerando-se como tal a prática de infração antes de decorrido o prazo de cinco anos após o dia em que se tornar definitiva a condenação por cometimento de infração anterior;

d) A acumulação de infrações, sempre que duas ou mais infrações sejam cometidas no mesmo momento ou quando outra seja cometida antes de ter sido punida a anterior;

e) O facto de a infração ou infrações serem cometidas durante o cumprimento de sanção disciplinar ou no decurso do período de suspensão de sanção disciplinar;

f) A produção de prejuízos de valor considerável, entendendo-se como tal os prejuízos que excedam o valor de metade da alçada dos tribunais da Relação.

ARTIGO 192º
Aplicação de sanções acessórias

1 – Cumulativamente com a aplicação das sanções disciplinares, podem ser aplicadas, a título de sanções acessórias:

a) Frequência obrigatória de ações de formação suplementares às ações de formação obrigatórias;

b) Restituição de quantias, documentos ou objetos;

c) Perda, total ou parcial, a favor do fundo de garantia de honorários ou do custeio de despesas;

d) Perda a favor do fundo de garantia do produto do benefício obtido pelo arguido;

e) Destituição de cargo nos órgãos da Ordem.

2 – Aos solicitadores pode ainda ser aplicada a sanção acessória de exclusão da lista de solicitadores para a prestação de serviços de nomeação oficiosa, definitivamente ou por um período determinado.

3 – Aos agentes de execução podem ainda ser aplicadas as seguintes sanções acessórias:

a) Limitação do número mensal de processos em que possam ser designados, por um período máximo de dois anos;

b) Exclusão da lista de agentes de execução, para efeitos de designação para novos processos, por um período determinado;

c) Condicionamento da movimentação das contas-cliente à prévia autorização de um agente de execução gestor da respetiva conta, designado pela CAAJ, a expensas do arguido.

4 – A sanção acessória prevista na alínea *e*) do nº 1 só pode ser aplicada mediante parecer favorável do conselho superior.

5 – As sanções acessórias podem ser cumuladas entre si.

6 – Na aplicação das sanções acessórias deve atender-se aos critérios previstos no nº 1 do artigo anterior.

ARTIGO 193º
Unidade e acumulação de infrações

Sem prejuízo da aplicação das sanções acessórias referidas no número anterior, não pode aplicar-se ao mesmo associado mais do que uma sanção disciplinar por cada facto punível.

ARTIGO 194º
Suspensão das sanções

1 – Tendo em consideração o grau de culpa, o comportamento do arguido e as circunstâncias que rodearam a prática da infração, as sanções disciplinares inferiores à de interdição definitiva do exercício da atividade profissional podem ser suspensas por um período compreendido entre um e cinco anos.

2 – Cessa a suspensão da sanção sempre que, relativamente ao associado punido, seja proferida decisão final de condenação em novo processo disciplinar.

ARTIGO 195º
Aplicação das sanções de suspensão superior a dois anos e de interdição definitiva do exercício da atividade profissional

1 – A aplicação das sanções de suspensão superior a dois anos ou de interdição definitiva do exercício da atividade profissional só pode ter lugar após audiência pública, nos termos previstos no regulamento disciplinar.

2 – As sanções de suspensão por período superior a dois anos ou de interdição definitiva do exercício da atividade profissional só podem ser aplicadas por deliberação que reúna a maioria qualificada de dois terços dos membros do órgão disciplinarmente competente, nos casos em que este pertença à Ordem.

ARTIGO 196º
Execução das sanções

1 – Compete ao conselho geral e à CAAJ, com a colaboração daquele e na medida do requerido, dar execução às decisões proferidas em sede de processo disciplinar, designadamente praticando os atos necessários à efetiva suspensão ou ao cancelamento da inscrição dos associados a quem sejam aplicadas as sanções de suspensão e de interdição definitiva, respetivamente.

2 – A aplicação de sanção de suspensão ou de interdição definitiva do exercício da atividade profissional implica a proibição temporária ou definitiva, respetivamente, da prática de qualquer ato profissional e a entrega da cédula profissional na sede da Ordem ou na sede dos conselhos regionais onde o arguido tenha o seu domicílio profissional, nos casos aplicáveis.

3 – As sanções disciplinares decididas pelo órgão competente, de que já não caiba impugnação, devem ser comunicadas, reciprocamente, pela Ordem à CAAJ e à Ordem dos Advogados, quando o associado for também agente de execução ou advogado.

ARTIGO 197º
Início de produção de efeitos das sanções disciplinares

1 – As sanções disciplinares iniciam a produção dos seus efeitos no dia seguinte àquele em que a decisão se torne definitiva.

2 – Se, na data em que a decisão se torna definitiva, estiver suspensa a inscrição do arguido, o cumprimento da sanção disciplinar de suspensão tem início no dia seguinte ao do levantamento da suspensão.

ARTIGO 198º
Prazo para pagamento da multa

1 – As multas aplicadas nos termos da alínea *c*) do nº 1 do artigo 190º devem ser pagas no prazo de 30 dias a contar do início de produção de efeitos da sanção respetiva.

2 – Ao associado que não pague a multa no prazo referido no número anterior é suspensa a sua inscrição, mediante decisão do órgão disciplinarmente competente, a qual lhe é comunicada.

3 – A suspensão só pode ser levantada após comprovado o pagamento da importância em dívida.

ARTIGO 199º
Comunicação e publicidade

1 – A aplicação das sanções referidas nas alíneas *b*) a *e*) do nº 1 do artigo 190º é comunicada pelo conselho geral ou pela CAAJ:

a) À sociedade de profissionais ou organização associativa por conta da qual o arguido prestava serviços à data dos factos e à data da condenação pela prática da infração disciplinar; e

b) À autoridade competente noutro Estado membro da União Europeia ou do Espaço Económico Europeu para o controlo da atividade do arguido estabelecido nesse mesmo Estado membro.

2 – Quando a sanção aplicada for de suspensão efetiva ou de interdição definitiva do exercício da atividade profissional, é-lhe dada publicidade:

a) No sítio oficial da Ordem, inserindo a correspondente anotação nas listas permanentes de associados divulgada informaticamente;

b) No sítio oficial da CAAJ, quando se trate de agente de execução;

c) No portal Citius;

d) No boletim da Ordem;

e) Nos tribunais e serviços públicos das comarcas onde o associado tenha domicílios profissionais registados e em locais considerados idóneos para o cumprimento das finalidades de prevenção geral do sistema jurídico.

3 – Se for ordenada a suspensão preventiva, a suspensão ou limitação para designação para novos processos ou aplicada sanção de suspensão ou de interdição definitiva do exercício da atividade profissional, o conselho geral deve inserir a correspondente anotação nas listas permanentes de associados divulgadas por meios informáticos.

4 – A publicidade das sanções disciplinares e das sanções acessórias é promovida pelo órgão disciplinarmente competente, sendo efetuada a expensas do arguido.

ARTIGO 200º
Prescrição das sanções disciplinares

1 – As sanções disciplinares prescrevem nos seguintes prazos:

a) As de advertência e repreensão registada, num ano;

b) A de multa, em dois anos;

c) A de suspensão, em três anos;

d) A de interdição definitiva do exercício da atividade profissional, em cinco anos.

2 – O prazo de prescrição corre desde o dia seguinte àquele em que a decisão se torne definitiva.

ARTIGO 201º
Princípio do cadastro na Ordem

1 – O processo individual dos associados na Ordem inclui um cadastro, do qual constam as sanções disciplinares referidas nas alíneas *b*) a *e*) do nº 1 do artigo 190º e as sanções acessórias que lhe tenham sido aplicadas.

2 – O cadastro é gerido pelo conselho geral, com base nos elementos comunicados pelos órgãos disciplinares da Ordem ou da CAAJ.

3 – A condenação de um associado em processo penal é comunicada à Ordem para efeito de averbamento ao respetivo cadastro.

4 – As sanções referidas nas alíneas *b*) e *c*) do nº 1 do artigo 190º são eliminadas do cadastro após o decurso do prazo de cinco anos a contar do seu cumprimento.

5 – O associado tem direito a conhecer todos os elementos do seu cadastro.

6 – A Ordem disponibiliza permanentemente à CAAJ o cadastro dos associados que se encontrem inscritos no colégio dos agentes de execução.

SECÇÃO IV
Do processo

ARTIGO 202º
Obrigatoriedade

A aplicação de uma sanção disciplinar é sempre precedida do apuramento dos factos e da responsabilidade disciplinar em processo próprio, nos termos previstos no presente Estatuto e no regulamento disciplinar.

ARTIGO 203º
Formas do processo

1 – A ação disciplinar pode comportar as seguintes formas:

a) Processo de inquérito;
b) Processo disciplinar.

2 – O processo de inquérito é aplicável quando não seja possível identificar claramente a existência de uma infração disciplinar ou o respetivo infrator, impondo-se a realização de diligências sumárias para o esclarecimento ou a concretização dos factos em causa.

3 – Aplica-se o processo disciplinar sempre que existam indícios de que determinado associado da Ordem praticou factos devidamente concretizados, suscetíveis de constituir infração disciplinar.

4 – Depois de averiguada a identidade do infrator ou logo que se mostrem minimamente concretizados ou esclarecidos os factos participados, sendo eles suscetíveis de constituir infração disciplinar, é proposta a imediata conversão do processo de inquérito em processo disciplinar, mediante parecer sucintamente fundamentado.

5 – Quando a participação seja manifestamente inviável ou infundada, deve a mesma ser liminarmente arquivada, dando-se cumprimento ao disposto no nº 2 do artigo 187º

6 – Se da análise da conduta de um associado realizada no âmbito do processo de inquérito resultar prova bastante da prática de infração disciplinar abstratamente punível com sanção de advertência ou de repreensão registada, o órgão disciplinar competente pode determinar a suspensão provisória do processo mediante a imposição ao arguido de regras de conduta ou do pagamento de uma determinada quantia, a título de caução, sempre que se verifiquem os seguintes pressupostos:

a) Ausência de aplicação anterior de suspensão provisória do processo pelo mesmo tipo de infração;
b) Ausência de um grau de culpa elevado.

7 – No caso previsto no número anterior, são aplicáveis ao arguido as seguintes medidas:

a) Pagamento, no prazo de 10 dias úteis, de uma quantia entre 1 e 5 UC, no caso de pessoas singulares, ou entre 2 e 8 UC, no caso de pessoas coletivas ou equiparadas;

b) Implementação de um plano de reestruturação da sua atividade, nos termos e prazo que forem definidos;

c) Frequência de ações de formação suplementares às ações de formação obrigatórias, nos termos e prazo que forem definidos.

8 – O incumprimento das medidas determinadas, a que se refere o número anterior, implica a continuação do processo disciplinar suspenso provisoriamente nos termos dos nºs 6 e 7.

9 – Se o arguido cumprir as medidas determinadas, o processo é arquivado e são-lhe devolvidas as quantias pagas.

ARTIGO 204º
Processo disciplinar

1 – O processo disciplinar é regulado pelo presente Estatuto e pelo regulamento disciplinar.

2 – O processo disciplinar é composto pelas seguintes fases:

a) Instrução;

b) Defesa do arguido;

c) Decisão;

d) Execução.

3 – Em todas as fases do processo disciplinar, são asseguradas ao arguido todas as garantias de defesa nos termos gerais de direito.

ARTIGO 205º
Medidas cautelares

1 – Após a audição do arguido, ou se este, tendo sido notificado, não comparecer para ser ouvido, pode ser ordenada a sua suspensão preventiva, mediante deliberação tomada por maioria qualificada de dois terços dos membros em efetividade de funções do órgão competente da Ordem ou decisão do órgão de disciplina da CAAJ, quando seja competente.

2 – A suspensão a que se refere o número anterior só pode ser decretada nos casos em que haja indícios da prática de infração disciplinar grave.

3 – A suspensão preventiva não pode exceder três meses e é sempre descontada na duração da sanção de suspensão, sendo aquele prazo renovável por iguais períodos, até à decisão final, por meio de ato fundamentado da entidade competente para a aplicação da suspensão preventiva.

4 – Podem ser aplicadas ao arguido que seja agente de execução, para além da suspensão preventiva de funções, as seguintes medidas cautelares que a CAAJ

considere necessárias, isolada ou cumulativamente, de acordo com o princípio da proporcionalidade e da adequação:

a) Bloqueio a débito das respetivas contas-cliente;
b) Suspensão ou limitação da designação para novos processos;
c) Condicionamento da movimentação das contas-cliente à prévia autorização de um agente de execução gestor da respetiva conta, designado pela CAAJ, a expensas do agente de execução visado;
d) Condicionamento da continuação do exercício da atividade à apresentação de um plano de reestruturação do respetivo escritório ou sociedade.

ARTIGO 206º
Natureza secreta do processo

1 – O processo é de natureza secreta até ao despacho de acusação ou arquivamento.

2 – O relator pode, todavia, autorizar a consulta do processo pelo arguido, pelo participante, pelo Ministério Público, pelos órgãos de polícia criminal ou pelos interessados, quando daí não resulte inconveniente para a instrução e sob condição de não ser divulgado o que dele conste.

3 – O arguido ou o interessado, quando associado, que não respeite a natureza secreta do processo incorre em responsabilidade disciplinar.

SECÇÃO V
Das garantias

ARTIGO 207º
Decisões recorríveis

1 – Das decisões tomadas em matéria disciplinar cabe recurso para o plenário do conselho superior quando seja este o órgão disciplinarmente competente.

2 – Das decisões tomadas em matéria disciplinar de que não caiba recurso nos termos do número anterior cabe recurso contencioso para os tribunais administrativos, nos termos gerais de direito.

3 – As decisões de mero expediente ou referentes à disciplina dos trabalhos não são passíveis de recurso nos termos dos números anteriores.

4 – O exercício do direito de recurso previsto no presente artigo é regulado pelas disposições aplicáveis do regulamento disciplinar.

ARTIGO 208º
Revisão

1 – É admissível a revisão de decisão definitiva proferida pelos órgãos da Ordem ou da CAAJ, com competência disciplinar, sempre que:

a) Uma decisão judicial transitada em julgado declarar falsos quaisquer elementos ou meios de prova que tenham sido determinantes para a decisão revidenda;

b) Uma decisão judicial transitada em julgado tiver dado como provado crime cometido por membro ou membros do órgão que proferiu a decisão revidenda e relacionado com o exercício das suas funções no processo;

c) Os factos que serviram de fundamento à decisão condenatória forem inconciliáveis com os que forem dados como provados noutra decisão definitiva e da oposição resultarem graves dúvidas sobre a justiça da condenação;

d) Se tenham descoberto novos factos ou meios de prova que, por si ou combinados com os que foram apreciados no processo, suscitem graves dúvidas sobre a justiça da decisão condenatória proferida.

2 – A simples alegação de ilegalidade, formal ou substancial, do processo e da decisão disciplinares não constitui fundamento para a revisão.

3 – A revisão é admissível ainda que o processo se encontre extinto ou a sanção prescrita ou cumprida.

4 – O exercício do direito de revisão previsto no presente artigo é regulado pelas disposições aplicáveis do regulamento disciplinar.

ARTIGO 209º
Reabilitação

1 – No caso de aplicação de sanção de interdição definitiva do exercício da atividade profissional, o associado pode ser reabilitado, mediante requerimento devidamente fundamentado ao órgão da Ordem ou da CAAJ, com competência disciplinar, e desde que se preencha cumulativamente os seguintes requisitos:

a) Tenham decorrido mais de 15 anos desde que a decisão que aplicou a sanção se tornou irrecorrível;

b) O reabilitando tenha revelado boa conduta, podendo, para o demonstrar, utilizar quaisquer meios de prova legalmente admissíveis.

2 – Caso seja deferida a reabilitação, o associado reabilitado recupera plenamente os seus direitos e é dada a publicidade devida, nos termos dos nºs 2 a 4 do artigo 199º, com as necessárias adaptações.

3 – Quando esteja em causa decisão relativa à reabilitação de agente de execução, é esta sujeita a parecer do órgão de disciplina da CAAJ, o qual é vinculativo caso a sanção tenha sido por si decretada.

4 – À reinscrição do reabilitado é aplicável o disposto nos artigos 104º e seguintes.

5 – A reabilitação é regulada pelas disposições aplicáveis do regulamento disciplinar.

CAPÍTULO VII
Resolução de litígios

ARTIGO 210º
Recurso a arbitragem

Os conflitos entre sócios de sociedades de solicitadores ou de sociedades de agentes de execução, ou entre tais sócios e as respetivas sociedades, podem ser submetidos a tribunal arbitral, nos termos da lei e de regulamento a aprovar pela assembleia geral.

ARTIGO 211º
Tentativa de conciliação

1 – Previamente ao recurso à arbitragem ou aos tribunais judiciais, consoante os casos, as partes interessadas na resolução dos conflitos previstos no artigo anterior e, bem assim, respeitantes à interpretação ou aplicação das regras de fixação de honorários, devem promover uma tentativa de conciliação extrajudicial perante uma comissão composta por um representante de cada uma das partes e presidida pelo presidente do respetivo conselho profissional ou por associado que este indique.

2 – A tentativa de conciliação é promovida mediante a apresentação de um requerimento dirigido ao presidente do conselho profissional, contendo, além da identificação das partes, a indicação do objeto e dos fundamentos da pretensão do requerente.

3 – A tentativa de conciliação extrajudicial deve realizar-se no prazo de 30 dias, de acordo com as regras e trâmites previstos em regulamento a aprovar pela assembleia geral, terminando com a assinatura de um acordo extrajudicial entre as partes ou com a notificação da declaração, emitida pelo presidente da comissão, de não ter sido possível a conciliação no termo daquele prazo.

4 – As partes comprometem-se a não utilizar, como argumento ou meio de prova, em processo arbitral ou judicial de qualquer natureza, os factos revelados, as afirmações feitas e as propostas apresentadas pela parte contrária ou pelo presidente do conselho superior, no âmbito da tentativa de conciliação extrajudicial, com vista a uma eventual solução do litígio.

5 – A apresentação do requerimento previsto no nº 2 interrompe os prazos de prescrição e de caducidade aplicáveis, que retomam a sua contagem no dia seguinte ao termo da tentativa de conciliação extrajudicial.

CAPÍTULO VIII
Sociedades profissionais dos associados

SECÇÃO I
Sociedades de solicitadores

ARTIGO 212º
Sócios

1 – Os sócios profissionais de indústria só podem exercer a atividade profissional de solicitador numa única sociedade, não podendo exercer tal atividade fora desta, salvo se o contrato de sociedade dispuser em contrário ou for celebrado acordo escrito nesse sentido por todos os sócios.

2 – Além de solicitadores e ou agentes de execução, podem ser sócios de sociedades de solicitadores:

a) Sociedades de solicitadores previamente constituídas e inscritas na Ordem;

b) Organizações associativas de profissionais equiparados a solicitadores constituídas noutro Estado membro da União Europeia cujo capital e direitos de voto caibam exclusivamente aos profissionais em causa.

3 – O requisito de capital referido na alínea *b*) do número anterior não é aplicável caso as organizações associativas não disponham de capital social.

4 – O juízo de equiparação a que se refere a alínea *b*) do nº 2 é regido:

a) Quanto a nacionais de Estados membros da União Europeia, pelo nº 4 do artigo 1º da Lei nº 9/2009, de 4 de março, alterada pelas Leis nºs 41/2012, de 28 de agosto, e 25/2014, de 2 de maio;

b) Quanto a nacionais de países terceiros cujas qualificações tenham sido obtidas fora de Portugal, pelo regime de idade vigente.

ARTIGO 213º
Associados

1 – Nas sociedades de solicitadores podem exercer a sua atividade profissional solicitadores não sócios que tomam a designação de associados.

2 – Os direitos e deveres dos associados devem constar do contrato de sociedade ou ficar definidos nos planos de carreira e deles deve ser dado conhecimento ao associado, no momento da sua integração na sociedade.

ARTIGO 214º
Alteração do contrato

As alterações do contrato de sociedade dependem de deliberação dos sócios, aprovada por maioria de 75% dos votos expressos.

ARTIGO 215º
Correspondência e documentos

1 – A firma da sociedade e a menção do regime de responsabilidade devem constar da correspondência e de todos os documentos da sociedade e dos escritos profissionais dos sócios, associados ou estagiários.

2 – Sem prejuízo do disposto no número anterior, é permitido o uso de denominações abreviadas com recurso às iniciais dos nomes que compõem a firma da sociedade, bem como de logótipos, sujeitos a aprovação nos termos do artigo anterior.

ARTIGO 216º
Participações sociais

A transmissão da participação de capital do sócio não implica a extinção da respetiva participação de indústria, salvo deliberação unânime em contrário.

ARTIGO 217º
Votos

Em assembleia geral, o sócio pode fazer-se representar no exercício do direito de voto por outro sócio, mandatado para o efeito.

ARTIGO 218º
Administração da sociedade

O exercício dos poderes de administração deve conformar-se com a independência do sócio enquanto solicitador, relativamente à prática dos respetivos atos profissionais.

ARTIGO 219º
Dissolução imediata

A sociedade dissolve-se nos casos previstos na lei, no contrato de sociedade e ainda:

a) Quando, no prazo de seis meses, não for reconstituída a pluralidade de sócios;

b) Por deliberação unânime dos sócios, salvo se diversamente convencionado no contrato de sociedade.

SECÇÃO II
Sociedades de agentes de execução

ARTIGO 220º
Regime aplicável

Aplica-se às sociedades de agentes de execução o disposto quanto às sociedades de solicitadores, com as necessárias adaptações, e tendo em conta as especificidades dos artigos seguintes.

ARTIGO 221º
Objeto, capital social, direitos de voto e administração

1 – As sociedades profissionais de agentes de execução têm por objeto exclusivo o exercício das competências específicas de agente de execução.

2 – O capital social das sociedades profissionais de agentes de execução, assim como os direitos de voto nos respetivos órgãos sociais, devem ser exclusivamente detidos por agentes de execução, cabendo unicamente a estes integrar os órgãos de administração das referidas sociedades.

ARTIGO 222º
Designação para processo ou procedimento

1 – O exercício das funções de agente de execução, no âmbito de um processo ou procedimento, pode ser confiado a uma sociedade de agentes de execução, devendo a sociedade designar um sócio, agente de execução, responsável pelo processo, observando-se os termos previstos no nº 1 do artigo 167º

2 – As sociedades de agentes de execução são integradas na lista de agentes de execução, sendo designadas oficiosamente em função do número de agentes de execução que as integrem.

3 – Os agentes de execução que integrem sociedades profissionais não podem ser nomeados individualmente para processos.

4 – No caso de suspensão ou cancelamento da inscrição do responsável designado nos termos do nº 1, a sociedade assegura a tramitação do processo de execução, designando um novo sócio responsável pelo processo.

5 – As sociedades profissionais de agentes de execução não podem ter outras sociedades como sócios.

6 – Os agentes de execução que sejam solicitadores ou advogados podem, nestas qualidades, participar em sociedade de solicitadores e em sociedade de advogados, respetivamente, desde que a sociedade e os seus sócios declarem aceitar as incompatibilidades e impedimentos definidos para os agentes de execução.

SECÇÃO III
Sociedades de solicitadores e agentes de execução

ARTIGO 223º
Regime aplicável

Às sociedades de solicitadores e agentes de execução aplica-se, com as devidas adaptações, o disposto nas secções anteriores.

TÍTULO III
Disposições complementares e finais

ARTIGO 224º
Balcão único e documentos

1 – Todos os pedidos, comunicações e notificações previstos na presente lei entre a Ordem e profissionais, sociedades de profissionais ou outras organizações associativas de profissionais, com exceção dos relativos a procedimentos disciplinares, são realizados por meios eletrónicos, através do balcão único eletrónico dos serviços, referido nos artigos 5º e 6º do Decreto-Lei nº 92/2010, de 26 de julho, acessível através do sítio na Internet da Ordem.

2 – A apresentação de documentos em forma simples, nos termos do número anterior, dispensa a remessa dos documentos originais, autênticos, autenticados ou certificados, sem prejuízo do disposto na alínea *a*) do nº 3 e nos nºs 4 e 5 do artigo 7º do Decreto-Lei nº 92/2010, de 26 de julho.

3 – Quando não for possível o cumprimento do disposto no nº 1, por motivos de indisponibilidade das plataformas eletrónicas, bem como nos casos em que o interessado não disponha de meios que lhe permitam aceder às mesmas, a transmissão da informação em apreço pode ser feita por entrega nos serviços da Ordem, por remessa pelo correio sob registo, por telecópia ou por correio eletrónico, ou por outros meios que esta disponibilize.

4 – São ainda aplicáveis aos procedimentos referidos no presente artigo o disposto nas alíneas *d*) e *e*) do artigo 5º e no nº 1 do artigo 7º do Decreto-Lei nº 92/2010, de 26 de julho.

ARTIGO 225º
Informação na Internet

Sem prejuízo do disposto no artigo 100º, e para além das informações referidas no artigo 23º da Lei nº 2/2013, de 10 de janeiro, no nº 3 do artigo 6º do Decreto-Lei nº 92/2010, de 26 de julho, e no nº 4 do artigo 19º da Diretiva nº 2000/31/CE, do Parlamento Europeu e do Conselho, de 8 de junho de 2000, relativa a certos aspetos legais dos serviços da sociedade de informação, em especial do comércio eletrónico, no mercado interno, a Ordem deve disponibilizar ao público em geral, através do seu sítio eletrónico na Internet, as seguintes informações:

a) Regime de acesso e exercício da profissão;

b) Princípios e regras deontológicos e normas técnicas aplicáveis aos seus associados;

c) Procedimento de apresentação de queixa ou reclamações pelos destinatários relativamente aos serviços prestados pelos profissionais no âmbito da sua atividade;

d) Ofertas de emprego na Ordem.

ARTIGO 226º
Cooperação administrativa

A Ordem presta e solicita às autoridades administrativas dos outros Estados membros e do Espaço Económico Europeu e à Comissão Europeia assistência mútua e toma as medidas necessárias para cooperar eficazmente, nomeadamente através do Sistema de Informação do Mercado Interno, no âmbito dos procedimentos relativos a prestadores de serviços já estabelecidos noutro Estado membro, nos termos do Capítulo VI do Decreto-Lei nº 92/2010, de 26 de julho, do nº 2 do artigo 51º da Lei nº 9/2009, de 4 de março, alterada pelas Leis nºs 41/2012, de 28 de agosto, e 25/2014, de 2 de maio, e dos nºs 2 e 3 do artigo 19º da Diretiva nº 2000/31/CE, do Parlamento Europeu e do Conselho, de 8 de junho de 2000, relativa a certos aspetos legais dos serviços da sociedade de informação, em especial do comércio eletrónico.

ARTIGO 227º
Especializações

As referências a especializações e especialistas não se reportam a colégios de especialidade para efeitos do disposto no nº 2 do artigo 14º da Lei nº 2/2013, de 10 de janeiro, sendo as mesmas objeto de regulamento interno.

ANEXO
(Quadro a que se refere o artigo 88º)

Órgão	Quotização	Acréscimo de atividade profissional
Conselho geral	35 %	30 %
Conselho superior	5 %	-
Conselhos regionais	50 %	10 %
Conselhos profissionais		50 %
Delegações distritais	10 %	10 %

Legislação Complementar

Lei dos Atos Próprios dos Advogados e dos Solicitadores

Lei nº 49/2004, de 24 de agosto

Define o sentido e o alcance dos actos próprios dos advogados e dos solicitadores e tipifica o crime de procuradoria ilícita (Sétima alteração ao Estatuto da Ordem dos Advogados e primeira alteração ao Estatuto da Câmara dos Solicitadores).

A Assembleia da República decreta, nos termos da alínea *c*) do artigo 161º da Constituição, para valer como lei geral da República, o seguinte:

ARTIGO 1º
Actos próprios dos advogados e dos solicitadores

1 – Apenas os licenciados em Direito com inscrição em vigor na Ordem dos Advogados e os solicitadores inscritos na Câmara dos Solicitadores podem praticar os actos próprios dos advogados e dos solicitadores.

2 – Podem ainda exercer consulta jurídica juristas de reconhecido mérito e os mestres e doutores em Direito cujo grau seja reconhecido em Portugal, inscritos para o efeito na Ordem dos Advogados nos termos de um processo especial a definir no Estatuto da Ordem dos Advogados.

3 – Exceptua-se do disposto no nº 1 a elaboração de pareceres escritos por docentes das faculdades de Direito.

4 – No âmbito da competência que resulta do artigo 173º-C do Estatuto da Ordem dos Advogados e do artigo 77º do Estatuto da Câmara dos Solicitadores, podem ser praticados actos próprios dos advogados e dos solicitadores por quem não seja licenciado em Direito.

5 – Sem prejuízo do disposto nas leis de processo, são actos próprios dos advogados e dos solicitadores:

a) O exercício do mandato forense;

b) A consulta jurídica.

6 – São ainda actos próprios dos advogados e dos solicitadores os seguintes:

a) A elaboração de contratos e a prática dos actos preparatórios tendentes à constituição, alteração ou extinção de negócios jurídicos, designadamente os praticados junto de conservatórias e cartórios notariais;

b) A negociação tendente à cobrança de créditos;

c) O exercício do mandato no âmbito de reclamação ou impugnação de actos administrativos ou tributários.

7 – Consideram-se actos próprios dos advogados e dos solicitadores os actos que, nos termos dos números anteriores, forem exercidos no interesse de terceiros e no âmbito de actividade profissional, sem prejuízo das competências próprias atribuídas às demais profissões ou actividades cujo acesso ou exercício é regulado por lei.

8 – Para os efeitos do disposto no número anterior, não se consideram praticados no interesse de terceiros os actos praticados pelos representantes legais, empregados, funcionários ou agentes de pessoas singulares ou colectivas, públicas ou privadas, nessa qualidade, salvo se, no caso da cobrança de dívidas, esta constituir o objecto ou actividade principal destas pessoas.

9 – São também actos próprios dos advogados todos aqueles que resultem do exercício do direito dos cidadãos a fazer-se acompanhar por advogado perante qualquer autoridade.

10 – Nos casos em que o processo penal determinar que o arguido seja assistido por defensor, esta função é obrigatoriamente exercida por advogado, nos termos da lei.

11 – O exercício do mandato forense e da consulta jurídica pelos solicitadores está sujeito aos limites do seu estatuto e da legislação processual.

ARTIGO 2º
Mandato forense

Considera-se mandato forense o mandato judicial conferido para ser exercido em qualquer tribunal, incluindo os tribunais ou comissões arbitrais e os julgados de paz.

ARTIGO 3º
Consulta jurídica

Considera-se consulta jurídica a actividade de aconselhamento jurídico que consiste na interpretação e aplicação de normas jurídicas mediante solicitação de terceiro.

ARTIGO 4º
Liberdade de exercício

Os advogados, advogados estagiários e solicitadores com inscrição em vigor não podem ser impedidos, por qualquer autoridade pública ou privada, de praticar actos próprios dos advogados e dos solicitadores.

ARTIGO 5º
Título profissional de advogado e solicitador

1 – O título profissional de advogado está exclusivamente reservado aos licenciados em Direito com inscrição em vigor na Ordem dos Advogados, bem como a

quem, nos termos do respectivo estatuto, reúne as condições necessárias para o adquirir.

2 – O título profissional de solicitador está exclusivamente reservado a quem, nos termos do respectivo estatuto, reúne as condições necessárias para o adquirir.

3 – Os advogados e solicitadores honorários podem usar a denominação de advogado ou de solicitador, desde que seguidamente a esta façam indicação daquela qualidade.

ARTIGO 6º
Escritório de procuradoria ou de consulta jurídica

1 – Com excepção dos escritórios ou gabinetes compostos exclusivamente por advogados, por solicitadores ou por advogados e solicitadores, as sociedades de advogados, as sociedades de solicitadores e os gabinetes de consulta jurídica organizados pela Ordem dos Advogados e pela Câmara dos Solicitadores, é proibido o funcionamento de escritório ou gabinete, constituído sob qualquer forma jurídica, que preste a terceiros serviços que compreendam, ainda que isolada ou marginalmente, a prática de actos próprios dos advogados e dos solicitadores.

2 – A violação da proibição estabelecida no número anterior confere à Ordem dos Advogados ou à Câmara dos Solicitadores o direito de requererem junto das autoridades judiciais competentes o encerramento do escritório ou gabinete.

3 – Não são abrangidos pelo disposto nos números anteriores os sindicatos e as associações patronais, desde que os actos praticados o sejam para defesa exclusiva dos interesses comuns em causa e que estes sejam individualmente exercidos por advogado, advogado estagiário ou solicitador.

4 – Não são igualmente abrangidas pelo disposto nos números anteriores as entidades sem fins lucrativos que requeiram o estatuto de utilidade pública, desde que, nomeadamente:

a) No pedido de atribuição se submeta a autorização específica a prática de actos próprios dos advogados ou solicitadores;

b) Os actos praticados o sejam para defesa exclusiva dos interesses comuns em causa;

c) Estes sejam individualmente exercidos por advogado, advogado estagiário ou solicitador.

5 – A concessão da autorização específica referida no número anterior é precedida de consulta à Ordem dos Advogados e à Câmara dos Solicitadores.

ARTIGO 7º
Crime de procuradoria ilícita

1 – Quem em violação do disposto no artigo 1º:

a) Praticar actos próprios dos advogados e dos solicitadores;

b) Auxiliar ou colaborar na prática de actos próprios dos advogados e dos solicitadores;

é punido com pena de prisão até 1 ano ou com pena de multa até 120 dias.

2 – O procedimento criminal depende de queixa.

3 – Além do lesado, são titulares do direito de queixa a Ordem dos Advogados e a Câmara dos Solicitadores.

4 – A Ordem dos Advogados e a Câmara dos Solicitadores têm legitimidade para se constituírem assistentes no procedimento criminal.

ARTIGO 8º
Contra-ordenações

1 – Constitui contra-ordenação a promoção, divulgação ou publicidade de actos próprios dos advogados ou dos solicitadores, quando efectuada por pessoas, singulares ou colectivas, não autorizadas a praticar os mesmos.

2 – As entidades referidas no número anterior incorrem numa coima de € 500 a € 2500, no caso das pessoas singulares, e numa coima de € 1250 a € 5000, no caso das pessoas colectivas, ainda que irregularmente constituídas.

3 – As entidades reincidentes incorrem numa coima de € 5000 a € 12 500, no caso das pessoas singulares, e numa coima de € 10 000 a € 25 000, no caso das pessoas colectivas, devendo para o efeito o Instituto do Consumidor elaborar um cadastro do qual constem todas as entidades que tiverem sido alvo de condenação.

4 – Os representantes legais das pessoas colectivas, ou os sócios das sociedades irregularmente constituídas, respondem solidariamente pelo pagamento das coimas e custas referidas nos números anteriores.

ARTIGO 9º
Processamento e aplicação das coimas

O processamento das contra-ordenações e a aplicação das coimas referidas no artigo anterior compete ao Instituto do Consumidor, mediante denúncia fundamentada do Conselho Distrital da Ordem dos Advogados ou do Conselho Regional da Câmara dos Solicitadores territorialmente competentes.

ARTIGO 10º
Produto das coimas

O produto das coimas é distribuído da seguinte forma:

a) 40% para o Instituto do Consumidor;

b) 60% para o Estado.

ARTIGO 11º
Responsabilidade civil

1 – Os actos praticados em violação do disposto no artigo 1º presumem-se culposos, para efeitos de responsabilidade civil.

2 – A Ordem dos Advogados e a Câmara dos Solicitadores têm legitimidade para intentar acções de responsabilidade civil, tendo em vista o ressarcimento de danos decorrentes da lesão dos interesses públicos que lhes cumpre, nos termos dos respectivos estatutos, assegurar e defender.

3 – As indemnizações previstas no número anterior revertem para um fundo destinado à promoção de acções de informação e implementação de mecanismos de prevenção e combate à procuradoria ilícita, gerido em termos a regulamentar em diploma próprio.

ARTIGO 12º
Norma revogatória

São revogados:

a) Os artigos 53º e 56º do Estatuto da Ordem dos Advogados, aprovado pelo Decreto-Lei nº 84/84, de 16 de Março, com as alterações introduzidas pela Lei nº 6/86, de 26 de Março, pelos Decretos-Lei nºs 119/86, de 28 de Maio, e 325/88, de 23 de Setembro, e pelas Leis nºs 33/94, de 6 de Setembro, 30-E/2000, de 20 de Dezembro, e 80/2001, de 20 de Julho;

b) O artigo 104º do Estatuto da Câmara dos Solicitadores, aprovado pelo Decreto-Lei nº 88/2003, de 26 de Abril.

Aprovada em 8 de Julho de 2004.

O Presidente da Assembleia da República, *João Bosco Mota Amaral.*

Promulgada em 6 de Agosto de 2004.

Publique-se.

O Presidente da República, JORGE SAMPAIO.

Referendada em 11 de Agosto de 2004.

O Primeiro-Ministro, *Pedro Miguel de Santana Lopes.*

Regulamento da Caixa de Previdência dos Advogados e Solicitadores

Decreto-Lei nº 119/2015, de 29 de junho

A Caixa de Previdência dos Advogados e Solicitadores (CPAS), criada pelo Decreto-Lei nº 36.550, de 22 de outubro de 1947, e reconhecida pelo artigo 106º da Lei nº 4/2007, de 16 de janeiro, alterada pela Lei nº 83-A/2013, de 30 de dezembro, tem por fim estatutário conceder pensões de reforma aos seus beneficiários e subsídios por morte às respetivas famílias, exercendo ainda uma atividade relevante ao nível de assistência social. O seu objetivo prioritário é o de prover aos advogados e solicitadores uma velhice condigna, que represente adequadamente a recompensa de uma vida de trabalho e da inerente participação no sistema previdencial.

O regime de previdência da CPAS é de repartição intergeracional, ou seja, a geração atual encontra-se a pagar as pensões da geração passada, esperando-se que também a geração vindoura pague as pensões dos atuais contribuintes.

À semelhança de todos os regimes de repartição, a CPAS é um regime cujo equilíbrio e sustentabilidade depende intrinsecamente da evolução demográfica da sua população.

Atualmente, verifica-se uma tendência para a acentuação do envelhecimento demográfico, que se revelou mais rápido do que o esperado, através de um significativo aumento da esperança de vida e de uma galopante diminuição da natalidade. Na Europa, entre 1960 e 2013, a evolução da esperança de vida à nascença passou dos 67 anos para os 77 anos, nos homens, e de 76 anos para 83 anos, nas mulheres.

Viver mais tempo é uma relevante conquista, sendo que, nos últimos 50 anos, a esperança média de vida aumentou cerca de cinco anos e, com o progresso da medicina e a melhoria da qualidade de vida em geral, estima-se que a esperança de vida em 2060 aumente mais sete anos face aos valores atuais.

A população portuguesa acompanha esta evolução demográfica. A taxa de natalidade reduziu substancialmente de 24,1% em 1960 para 7,9% em 2013, enquanto a esperança de vida aos 65 anos apresentou uma evolução superior à média europeia, passando de 12,4 anos em 1960 (77,4 anos), para 18,97 anos em 2013 (83,97 anos). Estas alterações levaram a que o índice de envelhecimento em Portugal tenha aumentado significativamente, evoluindo de apenas 27 pessoas, em 1960, com 65 ou mais anos por cada 100 habitantes com menos de 14 anos, para 133,5, em 2013. Este peso de pessoas com mais de 65 anos irá recair sobre a atual geração que terá de suportar, com os seus descontos, um maior número de pensões, pagas durante mais tempo.

Tendo presente a tendência de envelhecimento demográfico e a evolução demográfica em Portugal, a CPAS realizou um estudo detalhado à esperança de vida da sua população em 2010, tendo resultado desse exercício que a população de advogados e solicitadores inscritos na CPAS tem uma expectativa de vida superior em 11% à da população portuguesa.

Também a evolução da população de advogados e solicitadores tem sofrido alterações significativas. Com efeito, em 2001, para 17 660 beneficiários ativos existiam 1 992 pensionistas, ao passo que, em 2013, o número de beneficiários ativos ascendeu a 28 730 e o número de pensionistas mais que duplicou para 4 609.

Do confronto destes valores verifica-se uma redução de contribuintes ativos e um aumento do número de pensões em pagamento, sendo por isso fundamental a procura de um equilíbrio entre o esforço contributivo e o valor das reformas.

Não obstante o ainda confortável *ratio* de beneficiários contribuintes por pensionista, os estudos atuariais efetuados impõem a urgente correção de um sistema que hoje já não tem, no universo contributivo em análise, suporte suscetível de garantir longevidade ao regime.

Enquanto em 2000, as contribuições quase triplicavam o valor das pensões, em 2013 as contribuições foram 1,2 vezes superiores às pensões atribuídas, representando um decréscimo de 60% num período de 14 anos.

Entre 2000 e 2013, o valor das pensões médias anuais aumentou 176% e o valor da pensão mais elevada cresceu 92%.

Releva, ainda, no regime até agora em vigor, a análise do montante de contribuições pagas pelo pensionista relativamente ao montante da sua pensão. Enquanto numa carreira contributiva construída sobre o mais baixo dos escalões, as contribuições pagas representam 57% do valor da pensão, num cenário de uma pensão otimizada – opção pelo escalão máximo nos últimos 10 anos e pelo escalão menor possível no restante período – o beneficiário pensionista contribui apenas com 25% para formação da sua pensão. Em resumo, o valor das contribuições efetuadas pelo pensionista é, em média, suficiente apenas para financiar dois a três anos da sua pensão. Este peso é perverso e insuportável para as gerações atuais e futuras de contribuintes ativos e representa a antítese do princípio da solidariedade intergeracional.

Face a estes condicionalismos, diversos regimes de repartição, em diferentes países da Europa, têm vindo a adaptar-se à nova realidade. Portugal não foi exceção já que, na última década, o regime geral da segurança social efetuou importantes alterações, nomeadamente na fórmula de cálculo da pensão de reforma, considerando, designadamente, a aplicação de um fator demográfico na determinação da pensão.

No que se refere especificamente à CPAS, a última alteração ao Regulamento, que modificou significativamente o benefício de reforma dos advogados e solicitadores, ocorreu em 1994, através da Portaria nº 884/94, de 1 de outubro, havendo agora que adaptar o regime à nova realidade demográfica e económica.

O presente decreto-lei aprova o novo Regulamento da Caixa de Previdência dos Advogados e Solicitadores (CPAS), revogando o Regulamento aprovado pela Portaria nº 487/83, de 27 de abril, alterada pelas Portarias nºs 623/88, de 8 de setembro, e 884/94, de 1 de outubro, e pelo Despacho nº 22665/2007, de 28 de setembro.

Em consequência de um vasto conjunto de fatores, mormente a evolução dos indicadores demográficos, como o aumento da esperança média de vida, a redução das taxas de natalidade e a diminuição de entrada no sistema de novos contribuintes, que resultam num envelhecimento exponencial da população, o sistema da CPAS requer a aplicação imediata de medidas de correção.

Neste enquadramento, a direção da CPAS desenvolveu aprofundados estudos prospetivos do regime, de modo a assegurar a sustentabilidade do mesmo, a médio e longo prazo. Com a aplicação das medidas do novo Regulamento da CPAS, pretende-se que o regime específico de segurança social dos advogados e solicitadores reforce a sua sustentabilidade, alicerçado nas contribuições dos seus beneficiários e sem esgotamento dos seus recursos financeiros.

E, seguindo as tendências globais com vista à sustentabilidade dos regimes de repartição, analisadas em detalhe no *Livro Branco – Uma agenda para pensões adequadas, seguras e sustentáveis*, da Comissão Europeia, a CPAS analisou também medidas que incentivassem carreiras mais longas, que relacionassem a idade de reforma com a evolução da esperança de vida e desincentivassem a antecipação da reforma.

Tendo a sustentabilidade do regime a médio e longo prazo como principal objetivo do novo Regulamento da CPAS, foram ainda consideradas outras medidas visando uma maior equidade entre as contribuições efetuadas e as prestações concedidas, contribuindo, por isso, significativamente para aquele objetivo.

O processo de revisão do Regulamento da CPAS teve sempre presente a situação particular de cada grupo de beneficiários, de modo a que os impactos das medidas fossem equitativamente distribuídas por todos.

Por isso, no novo Regulamento não se descurou a vertente assistencial do regime, introduzindo-se a possibilidade de aplicação de medidas em caso de comprovada emergência social.

O novo Regulamento da CPAS concretiza diversas medidas.

Em primeiro lugar, ao introduzir uma nova fórmula de cálculo que reflete as contribuições efetuadas durante toda a carreira contributiva e a respetiva atualização monetária, o novo Regulamento da CPAS assegura, por um lado, a adequação do valor da pensão ao histórico contributivo de cada beneficiário e, por outro lado, o reconhecimento da valorização das contribuições. Para os beneficiários que, à data da entrada em vigor do presente decreto-lei, não tenham 15 anos completos de contribuições emitidas, a pensão de reforma é de 2% da média, calculada com base em 14 meses por ano, das remunerações convencionais anuais de toda a carreira contributiva, atualizadas mediante a aplicação do índice de preços ao consumidor sem habitação a partir do mês do pagamento da contribuição. Sobre o valor assim apurado incide um fator de sustentabilidade igual à variação da esperança média de vida aos 65 anos, entre o verificado no ano anterior ao da entrada em vigor do novo Regulamento da CPAS e o ano em que é efetuado o cálculo da pensão, ou o ano em que o beneficiário preencha as condições de acesso à pensão de reforma, no caso dos beneficiários que se reformem em idade superior aquela, assim se incentivando também carreiras contributivas mais longas.

Em segundo lugar, o novo Regulamento da CPAS garante o respeito pelos direitos em formação, ao assegurar que para todos os beneficiários que tenham cumprido o período de elegibilidade para o acesso à pensão de reforma ou subsídio de invalidez, seja reconhecido o tempo de contribuições efetuadas pelo regime anteriormente em vigor, de forma proporcional.

Para os beneficiários que, à data da entrada em vigor do presente decreto-lei, tenham pelo menos 15 anos completos de contribuições emitidas, é garantido o acesso à pensão de reforma ou subsídio de invalidez, de forma combinada entre o regime anteriormente em vigor, com os devidos ajustamentos, e o novo regime. É apurado um montante correspondente ao tempo de carreira contributiva anterior à entrada em vigor do presente decreto-lei equivalente a 2% da média, calculada com base em 14 meses por ano, das remunerações convencionais anuais dos 10 melhores anos de toda a carreira contributiva anterior à entrada em vigor do novo regulamento, extrapolada para toda a carreira contributiva, sendo esse valor atualizado por aplicação de um índice de evolução da retribuição mínima mensal garantida desde a data da entrada em vigor do novo regulamento. O montante assim apurado é adicionado ao montante da pensão de reforma calculada de acordo com o ínsito anterior, sendo este ponderado pelo número de anos completos de inscrição desde a data de entrada em vigor do presente decreto-lei até ao momento da concessão da pensão.

Em terceiro lugar, o novo Regulamento da CPAS procede ao reforço da base contributiva através da adequação da taxa contributiva à realidade dos benefícios atribuídos pela CPAS, de uma estrutura contributiva diferente para os novos beneficiários no início das respetivas carreiras e do alargamento do acesso ao regime a outros grupos de juristas.

A atual taxa de 17%, fixada em janeiro de 1997, é manifestamente insuficiente face ao valor das pensões e subsídios de invalidez em pagamento e àqueles que prospetivamente são requeridos nos próximos anos. A subsistência do regime implica, para além da nova forma de cálculo da pensão de reforma e do subsídio de invalidez, que a taxa contributiva seja progressivamente atualizada de modo a acompanhar o nível de financiamento de cada pensão individualmente considerada, isto, tendo ainda em conta a evolução negativa da base demográfica e o aumento exponencial da esperança de vida. Assim, fixam-se, sucessivamente, em 19%, 21%, 23% e 24%, as taxas a vigorar em cada um dos anos, de 2017 a 2020 e seguintes.

Os atuais 10 escalões contributivos dão lugar a 18 novos escalões, aplicando-se supletivamente os 1º a 3º escalões, fixados em bases de incidência mais baixa do que a retribuição mínima nacional e, consequentemente, de montantes inferiores ao 1º escalão até agora vigente, aos profissionais em início de atividade, possibilitando-lhes a construção, de forma gradual e desde o momento em que iniciam o estágio, de uma consistente carreira contributiva no seu sistema privativo de segurança social.

Finalmente, alarga-se o âmbito das inscrições extraordinárias a advogados e solicitadores de nacionalidade estrangeira não inscritos na Ordem dos Advogados nem na Câmara dos Solicitadores, assim como a profissionais, nacionais ou estrangeiros, de outras profissões jurídicas.

Em quarto lugar, o novo Regulamento da CPAS reforça a monitorização, pois, com a introdução do conselho de fiscalização, a CPAS vê consagrada a monitorização da gestão do órgão diretivo. Além disso, o novo Regulamento prevê um conjunto de medidas de controlo efetivo em várias situações associadas a benefícios de invalidez, sobrevivência, subsistência e de dívida de contribuições.

Em quinto lugar, o novo Regulamento da CPAS ajusta os benefícios à evolução da esperança de vida, com a introdução na fórmula de cálculo da pensão de um fator de ajustamento das pensões atribuídas em cada ano, associado à evolução da esperança média de vida da população portuguesa, que assegura um equilíbrio natural entre os benefícios pagos e o período de duração média do pagamento das pensões.

Em sexto lugar, o novo Regulamento da CPAS estabelece uma idade de reforma ajustada à realidade global. Ao eliminar a possibilidade de reformas anteriores aos 65 anos e ao incentivar os beneficiários a reformarem-se após essa idade, através do congelamento do fator de sustentabilidade aos 65 anos e do reconhecimento total do número de anos de descontos, sem a aplicação de qualquer máximo, o novo regime segue as tendências globais de proteção social na Europa. Assegura-se, em todo o caso, em razão da antiguidade dos direitos em formação nesta matéria, um período transitório de seis anos para acesso à reforma por parte dos beneficiários que nesse período perfaçam 60 anos de idade e 36 anos de carreira contributiva.

Em sétimo lugar, o novo Regulamento da CPAS garante a análise regular à sustentabilidade da CPAS, uma vez que, ao tornar obrigatória a elaboração, anualmente, de um estudo prospetivo da evolução da sustentabilidade da CPAS, é criado um mecanismo regular de análise e de tomada de decisões imediatas que permitam antecipar riscos que possam comprometer a sustentabilidade do regime.

Foram ouvidos o Conselho Superior da Magistratura, o Conselho Superior do Ministério Publico, o Conselho Superior dos Tribunais Administrativos e Fiscais, a Ordem dos Advogados, o Conselho Distrital de Faro da Ordem dos Advogados, a Câmara dos Solicitadores e a Caixa de Previdência dos Advogados e dos Solicitadores.

Foi promovida a audição do Conselho Distrital da Madeira da Ordem dos Advogados, do Conselho Distrital dos Açores da Ordem dos Advogados, do Conselho Distrital de Lisboa da Ordem dos Advogados, do Conselho Distrital do Porto da Ordem dos Advogados, do Conselho Distrital de Coimbra da Ordem dos Advogados, do Conselho Distrital de Évora da Ordem dos Advogados, do Conselho dos Oficiais de Justiça, da Associação Sindical dos Juízes Portugueses, do Sindicato dos Magistrados do Ministério Público, do Sindicato dos Funcionários Judiciais e do Sindicato dos Oficiais de Justiça.

Assim:

Nos termos da alínea *a*) do nº 1 do artigo 198º da Constituição, o Governo decreta o seguinte:

ARTIGO 1º
Objeto

O presente decreto-lei aprova o novo Regulamento da Caixa de Previdência dos Advogados e Solicitadores.

ARTIGO 2º
Aprovação do novo Regulamento da Caixa de Previdência dos Advogados e Solicitadores

É aprovado, em anexo ao presente decreto-lei e que dele faz parte integrante, o novo Regulamento da Caixa de Previdência dos Advogados e Solicitadores.

ARTIGO 3º
Âmbito de aplicação e produção de efeitos

1 – Com exceção das situações expressamente reguladas, o direito aos benefícios que se encontravam previstos no Regulamento aprovado pela Portaria nº 487/83, de 27 de abril, alterada pelas Portarias nºs 623/88, de 8 de setembro, e 884/94, de 1 de outubro, e pelo Despacho nº 22665/2007, de 28 de setembro, e que deixam de estar previstos no novo Regulamento da Caixa de Previdência dos Advogados e Solicitadores, aprovado em anexo ao presente decreto-lei, caduca na data da entrada em vigor deste.

2 – O direito aos benefícios que se encontravam previstos e que pudesse ser exercido ao abrigo do Regulamento aprovado pela Portaria nº 487/83, de 27 de abril, alterada pelas Portarias nºs 623/88, de 8 de setembro, e 884/94, de 1 de outubro, e pelo Despacho nº 22665/2007, de 28 de setembro, e que se mantenha no novo Regulamento da Caixa de Previdência dos Advogados e Solicitadores, aprovado em anexo ao presente decreto-lei, é regulado nos termos constantes do novo Regulamento, exceto quanto ao prazo para o seu exercício que se reinicia com a entrada em vigor do presente decreto-lei.

3 – A taxa contributiva prevista no nº 1 do artigo 72º do Regulamento aprovado pela Portaria nº 487/83, de 27 de abril, alterada pelas Portarias nºs 623/88, de 8 de setembro, e 884/94, de 1 de outubro, e pelo Despacho nº 22665/2007, de 28 de setembro, vigora até 31 de dezembro de 2016.

4 – Durante os dois meses subsequentes ao da publicação do presente decreto-lei mantêm-se, para os beneficiários inscritos até à sua entrada em vigor, os escalões contributivos fixados nos termos do artigo 72º do Regulamento apro-

vado pela Portaria nº 487/83, de 27 de abril, alterada pelas Portarias nºs 623/88, de 8 de setembro, e 884/94, de 1 de outubro, e pelo Despacho nº 22665/2007, de 28 de setembro.

5 – Até ao dia 15 do segundo mês subsequente ao da publicação do presente decreto-lei, os beneficiários referidos no número anterior podem comunicar à Caixa de Previdência dos Advogados e dos Solicitadores o escalão de remuneração convencional de entre os escalões da tabela constante do artigo 80º do novo Regulamento da Caixa de Previdência dos Advogados e Solicitadores, aprovado em anexo ao presente decreto-lei para base de incidência das suas contribuições a vigorar do dia 1 do terceiro mês subsequente ao da publicação do presente decreto-lei até ao dia 31 de dezembro de 2015, tendo em conta que:

a) No caso de inobservância dos escalões mínimos estabelecidos no nº 2 do artigo 80º é fixado oficiosamente o escalão mínimo aplicável de acordo com as regras do mesmo nº 2;

b) Na falta de comunicação é fixado oficiosamente, de entre os escalões da tabela constante do artigo 80º, aquele que corresponda ao anteriormente fixado para 2015.

6 – A obrigação de contribuir prevista no nº 3 do artigo 79º do novo Regulamento da Caixa de Previdência dos Advogados e Solicitadores, aprovado em anexo ao presente decreto-lei, produz efeitos a partir do dia 1 de julho de 2015.

ARTIGO 4º
Norma revogatória

É revogada a Portaria nº 487/83, de 27 de abril, alterada pelas Portarias nºs 623/88, de 8 de setembro, e 884/94, de 1 de outubro, e pelo Despacho nº 22665/2007, de 28 de setembro.

ARTIGO 5º
Entrada em vigor

O presente decreto-lei entra em vigor no primeiro dia do mês seguinte ao da sua publicação.

Visto e aprovado em Conselho de Ministros de 30 de abril de 2015. – *Pedro Passos Coelho – Paula Maria von Hafe Teixeira da Cruz.*

Promulgado em 19 de junho de 2015.

Publique-se.

O Presidente da República, ANÍBAL CAVACO SILVA.

Referendado em 23 de junho de 2015.

O Primeiro-Ministro, *Pedro Passos Coelho.*

Novo Regulamento da Caixa de Previdência dos Advogados e Solicitadores

CAPÍTULO I
Disposições gerais

ARTIGO 1º
Natureza e regime aplicável

1 – A Caixa de Previdência dos Advogados e Solicitadores, adiante designada por Caixa, é uma instituição de previdência autónoma, com personalidade jurídica, regime próprio e gestão privativa, e visa fins de previdência e de proteção social dos advogados e dos associados da Câmara dos Solicitadores.

2 – A Caixa rege-se pelo presente Regulamento e, subsidiariamente, pelas bases gerais do sistema de segurança social e pela legislação dela decorrente, com as necessárias adaptações.

ARTIGO 2º
Sede e organização

1 – A Caixa tem a sua sede em Lisboa.

2 – Em matéria de organização e cadastro, a Caixa colabora estreitamente com a Ordem dos Advogados e com a Câmara dos Solicitadores, podendo com estas instituições estabelecer acordos para a realização de serviços de interesse comum.

ARTIGO 3º
Finalidades

1 – A Caixa tem por fim conceder pensões de reforma e subsídios por invalidez aos seus beneficiários.

2 – A Caixa pode conceder subsídios por morte e de sobrevivência aos familiares dos seus beneficiários e outros subsídios de acordo com as disponibilidades anuais do fundo de assistência.

3 – Em complemento dos benefícios referidos nos números anteriores, a Caixa promove a celebração, com instituições de seguro, de contratos de grupo, com vista à cobertura de riscos dos seus beneficiários.

CAPÍTULO II
Organização

SECÇÃO I
Órgãos

ARTIGO 4º
Enumeração

São órgãos da Caixa:

a) A direção;
b) O conselho geral;
c) O conselho de fiscalização;
d) As assembleias dos advogados e dos associados da Câmara dos Solicitadores.

SECÇÃO II
Direção

ARTIGO 5º
Constituição e duração do mandato

1 – A direção da Caixa é constituída por cinco membros, sendo quatro advogados e um associado da Câmara dos Solicitadores.

2 – O mandato da direção tem a duração de três anos, mantendo-se os seus membros em funções até à tomada de posse da direção seguinte.

ARTIGO 6º
Eleição

1 – Os membros da direção são eleitos pelas assembleias dos advogados e dos associados da Câmara dos Solicitadores.

2 – Só podem ser eleitos os beneficiários ordinários que, no momento da apresentação da candidatura:

a) Se encontrem no pleno uso dos seus direitos;

b) Não tenham sofrido pena disciplinar superior a censura;

c) Não tenham sido condenados, por sentença transitada em julgado, por furto, abuso de confiança, roubo, burla, extorsão, infidelidade, abuso de cartão de garantia ou de crédito, emissão de cheques sem provisão, usura, insolvência dolosa, insolvência negligente, frustração de créditos, favorecimento de credores, apropriação ilegítima de bens do setor público ou cooperativo, administração danosa em unidade económica do setor público ou cooperativo, falsificação, falsidade, suborno, corrupção, branqueamento de capitais, receção não autorizada de depósitos ou outros fundos não reembolsáveis, prática ilícita de atos ou operações de seguros, de resseguros ou de gestão de fundos de pensões, abuso de informação, manipulação do mercado de valores mobiliários ou pelos crimes previstos no Código das Sociedades Comerciais;

d) Não tenham sido declarados insolventes, nos cinco anos anteriores à data de apresentação da respetiva candidatura;

e) Não tenham sido administradores, diretores ou gerentes de empresa declarada insolvente, nos cinco anos anteriores à data de apresentação da respetiva candidatura;

f) Não exerçam funções de administração ou fiscalização em sociedades ou instituições bancárias, financeiras, imobiliárias ou seguradoras;

g) Perfaçam, à data de apresentação da respetiva candidatura, pelo menos, 15 ou 10 anos de inscrição na Caixa, com pagamento efetivo de contribuições, consoante se candidatem a presidente ou a membro da direção;

h) Não tenham dívida de contribuições à Caixa;

i) Não tenham pertencido, no mandato em curso, aos órgãos nacionais, regionais ou distritais da Ordem dos Advogados ou da Câmara dos Solicitadores.

ARTIGO 7º
Cargos diretivos

1 – O presidente da direção é o advogado cujo nome figure à cabeça da lista vencedora.

2 – A direção escolhe, de entre os restantes membros, um vice-presidente, um secretário e um tesoureiro, podendo, além disso, confiar especialmente a qualquer dos seus membros os pelouros que venha a criar.

ARTIGO 8º
Compensação pecuniária

Os membros da direção têm direito a compensação pecuniária pelo exercício efetivo de funções, a fixar pela comissão de remunerações, ouvido o conselho geral.

(Redação dada pelo Decreto-Lei nº 116/2018, de 21-12)

ARTIGO 9º
Substituição dos membros da direção

Na falta ou impedimento dos membros da direção, o presidente é substituído pelo vice-presidente e os restantes membros, sendo o impedimento prolongado, por quaisquer beneficiários escolhidos pela direção que, observado o disposto no nº 1 do artigo 5º, satisfaçam as condições previstas no nº 2 do artigo 6º

ARTIGO 10º
Competência

1 – À direção incumbe administrar a Caixa e, em geral, praticar todos os atos necessários à prossecução dos seus objetivos e à execução das leis e regulamentos, sem prejuízo da competência dos demais órgãos.

2 – No exercício da sua competência, pode a direção elaborar os regulamentos internos que se mostrem necessários.

ARTIGO 11º
Funcionamento

A direção reúne, pelo menos, três vezes em cada semana, sendo as suas deliberações, tomadas por maioria, lavradas em ata.

ARTIGO 12º
Poderes de representação

1 – Salvo deliberação da direção noutro sentido, a representação da Caixa, em juízo e fora dele, é assegurada pelo presidente e, tratando-se de cobrança de dívidas, pelo tesoureiro.

2 – A Caixa considera-se obrigada pelas assinaturas conjuntas do presidente e do vice-presidente ou do presidente ou vice-presidente e de qualquer outro vogal.

3 – As certidões são subscritas pelo secretário ou pelo tesoureiro.

(Redação dada pelo Decreto-Lei nº 116/2018, de 21-12)

SECÇÃO III
Conselho geral

ARTIGO 13º
Constituição e duração do mandato

1 – O conselho geral da Caixa é constituído pelo bastonário da Ordem dos Advogados, que preside, com voto de qualidade, e pelos seguintes vogais:

a) Três vogais eleitos pelo conselho geral da Ordem dos Advogados;

b) Um vogal eleito por cada conselho distrital da Ordem dos Advogados;

c) O presidente da Câmara dos Solicitadores;

d) Um vogal eleito por cada conselho regional da Câmara dos Solicitadores;

e) Três advogados designados pelo conselho geral da Ordem dos Advogados, dois dos quais em situação de reforma;

f) Dois associados da Câmara dos Solicitadores designados pelo conselho geral da Câmara dos Solicitadores, um dos quais em situação de reforma.

2 – A duração do mandato dos vogais é a dos conselhos que os elegerem.

3 – Considera-se caducado o mandato do membro do conselho geral que falte injustificadamente a mais do que uma reunião.

4 – A direção assiste, sem direito de voto, às sessões do conselho geral.

5 – Todos os advogados e associados da Câmara dos Solicitadores que estejam no uso dos seus direitos perante a Caixa e demonstrem ter as contribuições em dia, podem assistir às reuniões do conselho geral, sem direito a voto, sendo-lhes concedidos, no conjunto, antes do início da ordem dos trabalhos, 30 minutos para usarem da palavra.

ARTIGO 14º
Competência

1 – Compete ao conselho geral:

a) Apreciar anualmente e emitir parecer sobre o relatório e contas da direção;

b) Pronunciar-se sobre a criação de novos benefícios ou alteração dos existentes quando implique um encargo acrescido para a Caixa;

c) Mediante deliberação tomada por maioria de dois terços dos seus membros em efetividade de funções, destituir qualquer membro da direção que:

i) No decurso do mandato, deixe de reunir qualquer uma das condições e ou requisitos previstos nas alíneas *a*) a *f*) e *h*) do nº 2 do artigo 6º;

ii) Não revele disponibilidade para o exercício do cargo com zelo;

iii) Exerça funções de administração ou fiscalização em sociedades ou instituições, se tal exercício comportar risco de conflito de interesses;

d) Pronunciar-se sobre quaisquer questões que lhe sejam submetidas por força do presente Regulamento ou por iniciativa da direção;

e) Designar a comissão de remunerações referida nos artigos 8º, 15º e 19º

2 – Na eventualidade de destituição do membro da direção, deve o conselho geral, no prazo de 30 dias e sob proposta da direção, designar o substituto, observando o disposto no nº 1 do artigo 5º, e as condições previstas no nº 2 do artigo 6º

3 – Quando a natureza do assunto o justifique, pode o conselho geral deliberar que a matéria sujeita à sua apreciação seja previamente submetida às assembleias dos advogados e dos associados da Câmara dos Solicitadores.

4 – A comissão de remunerações prevista na alínea *e*) do nº 1 é constituída por três membros que em anteriores mandatos tenham integrado o conselho geral, a direção e o conselho de fiscalização.

(Redação dada pelo Decreto-Lei nº 116/2018, de 21-12)

ARTIGO 15º
Senhas de presença

As presenças dos membros do conselho geral às respetivas reuniões podem ser compensadas mediante o pagamento de uma senha de presença, cujo montante é fixado pela comissão de remunerações, sob proposta da direção.

(Redação dada pelo Decreto-Lei nº 116/2018, de 21-12)

SECÇÃO IV
Conselho de fiscalização

ARTIGO 16º
Constituição e duração do mandato

1 – O conselho de fiscalização é composto por três membros efetivos e três suplentes, sendo, em ambos os casos, um advogado, um associado da Câmara dos Solicitadores e um revisor oficial de contas ou uma sociedade de revisores oficiais de contas.

2 – O mandato do conselho de fiscalização tem a duração de três anos e coincide com o mandato da direção, mantendo-se os seus membros em funções até à tomada de posse do conselho seguinte.

3 – O presidente do conselho de fiscalização é o advogado eleito como membro efetivo do conselho de fiscalização.

4 – O conselho de fiscalização reúne, pelo menos, uma vez por mês, sendo as suas deliberações, tomadas por maioria, lavradas em ata.

ARTIGO 17º
Eleição

1 – Os membros advogados e associados da Câmara dos Solicitadores do conselho de fiscalização, efetivos e suplentes, são eleitos, em listas próprias, pelas assembleias dos advogados e dos associados da Câmara dos Solicitadores que elegerem a direção.

2 – Os membros revisores oficiais de contas ou sociedade de revisores oficiais de contas são designados, a requerimento dos restantes membros eleitos, pela Ordem dos Revisores Oficiais de Contas nos 15 dias seguintes à eleição.

3 – Aplica-se aos membros do conselho de fiscalização, com as necessárias adaptações, o previsto no nº 2 do artigo 6º

4 – Ficando deserta a eleição referida no nº 1, compete ao conselho geral da Ordem dos Advogados e ao conselho geral da Câmara dos Solicitadores designar, respetivamente, os advogados e os associados da Câmara dos Solicitadores, efetivos e suplentes, que devem ser escolhidos de entre pessoas com qualificações e experiência profissional adequadas ao exercício das funções.

ARTIGO 18º
Competência e poderes

1 – Compete ao conselho de fiscalização:

a) Fiscalizar a administração da Caixa;

b) Zelar pelo cumprimento da lei e dos regulamentos em vigor na Caixa;

c) Verificar a regularidade dos livros, registos contabilísticos e dos documentos que lhe servem de suporte;

d) Verificar a exatidão dos documentos de prestação de contas;

e) Verificar se as políticas contabilísticas e os critérios valorimétricos adotados pela Caixa conduzem a uma correta avaliação do património e dos resultados;

f) Elaborar anualmente relatório sobre a ação fiscalizadora e dar parecer sobre o relatório e contas e propostas apresentadas pela direção;

g) Fiscalizar a eficácia do sistema de gestão de riscos e do sistema de controlo interno.

2 – O revisor oficial de contas tem o especial dever de proceder a todos os exames tendo em vista a aprovação das contas.

3 – Para o desempenho das suas funções, pode qualquer membro do conselho de fiscalização:

a) Obter da direção a apresentação, para exame e verificação, de qualquer livro, registo ou documento da Caixa;

b) Obter da direção as informações e os esclarecimentos julgados necessários sobre qualquer operação em curso, finda ou futura;

c) Obter de terceiros que tenham realizado operações por conta da Caixa as informações julgadas necessárias para o cabal esclarecimento das mesmas;

d) Assistir às reuniões da direção, sempre que o entenda necessário.

ARTIGO 19º
Compensação pecuniária

Os membros do conselho de fiscalização têm direito à compensação pecuniária pelo exercício efetivo de funções, a fixar pela comissão de remunerações, sob proposta da direção e ouvido o conselho geral.

(Redação dada pelo Decreto-Lei nº 116/2018, de 21-12)

SECÇÃO V
Assembleias dos advogados e dos associados da Câmara dos Solicitadores

ARTIGO 20º
Constituição e funcionamento

1 – As assembleias eleitorais são constituídas, separadamente, pelos advogados e pelos associados da Câmara dos Solicitadores que, como beneficiários ordinários, extraordinários, reformados ou titulares de subsídio de invalidez, não apresentem, em 31 de outubro do ano do sufrágio, dívida de contribuições à Caixa e se encontrem no pleno gozo dos seus direitos.

2 – As assembleias podem reunir em plenário ou por secções correspondentes às circunscrições em que se divida a organização territorial da Ordem dos Advogados e da Câmara dos Solicitadores.

3 – Os beneficiários que sejam simultaneamente advogados e associados da Câmara dos Solicitadores, podendo assistir às reuniões das duas assembleias, só podem exercer o seu direito de voto numa das assembleias.

4 – Para efeitos do disposto no número anterior, o beneficiário deve comunicar a ambos os presidentes das mesas da assembleia, por carta registada, nos 30 dias posteriores à inscrição na segunda associação pública profissional, em que assembleia pretende exercer o seu direito de voto.

ARTIGO 21º
Mesas

1 – As mesas das assembleias, em sessão plenária, são presididas pelo presidente do conselho geral da respetiva associação pública profissional e têm um primeiro secretário e um segundo secretário, eleitos pelo mesmo conselho.

2 – Funcionando as assembleias por secções, estas são presididas pelos presidentes dos conselhos distritais ou regionais das referidas associações, que de igual forma elegem o primeiro secretário e o segundo secretário.

ARTIGO 22º
Competência

1 – Compete às assembleias:

a) Eleger os membros da direção e do conselho de fiscalização;

b) Pronunciar-se sobre quaisquer assuntos de interesse para os advogados ou associados da Câmara dos Solicitadores, no âmbito da Caixa.

2 – O funcionamento das assembleias rege-se pelo disposto nos regulamentos aprovados para as assembleias dos advogados e dos associados da Câmara dos Solicitadores.

3 – As providências que vierem a ser adotadas com base no voto das assembleias devem considerar-se em vigor desde a data que as mesmas assembleias houverem fixado.

ARTIGO 23º
Candidaturas para eleição

1 – As propostas de candidatura para a eleição da direção, quer dos advogados, quer dos associados da Câmara dos Solicitadores, constam de lista, discriminando os nomes dos propostos e são apresentadas aos presidentes das mesas das respetivas assembleias, até 15 de outubro do ano em que a eleição deva ter lugar, devendo ser instruídas com os seguintes documentos:

a) Cópia de documento de identificação;

b) Certidão de nascimento ou equivalente, emitida há menos de 90 dias;

c) Certificado de registo criminal atualizado;

d) Certidão emitida pela Caixa comprovativa do tempo de inscrição e inexistência de dívida de contribuições;

e) Declaração, sob compromisso de honra, de não se encontrar abrangido pelo disposto nas alíneas *c*), *d*), *e*), *f*) e *i*) do nº 2 do artigo 6º

2 – As propostas de candidatura devem ser subscritas por um número mínimo de 120 eleitores para os advogados e de 40 eleitores para os associados da Câmara dos Solicitadores, devendo os eleitores proponentes ter a sua situação contributiva para com a Caixa integralmente regularizada em 15 de outubro do ano em que a eleição deva ter lugar e as propostas ser acompanhadas da declaração de aceitação por parte dos candidatos.

3 – As mesas devem, nos três dias úteis subsequentes, verificar a elegibilidade dos candidatos, podendo solicitar à direção a informação necessária para esse efeito, nomeadamente quanto ao tempo de inscrição e à inexistência de dívida de contribuições.

4 – Em igual prazo ao previsto no número anterior podem os subscritores da proposta proceder à substituição dos candidatos que forem considerados inelegíveis, sob pena de anulação da proposta, de tudo se lavrando ata, que é comunicada imediatamente à direção.

5 – A Caixa remete as listas de candidatos aos eleitores conjuntamente com os manifestos que os proponentes lhe apresentem para esse fim, desde que a sua extensão não ultrapasse a de uma folha de papel de formato A4.

6 – O disposto nos números anteriores aplica-se à eleição dos membros advogados e associados da Câmara dos Solicitadores, efetivo e suplente, do conselho de fiscalização, com as necessárias adaptações, devendo as propostas de candidatura ser subscritas por um número mínimo de 60 eleitores para os advogados e de 20 eleitores para os associados da Câmara dos Solicitadores.

ARTIGO 24º
Sufrágio

1 – As assembleias reúnem por secções, no mesmo dia e com início à mesma hora, de 25 de novembro a 30 de dezembro, conforme for fixado pelos presidentes das mesas das respetivas assembleias, ouvidos os das secções.

2 – O voto é secreto e pode ser enviado por carta dirigida ao presidente da mesa acompanhando as listas encerradas em sobrescritos fechados, desde que a assinatura da carta seja reconhecida pelos órgãos da respetiva associação pública profissional com jurisdição sobre o eleitor, pelo tribunal da comarca onde o eleitor dispõe de domicílio profissional ou pelas demais formas permitidas por lei.

ARTIGO 25º
Obrigatoriedade do voto

1 – É obrigatório o exercício de voto, sob pena de multa, cujo montante é fixado anualmente pelo conselho geral.

2 – A multa a que se refere o número anterior é cobrada pelos respetivos conselhos distritais ou regionais e reverte para a Caixa.

3 – Os beneficiários cujos nomes não hajam sido descarregados nos respetivos cadernos são notificados, pela mesa da secção a que pertençam, mediante carta registada com aviso de receção, para, no prazo de cinco dias, pagarem a multa ou se justificarem, alegando o que tiverem em sua defesa e apresentando as provas.

ARTIGO 26º
Convocação para outros fins

Nos demais casos, as assembleias são convocadas a solicitação da direção, do conselho de fiscalização ou do conselho geral ou ainda a requerimento de um número de beneficiários ordinários não inferior a 120 para os advogados e a 40 para os associados da Câmara dos Solicitadores, tratando-se de sessões plenárias, ou, sendo por secções, de metade daqueles mínimos.

ARTIGO 27º
Formalidades da convocação

As convocatórias das assembleias são publicadas nos portais da Caixa, da Ordem dos Advogados e da Câmara dos Solicitadores e remetidas por correio eletrónico a todos os beneficiários que tenham indicado o respetivo endereço.

CAPÍTULO III
Beneficiários

ARTIGO 28º
Categorias de beneficiários

1 – Os beneficiários da Caixa têm a categoria de ordinários ou extraordinários.

2 – Pode ser atribuída, por decisão da direção com parecer favorável do conselho geral, a categoria de beneficiário honorário às pessoas que por atos de elevado mérito e de natureza exemplar tenham contribuído para o prestígio da Caixa na sua existência e na prossecução dos seus fins.

ARTIGO 29º
Inscrições ordinárias

1 – São inscritos obrigatoriamente como beneficiários ordinários todos os advogados e advogados estagiários inscritos na Ordem dos Advogados e todos os associados e associados estagiários inscritos na Câmara dos Solicitadores.

2 – A inscrição na Caixa conta-se, para todos os efeitos, a partir do primeiro dia do mês seguinte àquele em que se verifique a inscrição na respetiva associação pública profissional.

ARTIGO 30º
Subsistência da inscrição ordinária

Mantêm a inscrição como beneficiários ordinários os beneficiários que estejam a cumprir pena disciplinar aplicada pela respetiva associação pública profissional.

ARTIGO 31º
Cumulação de inscrições e de benefícios

1 – Mantém-se obrigatória a inscrição na Caixa nos casos de vinculação simultânea a outro regime de inscrição obrigatória ou facultativa, subsistindo as respetivas situações autonomizadas.

2 – Os benefícios referidos no presente Regulamento são cumuláveis com os recebidos de outros regimes de segurança social pelos quais os beneficiários estejam, também, abrangidos.

ARTIGO 32º
Suspensão da inscrição

1 – É suspensa a inscrição do beneficiário cuja inscrição seja suspensa na respetiva associação pública profissional, sem prejuízo do disposto no artigo 30º

2 – A suspensão da inscrição determina a interrupção da contagem do tempo de inscrição e da consequente emissão de contribuições.

3 – A suspensão da inscrição na Caixa produz efeitos no dia da suspensão da inscrição na associação pública profissional do beneficiário.

ARTIGO 33º
Levantamento da suspensão da inscrição

1 – É levantada a suspensão da inscrição do beneficiário quando for levantada a suspensão da inscrição na respetiva associação pública profissional.

2 – O levantamento da suspensão da inscrição produz efeitos no primeiro dia do mês seguinte ao do levantamento da suspensão da inscrição na associação pública profissional.

ARTIGO 34º
Cancelamento da inscrição

1 – É cancelada a inscrição do beneficiário cuja inscrição seja cancelada na respetiva associação pública profissional.

2 – O cancelamento da inscrição determina o termo da contagem do tempo de inscrição e da consequente emissão de contribuições e produz efeitos na data do cancelamento da inscrição na associação pública profissional.

ARTIGO 35º
Reinscrição

1 – São reinscritos na Caixa, com o mesmo número, os beneficiários que voltem a encontrar-se na situação prevista no artigo 29º

2 – O tempo decorrente após a reinscrição cumula com o das inscrições anteriores.

ARTIGO 36º
Inscrições extraordinárias

1 – São inscritos como beneficiários extraordinários:

a) Os beneficiários que tenham a sua inscrição suspensa ou cancelada, desde que requeiram a manutenção da sua inscrição na Caixa;

b) Os advogados e solicitadores de qualquer nacionalidade que não estejam inscritos na Ordem dos Advogados nem na Câmara dos Solicitadores e os profissionais de outras profissões jurídicas, sejam nacionais ou estrangeiros, desde que o requeiram à Caixa.

2 – As inscrições extraordinárias conferem direito à pensão de reforma, subsídio de invalidez, subsídio de sobrevivência e subsídio por morte, nos termos previstos no presente Regulamento.

3 – A inscrição do beneficiário extraordinário reporta-se ao primeiro dia do mês seguinte ao da verificação de qualquer dos eventos referidos no nº 1.

4 – É convertida em ordinária a inscrição dos beneficiários referidos na alínea *a*) do nº 1 a quem seja levantada a suspensão da sua inscrição ou que voltem a inscrever-se na associação pública profissional competente.

5 – O cancelamento da inscrição determina o termo da contagem do tempo de inscrição e da consequente emissão de contribuições.

6 – O cancelamento da inscrição produz efeitos na data da apresentação do respetivo requerimento.

ARTIGO 37º
Comunicações das associações públicas profissionais

Os órgãos competentes da Ordem dos Advogados e da Ordem dos Solicitadores e Agentes de Execução comunicam à direção da Caixa, no prazo de 10 dias, as situações relativas à inscrição, suspensão, levantamento da suspensão, cancelamento e reinscrição dos seus advogados e advogados estagiários e dos seus associados e associados estagiários.

(Redação dada pelo Decreto-Lei nº 116/2018, de 21-12)

CAPÍTULO IV
Eventualidades e benefícios

SECÇÃO I
Disposições gerais

ARTIGO 38º
Princípio geral

O regime previdencial da Caixa assenta no princípio da solidariedade intergeracional, através de métodos de financiamento em regime de repartição, e visa garantir aos seus beneficiários e respetivos familiares o direito às prestações reguladas no presente Regulamento e aos demais benefícios autónomos que sejam aprovados pela direção, nos termos do nº 2 do artigo 10º

ARTIGO 39º
União de facto

O direito às prestações previstas no presente Regulamento é tornado extensivo às pessoas que vivam em união de facto, definida e a comprovar nos termos da lei.

SECÇÃO II
Reforma

ARTIGO 40º
Direito à reforma

1 – O direito à reforma é reconhecido aos beneficiários que preencham, cumulativamente, as seguintes condições:

a) Tenham completado 65 anos de idade;

b) Tenham, pelo menos, 15 anos de carreira contributiva na Caixa, sem prejuízo do disposto no nº 3;

c) Não tenham dívida de contribuições.

2 – A reforma depende de requerimento do interessado.

3 – O prazo de garantia previsto na alínea *b*) do nº 1 é de 10 anos nas seguintes situações:

a) Beneficiários inscritos na Caixa a partir de 1 de julho de 2015;

b) Beneficiários que não se enquadrem nas situações previstas nos artigos 101º, 102º e 103º

(Redação dada pelo Decreto-Lei nº 116/2018, de 21-12)

ARTIGO 41º
Pensão de reforma

1 – A pensão de reforma mensal é apurada pela aplicação da seguinte fórmula:

$$PR = (2\ \% \times T) \times \frac{R}{14 \times T}$$

Entendendo-se:

PR: Pensão de reforma mensal;

R: Total das remunerações convencionais anuais de toda a carreira contributiva atualizadas nos termos dos nºs 4 e 5.

T: Número de anos completos de inscrição com integral pagamento de contribuições.

2 – Considera-se como um ano completo cada conjunto de 12 meses de contribuições.

3 – Os valores das remunerações convencionais registadas são atualizados, em cada ano, por aplicação do índice de preços ao consumidor (IPC), sem habitação, com o limite mínimo de zero e o limite máximo equivalente ao valor percentual do aumento da retribuição mínima mensal garantida no ano.

4 – As remunerações que correspondam a contribuições pagas para além do prazo legal apenas são objeto da atualização referida no número anterior a partir do mês em que tenham sido pagas.

5 – No momento do cálculo da pensão de reforma ou na data da convolação do subsídio de invalidez em pensão de reforma, é aplicável ao montante da pensão o fator de sustentabilidade correspondente, respetivamente, ao ano de início da pensão ou da data da convolação.

6 – O fator de sustentabilidade é definido pela seguinte fórmula:

$$FS = \frac{EMV}{EMV\ (\text{índice ano } i\text{-}1)}$$

Entendendo-se:

FS: Fator de sustentabilidade;

EMV: Esperança média de vida aos 65 anos verificada no ano anterior ao da entrada em vigor do presente Regulamento;

EMV (índice ano i-1): Esperança média de vida aos 65 anos verificada no ano anterior ao de início da pensão ou da data da convolação.

7 – O indicador da esperança média de vida aos 65 anos relativo a cada ano corresponde ao publicado pelo Instituto Nacional de Estatística, I. P..

ARTIGO 41º-A
Melhoria da pensão de reforma

1 – O pagamento de grupos completos de 12 meses de contribuições pelos beneficiários reformados que continuem inscritos nas respetivas associações públicas profissionais confere direito a uma melhoria vitalícia da sua pensão de reforma, através de um acréscimo mensal ao seu valor.

2 – A melhoria mensal da pensão de reforma é apurada pela aplicação da seguinte fórmula:

$$MM = (0,7 \times RP)/[EMV(\text{idade } x) \times 14]$$

Entendendo-se por:

MM: Melhoria mensal;

RP: Valor do último grupo de 12 meses de contribuições efetuadas após a reforma;

EMV (idade x): Esperança média de vida à idade do beneficiário aquando do início de pagamento da melhoria, conforme publicado pelo Instituto Nacional de Estatística, I.P. (INE, I.P.).

3 – A melhoria é paga pela Caixa ao beneficiário a partir do mês seguinte àquele em que ocorra o pagamento de cada grupo completo de 12 meses de contribuições.

(Aditado pelo Decreto-Lei nº 116/2018, de 21-12)

ARTIGO 42º
Pensão bonificada

O fator de sustentabilidade aplicável no caso de reforma de beneficiário que podendo reformar-se em determinado ano, opte por fazê-lo posteriormente, é o correspondente ao do ano em que se podia ter reformado.

ARTIGO 43º
Registo das contribuições

1 – São registados nas contas correntes dos beneficiários, em cada ano, os valores das contribuições pagas, o valor que constitui a base para o cálculo das contribuições e o número de retribuições mínimas mensais garantidas completas que integram a base de cálculo das contribuições pagas.

2 – Cada mês de contribuições pagas ao abrigo dos regulamentos anteriores ao aprovado pela Portaria nº 487/83, de 27 de abril, alterada pelas Portarias nºs 623/88, de 8 de setembro, e 884/94, de 1 de outubro, e pelo Despacho nº 22665/2007, de 28 de setembro, corresponde a uma retribuição mínima mensal garantida para efeito de determinação da base remuneratória e do número de retribuições mínimas a considerar na determinação da pensão de reforma e de subsídio por invalidez.

3 – Sendo necessário ter em conta o valor das contribuições até 1974, é considerado, para cada ano, o valor da retribuição mínima mensal garantida mais elevada de 1974.

4 – Sendo necessário ter em conta o valor das contribuições até junho de 1983 é considerado, para cada ano, o valor da retribuição mínima mensal garantida mais elevada em cada ano.

ARTIGO 44º
Montantes adicionais das pensões

Nos meses de julho e novembro de cada ano os titulares de pensões de reforma têm direito a receber, além da pensão mensal que lhes corresponda, um montante adicional de igual quantitativo.

ARTIGO 45º
Pagamento da pensão

1 – A pensão de reforma é devida a partir do primeiro dia do mês seguinte ao da data de apresentação do respetivo requerimento ou daquela que o beneficiário indique para o efeito e não pode reportar-se a data anterior à da apresentação do requerimento.

2 – Nos casos em que o requerimento é apresentado em momento anterior ao do cumprimento dos requisitos previstos no artigo 40º, a pensão de reforma é devida a partir do primeiro dia do mês seguinte ao do respetivo cumprimento ou daquela que o beneficiário indique para o efeito.

3 – A pensão é paga mensalmente e vence-se no fim do mês a que respeita.

ARTIGO 46º
Prova de vida

1 – Os pensionistas devem apresentar prova de vida, em janeiro de cada ano, sem necessidade de interpelação pela Caixa, sob pena de suspensão do pagamento da pensão.

2 – A prova de vida é efetuada por qualquer um dos seguintes meios:

a) Certidão narrativa completa de registo de nascimento;

b) Atestado médico, datado de janeiro do ano no qual a prova de vida é efetuada;

c) Atestado da Junta de Freguesia, datado de janeiro do ano no qual a prova de vida é efetuada;

d) Pessoalmente, nos serviços da Caixa.

3 – O período de suspensão do pagamento da pensão não interrompe o prazo de prescrição estabelecido no artigo 49º

ARTIGO 47º
Subvenções às pensões e atualizações das pensões

A direção pode estabelecer subvenções às pensões e atualizações das mesmas mediante parecer atuarial e parecer favorável tomado por maioria de dois terços dos membros do conselho geral.

ARTIGO 48º
Extinção da pensão

O direito à pensão de reforma extingue-se por:

a) Renúncia;
b) Prescrição;
c) Óbito do beneficiário.

ARTIGO 49º
Prescrição das pensões

1 – As pensões de reforma prescrevem no prazo de um ano a contar da data do respetivo vencimento.

2 – O valor das pensões prescritas reverte para o fundo de assistência da Caixa.

SECÇÃO III
Invalidez

ARTIGO 50º
Regime de atribuição do subsídio de invalidez

1 – Os beneficiários com, pelo menos, dez anos de carreira contributiva e que não tenham contribuições em dívida, podem requerer a atribuição do subsídio de invalidez quando, por motivo de doença ou acidente, sejam julgados definitivamente incapazes para o exercício da profissão por junta médica designada pela Caixa.

2 – Da decisão da junta médica referida no número anterior cabe recurso, no prazo de 30 dias, para nova junta médica, composta por três médicos, sendo um designado pela Caixa, que preside, outro pela Ordem dos Advogados e o terceiro pela Câmara dos Solicitadores.

3 – A atribuição do subsídio de invalidez depende de requerimento do interessado.

ARTIGO 51º
Valor do subsídio

O valor do subsídio de invalidez é o que resultar da aplicação do disposto no artigo 41º.

ARTIGO 52º
Pagamento do subsídio

1 – O valor do subsídio de invalidez é devido a partir da data que for fixado pela junta médica e não pode reportar-se a data anterior à da apresentação do requerimento do interessado.

2 – O subsídio de invalidez é pago mensalmente e vence-se no fim do mês a que respeita.

3 – Nos meses de julho e novembro de cada ano os titulares de subsídio de invalidez têm direito a receber, além do subsídio mensal que lhes corresponda, um montante adicional de igual quantitativo.

ARTIGO 53º
Restrições à concessão do subsídio

1 – A invalidez resultante de ato intencional do beneficiário não confere direito à atribuição do subsídio.

2 – Existindo responsabilidade civil de terceiro pelo facto determinante da incapacidade que fundamenta a atribuição do subsídio de invalidez, o beneficiário é obrigado a reembolsar a Caixa dos valores por esta pagos a título de subsídio de invalidez até ao montante que aquele haja recebido de terceiro a título de indemnização por perda de capacidade de ganho.

3 – No caso previsto no número anterior o beneficiário é obrigado a entregar à Caixa, com o requerimento de atribuição de subsídio de invalidez, comprovativo de entrada em juízo da ação destinada a efetivar a responsabilidade de terceiro.

4 – Compete à direção requerer, em janeiro de cada ano, junto do tribunal certidão do estado da causa referida no número anterior.

ARTIGO 54º
Regime de verificação da subsistência da invalidez

1 – Os titulares do subsídio por invalidez, enquanto não completarem 65 anos de idade, são sucessivamente sujeitos a novas juntas médicas, a realizar de três em três anos, salvo se no relatório da junta anterior for estipulado outro prazo ou outra data, ou sempre que a direção o determine.

2 – As novas juntas médicas destinam-se a verificar a subsistência do estado de invalidez, podendo dos seus resultados recorrer-se nos termos previstos para a junta médica inicial.

3 – Os titulares de subsídio por invalidez e os reformados por invalidez podem requerer a sujeição a junta médica com vista à declaração de extinção da incapacidade para o exercício da profissão.

ARTIGO 55º
Processo de verificação

O processo de atribuição inicial e de subsistência de invalidez é objeto de regulamento autónomo aprovado pela direção.

ARTIGO 56º
Convolação do subsídio de invalidez em pensão de reforma

Atingida a idade de 65 anos, o subsídio de invalidez é convolado em pensão de reforma por invalidez, com aplicação do fator de sustentabilidade nos termos do disposto nos nºs 5 a 7 do artigo 41º

ARTIGO 57º
Suspensão, extinção e prescrição do subsídio

1 – O subsídio de invalidez é suspenso:

a) Se o titular do subsídio não fizer prova anual de vida, nos termos previstos no artigo 46º, sendo que o período de suspensão de pagamento não interrompe o prazo de prescrição;

b) Se o titular do subsídio continuar a praticar atos próprios da sua profissão.

2 – O subsídio de invalidez e a pensão de reforma por invalidez são extintos quando a junta médica declare que o titular do subsídio ou reformado se encontra apto para o exercício da profissão.

3 – O subsídio de invalidez e a pensão de reforma por invalidez prescrevem no prazo de um ano, nos termos do artigo 49º

SECÇÃO IV
Subsídio por morte

ARTIGO 58º
Direito ao subsídio por morte

Por morte do beneficiário que tenha, pelo menos, cinco anos de carreira contributiva e que não tenha dívida de contribuições, pode ser requerida a atribuição de um subsídio da Caixa pelo cônjuge sobrevivo ou, na sua falta, pelos filhos.

ARTIGO 59º
Pagamento e valor do subsídio

O subsídio por morte é pago de uma só vez e é de seis vezes o valor da retribuição mínima mensal garantida em vigor à data do óbito.

ARTIGO 60º
Regime de atribuição

1 – O subsídio por morte deve ser requerido no prazo de um ano a contar do óbito, sob pena de caducidade.

2 – O requerimento deve ser instruído com certidão de óbito e demais documentos habilitantes do direito indicados pela Caixa.

3 – Ao subsídio por morte aplica-se, com as necessárias adaptações, o disposto no artigo 63º

SECÇÃO V
Subsídio de sobrevivência

ARTIGO 61º
Regime de atribuição do subsídio de sobrevivência

Por morte do beneficiário, reformado ou não, que tenha completado 70 anos de idade ou tenha, pelo menos, 10 anos de carreira contributiva, em qualquer dos casos sem dívida de contribuições, pode ser requerida atribuição de um subsídio de sobrevivência pelo cônjuge sobrevivo e pelos filhos.

ARTIGO 62º
Valor do subsídio

1 – O valor do subsídio de sobrevivência é determinado pelas seguintes percentagens da pensão de reforma que o beneficiário efetivamente recebia ou, não tendo direito à pensão de reforma, daquela que lhe seria calculada na data do falecimento:

a) Para o cônjuge sobrevivo:

i) Com rendimento anual para efeitos do imposto sobre o rendimento das pessoas singulares menor ou igual a 28 remunerações mínimas mensais garantidas, 60%;

ii) Com rendimento anual para efeitos do imposto sobre o rendimento das pessoas singulares maior que 28 e menor ou igual a 42 remunerações mínimas mensais garantidas, 50%;

iii) Com rendimento anual para efeitos do imposto sobre o rendimento das pessoas singulares maior que 42 e menor ou igual a 56 remunerações mínimas mensais garantidas, 40%;

iv) Com rendimento anual para efeitos do imposto sobre o rendimento das pessoas singulares maior que 56 e menor ou igual a 70 remunerações mínimas mensais garantidas, 30%;

v) Com rendimento anual para efeitos do imposto sobre o rendimento das pessoas singulares maior que 70 e menor ou igual a 84 remunerações mínimas mensais garantidas, 20%;

vi) Com rendimento anual para efeitos do imposto sobre o rendimento das pessoas singulares maior que 84 remunerações mínimas mensais garantidas, 10%;

b) Para os filhos, 20% ou 30%, consoante lhe sobreviver um ou mais filhos;

c) O dobro das percentagens referidas na alínea anterior, caso não haja cônjuge sobrevivo.

2 – Os montantes obtidos pela aplicação das percentagens estabelecidas no número anterior são repartidos por igual entre os filhos.

3 – A verificação de qualquer causa de extinção do direito ao subsídio de sobrevivência, ou o aparecimento de novo titular, determina novo cálculo ou nova repartição dos montantes a que se refere o nº 1.

ARTIGO 63º
Titularidade do direito ao subsídio

1 – O cônjuge sobrevivo tem direito ao subsídio se for casado com o beneficiário há, pelo menos, um ano à data do óbito.

2 – O cônjuge com menos de 35 anos de idade tem direito ao subsídio durante cinco anos a contar do óbito, salvo se estiver em situação de incapacidade total e

permanente para qualquer trabalho atestada pela junta médica designada pela Caixa, nos termos do artigo 50º

3 – Os filhos têm direito ao subsídio:

a) Até à véspera, inclusive, do dia em que perfaçam 18 anos;

b) Dos 18 aos 25 anos, desde que estejam matriculados e frequentem, com aproveitamento, qualquer curso de nível secundário ou superior;

c) Sem limite de idade, os que sofram de incapacidade permanente e total para o trabalho atestada pela junta médica designada pela Caixa, nos termos do artigo 50º

4 – O subsídio só é concedido aos filhos referidos na alínea *b*) do número anterior, se os mesmos não exercerem atividade determinante de enquadramento nos regimes de proteção social de inscrição obrigatória ou, exercendo-a ou não, se o respetivo rendimento para efeitos do imposto sobre o rendimento for inferior a 12 remunerações mínimas mensais garantidas.

ARTIGO 64º
Vigência do subsídio

O subsídio de sobrevivência é devido a partir do primeiro dia do mês seguinte ao da apresentação do respetivo requerimento.

ARTIGO 65º
Pagamento do subsídio

1 – O subsídio de sobrevivência é pago mensalmente e vence-se no fim do mês a que respeita.

2 – Nos meses de julho e novembro de cada ano os titulares de subsídio de sobrevivência têm direito a receber, além do subsídio mensal que lhes corresponda, um montante adicional de igual quantitativo.

ARTIGO 66º
Documentos para requerer o subsídio

Qualquer dos interessados pode requerer o respetivo subsídio de sobrevivência, juntando ao requerimento a certidão de óbito do beneficiário e documentos habilitantes do direito indicados pela Caixa.

ARTIGO 67º
Caducidade

O subsídio de sobrevivência pode ser requerido no prazo de cinco anos a contar da data do óbito do beneficiário, sob pena de caducidade.

ARTIGO 68º
Prescrição do subsídio

O subsídio de sobrevivência prescreve a favor do fundo de assistência da Caixa no prazo de um ano a contar do seu vencimento.

ARTIGO 69º
Prova da subsistência do direito

1 – Os titulares do subsídio de sobrevivência devem apresentar prova da subsistência do seu direito, em janeiro de cada ano, sem necessidade de interpelação pela Caixa, sob pena de suspensão do respetivo pagamento.

2 – No caso específico dos titulares do subsídio referidos na alínea *b*) do nº 3 do artigo 63º, a prova da subsistência do direito é efetuada em outubro de cada ano.

3 – O período de suspensão de pagamento do subsídio não interrompe o prazo de prescrição estabelecido no artigo anterior.

ARTIGO 70º
Extinção e suspensão do subsídio

1 – O subsídio de sobrevivência extingue-se:

a) Pela morte do titular;

b) Pelo casamento do titular;

c) Quando deixem de se verificar os pressupostos e condições estabelecidos nos nºs 2 e 3 do artigo 63º

2 – O subsídio de sobrevivência suspende-se quando deixem de se verificar os pressupostos e condições estabelecidos no nº 4 do artigo 63º, não se computando, para este efeito, o valor do subsídio de sobrevivência atribuído pela Caixa.

SECÇÃO VI
Assistência

SUBSECÇÃO I
Disposições comuns

ARTIGO 71º
Regime da ação de assistência

1 – A ação de assistência é exercida, a título excecional, pela atribuição de subsídios a beneficiários titulares de pensão de reforma ou subsídio de invalidez e aos titulares de subsídio de sobrevivência e de acordo com as disponibilidades anuais do fundo de assistência.

2 – A ação de assistência pode estender-se aos beneficiários ordinários ou a antigos beneficiários ordinários em caso de comprovada emergência social, através de medidas a determinar pela direção e após parecer favorável do conselho geral.

ARTIGO 72º
Âmbito da assistência

1 – A assistência só é concedida aos beneficiários referidos no artigo anterior que se encontrem em estado de carência económica e depois de esgotado o recurso às pessoas referidas no nº 1 do artigo 2009º do Código Civil.

2 – Presume-se em estado de carência económica o interessado cujo rendimento anual, ou o do respetivo agregado familiar, para efeitos de imposto sobre o rendimento das pessoas singulares, não exceda 14 retribuições mínimas mensais garantidas, sem prejuízo de a Caixa, para confirmação desse estado, poder obter informações, solicitar documentos e ordenar a realização de quaisquer diligências e inquéritos que entenda necessários.

ARTIGO 73º
Espécies de subsídios

1 – Os subsídios podem ser normais ou eventuais.

2 – Os subsídios normais são atribuídos por períodos anuais renováveis e destinam-se à subsistência dos assistidos.

3 – Os subsídios normais podem ser renovados a pedido do interessado e desde que se mantenham os pressupostos que presidiram à sua atribuição.

4 – Os subsídios eventuais destinam-se a auxiliar os assistidos em despesas excecionais ditadas por razões de saúde, sendo fixados por deliberação fundamentada da direção.

SUBSECÇÃO II
Subsídios normais

ARTIGO 74º
Valor do subsídio

O montante do subsídio normal é equivalente à diferença entre um 14 avos do rendimento referido no nº 2 do artigo 72º e o valor da retribuição mínima mensal garantida no momento de cálculo do mesmo.

ARTIGO 75º
Formulação e instrução do pedido

1 – Para efeito da atribuição de subsídio, deve o requerente justificar a sua qualidade e descrever a situação de carência com precisão.

2 – Com o requerimento são juntos os documentos comprovativos da situação de carência, bem como dos rendimentos próprios do requerente e do agregado familiar.

3 – O requerente deve preencher o inquérito facultado, para o efeito, pela Caixa.

4 – Reunidos os elementos referidos nos números anteriores, o processo é distribuído entre os vogais da direção, para efeito de elaboração do relatório final e emissão do parecer final.

5 – O relator providencia previamente, no prazo de cinco dias, pela realização das diligências de prova que hajam sido requeridas ou que entenda serem necessárias.

6 – Para esclarecimento da matéria do processo podem ser solicitadas a quaisquer entidades públicas ou privadas as informações julgadas necessárias.

ARTIGO 76º
Vencimento do subsídio

O subsídio normal de assistência é devido a partir da data de apresentação do respetivo requerimento, é pago mensalmente e vence-se no fim do mês a que respeita.

ARTIGO 77º
Deveres dos assistidos

1 – O titular do subsídio normal de assistência deve comunicar imediatamente à Caixa qualquer mudança do seu estado ou de residência e, bem assim, quaisquer circunstâncias que alterem a sua situação de carência económica.

2 – O subsídio é cancelado:

a) Se deixarem de se verificar as circunstâncias determinantes da sua atribuição;

b) Se o titular houver prestado declarações falsas ou por outra forma tiver procurado induzir a Caixa em erro, com vista à obtenção do subsídio.

SUBSECÇÃO III
Subsídios eventuais

ARTIGO 78º
Valor do subsídio

O valor do subsídio eventual corresponde a uma percentagem da despesa comprovada por documentos idóneos, a fixar por deliberação fundamentada da direção.

CAPÍTULO V
Contribuições

ARTIGO 79º
Contribuições

1 – Até ao último dia de cada mês, os beneficiários efetuam o pagamento das contribuições, calculadas pela aplicação da taxa referida no número seguinte à remuneração convencional, correspondente ao escalão escolhido de entre os escalões contributivos previstos no artigo 80º

2 – A taxa referida no número anterior é, sucessivamente, a seguinte:

a) No ano de 2017, 19%;
b) No ano de 2018, 21%;
c) No ano de 2019, 23%;
d) No ano de 2020 e seguintes, 24%.

3 – Os advogados estagiários e os associados estagiários da Ordem dos Solicitadores e Agentes de Execução ficam isentos da obrigação de contribuir durante todo o período de estágio, podendo, facultativamente, iniciar o pagamento de contribuições em qualquer altura do estágio e beneficiar da proteção social assegurada pela Caixa.

4 – Não estão sujeitos a obrigação contributiva os seguintes beneficiários:

a) Pensionistas que deixem de estar inscritos na respetiva associação pública profissional;
b) Pensionistas a partir dos 70 anos de idade, ainda que inscritos na respetiva associação pública profissional ou a partir da data em que completem o primeiro grupo de 12 meses de pagamento de contribuições após aquela idade;
c) Beneficiários do subsídio de invalidez.

5 – Os pensionistas referidos na alínea *b*) do número anterior podem proceder voluntariamente ao pagamento de contribuições.

(Redação dada pelo Decreto-Lei nº 116/2018, de 21-12)

ARTIGO 79º-A
Atualização do indexante contributivo

1 – Os escalões contributivos têm como referência o Indexante Contributivo (IC), atualizado nos termos dos números seguintes.

2 – O IC é atualizado em 1 de janeiro de cada ano por aplicação do IPC, sem habitação, publicitado pelo INE, I. P., até ao dia 1 de outubro do ano anterior.

3 – A atualização do IC é limitada ao valor mínimo de zero e ao valor máximo de cinco pontos percentuais.

4 – Até ao dia 15 de outubro do ano anterior àquele a que respeita, o valor do IC é divulgado pela Caixa no seu portal institucional.

(Redação dada pelo Decreto-Lei nº 116/2018, de 21-12)

ARTIGO 80º
Escalões contributivos

1 – Os escalões contributivos produzem efeitos de 1 de janeiro a 31 de dezembro de cada ano e são os que constam da tabela seguinte:

Escalões	Remunerações convencionais Base: IC
1.º	0,25
2.º	0,50
3.º	0,75
4.º	1
5.º	2
6.º	2,25
7.º	2,5
8.º	2,75
9.º	3
10.º	4
11.º	5
12.º	6
13.º	7
14.º	8
15.º	9
16.º	10
17.º	11
18.º	12
19.º	13
20.º	14
21.º	14,5
22.º	15
23.º	15,5
24.º	16
25.º	16,5
26.º	17

2 – O escalão mínimo da remuneração convencional é fixado de acordo com as seguintes regras:

a) O 1º escalão, para os advogados estagiários e para associados estagiários da Câmara dos Solicitadores;

b) O 2º escalão até ao fim do primeiro ano civil após a inscrição como advogado ou associado da Câmara dos Solicitadores;

c) O 3º escalão até ao fim do segundo ano civil após a inscrição como advogado ou associado da Câmara dos Solicitadores;

d) O 4º escalão até ao fim do terceiro ano civil após a inscrição como advogado ou associado da Ordem dos Solicitadores e Agentes de Execução, para os beneficiários extraordinários e, quando aplicável, para os beneficiários titulares de pensão de reforma;

e) O 5º escalão, nos restantes casos, salvo se já tiver vigorado escalão superior no ano anterior, caso em que continua a ser este.

3 – Os períodos referidos nas alíneas *b*) a *d*) do número anterior contam-se continuamente a partir da data da primeira inscrição na respetiva associação pública profissional, não relevando qualquer suspensão ou cancelamento de inscrição.

4 – Os beneficiários devem, no prazo de 30 dias a contar da notificação da Caixa subsequente à respetiva inscrição, declarar o escalão de remuneração convencional escolhido para base de incidência das contribuições, com observância dos escalões mínimos estabelecidos no nº 2.

5 – Os beneficiários extraordinários e os beneficiários titulares de pensão de reforma que nos termos do disposto no artigo 79º procedam ao pagamento de contribuições devem, no prazo de 30 dias a contar da respetiva situação, declarar à Caixa o escalão de remuneração convencional escolhido, com observância dos escalões mínimos estabelecidos no nº 2.

6 – Quando os beneficiários não indiquem, nos termos e prazo referidos no número anterior, o escalão da remuneração convencional é fixado de acordo com as regras do nº 2.

7 – Os beneficiários que pretendam manter o escalão contributivo estão dispensados de o comunicar à Caixa.

8 – Os beneficiários que pretendam alterar o escalão contributivo devem declarar à Caixa até 30 de novembro, para produção de efeitos a 1 de janeiro do ano seguinte, ou no prazo de 30 dias a contar do levantamento da suspensão, reinscrição ou outra mudança de situação, o escalão de remuneração convencional escolhido para base de incidência das suas contribuições.

9 – Quando nas situações dos nºs 4, 5 e 7 se verifique a inobservância dos escalões mínimos estabelecidos no nº 2, é fixado oficiosamente o escalão mínimo aplicável.

(Redação dada pelo Decreto-Lei nº 116/2018, de 21-12)

ARTIGO 81º
Pagamento das contribuições

1 – As contribuições a que se referem os artigos anteriores são devidas enquanto se mantiver a inscrição do beneficiário na Caixa e vencem-se no primeiro dia do mês a que disserem respeito.

2 – A partir do dia um do mês seguinte ao do vencimento das contribuições, ao montante destas acrescem juros de mora.

3 – As contribuições emitidas em data posterior ao mês a que respeitem vencem juros de mora a partir do dia um do mês seguinte ao da respetiva emissão.

4 – A taxa de juro de mora, por cada mês de calendário ou fração, é igual à prevista para as dívidas de impostos ao Estado.

5 – A certidão da dívida de contribuições emitida pela direção constitui título executivo, devendo obedecer aos requisitos previstos no Código de Procedimento e de Processo Tributário.

ARTIGO 81º-A
Suspensão temporária da obrigação do pagamento de contribuições

1 – Podem requerer a suspensão temporária da obrigação do pagamento de contribuições os beneficiários que, por comprovado motivo de doença grave ou de situação particular de parentalidade, reúnam cumulativamente as seguintes condições:

a) Se encontrem numa situação de incapacidade temporária para o exercício da profissão;

b) Não possam proceder ao pagamento de contribuições à Caixa por comprovado motivo de carência económica;

c) Não tenham contribuições em dívida.

2 – A incapacidade temporária para o exercício da profissão é certificada pelo médico do serviço de saúde competente.

3 – São consideradas graves as doenças que a direção decida enquadrar neste âmbito, face à especificidade do caso concreto e a pareceres técnicos por si solicitados para o efeito.

4 – Consideram-se em situação particular de parentalidade:

a) As beneficiárias durante o período que medeia entre o início da gestação e o sexto mês após o parto;

b) Os beneficiários durante seis meses após o parto;

c) Os adotantes durante seis meses após a adoção.

5 – No caso de ambos os pais, biológicos ou adotantes, serem beneficiários da caixa, a suspensão temporária da obrigação do pagamento de contribuições é atribuída a qualquer um deles ou a ambos alternadamente.

6 – Na situação prevista no número anterior, a opção dos beneficiários tem de ser comunicada à caixa no momento do requerimento, sendo que em caso de gozo alternado, cada beneficiário não pode optar por um período inferior a um mês de calendário e, conjuntamente, não podem ultrapassar o período máximo de suspensão previsto no presente artigo.

7 – Para efeitos do disposto na alínea *b*) do nº 1, presume-se em situação de carência económica o beneficiário cujo rendimento anual e do respetivo agregado familiar, para efeitos de imposto sobre o rendimento das pessoas singulares, seja inferior a 12 retribuições mínimas mensais garantidas, acrescido de 50% daquele valor havendo cônjuge ou unido de facto e 25% daquele valor por cada dependente.

8 – Os rendimentos referidos no número anterior reportam-se ao ano civil anterior ao da data da apresentação do requerimento, sem prejuízo de poderem ser considerados rendimentos mais recentes, se disponíveis.

9 – Para efeitos do nº 7, são considerados todos os rendimentos das diferentes categorias, auferidos no ano de referência pelo beneficiário e pelo respetivo agregado familiar.

10 – A suspensão temporária do pagamento de contribuições produz efeitos a partir do mês seguinte ao do respetivo requerimento e a sua duração corresponde ao período da incapacidade temporária para o exercício da profissão devidamente atestada, com o limite máximo de três meses.

11 – Mantendo-se as condições que conduziram ao deferimento da suspensão de pagamento de contribuições, a duração máxima do período de suspensão pode ser prorrogada, uma única vez, até mais três meses, a requerimento expresso do beneficiário e sujeito a deliberação de deferimento da direção.

12 – A suspensão temporária da obrigação do pagamento de contribuições é equiparável à suspensão da inscrição, designadamente no que respeita à inexistência de registo de entrada de contribuições e contagem de prazos de garantia.

13 – Sem prejuízo do disposto no número anterior, os beneficiários mantêm o direito a aceder aos benefícios atribuídos pela Caixa, desde que em relação a cada um deles se mostrem preenchidas todas as condições de atribuição.

14 – Para efeitos do disposto no presente artigo, a Caixa pode obter informações, solicitar documentos e ordenar a realização de quaisquer diligências e inquéritos que entenda necessários.

(Aditado pelo Decreto-Lei nº 116/2018, de 21-12)

ARTIGO 81º-B
Redução temporária do escalão contributivo

1 – Em alternativa à suspensão da obrigação do pagamento de contribuições prevista no artigo anterior, e desde que verificadas as condições cumulativas referidas no nº 1 daquele artigo, os beneficiários podem requerer o pagamento de contribuições pelo 4º escalão contributivo durante o prazo máximo de 6 meses.

2 – A fixação do 4º escalão, nos termos do presente artigo, produz efeitos a partir do primeiro dia do mês seguinte ao do requerimento.

3 – A aplicação da medida prevista no presente artigo fica condicionada a deliberação da direção, assente em parecer atuarial anual que assegure a sustentabilidade da medida, tomada até à data da aprovação dos documentos de prestação de contas de cada exercício, e tem vigência anual.

(Aditado pelo Decreto-Lei nº 116/2018, de 21-12)

CAPÍTULO VI
Penalidades

ARTIGO 82º
Regime

1 – Por deliberação da direção, os beneficiários são suspensos de benefícios:

a) Por um período de um a seis meses, se tentarem iludir, por atos ou omissões, os serviços da Caixa com o fim de obterem benefícios indevidos ou de se subtraírem às obrigações regulamentares;

b) Por um período de dois meses a um ano, se, com intenção fraudulenta, tiverem obtido benefícios indevidos.

2 – A suspensão de benefícios tem por efeito a perda das prestações pecuniárias vincendas e não isenta do pagamento das contribuições.

3 – No caso da alínea *b*) do nº 1 há lugar à restituição do valor das prestações indevidamente pagas pela Caixa, podendo a mesma ser efetivada por compensação com benefícios pecuniários futuros.

ARTIGO 83º
Suspensão do direito às prestações

A falta de pagamento das contribuições determina a suspensão do direito a qualquer benefício imediato ou diferido.

CAPÍTULO VII
Gestão financeira

SECÇÃO I
Receitas

ARTIGO 84º
Classificação

1 – Constituem receitas da Caixa:

a) As contribuições dos beneficiários;

b) O produto das sanções pecuniárias aplicadas pelas instâncias disciplinares da Ordem dos Advogados e da Câmara dos Solicitadores;

c) Os juros e outros rendimentos dos valores e bens próprios;

d) Os subsídios, donativos, legados ou heranças estabelecidos a seu favor;

e) As pensões e subsídios prescritos;

f) Outros valores pagos ou entregues pelos beneficiários;

g) Quaisquer outras receitas que lhe sejam atribuídas por disposição legal ou de natureza extraordinária.

2 – A aceitação de liberalidades instituídas com encargos é feita pela direção, ouvido o conselho geral.

ARTIGO 85º
Distribuição das contribuições

As contribuições mensais pagas pelos beneficiários têm a seguinte afetação:

a) No mínimo, 80% para o pagamento de pensões de reforma;

b) No máximo, 15% para despesas de assistência;

c) No máximo, 5% para despesas de administração.

SECÇÃO II
Despesas

ARTIGO 86º
Classificação

1 – As despesas da Caixa são classificadas do seguinte modo:

a) De previdência, provenientes do pagamento de pensões de reforma;
b) De assistência;
c) De administração.

2 – Podem ser criadas outras classificações de despesas que se tornem necessárias.

ARTIGO 87º
Despesas de administração

As despesas de administração são suportadas por força da verba inscrita no orçamento, de valor não superior a 5% das receitas totais da Caixa.

SECÇÃO III
Tesouraria

ARTIGO 88º
Movimentação de dinheiro ou valores

1 – O dinheiro e outros valores são movimentados mediante a assinatura do presidente da direção e do vogal tesoureiro.
2 – Na falta ou impedimento do presidente, a sua assinatura pode ser substituída pela do vice-presidente ou, na falta deste, pela do vogal por aquele designado.
3 – Na falta do vogal tesoureiro, assina o vogal que o substitua.

ARTIGO 89º
Guarda de dinheiro ou valores

A guarda de dinheiro ou valores é da responsabilidade do vogal tesoureiro, o qual não deve permitir que haja em fundo de maneio quantia superior a cinco remunerações mínimas mensais garantidas.

SECÇÃO IV
Fundos próprios

ARTIGO 90º
Enumeração

1 – A Caixa tem os seguintes fundos próprios estatutários:

a) De garantia;
b) De reserva;
c) De assistência.

2 – A Caixa pode constituir outros fundos que se mostrem convenientes para o exercício da sua missão.

ARTIGO 91º
Fundo de garantia

1 – O fundo de garantia tem por fim assegurar a cobertura atuarial das pensões de reforma em pagamento.

2 – Este fundo é constituído pelo ativo da Caixa deduzido dos montantes afetos aos demais fundos próprios estatutários.

3 – O fundo de garantia é reforçado pelos montantes disponíveis dos resultados líquidos de cada exercício, até ao valor apurado no relatório atuarial.

ARTIGO 92º
Fundo de reserva

1 – O fundo de reserva destina-se a garantir a Caixa contra qualquer emergência imprevista.

2 – Este fundo é constituído pela parte dos resultados líquidos de cada exercício que lhe for destinada.

ARTIGO 93º
Fundo de assistência

1 – O fundo de assistência destina-se a assegurar a satisfação da ação de assistência com os subsídios de invalidez, de sobrevivência e outros benefícios e subsídios de assistência.

2 – Este fundo é constituído:

a) Pela parte que lhe caiba dos resultados líquidos de cada exercício;
b) Pelas liberalidades feitas a seu favor;
c) Pelas quantias que se destinem à Caixa em consequência da aplicação de multas e sanções pecuniárias;
d) Pelas importâncias das pensões e subsídios prescritos;
e) Pelos rendimentos do fundo de reserva;
f) Pelos rendimentos do próprio fundo de assistência.

3 – Pelo fundo de assistência são pagas as prestações pecuniárias provenientes dos subsídios de invalidez, de sobrevivência, de assistência e outros benefícios.

ARTIGO 94º
Destino do resultado líquido

Satisfeito o disposto no nº 3 do artigo 91º, o resultado líquido do exercício é destinado ao reforço dos restantes fundos, se e na medida em que a direção o repute adequado.

CAPÍTULO VIII
Controle de gestão

SECÇÃO I
Relatório e contas

ARTIGO 95º
Organização do relatório e contas

1 – Até 31 de março de cada ano, a direção elabora o relatório e as contas do exercício, com referência a 31 de dezembro do ano anterior.

2 – O relatório e contas tem anexo um relatório atuarial das pensões em pagamento e um estudo de sustentabilidade da Caixa.

3 – O relatório e contas tem também anexo um relatório elaborado por entidade auditora externa à Caixa.

4 – O relatório e contas está disponível, de 10 a 20 de abril seguintes ao ano a que respeita, na sede da Caixa e no respetivo portal, para consulta pelos beneficiários interessados e são enviadas, dentro do mesmo prazo, cópias desses documentos aos conselhos gerais da Ordem dos Advogados e da Câmara dos Solicitadores.

5 – O relatório e contas, incluído o relatório atuarial, mantêm-se acessíveis no portal da Caixa durante, pelo menos, os três anos seguintes ao da sua aprovação.

ARTIGO 96º
Parecer e aprovação

1 – O relatório e contas e os anexos referidos nos nºs 2 e 3 do artigo anterior são remetidos ao conselho de fiscalização para, até 8 de abril do ano seguinte àquele a que respeita, emitir parecer, nos termos do disposto na alínea *f*) do nº 1 do artigo 18º

2 – O relatório e contas, informado com o parecer do conselho de fiscalização, é remetido ao conselho geral para, até 30 de abril, emitir parecer e, instruído com este, é submetido à aprovação dos membros do Governo responsáveis pelas áreas da justiça e da segurança social.

CAPÍTULO IX
Disposições complementares, transitórias e finais

ARTIGO 97º
Tutela

A Caixa está sujeita à tutela dos membros do Governo responsáveis pelas áreas da justiça e da segurança social.

ARTIGO 98º
Isenções e regalias

A Caixa goza das isenções e regalias previstas na lei para as instituições de segurança social e de previdência e das estabelecidas na alínea *c)* do nº 1 do artigo 9º do Código do Imposto sobre o Rendimento das Pessoas Coletivas.

ARTIGO 99º
Serviço social

Para a realização dos seus fins, designadamente no âmbito de prestações de assistência, a Caixa pode dispor de um serviço social especializado.

ARTIGO 100º
Forma de comunicação

1 – Os requerimentos e comunicações previstos no presente Regulamento, dirigidos pelos beneficiários à Caixa, devem ser apresentados através do portal da Caixa, na sua área privativa, ou através de qualquer das formas previstas no artigo 104º do Código do Procedimento Administrativo, aprovado pelo Decreto-Lei nº 4/2015, de 7 de janeiro.

2 – As notificações e outras comunicações dirigidas pela Caixa aos beneficiários no âmbito do presente Regulamento devem ser realizadas através das formas previstas no artigo 112º do Código do Procedimento Administrativo, aprovado pelo Decreto-Lei nº 4/2015, de 7 de janeiro.

3 – Os beneficiários estão obrigados a manter atualizados junto da Caixa os seus endereços, sob pena de, não sendo oportunamente recebidas as comunicações que lhes sejam dirigidas pela Caixa, as mesmas se considerarem eficazes, ficando a Caixa desobrigada de efetuar novas comunicações.

(Cf. Declaração de Retificação nº 36/2015, de 06-08)

ARTIGO 101º
Beneficiários com direito à reforma já constituído

A pensão de reforma dos beneficiários que, à data da entrada em vigor do presente Regulamento, preencham os requisitos previstos no nº 1 do artigo 13º do Regulamento aprovado pela Portaria nº 487/83, de 27 de abril, alterada pelas Portarias nºs 623/88, de 8 de setembro, e 884/94, de 1 de outubro, e pelo Despacho nº 22665/2007, de 28 de setembro, e não apresentem dívidas de contribuições, é calculada de acordo com as regras previstas nos nºs 1, 2 e 4 do artigo 14º do Regulamento aprovado pela Portaria nº 487/83, de 27 de abril, alterada pelas Portarias nºs 623/88, de 8 de setembro, e 884/94, de 1 de outubro, e pelo Despacho nº 22665/2007, de 28 de setembro, relativamente ao tempo já decorrido, e de acordo com o artigo 41º do presente Regulamento relativamente ao período que decorrer até à apresentação do pedido de reforma.

ARTIGO 102º
Beneficiários com direito à reforma em formação

1 – A pensão de reforma dos beneficiários que, à data da entrada em vigor do presente Regulamento, preencham um dos requisitos previstos na alínea *b*) do nº 1 do artigo 13º do Regulamento aprovado pela Portaria nº 487/83, de 27 de abril, alterada pelas Portarias nºs 623/88, de 8 de setembro, e 884/94, de 1 de outubro, e pelo Despacho nº 22665/2007, de 28 de setembro, é calculada de acordo com as regras previstas no artigo anterior, embora o direito à reforma só seja adquirido quando o beneficiário atingir, cumulativamente, 60 anos de idade e 36 anos de pagamento de contribuições.

2 – Aos beneficiários que não se encontrem nas condições previstas no número anterior mas que, nos seis anos posteriores à data de entrada em vigor do presente Regulamento, perfaçam 60 ou mais anos de idade e tenham, pelo menos, 36 anos de carreira contributiva na Caixa e não tenham dívida de contribuições, é reconhecido, desde que requerido naquele prazo, o direito à reforma, sendo a pensão calculada nos termos do artigo seguinte.

ARTIGO 103º
Cálculo combinado da pensão de reforma

1 – A pensão de reforma mensal requerida ao abrigo e nos termos do disposto no artigo 40º pelos beneficiários que, na data da entrada em vigor do presente Regulamento, não se encontrem nas condições previstas no artigo 101º e no nº 1 do artigo anterior mas que tenham, pelo menos, 15 anos completos de contribuições emitidas na Caixa, é apurada pela seguinte fórmula:

$$PR = \left[2\,\% \times \frac{R1}{140} \times T1\right] \times \frac{RMMG\,(Atr)}{RMMG\,(Ent)} + \left[(2\,\% \times T) \times \frac{R}{14 \times T}\right] \times \frac{N}{T}$$

Entendendo-se:

PR: Pensão de reforma mensal;

R1: Total das remunerações convencionais anuais dos 10 anos civis a que correspondam as remunerações convencionais mais elevadas de toda a carreira contributiva anterior à entrada em vigor do presente Regulamento;

T1: Número de anos completos de inscrição com integral pagamento de contribuições à data de entrada em vigor do presente Regulamento;

RMMG (Atr): valor da retribuição mínima mensal garantida à data da atribuição da pensão de reforma;

RMMG (Ent): valor da retribuição mínima mensal garantida à data da entrada em vigor do presente Regulamento;

R: Total das remunerações convencionais anuais de toda a carreira contributiva atualizado nos termos dos nºs 3 e 4 do artigo 41º;

T: Número de anos completos de inscrição com integral pagamento de contribuições;

N: Número de anos completos de inscrição com integral pagamento de contribuições após a data de entrada em vigor do presente Regulamento.

2 – Considera-se como um ano completo cada conjunto de 12 meses de contribuições.

3 – O valor mensal da pensão de reforma apurado nos termos do presente artigo tem como limite mínimo o valor da pensão de reforma apurado nos termos dos artigos 41º e 42º

4 – Ao valor da pensão de reforma apurado nos termos dos números anteriores, é aplicado o fator de sustentabilidade correspondente ao ano do início da pensão de reforma ou da data da convolação do subsídio de invalidez em pensão de reforma, conforme descrito nos nºs 3 a 7 do artigo 41º

5 – O fator de sustentabilidade aplicável no caso de reforma do beneficiário com mais de 65 anos de idade corresponde ao do ano em que tiver completado esta idade.

ARTIGO 104º
Cálculo combinado do subsídio de invalidez

1 – O subsídio de invalidez requerido pelos beneficiários que, na data da entrada em vigor do presente Regulamento, tenham, pelo menos, 10 anos completos de contribuições na Caixa, é calculado nos termos do artigo anterior.

2 – O valor mensal do subsídio de invalidez apurado nos termos do presente artigo tem como limite mínimo o valor do subsídio de invalidez apurado nos termos do artigo 41º por remissão do artigo 51º

ARTIGO 105º
Melhoria em curso da pensão de reforma

1 – A possibilidade de pagamento de contribuições ao abrigo do nº 3 do artigo 14º do Regulamento aprovado pela Portaria nº 487/83, de 27 de abril, alterada pelas Portarias nºs 623/88, de 8 de setembro, e 884/94, de 1 de outubro, e pelo Despacho nº 22665/2007, de 28 de setembro, cessa logo que se encontrem decorridos 12 meses após a atribuição da última melhoria à pensão de reforma.

2 – O não pagamento das contribuições referidas no número anterior até ao último dia do mês em que se venceria o direito à nova melhoria da pensão de reforma preclude o direito à melhoria.

ARTIGO 106º
Pagamento de contribuições relativas ao tempo de estágio e ao período de suspensão provisória dos efeitos da inscrição

1 – Os direitos previstos no nº 1 do artigo 5º-A do Regulamento aprovado pela Portaria nº 487/83, de 27 de abril, alterada pelas Portarias nºs 623/88, de 8 de setembro, e 884/94, de 1 de outubro, e pelo Despacho nº 22665/2007, de 28 de

setembro, podem ser exercidos até 60 dias a contar da data de entrada em vigor do presente Regulamento.

2 – O não pagamento das contribuições decorrentes do exercício dos direitos referidos no número anterior até ao último dia do mês seguinte ao da notificação pela Caixa para o efeito preclude o respetivo direito.

ARTIGO 107º
Conselho de fiscalização

O conselho de fiscalização a que se reportam os artigos 16º a 19º é constituído com a eleição para o mandato do triénio 2017 a 2019.

Código Deontológico dos Solicitadores e dos Agentes de Execução

Regulamento nº 202/2015*

O Estatuto da Câmara dos Solicitadores, doravante designado ECS, prevê, no seu artigo 30º, que compete à assembleia geral a aprovação do código deontológico.

O ECS determinou, assim, a criação de um diploma que ordenasse o pensamento nesta matéria. Para além dos deveres deontológicos já constantes do ECS, que elenca um conjunto de princípios e deveres gerais que devem reger o comportamento dos associados da Câmara dos Solicitadores, torna-se necessário aprovar um documento que aprofunde esses princípios.

O conselho geral aprovou uma proposta de Código Deontológico que levou a discussão e debate ao VI Congresso dos Solicitadores.

Na 1ª Secção do VI Congresso foi aprovado na generalidade, por unanimidade, e, na especialidade, por ampla maioria. Foi ainda deliberado, na 1ª Secção do Congresso, que as propostas de emenda apresentadas na especialidade deveriam ser remetidas, pelos respetivos autores, para a assembleia geral extraordinária competente, para aprovação final do Código Deontológico.

O projeto de Código Deontológico foi também publicitado no Diário da República, pelo período de 30 dias, para efeitos de apreciação pública.

O presente documento, partindo das versões aprovadas em reunião de conselho geral e no VI Congresso, tenta congregar as propostas de alteração sugeridas pelos associados da Câmara dos Solicitadores.

Nota justificativa

Assim, nos termos da alínea *c)* do nº 1 do artigo 30º do ECS, é aprovado o Código Deontológico dos Solicitadores e dos Agentes de Execução.

* *Publicado no Diário da República, 2ª série, nº 82, de 28 de abril de 2015.*

Código Deontológico dos Solicitadores e dos Agentes de Execução

CAPÍTULO I
Disposições comuns a solicitadores e agentes de execução

ARTIGO 1º
Natureza e âmbito de aplicação

1 – A deontologia dos solicitadores e agentes de execução é um conjunto de regras de natureza ética e profissional que, com carácter de permanência, o solicitador e o agente de execução devem observar no exercício da sua atividade.

2 – O presente Código Deontológico aplica-se a todos os solicitadores e agentes de execução com inscrição na Câmara dos Solicitadores, quer exerçam a profissão a título individual, quer estejam integrados em sociedades profissionais.

ARTIGO 2º
Integridade

O solicitador e o agente de execução são indispensáveis à realização de tarefas de interesse público e à administração da justiça e, como tal, devem ter um comportamento, público e profissional, adequado à dignidade e à responsabilidade associadas às funções que exercem.

ARTIGO 3º
Independência

1 – No exercício da profissão, o solicitador e o agente de execução mantêm, quaisquer que sejam as circunstâncias, a sua independência, devendo agir livres de qualquer pressão, especialmente a que resulte dos seus próprios interesses ou de influências exteriores, abstendo-se de negligenciar a deontologia profissional no intuito de agradar ao seu cliente, aos colegas, ao tribunal, a exequentes, a executados ou a terceiros.

2 – O contrato de trabalho celebrado pelo solicitador não pode afetar os seus deveres deontológicos, a sua isenção e a autonomia técnica perante o empregador, nem o Estatuto da Câmara dos Solicitadores (ECS) ou o presente Código Deontológico.

ARTIGO 4º
Deveres deontológicos gerais

1 – Constitui obrigação do solicitador e do agente de execução o cumprimento, pontual e escrupuloso, dos deveres consignados no ECS, nas demais disposições legais e regulamentares e no presente Código Deontológico, bem como todos aqueles que os usos, costumes e tradições profissionais lhes imponham.

2 – São deveres gerais de conduta profissional do solicitador e do agente de execução, designadamente, a honestidade, a probidade, a retidão, a lealdade, a cortesia e a sinceridade.

3 – No exercício da profissão o solicitador e o agente de execução devem proceder com urbanidade, nomeadamente para com colegas, magistrados, árbitros, peritos, testemunhas, advogados e demais intervenientes nos processos, e ainda funcionários judiciais, notariais, das conservatórias, de outras repartições ou entidades públicas ou privadas.

ARTIGO 5º
Deveres para com a comunidade

1 – O solicitador e o agente de execução estão obrigados a pugnar pela boa aplicação do Direito, pela rápida administração da justiça e pelo aperfeiçoamento do exercício da profissão, sempre no estrito respeito pelos direitos, liberdades e garantias constitucional e legalmente consagrados.

2 – Em especial, constituem deveres, do solicitador e do agente de execução, para com a comunidade:

a) Não desenvolver a sua atividade contra o Direito, não usar de meios ou expedientes ilegais, nem promover diligências reconhecidamente dilatórias, inúteis ou prejudiciais para a correta aplicação do Direito, administração da justiça e descoberta da verdade;

b) Recusar a prestação de serviços quando suspeitarem seriamente que a operação ou atuação jurídica em causa visa a obtenção de resultados ilícitos e que o interessado não pretende abster-se de tal operação;

c) Não se servir do mandato que lhes foi confiado ou das funções em que se encontram investidos para prosseguir objetivos que não sejam profissionais;

d) Não solicitar nem angariar clientes, por si ou por interposta pessoa, sem prejuízo do estabelecido em matéria de publicidade da sua atividade;

e) Recusar receber e movimentar fundos que não correspondam estritamente a uma questão que lhes tenha sido confiada;

f) Demonstrar rigor na gestão dos valores que lhes são confiados ou que administram no exercício das suas funções, nos termos definidos no ECS;

g) Administrar escrupulosamente as contas-clientes, obedecendo às disposições constantes do ECS e nos regulamentos aplicáveis;

h) Não fazer publicidade fora dos limites estabelecidos no ECS e no presente Código;

i) Cumprir as regras de fixação de honorários e tarifas;

j) Colaborar no eficaz acesso ao Direito, nomeadamente mantendo os seus conhecimentos atualizados, por meio, entre outras formas, do acompanhamento permanente das alterações legislativas e regulamentares.

ARTIGO 6º
Deveres para com a Câmara dos Solicitadores

Constituem deveres do solicitador e do agente de execução para com a Câmara dos Solicitadores:

a) Não prejudicar os fins e o prestígio da Câmara e de qualquer das atividades profissionais por ela reguladas;

b) Colaborar na prossecução das atribuições da Câmara;

c) Exercer os cargos para que tenham sido eleitos ou nomeados e desempenhar com diligência os mandatos que lhes forem confiados;

d) Declarar, ao requerer a inscrição, para efeito de verificação de incompatibilidade, qualquer cargo ou atividade profissional que exerçam e que possa consubstanciar uma incompatibilidade nos termos definidos no ECS;

e) Requerer, no prazo máximo de 30 dias, a suspensão da inscrição na Câmara quando ocorrer incompatibilidade superveniente;

f) Pagar pontualmente as quotas, as taxas devidas pela prestação de serviços pela Câmara e outras quantias devidas à Câmara, designadamente as decorrentes da aplicação de penas pecuniárias ou sanções acessórias, as quais se encontram estabelecidas no respetivo Estatuto e nas demais disposições legais e regulamentares aplicáveis;

g) Dirigir com empenho o estágio dos solicitadores estagiários e dos agentes de execução estagiários;

h) Manter um domicílio profissional com condições adequadas, tanto para atendimento ao público, como para o desenvolvimento da atividade profissional dos seus funcionários, dotado de uma estrutura que assegure o cumprimento adequado dos seus deveres e que cumpra as características mínimas definidas nos regulamentos aprovados pela Câmara;

i) Comunicar, no prazo de 15 dias, qualquer alteração do domicílio profissional;

j) Manter os seus funcionários registados, nos termos do regulamento aprovado pela Câmara;

k) Promover a sua própria formação, com recurso a ações de formação contínua, cumprindo com as determinações e procedimentos resultantes da regulamentação aprovada pela Câmara;

l) Usar traje profissional nos termos estabelecidos em regulamento aprovado pela Câmara;

m) Manter ativo o endereço de correio eletrónico que lhe é fornecido pela Câmara dos Solicitadores;

n) Respeitar integralmente todas as disposições legais e regulamentares a que esteja sujeita a sua atividade profissional.

ARTIGO 7º
Segredo profissional

1 – O segredo profissional constitui, nos termos legalmente definidos, direito e dever do solicitador.

2 – No que respeita à atividade dos agentes de execução, estes estão obrigados a manter reserva sobre quaisquer matérias que lhes estejam confiadas, designadamente documentos, factos ou quaisquer outras questões das quais tenham conhecimento no âmbito de negociações entre as partes envolvidas.

3 – O segredo profissional não abrange as situações em que o serviço prestado se destine a comprovar ou a certificar uma determinada situação de facto.

4 – O segredo profissional impõe-se, igualmente, àqueles que integram a sociedade profissional a que pertence o solicitador abrangido pelo dever de segredo, aos funcionários que aí prestem serviço e a todos aqueles que colaboraram com o solicitador no assunto submetido a segredo.

ARTIGO 8º
Informação e publicidade

1 – A publicidade dos solicitadores e dos agentes de execução é meramente informativa.

2 – O solicitador e o agente de execução podem divulgar a sua atividade profissional de forma objetiva, verdadeira e digna, no rigoroso respeito dos deveres deontológicos, do segredo profissional e das normas legais sobre publicidade e concorrência.

3 – Entende-se, nomeadamente, por informação objetiva:

a) A identificação pessoal, académica, curricular e profissional do associado ou da sociedade de solicitadores ou de agentes de execução e dos respetivos colaboradores;

b) A indicação das atividades profissionais que exerçam, das áreas ou das matérias jurídicas de exercício preferencial;

c) A referência à especialização, se previamente reconhecida pela Câmara;

d) Os cargos exercidos na Câmara;

e) O horário de atendimento ao público;

f) Os idiomas falados ou escritos;

g) A indicação do respetivo sítio oficial da internet;

h) A colocação, no exterior do escritório ou da sociedade, de uma placa ou tabuleta identificativa da sua existência.

4 – São, nomeadamente, atos lícitos de publicidade:

a) A utilização de cartões nos quais se inscreva informação objetiva;

b) A publicação de anúncios na imprensa escrita e em listas telefónicas, de faxes ou análogas;

c) A apresentação dos serviços prestados em sítio na internet dentro das normas regulamentares aplicáveis;

d) A menção da condição de solicitador ou de agente de execução em anuários profissionais, nacionais ou estrangeiros;

e) A promoção ou a intervenção em conferências ou colóquios;

f) A publicação de brochuras ou de escritos, circulares e artigos periódicos sobre temas relacionados com a profissão na imprensa, podendo assinar com a indicação da sua condição de associado, da respetiva atividade profissional e da organização profissional que integre;

g) A menção a assuntos profissionais que integrem o currículo profissional do associado e em que este tenha intervindo, não podendo ser feita referência ao nome do cliente, salvo quando autorizado por este;

h) A referência, direta ou indireta, a qualquer cargo público, privado ou relação de emprego que tenha exercido;

i) A menção à composição e à estrutura do escritório ou da sociedade que integra;

j) A inclusão de fotografias, ilustrações e logótipo;

k) A utilização de marcas da titularidade da Câmara, nos termos de regulamento aprovado pela assembleia de representantes;

l) A indicação da qualidade de administrador judicial ou de secretário de sociedade;

m) A indicação dos atos para cuja prática tenha competência;

n) A menção ao seguro de responsabilidade profissional e respetivo montante máximo de cobertura.

5 – São atos ilícitos de publicidade:

a) A colocação de conteúdos persuasivos, ideológicos, de auto engrandecimento e de comparação;

b) A promessa ou indução da produção de resultados;

c) A prestação de informações erróneas ou enganosas;

d) A menção a título académico ou a curso que não seja certificado.

6 – As disposições constantes dos números anteriores são aplicáveis ao exercício de qualquer das atividades profissionais, independentemente de serem exercidas a título individual ou em sociedade.

ARTIGO 9º
Sítio oficial na Internet

1 – O sítio oficial na Internet, do qual seja titular o solicitador, o agente de execução ou uma sociedade profissional encontra-se submetido às regras do ECS, dos regulamentos e do presente Código, que enquadram o exercício da profissão.

2 – Os dados incluídos no sítio oficial apenas podem ter natureza informativa, sendo aplicável o disposto no artigo anterior.

3 – Em caso algum a informação contida no sítio oficial pode pôr em causa o segredo profissional.

4 – É admitido que do sítio oficial constem ligações a outros sítios de índole institucional, sendo vedada qualquer ligação a sítios de outra natureza, nomeadamente de tipo comercial.

5 – Sem prejuízo do disposto nos números anteriores, o sítio oficial pode integrar áreas reservadas aos clientes ou àqueles a quem presta serviço, protegidas por códigos próprios, que permitam o acesso a informação ou a funcionalidades específicas.

6 – A informação referida no número anterior não pode envolver a consulta direta de documentos confidenciais ou sob reserva dos processos em que intervenha.

ARTIGO 10º
Discussão pública de questões profissionais

1 – O solicitador e o agente de execução não devem pronunciar-se publicamente sobre questões profissionais pendentes.

2 – O solicitador e o agente de execução podem pronunciar-se, excecionalmente, desde que previamente autorizados pelo órgão estatutariamente competente para decidir a dispensa do sigilo profissional, sempre que o exercício desse direito de resposta se mostre absolutamente necessário, de forma a prevenir ou a remediar a ofensa à dignidade, direitos e interesses legítimos do cliente, das partes, do próprio ou da Câmara.

3 – O pedido de autorização deve ser devidamente justificado e indicar o âmbito possível das questões sobre as quais entende dever pronunciar-se.

4 – Sem prejuízo do disposto nos números anteriores, em caso de manifesta urgência, o solicitador e o agente de execução podem exercer o direito de resposta referido no nº 2, de forma tão restrita e contida quanto possível, devendo ser informado o órgão estatutariamente competente para decidir a dispensa do sigilo profissional da respetiva motivação no prazo máximo de cinco dias úteis.

ARTIGO 11º
Aceitação da prestação de serviços e dever de competência

1 – O solicitador e o agente de execução não podem aceitar a prestação de quaisquer serviços profissionais se para tal não tiverem sido livremente solicitados ou mandatados pelo cliente, por aquele a quem prestam serviço ou por representante deste, ou se não tiverem sido designados para o efeito por entidade legalmente competente.

2 – O solicitador e o agente de execução não devem aceitar, respetivamente, o mandato ou a prestação de quaisquer serviços se souberem, ou deverem saber, que não têm competência, disponibilidade ou meios suficientes para se ocuparem prontamente do assunto ou do processo em causa, e o acompanharem de modo efetivo, a menos que atuem conjuntamente com outro mandatário ou agente de execução com competência, disponibilidade e meios necessários para o efeito.

ARTIGO 12º
Deveres recíprocos dos solicitadores e dos agentes de execução

1 – A solidariedade profissional impõe uma relação de confiança e cooperação entre os solicitadores ou entre os agentes de execução, em benefício dos clientes ou daqueles a quem prestam serviço, da realização do Direito, nos termos da lei e dos regulamentos aplicáveis, e de forma a evitar litígios inúteis, conciliando, tanto quanto possível, os interesses da profissão com os da Justiça ou daqueles que a procuram.

2 – Constituem deveres dos solicitadores e dos agentes de execução nas suas relações recíprocas:

a) Proceder com a maior correção e urbanidade, abstendo-se de qualquer ataque pessoal, alusão ou crítica desprimorosa, de fundo ou de forma;

b) Responder, em prazo razoável, às solicitações orais ou escritas;

c) Não emitir publicamente opinião sobre questão que saibam confiada a outro solicitador ou agente de execução, salvo na presença deste ou com o seu prévio acordo;

d) Atuar com a maior lealdade, procurando não obter vantagens ilegítimas ou indevidas para o seu cliente ou para aquele que os designou;

e) Não contactar a parte contrária que esteja representada por mandatário, salvo se previamente autorizados por este ou se tal for indispensável por imposição legal ou contratual;

f) Abster-se de qualquer comportamento que se destine a desviar, para os seus escritórios ou para as sociedades que integrem, clientes de um colega ou aqueles a quem um colega presta serviço;

g) Não assinar escritos profissionais que não sejam da sua autoria ou em que não tenham colaborado;

h) Comunicar, atempadamente, aos outros solicitadores ou agentes de execução que devam intervir na diligência, a impossibilidade de comparecer.

3 – O solicitador e o agente de execução que pretendam aceitar assunto ou processo anteriormente confiado a outro mandatário ou agente de execução devem comunicar-lhe e diligenciar no sentido de lhe serem pagos os honorários e demais quantias que eventualmente lhe sejam devidos.

ARTIGO 13º
Conflito de interesses

1 – Sem prejuízo das normas específicas sobre conflitos de interesses de cada atividade profissional regulada pela Câmara, o solicitador e o agente de execução devem recusar o mandato ou a prestação do serviço, respetivamente, sempre que daí possa resultar um benefício indevido ou um potencial conflito dos interesses em presença.

2 – O solicitador não deve usar, em proveito do cliente, conhecimentos que possa ter obtido por via de representação anterior daqueles que agora constituem a parte contrária, salvo se esse conhecimento não lhe causar prejuízo e não constituir um conflito de interesses.

3 – Sempre que o solicitador e o agente de execução exerçam a sua atividade em associação, sob a forma de sociedade ou não, o disposto no número anterior aplica-se quer à associação, quer a cada um dos seus membros.

ARTIGO 14º
Deveres para com os tribunais

1 – O solicitador e o agente de execução devem, em qualquer circunstância, atuar com diligência e lealdade na condução do processo e comportar-se respei-

tosa e cordatamente perante o juiz, devendo garantir que aqueles que com eles trabalham assumem idêntica postura.

2 – É vedado ao solicitador e ao agente de execução recorrer, por qualquer forma, a meios desleais de defesa dos interesses da parte que representam ou a que prestam serviço.

3 – O solicitador e o agente de execução devem prestar o serviço dentro dos limites da lei e da urbanidade, sem prejuízo do dever de defenderem adequadamente os interesses do seu cliente ou daquele a quem prestam o seu serviço, respetivamente.

4 – O solicitador e o agente de execução devem obstar a que os seus clientes ou aqueles a quem prestam o seu serviço exerçam quaisquer represálias contra a outra parte e sejam menos corretos para com os representantes da parte contrária, magistrados, árbitros, funcionários ou quaisquer outros intervenientes no processo.

ARTIGO 15º
Responsabilidade civil profissional

1 – O solicitador e o agente de execução que, no exercício da sua profissão, violem, com dolo ou mera culpa, os direitos e interesses do seu cliente, ficam obrigados a indemnizar o lesado pelos danos daí resultantes.

2 – Em ordem a assegurar o cumprimento da obrigação de indemnizar, o solicitador e o agente de execução devem celebrar e manter um seguro de responsabilidade civil profissional tendo em conta a natureza e âmbito dos riscos inerentes à sua atividade, por um capital de montante não inferior ao legal e regulamentarmente fixado.

ARTIGO 16º
Intervenção processual contra outro solicitador ou agente de execução

O solicitador e o agente de execução, antes de intervirem, a qualquer título, em procedimento disciplinar, judicial ou de qualquer outra natureza contra um colega, devem comunicar-lhe, por escrito, a sua intenção, com as explicações que entendam necessárias, salvo tratando-se de procedimentos que tenham natureza secreta ou urgente.

ARTIGO 17º
Correspondência confidencial

1 – Sempre que um solicitador ou agente de execução pretenda que a sua comunicação, dirigida a solicitador, agente de execução ou a outro agente judiciário, tenha carácter confidencial, deve exprimir, claramente, tal intenção.

2 – O solicitador ou agente de execução, destinatário da comunicação confidencial que lhe seja dirigida, obriga-se a respeitar a natureza da mesma.

3 – O solicitador ou o agente de execução, destinatário da comunicação confidencial e que não tenha condições para garantir a confidencialidade da mesma, deve devolvê-la ao remetente sem revelar a terceiros o respetivo conteúdo.

ARTIGO 18º
Relações com os empregados forenses

1 – O solicitador e o agente de execução devem demonstrar especial cuidado no recrutamento dos funcionários que com eles trabalham, assegurando, nomeadamente, que estes apresentam sólidas garantias de seriedade e de competência e que compreendem e aceitam todas as regras relacionadas com o dever de sigilo.

2 – O solicitador e o agente de execução não devem contratar um empregado forense que se encontre ao serviço de um colega sem lhe dar conta dessa intenção.

ARTIGO 19º
Sociedades de solicitadores ou de agentes de execução

1 – No âmbito de uma sociedade de solicitadores ou de agentes de execução, cada membro que a integre deve respeitar escrupulosamente as regras legais e estatutárias e executar de boa-fé as suas obrigações, abstendo-se de qualquer atitude ou comportamento que possa pôr em causa os interesses ou a credibilidade da sociedade.

2 – Constituem deveres especiais de cada membro integrante de uma sociedade de solicitadores ou de agentes de execução:

a) Manter informados os restantes membros sobre os clientes, ou aqueles a quem presta serviço, pelos quais seja responsável;

b) Agir por forma a evitar, ou a pôr, de imediato, fim a qualquer conflito de interesses entre os clientes, ou aqueles a quem presta serviço, pelos quais seja responsável e aqueles pelos quais seja responsável um outro integrante da sociedade;

c) Não praticar quaisquer atos que tenham consequências negativas sobre a transparência da gestão da sociedade, a sua contabilidade ou os seus resultados.

3 – Os associados devem sempre privilegiar entre eles o diálogo e o consenso.

4 – Em caso de conflito, os associados devem procurar, sob todas as formas, resolver por acordo a discordância, podendo colocar a questão à apreciação da Câmara dos Solicitadores.

CAPÍTULO II
Disposições específicas relativas aos solicitadores

ARTIGO 20º
Deveres específicos dos solicitadores

1 – Sem prejuízo dos demais deveres previstos nas disposições comuns do presente Código ou que decorram do ECS, das demais disposições legais e regulamentares e dos usos e costumes da profissão, aos solicitadores cumpre:

a) Verificar a identidade do cliente e dos representantes do mesmo, assim como os poderes de representação conferidos a estes últimos;

b) Dar a sua opinião conscienciosa sobre o merecimento da pretensão do cliente;

c) Prestar, sempre que tal lhe for solicitado, informação sobre o andamento das questões que lhe forem confiadas ou sobre as diligências que lhe forem cometidas e comunicar-lhe prontamente a sua realização ou a respetiva frustração, com indicação dessas causas;

d) Esclarecer a parte sobre os critérios que utiliza na fixação dos seus honorários, indicando, sempre que possível, o seu montante total aproximado, e ainda sobre a possibilidade e a forma de obter apoio judiciário;

e) Estudar com cuidado e tratar com zelo a questão de que seja incumbido, utilizando para o efeito todos os recursos da sua experiência, saber e atividade;

f) Aconselhar toda a composição que ache justa e equitativa;

g) Não celebrar, em proveito próprio, contratos sobre o objeto das questões confiadas;

h) Não cessar, sem motivo justificado, a prestação de serviços nas questões que lhe estão cometidas;

i) Cumprir as regras relativas à solicitação de provisões previstas no ECS e nos regulamentos aplicáveis;

j) Cumprir as disposições do regulamento de arquivo, aprovado pela Câmara, no que respeita aos documentos que tenha de manter em arquivo por imposição legal;

k) Usar o trajo profissional nos atos solenes, quando pleiteie oralmente ou se apresente em atos nos quais os juízes usem a respetiva beca.

2 – Ainda que exista motivo justificado para a cessação da prestação de serviços, o solicitador não deve fazê-lo de modo a impossibilitar o cliente de obter, em tempo útil, a assistência de outro solicitador.

ARTIGO 21º
Conflito de interesses

1 – O solicitador deve recusar o mandato ou a nomeação oficiosa numa questão em que já tenha intervindo em qualquer outra qualidade, ou seja, conexa com outra em que represente, ou tenha representado, a parte contrária.

2 – O solicitador deve recusar a prestação de serviços contra quem, noutra causa pendente, preste serviços.

3 – O solicitador não pode aconselhar, representar ou agir por conta de dois ou mais clientes, no mesmo assunto ou em assunto conexo, se existir conflito de interesses.

4 – Se um conflito de interesses surgir entre dois ou mais clientes, bem como se ocorrer risco de violação do segredo profissional ou de diminuição da sua independência, o solicitador deve deixar de agir por conta de todos os clientes, no âmbito desse conflito.

5 – O solicitador deve abster-se de aceitar um novo cliente se tal puser em risco o cumprimento do dever de guardar sigilo profissional relativamente aos assuntos de um anterior cliente ou se do conhecimento destes assuntos resultarem vantagens ilegítimas ou injustificadas para o novo cliente.

6 – Sempre que o solicitador exerça a sua atividade em associação, sob a forma de sociedade ou outra, o conflito de interesses é extensivo aos associados.

ARTIGO 22º
Relação com as testemunhas

É vedado ao solicitador estabelecer contactos com testemunhas ou demais intervenientes processuais com a finalidade de instruir, influenciar ou, por qualquer outro meio, alterar o depoimento das mesmas, prejudicando, desta forma, a descoberta da verdade.

CAPÍTULO III
Disposições específicas relativas aos agentes de execução

ARTIGO 23º
Exercício da atividade de agente de execução e prática de atos processuais

1 – O agente de execução exerce sempre a sua atividade com respeito estrito pelo disposto na lei e no ECS.

2 – Visando a prossecução do interesse público e cabendo-lhe o exercício de poderes de autoridade pública, o agente de execução deve atuar sempre com o devido rigor e ponderação, assegurando nomeadamente:

a) O respeito pelas formalidades legais;

b) A clareza, acessibilidade e inteligibilidade dos atos que pratica e dos documentos que elabora;

c) O acerto e a qualidade dos atos praticados;

d) A discrição e eficácia da sua intervenção;

e) A proporcionalidade dos procedimentos a que recorre face à natureza dos objetivos a atingir;

f) O zelo e a competência na utilização dos meios legais suscetíveis de lhe permitirem aceder às informações necessárias à execução de que é responsável;

g) A recusa do cumprimento de indicações que ponham em causa a sua independência.

3 – O agente de execução deve usar de especial cuidado e humanidade em situações de natureza mais sensível, nomeadamente aquelas que envolvam penhoras e, em especial, quando esteja em causa a casa de habitação efetiva do penhorado ou da sua família ou se verifique a presença de menores.

ARTIGO 24º
Deveres específicos dos agentes de execução

1 – Sem prejuízo dos demais deveres previstos nas disposições comuns do presente Código ou que decorram do ECS, das demais disposições legais e regulamentares e dos usos e costumes da profissão, aos agentes de execução cumpre:

a) Praticar diligentemente os atos processuais de que sejam incumbidos, nos termos da lei e das disposições regulamentares aplicáveis;

b) Prestar ao tribunal, às partes e a terceiros as informações determinadas nos termos da lei ou das disposições regulamentares aplicáveis;

c) Prestar contas da atividade realizada, entregando prontamente as quantias, os objetos ou os documentos de que sejam detentores por causa da sua atuação como agentes de execução;

d) Não exercer nem permitir o exercício, no seu escritório ou sociedade, de atividades que sejam incompatíveis com a atividade de agente de execução, nos termos do ECS;

e) Apresentar a cédula profissional no exercício da sua atividade;

f) Desempenhar diligentemente as funções de patrono no segundo período de estágio dos agentes de execução;

g) Ter contabilidade organizada nos termos do Estatuto e dos regulamentos;

h) Diligenciar no sentido de promover a sua substituição em processos para que tenham sido designados quando ocorra motivo justificativo que impeça a condução normal dos mesmos;

i) Não aceitar a designação para novos processos, requerer a suspensão de designação para novos processos ou a limitação do número mensal de processos em que sejam designados quando não disponham dos meios necessários para o efetivo acompanhamento de novos processos ou de um número determinado de processos;

j) Aplicar, em matéria de remuneração dos seus serviços, as tarifas previstas na legislação e na regulamentação aplicáveis;

k) Recusar a prática de qualquer comportamento que se traduza em atos de concorrência desleal, nomeadamente por via de reduções, descontos ou promoções nas tarifas;

l) Prestar caução, nos termos legais;

m) Manter atualizada a informação relativa ao estado de cada processo;

n) Não recusar a aceitação do processo para que tenham sido designados oficiosamente, salvo por motivo de impedimento ou suspeição;

o) Informar a Câmara da ocorrência de quaisquer circunstâncias que indiciem a falta de idoneidade exigida para o exercício das suas funções;

p) Pagar atempadamente as taxas e outras quantias devidas à Câmara, à Comissão para o Acompanhamento dos Auxiliares da Justiça e à caixa de compensações;

q) Pagar as despesas correspondentes à liquidação dos processos a seu cargo;

r) Prestar toda a colaboração necessária ao exercício das atribuições da Comissão para o Acompanhamento dos Auxiliares da Justiça;

s) Não revelar, fora do exercício das suas funções, a identificação dos intervenientes processuais ou dados que obtenham por força do exercício da atividade;

t) Cumprir o plano de formação contínua obrigatória definido pela Câmara;

u) Tramitar o processo apenas quando se mostrem atempadamente pagas as importâncias devidas a título de despesas e honorários, ainda que a título de provisão.

2 – São ainda deveres dos agentes de execução cumprir as normas legais e regulamentares aplicáveis, nomeadamente, as relativas a:

a) Registo de atos e de movimentos financeiros e contabilísticos;

b) Utilização de meios de comunicação e de assinatura eletrónica nas relações com outras entidades públicas e privadas, designadamente com os tribunais;

c) Uso de endereço eletrónico;

d) Estruturas e meios informáticos;

e) Registo junto da Câmara, nos termos regulamentares, dos bens de que seja fiel depositário;

f) Arquivo de documentos relativos às execuções ou a outros atos por si praticados;

g) Registo, por via eletrónica, junto da Câmara, dos processos em que intervenha como parte;

h) Delegação de competência para a prática de atos num processo determinado.

ARTIGO 25º
Relação com os magistrados e as demais profissões judiciárias

1 – O agente de execução deve, em todas as circunstâncias, empenhar-se em manter relações de cordialidade e cooperação com o juiz, os membros das demais profissões judiciárias e, de um modo geral, com os membros das profissões com as quais tem a necessidade de colaborar em ordem ao desempenho cabal das suas funções.

2 – No caso de, no âmbito da execução, ser necessária a intervenção de outros oficiais públicos, o agente de execução deve zelar pelo desempenho apropriado

dos atos que for chamado a praticar, assegurando que os mesmos se circunscrevam aos limites legalmente estabelecidos.

ARTIGO 26º
Relações com o exequente

1 – O agente de execução, mesmo que seja nomeado pelo exequente, não é dele mandatário ou representante, cabendo-lhe sempre aconselhar à moderação e ao equilíbrio e tentar conciliar exequente e executado, fornecendo todas as informações jurídicas adequadas ao esclarecimento da sua situação processual.

2 – Em caso algum o agente de execução pode ser, ou aceitar ser, submetido a uma obrigação de resultado.

3 – O agente de execução deve aconselhar adequadamente o exequente, se necessário por escrito.

4 – No caso de o exequente beneficiar de apoio judiciário, o agente de execução deve agir com os cuidados e a atenção que a situação desfavorecida do exequente justifica.

5 – No âmbito da execução, as informações prestadas ao exequente, ao seu mandatário ou representante, diretamente ou através da zona reservada do sítio, não podem pôr em causa, seja em que circunstância for, as obrigações a que o agente de execução se encontra adstrito em matéria de segredo profissional.

6 – É legítimo ao agente de execução recusar a nomeação do exequente, nos termos legalmente estabelecidos.

ARTIGO 27º
Relações com o executado

1 – O agente de execução deve assumir, face ao executado, uma postura de ponderação e equilíbrio, atuando sempre com cortesia e não respondendo a qualquer provocação ou ato hostil com que seja confrontado.

2 – Ao praticar os atos pelos quais é responsável, o agente de execução deve assegurar que o executado compreende o conteúdo dos mesmos e as suas implicações, devendo informá-lo quanto às possibilidades de atuação que tem ao seu dispor.

3 – Em caso algum o agente de execução deve recorrer a coerções inúteis ou empregar meios desproporcionados face à situação concreta, nomeadamente aqueles que possam confundir-se com quaisquer formas de ameaça ou assédio.

ARTIGO 28º
Relações com terceiros

No âmbito da execução, o agente de execução deve sempre agir com cortesia e de boa-fé na relação com terceiras partes, respeitando os direitos de que sejam titulares.

ARTIGO 29º
Delegação de atos numa execução

1 – Nas situações em que a delegação abrange apenas a prática de determinados atos num processo, o agente de execução delegante deve especificar os prazos e as condições em que tais atos terão de ser praticados.

2 – Constitui dever do agente de execução delegado informar o agente de execução delegante, tão cedo quanto possível, de tudo o que foi feito com vista a cumprir a delegação que lhe foi conferida e, se for o caso, comunicar os motivos pelos quais não foi possível a realização dos atos constantes da delegação.

3 – Sem prejuízo das regras aplicáveis em matéria de registo dos atos no SISAAE, o agente de execução delegado não deve dirigir requerimentos diretamente ao tribunal ou ao exequente ou, de qualquer outra forma, contactá-los, exceto se a isso tiver sido autorizado, de forma expressa, pelo agente de execução delegante.

ARTIGO 30º
Deveres de informação e colaboração para com a Comissão para o Acompanhamento dos Auxiliares da Justiça

O agente de execução deve assumir, na relação com a Comissão para o Acompanhamento dos Auxiliares da Justiça, uma postura de total transparência e de franca e leal colaboração, prestando-lhe, com celeridade, a informação solicitada e cumprindo, com diligência, as suas orientações e decisões.

Aprovado em assembleia geral extraordinária da Câmara dos Solicitadores de 20 de março de 2015.

23 de março de 2015. – O Presidente da Mesa da Assembleia Geral da Câmara dos Solicitadores, *Rui Carvalheiro.*

Regulamento das Compensações

Regulamento nº 178/2014*

Nota justificativa

Nos termos do nº 2 do artigo 19º do Estatuto da Câmara dos Solicitadores (ECS) compete à assembleia geral regulamentar os casos em que pode haver direito a uma compensação pelo exercício de cargos nos órgãos da Câmara dos Solicitadores.

O regulamento das compensações aprovado em assembleia geral de 25 de março de 2013 (Regulamento nº 131/2013, de 9 de abril), carece de algumas alterações, designadamente em resultado de informação vinculativa emitida pela Autoridade Tributária e Aduaneira.

A compensação pecuniária do tempo despendido não desvaloriza a carga fortemente cívica do trabalho desenvolvido em prol dos associados da Câmara dos Solicitadores, que sempre andará ligada ao desempenho das atividades necessárias à gestão da instituição.

Contudo, tais exigências pressupõem uma enorme disponibilidade de tempo e um elevado cuidado e empenho na gestão e no assegurar da continuidade das estratégias gizadas.

Deste modo, considerando a disponibilidade de tempo, o gasto de horas e o envolvimento atualmente exigidos, alteram-se os limites máximos dos valores a auferir por alguns dirigentes da Câmara dos Solicitadores.

Preâmbulo

Assim, pelos motivos expostos na nota justificativa, e nos termos do nº 2 do artigo 19º do Estatuto da Câmara dos Solicitadores, é aprovado o regulamento das compensações, o qual se rege pelas seguintes disposições:

1 – Os membros dos órgãos da Câmara dos Solicitadores que sejam impedidos de exercer a sua atividade profissional têm direito a uma compensação económica.

* *Publicado no Diário da República, 2ª série, nº 83, de 30 de abril de 2014.*

2 – As compensações previstas neste regulamento podem também ser pagas a solicitadores e agentes de execução que não sejam membros dos órgãos da Câmara dos Solicitadores quando, a pedido dos órgãos com autonomia financeira, desenvolvam trabalho específico ou especializado a favor da Câmara, desde que, nos mesmos termos e por força de tal colaboração, se vejam também impedidos de exercer a sua atividade profissional.

3 – Só se considera suscetível de compensação por impedimento de atividade profissional normal, quando o solicitador ou o agente de execução tenham dedicado à Câmara dos Solicitadores, em reuniões ou representações, mais de três dias completos por mês.

4 – Considera-se dia completo o somatório de oito horas.

5 – Para compensação económica é pago ao solicitador ou agente de execução uma senha de presença no valor idêntico ao que é fixado por lei para os vogais da direção da Caixa de Previdência dos Advogados e Solicitadores, a partir do quarto dia de impedimento.

6 – Salvo no caso de se tratar do Presidente da Câmara, o somatório das compensações estipuladas no presente regulamento e das remunerações devidas por ações de formação organizadas pela Câmara fica sujeito aos seguintes limites máximos mensais:

a) De vinte vezes o valor fixado no número anterior, para os vice-presidentes do conselho geral, o presidente do conselho superior, os presidentes dos conselhos regionais e os presidentes dos colégios de especialidade;

b) Do décuplo do fixado no número anterior, para os restantes dirigentes, solicitadores ou agentes de execução;

c) Em razão da realização de determinadas tarefas de especial complexidade pode ser casuisticamente autorizado o limite proposto na alínea *a*), mediante deliberação fundamentada do conselho geral.

7 – O pagamento das compensações a membros de órgãos nacionais e aos solicitadores ou agentes de execução que com eles colaborem compete ao conselho geral.

8 – O pagamento das compensações a órgãos de carácter regional ou local e aos solicitadores ou agentes de execução que com eles colaborem compete ao respetivo conselho regional.

9 – Salvo deliberação em contrário, os órgãos referidos nos nºs 7 e 8 só têm a obrigação de efetuar pagamentos a título de compensações a membros de outros órgãos se estes constarem de plano ou orçamento previamente aprovado, com indicação do respetivo cabimento orçamental.

10 – As compensações a membros das delegações locais devem enquadrar-se no disposto no Estatuto quanto aos seus limites orçamentais.

11 – Aos membros das comissões de fiscalização de agentes de execução é aplicado regulamento autónomo.

12 – O pagamento de quantias nos termos deste regulamento é feito com base em fatura ou fatura-recibo, a qual deve identificar o serviço prestado e quem o prestou.

13 – Não é admitido o adiantamento de valores por conta de compensações, sendo os pagamentos aprovados após vista prévia de, pelo menos, dois outros membros do respetivo órgão e perante relatório contendo a descrição das horas despendidas, bem como a informação necessária à determinação do centro de custos em que se deve inscrever a despesa.

14 – O disposto na parte final do número anterior pode ser dispensado por deliberação do conselho geral em que se determinem imputações abstratas a centros de custos para as compensações dos dirigentes.

15 – Sem prejuízo dos restantes controlos previstos, os conselhos devem apreciar trimestralmente um relatório das compensações pagas aos seus membros.

16 – É revogado o Regulamento nº 131/2013, publicado no Diário da República, 2ª série, de 9 de abril.

17 – O presente regulamento entra em vigor no dia seguinte à sua publicação.

Aprovado em assembleia geral extraordinária da Câmara dos Solicitadores de 31 de março de 2014.

31 de março de 2014. – O Presidente da Mesa da Assembleia Geral da Câmara dos Solicitadores, *Rui Carvalheiro.*

Regulamento Disciplinar da Ordem dos Solicitadores e dos Agentes de Execução

Regulamento nº 87/2019*

Preâmbulo

Considerando que:

a) Os artigos 181º e seguintes do Estatuto da Ordem dos Solicitadores e dos Agentes de Execução (EOSAE) aprovado pela Lei nº 154/2015, de 14 de setembro, não se cingem à enunciação dos princípios orientadores do poder disciplinar, mas vêm ainda concretizar a matéria disciplinar com um rigor tal que torna dispensável uma regulamentação exaustiva;

b) O artigo 189º do EOSAE determina que, sem prejuízo do disposto no mesmo estatuto, o procedimento disciplinar se rege por regulamento disciplinar, sendo as normas procedimentais da Lei Geral do Trabalho em Funções Públicas de aplicação subsidiária;

c) O regulamento disciplinar aplica-se aos processos tramitados pelo conselho superior ou pela Comissão para o Acompanhamento dos Auxiliares da Justiça (CAAJ).

d) O presente regulamento destina-se a clarificar as regras especificamente atinentes à atividade dos Solicitadores e dos Agentes de Execução, bem como ao procedimento interno a adotar pelos órgãos disciplinarmente competentes.

e) Determina ainda a alínea *c*) do nº 2 do artigo 33º do EOSAE que compete também ao Conselho Superior elaborar proposta de regulamento disciplinar a submeter à aprovação da assembleia geral, ouvidos o conselho geral, os presidentes dos conselhos dos colégios profissionais e a CAAJ, no que respeita à atividade dos agentes de execução, sendo, neste último caso, o seu parecer vinculativo.

Foi promovida a audição pública nos termos do nº 2 do artigo 101º do Código do Procedimento Administrativo. Foi promovida a audição do conselho geral, dos presidentes dos conselhos dos colégios profissionais e da CAAJ.

Assim, nos termos da alínea *a*) do nº 3 do artigo 22º, da alínea *c*) do nº 2 do artigo 33º, dos nºs 1 e 2 do artigo 182º, do artigo 189º, do nº 1 do artigo 195º, do

* *Publicado no Diário da República, 2ª série, nº 14, de 21 de janeiro de 2019.*

artigo 202º, do nº 1 do artigo 204º, do nº 4 do artigo 207º, do nº 4 do artigo 208º, dos nºs 4 e 5 do artigo 209º, todos do EOSAE, é aprovado o seguinte regulamento:

Regulamento Disciplinar da Ordem dos Solicitadores e dos Agentes de Execução

CAPÍTULO I
Disposições Gerais

ARTIGO 1º
Objeto e Âmbito

O presente regulamento estabelece o regime aplicável ao processo de inquérito, ao processo disciplinar, ao recurso quando aplicável, ao processo de revisão e ao processo de reabilitação dos solicitadores e dos agentes de execução associados da Ordem dos Solicitadores e dos Agentes de Execução (OSAE) e às sociedades profissionais que estes integram e aos profissionais que prestem serviços em território nacional em regime de livre prestação, nos termos estatutários.

CAPÍTULO II
Competências

ARTIGO 2º
Entidades decisoras

1 – A competência para a instauração de processos disciplinares decorre do Estatuto da OSAE e da Lei nº 77 /2013, de 21/11 (lei orgânica da CAAJ).

2 – Em processos disciplinares que digam respeito aos agentes de execução, no caso de conflito de competências, cabe à CAAJ deliberar sobre a entidade decisora competente.

3 – Nos processos da competência da CAAJ considera-se como entidade decisora o diretor da comissão de disciplina ou a comissão de disciplina, nos termos definidos na Lei.

4 – Nos processos da competência do conselho superior da OSAE, a entidade decisora é a secção com competência específica, sem prejuízo dos casos em que a competência é exclusiva do plenário deste conselho.

ARTIGO 3º
Distribuição e competências no conselho superior

1 – Nos processos da competência do conselho superior da OSAE, sempre que estes não sejam da competência exclusiva do plenário, incumbe ao presidente definir a secção competente pela tramitação e decisão.

2 – O plenário do conselho superior delibera, por maioria simples, a criação de secções com competência específica em matérias que abranjam os solicitadores e os agentes de execução.

3 – O presidente do Conselho Superior pode delegar a competência prevista no nº 1 do presente artigo, no vice-presidente.

4 – Compete ao presidente do conselho superior, com faculdade de delegação pontual, no vice-presidente, no presidente de secção ou no relator do processo:

a) Dirigir a audiência pública que eventualmente tenha lugar;

b) Promover a publicação dos extratos dos acórdãos.

5 – Salvo decisão em contrário proferida pelo presidente do conselho superior ou pelo presidente da secção à qual incumba o processo, as funções de relator são assumidas sequencialmente entre os respetivos membros.

6 – Não compete ao presidente do conselho superior exercer as competências de relator.

7 – Os processos são organizados e instruídos por juristas designados pelo presidente do conselho superior ou pelo presidente da secção, como instrutores ou pelo diretor da comissão de disciplina, como membros de comissão instrutora.

8 – Compete ao instrutor organizar os processos, assumindo as funções de instrução e de acusação, ouvir as testemunhas, definir todas as diligências instrutórias, elaborar relatórios e propostas de arquivamento, de acusação, de aplicação de sanções disciplinares e respetivos acórdãos, intervir na audiência pública e propor o teor dos extratos de acórdãos para publicação.

9 – Se tal se mostrar necessário à descoberta da verdade material, competirá à entidade decisora solicitar diligências instrutórias complementares às propostas de arquivamento ou instauração de processo disciplinar.

10 – É efetuada nova distribuição, sempre que se verifiquem as seguintes circunstâncias:

a) Impedimento temporário ou permanente do relator ou do instrutor;

b) Quando aceite pela respetiva entidade decisora, a escusa do relator ou do instrutor por força de incidente de suspeição;

c) Quando o relator ou instrutor ultrapasse os prazos para a instrução e o presidente da entidade decisora não considerar justificados os motivos do atraso.

ARTIGO 4º
Distribuição e competências na CAAJ

1 – Sem prejuízo das competências da comissão de fiscalização em matéria de participações, os processos de inquérito e processos disciplinares relativos a agentes de execução cuja tramitação caiba à CAAJ são da competência da respetiva comissão de disciplina.

2 – A prática de todos os atos necessários à tramitação de processos de inquérito, disciplinar, revisão, reabilitação e os recursos são instruídos e organizados por equipas instrutoras, que podem ser compostas por:

a) Colaborador interno da CAAJ;
b) Um representante da sociedade civil;
c) Um agente de execução.

3 – Compete ao diretor da Comissão de Disciplina a distribuição dos processos pelas respetivas equipas instrutoras, de forma aleatória, sem necessidade de fundamentação.

4 – As competências definidas neste regulamento como atribuídas ao instrutor do processo, quando estes são tramitados na CAAJ, entende-se como sendo à equipa instrutora.

5 – Se a prática do ato em causa puder ser individual, esta incumbe ao primeiro membro da equipa instrutora, designado como tal.

6 – Compete ao diretor da comissão de disciplina da CAAJ a aplicação de sanções disciplinares, sob proposta da equipa instrutora.

7 – O despacho do diretor da Comissão de Disciplina, pode ser acompanhado de manifestação de concordância ou discordância dos demais membros da Comissão de Disciplina, que podem anexar a respetiva fundamentação.

8 – Compete ainda ao diretor da comissão de disciplina determinar a aplicação de medidas cautelares nos processos da sua competência, mediante:

a) Proposta da Comissão de Fiscalização dos Auxiliares da Justiça (CFAJ), em processo ainda não instaurado;

b) Proposta da CFAJ de eventual necessidade de aplicação de medidas cautelares em processo disciplinar pendente;

c) Proposta da equipa instrutora do processo disciplinar instaurado, das medidas cautelares que se mostrem necessárias e adequadas ao bom funcionamento da atividade dos agentes de execução.

9 – Compete à entidade decisora solicitar diligências instrutórias complementares às propostas de arquivamento ou instauração de processo disciplinar.

ARTIGO 5º
Notificações

1 – As notificações aos sujeitos e intervenientes processuais podem ser efetuadas por qualquer forma documentada, incluindo comunicação eletrónica, correio registado, telecópia ou outro meio idóneo de transmissão de dados.

2 – Sempre que os sujeitos ou intervenientes processuais tenham constituído mandatário forense é este que é notificado de todas as decisões através de comunicação eletrónica e frustrando-se a mesma, através de via postal.

3 – As notificações, quando realizadas por via postal, são remetidas para os endereços constantes dos autos, sendo as relativas ao participado para o seu domicílio profissional, que constar do cadastro da OSAE.

4 – Frustrando-se as notificações previstas no nº 1, considerando-se como tal a não obtenção de comprovativo da receção, estas são efetuadas através de afixação de edital nas instalações do Conselho Regional correspondente ao último domi-

cílio profissional conhecido, é publicado no sítio eletrónico da entidade decisora, pelo período de 20 (vinte) dias úteis.

5 – Das decisões finais das quais são notificados os intervenientes processuais, são informados dos seus direitos de recurso ou impugnação e da entidade à qual estes podem ser apresentados.

6 – É fixado em 30 (trinta) dias úteis, o prazo para que o sujeito processual notificado dê cumprimento à decisão do processo disciplinar, tal como se prevê na alínea *c*) do nº 1 do artigo 110º do EOSAE.

ARTIGO 6º
Certidões

1 – A emissão de certidões está sujeita a decisão do relator, se já estiver nomeado, ou da entidade decisora.

2 – O pedido de certidão deve especificar o fim a que se destina e é unicamente atendível quando conexo com a tutela de direitos e interesses legítimos do requerente.

ARTIGO 7º
Medidas Cautelares

1 – As medidas cautelares são aplicadas pela entidade decisora competente, mediante proposta do instrutor ou pela equipa instrutora e subscrita pelo relator ou pelo diretor da comissão de disciplina.

2 – A proposta de aplicação ou a aplicação das medidas cautelares é notificada ao participado com a instauração do processo disciplinar.

3 – A aplicação da medida cautelar pode não ser precedida de audição prévia, sempre que de tal possa resultar o agravamento dos prejuízos para terceiros.

4 – O processo no qual tenha sido decretada qualquer medida cautelar tem caráter urgente.

CAPÍTULO III
Participação e Inquérito

ARTIGO 8º
Participação

1 – A participação é apresentada exclusivamente por meios eletrónicos disponibilizados para o efeito, devendo obrigatoriamente conter:

a) A identificação completa do participante;

b) A posse de legitimidade para participar disciplinarmente, o facto integrador da existência de violação de preceito legal, estatutário, regulamentar ou cláusula contratual;

c) A identificação do participado, contendo a indicação do nome e número de cédula profissional;

d) Quando os atos denunciados sejam conexos com processos judiciais ou administrativos, o respetivo número e o tribunal ou entidade onde foram ou estejam a ser tramitados;

e) A indicação do dever violado ou cláusula contratual incumprida;

f) Uma exposição sucinta dos factos suscetíveis de constituírem infração disciplinar;

g) A junção do(s) documento(s) ou outro(s) elemento(s) de prova, quando exista(m), relativo(s) a cada facto alegado;

h) A manifestação expressa de participar tais factos para efeitos disciplinares.

2 – Sendo a participação dirigida a órgão ou serviço incompetente, este deve remetê-la ao organismo que repute competente, com a máxima celeridade, dando, sempre que seja possível, conhecimento ao participante.

3 – Excecionalmente, e apenas alegando motivos atendíveis, poderá a participação ser remetida por correio eletrónico, por serviço postal ou entregue presencialmente na sede do órgão com competência disciplinar.

ARTIGO 9º
Apreciação Liminar da Participação

1 – A apreciação liminar constitui um saneamento prévio da matéria que poderá vir a constituir o processo, para determinar a regularidade da participação apresentada.

2 – Verificando-se irregularidades na participação, por falta de algum dos elementos a que se refere o nº 1 do artigo anterior, é liminarmente indeferida, sendo disso notificado o participante, se identificado, sem prejuízo da eventual comunicação dos factos aos órgãos com competências de fiscalização.

3 – Excetuam-se do número anterior, as participações nas quais não seja possível identificar claramente a existência de uma infração disciplinar ou o respetivo infrator, prosseguindo, após abertura de procedimento disciplinar sob a forma de processo de inquérito.

4 – Finda a apreciação liminar, o instrutor ou quem para tanto tenha sido designado emite parecer ou relatório, tendo em consideração os exatos termos da participação apresentada.

5 – Compete à entidade decisora, analisado o parecer ou relatório referido no número anterior, em alternativa:

a) Delibera o seu arquivamento;

b) Promove a abertura de processo de inquérito ou instauração de processo disciplinar;

c) Após arquivamento, enviar o processo ou extratos deste aos serviços de provedoria ou mediação.

6 – O arquivamento é notificado ao participante e participado, informando do seu direito de recurso e da entidade à qual este pode ser apresentado.

7 – Salvo motivos excecionais e ponderosos de interesse público, os órgãos que exercem o poder disciplinar não devem tomar decisões sobre os mesmos factos que ainda estejam pendentes de decisão judicial ou que possam ser decididos por tribunal competente.

8 – Não há lugar a apreciação liminar quando o EOSAE ou legislação especial imponham a instauração de processo.

ARTIGO 10º
Processo de Inquérito

No âmbito do processo de inquérito, compete ao instrutor determinar a realização de quaisquer diligências de instrução que considere pertinentes, designadamente aquelas que visem a constatação da existência de indícios da infração participada, bem como as que contribuam para aferir da viabilidade, processual e disciplinar, da participação apresentada, nomeadamente através da junção de documentos.

ARTIGO 11º
Diligência Compositória

1 – Instaurado o processo disciplinar, o instrutor pode convidar as partes para a realização de uma diligência compositória, salvo se a infração imputada afetar o prestígio da Ordem, ou de qualquer uma das atividades profissionais exercidas ou a dignidade do profissional do visado.

2 – Da diligência é lavrada ata, subscrita pelo relator, pelo instrutor, participante e pelo participado e respetivos mandatários se tiverem sido nomeados e estiverem presentes

3 – A diligência compositória constitui um ato de instrução do processo que deve culminar com uma proposta de decisão à entidade decisora competente.

CAPÍTULO IV
Processo Disciplinar

ARTIGO 12º
Instrução

1 – O instrutor promove as diligências necessárias e exclusivamente destinadas à recolha de elementos de prova, designadamente ouvindo o participante, as testemunhas por este indicadas, sendo no máximo de três testemunhas por cada facto, no máximo o total de 10 testemunhas e o participado, a requerimento deste ou sempre que o entenda conveniente.

2 – O participante e o participado podem requerer a promoção de diligências por si consideradas essenciais para o apuramento da verdade.

3 – As diligências instrutórias requeridas pelo participado podem ser recusadas, por decisão fundamentada do instrutor ou deliberação da equipa instrutora quando:

a) Demonstrarem ser manifestamente inúteis, dilatórias ou desnecessárias;

b) O participado não identifique qual o facto que pretende ver provado ou não provado com o meio de prova apresentado;

4 – Sem prejuízo do direito de impugnação e contraditório pela defesa, os documentos e depoimentos obtidos durante a fase de inquérito são juntos ao processo.

5 – A prestação de declarações ou de depoimento das testemunhas arroladas é apresentada por escrito, sem prejuízo da prestação presencial reduzida a escrito, com fundamento no melhor alcance da verdade material.

6 – A falta de resposta ou de comparência do visado ou da(s) testemunha(s), quando regularmente notificadas pelo instrutor ou pela equipa instrutora, para prestação de declarações ou de depoimento não obsta ao prosseguimento do processo disciplinar, nem implica nova notificação.

7 – A falta de resposta por escrito ou de comparência do participante quando para tanto notificado, exceto por justo impedimento, equivale a desistência, por manifesto desinteresse no prosseguimento do processo disciplinar.

8 – Finda a instrução, o instrutor emite parecer ou relatório com proposta de acusação ou arquivamento para apreciação da entidade decisora.

9 – Recebida a proposta pode a entidade decisora:

a) Deliberar o arquivamento do processo;

b) Subscrever e ratificar a acusação;

c) Não aprovar a proposta e ordenar novas diligências instrutórias.

10 – Quando seja instaurado novo processo disciplinar contra o participado, estando já pendente um processo, não será aquele apensado a este, salvo se com a não apensação de processos resultar manifesto inconveniente para a administração da justiça disciplinar.

11 – A conclusão da instrução pode determinar a aplicação de medidas cautelares nos termos previstos no EOSAE.

ARTIGO 13º
Defesa

1 – O arguido deve apresentar a sua defesa por escrito, podendo apresentar o rol de testemunhas, sendo no máximo de três testemunhas por cada facto, no máximo o total de 10 testemunhas, juntando documentação, podendo ainda requerer quaisquer outras diligências de prova em direito permitidas, designadamente, sobre a sua situação económica.

2 – As diligências de prova requeridas pelo arguido podem ser recusadas, por decisão fundamentada do instrutor ou deliberação da equipa instrutora quando:

a) Demonstrarem ser manifestamente inúteis, dilatórias ou desnecessárias;

b) O arguido não identifique qual o facto que pretende ver provado ou não provado com o meio de prova apresentado;

3 – Finda a fase de defesa do arguido, o instrutor elabora relatório final, do qual constam:

a) A apreciação de qualquer exceção invocada no processo, designadamente a prescrição;

b) Os factos provados e não provados;

c) A qualificação e enquadramento jurídico dos factos disciplinarmente relevantes;

d) A apreciação crítica da defesa do participado e dos meios de prova juntos, quando apresentados;

e) Os antecedentes profissionais e disciplinares do arguido;

f) A gravidade da conduta e as consequências da infração praticada;

g) A situação económica do participado, quando apurada;

h) As circunstâncias atenuantes e agravantes;

i) A sanção disciplinar abstratamente aplicável e a proposta concreta de aplicação da medida da sanção ou de arquivamento do processo;

j) A sanção acessória, quando proposta;

k) A proposta de eventual suspensão da execução da sanção.

ARTIGO 14º
Audiência pública

1 – Quando a sanção proposta for superior a suspensão por dois anos ou interdição do exercício de atividade profissional, o arguido e o participante são notificados para declararem se pretendem a realização de audiência pública.

2 – Sendo por algum dos intervenientes, referidos no número anterior, requerida a realização de audiência pública esta é efetuada perante a entidade decisora ou membro por esta designado.

3 – Na audiência pública o instrutor representa a acusação.

4 – O arguido pode defender-se em causa própria ou ser representado por solicitador ou advogado.

5 – O arguido pode requerer depoimento de parte.

6 – O arguido e o instrutor podem requerer:

a) A audição de testemunhas que, respetivamente, tenham apresentado;

b) A junção de documentos relativos a factos supervenientes à defesa ou acusação apresentada.

7 – A audiência pública é sempre sujeita a gravação sonora.

ARTIGO 15º
Decisão

Compete à entidade decisora deliberar sobre a proposta de decisão e ou proferir o acórdão final do processo.

ARTIGO 16º
Recursos

1 – Das decisões das secções do Conselho Superior cabe recurso para o Plenário do Conselho Superior.

2 – Das decisões do Plenário do Conselho Superior cabe recurso contencioso para os tribunais administrativos, nos termos gerais de direito.

ARTIGO 17º
Legitimidade para recorrer

Têm legitimidade para recorrer das decisões do Plenário das Secções do Conselho Superior ou do Plenário do Conselho Superior:

a) Quem na decisão tenha ficado vencido;

b) O bastonário da Ordem dos Solicitadores e dos Agentes de Execução.

ARTIGO 18º
Publicidade

1 – A publicidade das medidas disciplinares de suspensão efetiva de interdição definitiva para o exercício da atividade profissional ou de reabilitação do solicitador ou do agente de execução ou das medidas cautelares é efetuada:

a) Pelo conselho geral, logo que lhe sejam comunicados pelos órgãos competentes, no sítio da OSAE, nas listas permanentes de solicitadores e de agentes de execução divulgadas informaticamente, no boletim da Ordem e por comunicação informática para o portal CITIUS;

b) Sendo a decisão relativa a agente de execução proferida pela CAAJ, esta entidade publica-a também no seu sítio eletrónico;

c) Pelo órgão disciplinar competente, aos tribunais e serviços públicos definidos estatutariamente.

2 – A fundamentação das deliberações referidas no número anterior é também publicada no Boletim e no sítio da Ordem.

3 – Sendo a decisão disciplinar publicitada, anulada ou suspensa, será dada publicidade equivalente;

4 – As sanções que não se integrem no nº 1 são divulgadas sem identificar os participados, nem a sua localização ou os seus dados pessoais, mas dando nota da fundamentação, no boletim e no sítio da OSAE, do seguinte modo:

5 – A fundamentação é publicada nos termos do despacho do presidente da entidade decisora, devendo ser sintetizada ou parcialmente suprimida quando a descrição permita a identificação das partes ou a divulgação de dados reservados;

6 – Havendo diversos casos idênticos, a fundamentação pode ser restringida a uma mera invocação de decisões anteriormente publicadas ou por indicação estatística;

7 – Para efeitos de serem integrados nos respetivos relatórios de atividade, os órgãos com competência disciplinar, remetem ao conselho geral, trimestralmente, os dados estatísticos do qual constem:

a) Número de participações recebidas;

b) Número de participações arquivadas liminarmente, convertidas em processos de inquérito, em processos disciplinares ou enviadas para outras entidades;

c) Número de processos de inquéritos arquivados ou convertidos em processos disciplinares;

d) Número de processos instaurados, pendentes e findos;

e) Número e tipo de sanções aplicadas.

ARTIGO 19º
Averiguação de Idoneidade

A prescrição do procedimento disciplinar pela prática de factos previstos como infração disciplinar, não impede que os mesmos sejam considerados em procedimento de avaliação de idoneidade para exercício da profissão, pelo órgão decisor.

ARTIGO 20º
Tramitação dos processos

Os processos de inquérito e disciplinares poderão ser tramitados em suporte informático, com emissão eletrónica de documentos e assinatura digital.

CAPÍTULO V
Processos Especiais

ARTIGO 21º
Revisão

1 – Recebido o pedido de revisão, é nomeado instrutor ou equipa instrutora que promove as diligências instrutórias e emite parecer/relatório em termos análogos ao previsto para o processo disciplinar.

2 – A entidade decisora delibera sobre o pedido de revisão com base no parecer ou relatório do instrutor ou da equipa instrutora.

ARTIGO 22º
Reabilitação

1 – Apresentado o requerimento de reabilitação, é nomeado instrutor que promove diligências instrutórias e emite relatório e/ou formula proposta em termos análogos ao previsto para o processo disciplinar.

2 – A entidade decisora delibera sobre o pedido de reabilitação com base no parecer ou relatório do instrutor ou da equipa instrutora.

CAPÍTULO VI
Disposições Finais

ARTIGO 23º
Disposições Transitórias

1 – O presente regulamento só se aplica aos processos instaurados a partir da data da sua entrada em vigor, com exceção do previsto no nº 2.

2 – Os processos instaurados em data anterior à entrada em vigor do presente regulamento são tramitados segundo as normas do anterior regulamento disciplinar, a menos que da aplicação do presente regulamento resulte um regime mais favorável ao participado.

ARTIGO 24º
Revogação

O presente regulamento revoga o Regulamento nº 91/2007, de 24 de maio, Regulamento Disciplinar da Câmara dos Solicitadores.

ARTIGO 25º
Entrada em vigor

O presente regulamento entra em vigor no primeiro dia do mês seguinte ao da sua publicação.

Aprovado em Assembleia Geral da Ordem dos Solicitadores e dos Agentes de Execução de 27 de dezembro de 2018.

4 de janeiro de 2019. – O Presidente da Mesa da Assembleia Geral da Ordem dos Solicitadores e dos Agentes de Execução, Armando Oliveira.

Regulamento Eleitoral e de Referendo

Regulamento nº 325/2017*

O artigo 70º do Estatuto da Ordem dos Solicitadores e dos Agentes de Execução (EOSAE) estabelece que compete à assembleia geral aprovar o regulamento eleitoral e de referendo, o qual deve prever:

a) A designação da comissão eleitoral quando a sua constituição não resulte do previsto no EOSAE;

b) A participação nas reuniões da comissão eleitoral dos representantes das listas de candidatos ou das tendências em processo referendário;

c) A possibilidade de criação de mesas de voto regionais e locais;

d) A possibilidade de proceder à votação através de meios eletrónicos;

e) A forma e os prazos para apresentação das candidaturas;

f) A designação de mandatários por cada uma das listas candidatas;

g) A forma e os meios de divulgação dos programas eleitorais de cada candidatura;

h) A possibilidade de realização de debates entre os candidatos;

i) As regras a observar em caso de referendo.

O artigo 81º do EOSAE, por sua vez, estabelece que compete à assembleia geral aprovar o regulamento do referendo, sob proposta do conselho geral.

Pelo atual Estatuto, a eleição das mesas das assembleias, com exceção da mesa da assembleia geral, deixou de ocorrer através de assembleias eleitorais. Embora a regulamentação da sua eleição se pudesse efetuar através dos respetivos regimentos, não faria sentido que se adotassem diferentes metodologias para órgãos similares, pelo que se regulamenta o procedimento. Aproveita-se ainda para clarificar que para estas eleições, obrigatoriamente realizadas por voto secreto e nas quais se desconhece previamente a identidade dos candidatos, não são admissíveis procurações.

A competência da assembleia geral para aprovação de regulamentos da Ordem encontra-se prevista no nº 3 do artigo 22º do EOSAE. Foi promovida a audição pública nos termos do nº 2 do artigo 101º do Código do Procedimento Administrativo.

* *Publicado no Diário da República, 2ª série, nº 116, de 19 de junho de 2017.*

Assim, nos termos do nº 6 do artigo 3º da Lei nº 154/2015, de 14 de setembro, que aprovou o Estatuto da Ordem dos Solicitadores e dos Agentes de Execução (EOSAE), do nº 3 do artigo 22º, do nº 6 do artigo 23º, do artigo 70º, todos do ESOAE, é aprovado o seguinte regulamento:

CAPÍTULO I
Disposições Gerais

ARTIGO 1º
Aplicação

O presente regulamento aplica-se:

a) À eleição dos órgãos nacionais, regionais e locais da Ordem dos Solicitadores e dos Agentes de Execução (OSAE);

b) À eleição das mesas das assembleias dos órgãos nacionais e regionais da OSAE;

c) À eleição, de entre os associados da OSAE que sejam beneficiários da Caixa de Previdência dos Advogados e Solicitadores (CPAS), dos seus representantes nos órgãos da CPAS.

ARTIGO 2º
Prazo e condições para a apresentação de candidaturas

1 – As propostas de candidatura são entregues, contra recibo, até as 17 horas do dia 15 do mês de outubro ou no primeiro dia útil seguinte do ano anterior ao do início do mandato, sendo:

a) Quanto ao bastonário, mesa da assembleia geral, conselho geral, conselho superior, conselho fiscal e conselhos profissionais na sede do conselho geral;

b) Quanto aos conselhos regionais, candidatos por delegação distrital à assembleia de representantes da OSAE, às assembleias de representantes dos colégios profissionais e aos delegados concelhios, na sede dos respetivos conselhos regionais.

2 – No caso de eleições intercalares ou extraordinárias, as propostas de candidatura são apresentadas com o mínimo de 45 dias de antecedência relativamente à data da assembleia eleitoral.

3 – As condições para a apresentação de candidaturas devem ser divulgadas pelo bastonário através de aviso afixado nas sedes da Ordem, publicado no sítio eletrónico da OSAE e de mensagem de correio eletrónico enviada para todos os associados da Ordem.

4 – Os associados que detenham mais do que uma especialidade, sem prejuízo dos limites a múltiplas candidaturas definidos estatutariamente, podem candidatar-se ou subscrever candidaturas das especialidades que detêm.

ARTIGO 3º
Apresentação de candidaturas

1 – Obriga a apresentação de listas autónomas, sujeitas a subscrição de pelo menos um quadragésimo de associados, com inscrição em vigor, do respetivo universo eleitoral, as candidaturas a:

a) Bastonário, mesa da assembleia geral e conselho geral;

b) Conselho superior;

c) Conselho fiscal;

d) Conselhos regionais;

e) Membros da assembleia de representantes da OSAE, por associados com domicílio profissional na área da delegação distrital.

2 – Obriga a apresentação de listas autónomas, sujeitas a subscrição de pelo menos um quadragésimo dos associados inscritos no respetivo colégio profissional, as candidaturas aos:

a) Conselhos profissionais;

b) Membros das assembleias de representantes dos colégios profissionais.

3 – Para a candidatura a delegado concelhio é suficiente a declaração de candidatura subscrita pelo próprio.

4 – Os subscritores de candidaturas têm de ter o seu domicílio profissional na região, delegação distrital ou concelho a que corresponde a eleição.

5 – Os subscritores das propostas de candidatura devem ser identificados pelo nome profissional, número de cédula profissional e domicílio profissional, sendo também obrigatória a indicação da especialidade profissional nas listas de subscrição referidas no nº 2 do presente artigo.

ARTIGO 4º
Mandatário e Programa Eleitoral

1 – Salvo se outro for expressamente indicado, considera-se como mandatário da candidatura o primeiro candidato da respetiva lista.

2 – Cada um dos candidatos deve subscrever documento pelo qual declare aceitar a sua candidatura à lista em causa, identificando o primeiro candidato desta ou o mandatário, a quem compete a ordenação e subscrição da lista final de candidatos.

3 – O programa eleitoral das candidaturas para os órgãos referidos na alínea *a*) do nº 1 do artigo anterior deve ser apresentado conjuntamente com a candidatura, em documento que não pode ocupar mais de 30 páginas em formato A4, com 25 linhas em tamanho não inferior a 12, sem conter qualquer cor, fotografia ou grafismo de realce, à exceção de sublinhados e letras maiúsculas.

4 – O programa eleitoral das candidaturas para os demais órgãos não pode ocupar mais de 1 página em formato A4, com 25 linhas, em tamanho não inferior a 12, sem conter qualquer cor, fotografia ou grafismo de realce, à exceção de sublinhados e letras maiúsculas.

5 – Adicionalmente ao programa eleitoral pode ser junta uma folha a cores, com a inserção de slogans alusivos à candidatura, de elementos gráficos ou fotografias.

6 – Efetuando-se a votação por correspondência, os links para os programas eleitorais são enviados com o boletim de voto.

7 – Os programas de candidatura são disponibilizados no sítio eletrónico da OSAE e são divulgados por mensagem de correio eletrónico enviada aos associados da OSAE.

8 – Os programas de candidatura podem ser afixados em todas as instalações que pertençam exclusivamente à OSAE.

9 – O conselho geral e os conselhos regionais devem propiciar às candidaturas, em termos idênticos previamente acordados com os mandatários, o uso das instalações para se reunirem ou para efetuarem ações de esclarecimento.

ARTIGO 5º
Comissão Eleitoral

1 – A comissão eleitoral é constituída pela mesa da assembleia geral, à qual, salvo nas eleições parcelares, compete organizar e coordenar todo o processo eleitoral.

2 – No caso de eleições parcelares de um só órgão de especialidade ou regional, a comissão eleitoral é constituída pelo presidente e pelos secretários da mesa da assembleia regional respetiva.

3 – Compete à comissão eleitoral:

a) Apreciar a regularidade das candidaturas apresentadas e a elegibilidade dos candidatos;

b) Deliberar sobre a criação de mesas de voto regionais ou locais;

c) Apreciar a regularidade das candidaturas e a substituição de candidatos ou de subscritores;

d) Proceder à fiscalização do processo eleitoral;

e) Apreciar e decidir as reclamações relativas ao apuramento dos resultados das votações.

ARTIGO 6º
Apreciação das candidaturas

1 – Findo o prazo para apresentação das candidaturas, a comissão eleitoral procede à sua apreciação liminar, no prazo de três dias úteis.

2 – É considerada irregularidade sanável, designadamente:

a) A candidatura de associado considerado inelegível que não seja o primeiro candidato e mandatário da lista;

b) A subscrição de candidaturas por número de proponentes superior a 75% do referido nos nºs 1 e 2 do artigo 3º;

c) A apresentação de candidaturas com número de candidatos inferior ao previsto no nº 1 do artigo 69º do EOSAE, caso a candidatura apresente pelo menos metade dos candidatos elegíveis.

3 – Caso a comissão eleitoral detete qualquer irregularidade e a considerar sanável, notifica o respetivo mandatário a corrigi-la no prazo de três dias úteis.

4 – No decurso do prazo referido no nº 1 qualquer dos mandatários pode suscitar a irregularidade de outras listas.

5 – Caso a irregularidade não seja sanada no prazo referido no nº 3, toda a lista é rejeitada.

6 – Decorrido o prazo para reclamação e correção das listas, a comissão eleitoral delibera sobre as candidaturas aceites.

7 – Das deliberações da comissão eleitoral cabe recurso para o conselho superior, a apresentar no prazo de cinco dias úteis após a respetiva notificação.

8 – O conselho superior decide as reclamações no prazo de cinco dias úteis.

9 – As notificações referidas no presente artigo são feitas por correio eletrónico para o endereço profissional do mandatário.

ARTIGO 7º
Sorteio das Listas

1 – Após a decisão definitiva das listas ou candidaturas aceites, a comissão eleitoral notifica aos mandatários a data e o local onde vai decorrer o sorteio das listas, com o objetivo de lhes ser atribuída uma letra identificadora, por sua vez sorteada no alfabeto e que ordena a sua apresentação no boletim de voto.

2 – A notificação é feita nos termos do nº 9 do artigo anterior.

3 – No sorteio pode estar presente um representante de cada candidatura.

ARTIGO 8º
Publicitação das candidaturas e da assembleia eleitoral

1 – Após o sorteio, a comissão eleitoral divulga, nos termos previstos no artigo 2º:

a) As listas ou candidatos, com identificação dos respetivos nomes profissionais, números de inscrição profissional, comarca do domicílio profissional principal e letra de identificação que lhes foi atribuída no sorteio;

b) As horas, datas, locais e formas de votação que devem ser fixados com um mínimo de 15 dias de antecedência.

2 – Quando se determine que a votação também pode ocorrer por meios informáticos, são enviados, por via eletrónica, os documentos referidos no número anterior e as instruções de votação.

3 – Aos eleitores que não se enquadrem no número anterior, a comissão eleitoral remete, por correio, um formulário para votação, pré-franqueado e preparado para se retirar um destacável contendo a identificação do eleitor.

4 – Na convocatória para a votação a comissão eleitoral determina, quando for o caso, o prazo e as condições para a votação por meios eletrónicos.

ARTIGO 9º
Cadernos eleitorais

1 – A partir da publicitação das candidaturas qualquer candidato pode solicitar à comissão eleitoral, através do seu mandatário, o envio para o respetivo universo eleitoral de, no máximo, duas comunicações informáticas.

2 – Considera-se como domicílio eleitoral o domicílio principal do associado declarado na data do termo para apresentação de candidaturas ou, para os associados posteriormente inscritos, o indicado no momento da inscrição.

3 – Os cadernos eleitorais estão disponíveis, em suporte físico ou digital, nas mesas de voto a que dizem respeito, em duas versões, sendo uma ordenada por número de cédula profissional e outra nominal, organizada por ordem alfabética.

ARTIGO 10º
Fiscalização do ato eleitoral

Os mandatários das listas ou das candidaturas podem designar um eleitor para os representarem junto da comissão eleitoral e em cada uma das mesas eleitorais para fiscalização dos respetivos atos.

CAPÍTULO II
Votação

ARTIGO 11º
Formas de votação

1 – O voto é secreto e pessoal, não podendo ser exercido por procuração.

2 – O voto pode ser exercido presencialmente, nas mesas previamente indicadas, ou por correspondência nos termos do presente regulamento.

3 – Com a antecedência de 30 dias, face à data para apresentação de candidaturas, o conselho geral pode deliberar que a votação seja efetuada presencialmente e por meios informáticos.

ARTIGO 12º
Votação presencial

1 – A votação presencial é efetuada nos locais e nas horas fixados na convocatória.

2 – As listas de candidatura devem estar afixadas nos locais de votação com a indicação da letra do alfabeto que lhes foi atribuída.

3 – O votante identifica-se perante a mesa eleitoral através de documento de identificação civil ou da cédula profissional.

4 – Depois de entregue o boletim de voto, o votante, sem divulgar a sua opção, preenche o mesmo, assinalando com uma cruz o quadrado correspondente à letra da lista em que pretende votar.

5 – Entregue o voto, previamente dobrado, ao presidente da mesa, este coloca-o na urna de voto e manda descarregar o registo do votante nos cadernos eleitorais.

ARTIGO 13º
Votação por correspondência

1 – A identificação do eleitor por correspondência é efetuada pela aposição do carimbo profissional, aposição de selo de autenticação, selo branco, reconhecimento presencial da assinatura ou pela remessa de cópia da cédula profissional.

2 – Os boletins do voto por correspondência devem ser expedidos de modo a darem entrada até ao dia da votação presencial.

3 – Os impressos de voto por correspondência ficam à guarda do expedidor postal até ao dia da votação presencial, sendo recebidos os votos nessa data por representantes da comissão eleitoral e na presença de representantes das listas que queiram assistir ao seu transporte e acondicionamento em caixas seladas.

4 – Não sendo possível aplicar o disposto no número anterior, os boletins de voto recebidos por correspondência são guardados diariamente em local de acesso reservado, em caixa inviolável e lacrada, pelo responsável dos serviços de secretaria e sob supervisão de todos os mandatários dos candidatos ou das listas de candidatos.

5 – Após a abertura da votação presencial, a mesa pode iniciar a separação do destacável de identificação dos impressos de voto recebidos por correspondência e, caso estejam em conformidade, colocá-los nas urnas respetivas, após a descarga nos cadernos eleitorais.

ARTIGO 14º
Votação por meios informáticos

1 – A votação por meios informáticos é realizada on-line.

2 – O voto em formato eletrónico implica uma inscrição prévia em página própria criada para o efeito, através de indicação do nome profissional e do número de cédula profissional.

3 – Para efetuar a votação o associado deve autenticar-se com o código de segurança e, se existente, com o cartão profissional que assegura a introdução da "assinatura eletrónica".

4 – Depois de assegurar a introdução do número de inscrição profissional, assinala a letra da lista que corresponde ao seu sentido de voto.

5 – Os votos recebidos por meios informáticos são guardados numa mesa virtual até que possam ser contabilizados em conjunto com os boletins de voto entrados em urna eleitoral.

6 – Os delegados das listas ou candidatos têm o direito de verificar o procedimento de votação por meios informáticos e de se assegurarem da sua confidencialidade.

CAPÍTULO III
Apuramento dos resultados

ARTIGO 15º
Votos brancos e nulos

1 – É considerado como sendo um voto em branco o boletim de voto em que não tenha sido aposta qualquer tipo de marca.

2 – É considerado como sendo um voto nulo o boletim de voto que:

a) Tenha assinalado mais do que uma lista ou candidato;

b) Cause dúvidas sobre qual o quadrado assinalado ou em que o quadrado assinalado corresponda a lista que tenha desistido das eleições;

c) Contenha qualquer desenho, rasura, palavra escrita ou permita a identificação do votante;

d) Quando remetido por via postal, contenha boletins de voto pertencentes a mais do que um votante ou a mais que uma lista candidata para o mesmo órgão;

e) Quando remetido por meio informático, viole, direta ou indiretamente, alguma das disposições referidas nos números anteriores.

ARTIGO 16º
Contagem de votos

1 – Findo o período de votação presencial, procede-se ao registo nos cadernos eleitorais e à colocação em urna dos votos por correspondência.

2 – Findo o período de votação presencial procede-se também à recolha da listagem dos votantes por meios informáticos e ao registo nos cadernos eleitorais.

3 – Através dos meios informáticos regista-se a votação em cada um dos candidatos ou das listas de candidatos, acrescentam-se os resultados obtidos em urna, cabendo à comissão eleitoral proclamar os resultados.

4 – Cada uma das mesas lavra ata em que regista o número de votos presenciais, por correspondência e por meios eletrónicos e, dentro de cada conjunto destes, os nulos, os brancos e os válidos para cada um dos candidatos ou das listas candidatas.

5 – Se algum mandatário apresentar reclamação, esta fica registada em ata, cabendo à comissão eleitoral pronunciar-se depois de ouvidos os outros mandatários.

6 – A ata é assinada pelos membros da mesa e pelos mandatários das candidaturas e são comunicados os resultados parcelares à comissão eleitoral.

7 – Terminado o apuramento, os membros das mesas procedem ao empacotamento dos votos entrados nas urnas, dos cadernos eleitorais e dos demais documentos, lacrando-os e lavrando termo de entrega à comissão eleitoral.

8 – A comissão eleitoral determina a afixação dos resultados da votação na sede da Ordem e dos conselhos regionais e a sua divulgação no sítio eletrónico da OSAE.

9 – Os documentos referidos no nº 7 são mantidos em arquivo na sede da Ordem por um período de 5 anos.

CAPÍTULO IV
Eleição dos órgãos nacionais e regionais

ARTIGO 17º
Marcação das assembleias

1 – As assembleias para as eleições ordinárias são marcadas pela comissão eleitoral.

2 – As eleições para os órgãos nacionais e regionais devem realizar-se em simultâneo, durante o mês de dezembro do ano anterior ao do início do mandato.

ARTIGO 18º
Eleição do conselho geral e do bastonário

Havendo lugar a segunda volta na eleição para bastonário e conselho geral, a comissão eleitoral convoca, no prazo mínimo de 20 dias e máximo de 30, a eleição subsequente.

ARTIGO 19º
Eleição das mesas das assembleias de representantes e das assembleias regionais

1 – As mesas da assembleia de representantes da OSAE, das assembleias de representantes dos colégios profissionais e das assembleias regionais são eleitas por lista na primeira reunião que se realize após a eleição do respetivo órgão executivo, de entre os associados presentes e com direito a voto.

2 – Nas listas para a eleição das mesas tem de existir, no mínimo, um membro de cada conselho profissional, com exceção das mesas das assembleias de representantes dos colégios profissionais, sendo como tais considerados os associados que pertençam a mais de um colégio.

3 – Após a apresentação de propostas de listas de candidatas, a votação é efetuada por voto secreto, não sendo aceites procurações.

4 – Até à eleição da mesa, os trabalhos são dirigidos pelo presidente do respetivo órgão executivo, assessorado por dois associados que este indique.

5 – A mesa pode ser substituída no seu todo, em assembleia que inclua ponto da ordem de trabalhos com esse fim.

6 – Os membros da mesa da assembleia, que não compareçam a mais de duas reuniões seguidas desta eleição, devem ser substituídos na reunião seguinte, em ponto da ordem de trabalhos, oficiosamente incluído pela mesa.

CAPÍTULO V
Eleição dos delegados concelhios

ARTIGO 20º
Data para realização das eleições

1 – A eleição dos delegados concelhios é organizada pelos conselhos regionais.

2 – A eleição dos delegados concelhios deve ser efetuada simultaneamente em todo o país, em data definida pelo bastonário, após audição dos presidentes das mesas das assembleias regionais.

ARTIGO 21º
Candidaturas

1 – A eleição dos delegados concelhios pressupõe a apresentação de candidaturas nos termos estabelecidos no presente regulamento.

2 – Nos concelhos com menos de cinco associados ou quando não seja possível a eleição, designadamente por falta de apresentação de candidaturas, o conselho regional pode, sob proposta da delegação distrital, designar o delegado de entre os associados do concelho ou, no seu impedimento, de entre os de concelho limítrofe.

CAPÍTULO VI
Eleição dos delegados ao Congresso

ARTIGO 22º
Organização

1 – Os delegados ao congresso são eleitos nos termos do respetivo regimento.

2 – Convocado o congresso, compete à comissão organizadora do congresso aprovar o regimento e o mapa de distribuição de delegados por delegação distrital.

3 – As eleições são organizadas pelo conselho geral.

CAPÍTULO VII
Referendo

ARTIGO 23º
Iniciativa

1 – A realização de referendo depende de deliberação da assembleia geral, sob proposta desta ou do conselho geral e parecer prévio do conselho superior.

2 – O referendo deve ser realizado no prazo entre 30 a 60 dias a contar da deliberação da assembleia geral.

ARTIGO 24º
Formulação

1 – Cada referendo recai sobre uma só matéria.

2 – A proposta do conselho geral deve conter o texto das questões a referendar, num máximo de três.

3 – As perguntas são formuladas com objetividade, clareza e precisão e para respostas de sim ou não, sem sugerirem, direta ou indiretamente, o sentido das respostas.

ARTIGO 25º
Limite temporal

Não pode ser praticado ato de convocação ou realizado o referendo nos últimos seis meses do mandato do conselho geral.

ARTIGO 26º
Processo

Aplica-se ao processo de referendo, com as necessárias adaptações, o disposto nos capítulos anteriores.

CAPÍTULO VIII
Disposições finais

ARTIGO 27º
Prazos

Com exceção dos prazos referidos no artigo 6º, todos os prazos previstos neste regulamento são contínuos, não se suspendendo em férias judiciais, sábados, domingos ou feriados.

ARTIGO 28º
Dúvidas e lacunas

Compete ao conselho geral a resolução de qualquer dúvida, omissão ou lacuna do presente regulamento.

ARTIGO 29º
Revogação e entrada em vigor

1 – O presente regulamento revoga o Regulamento nº 433/2011, de 15 de julho, alterado pelo Regulamento nº 200/2015, de 28 de abril, e entra em vigor no primeiro dia do mês seguinte ao da sua publicação.

2 – No que se refere à votação eletrónica esta só será possível a partir de 1 de janeiro de 2018.

Aprovado em Assembleia Geral da Ordem dos Solicitadores e dos Agentes de Execução de 27 de maio de 2017.

27 de maio de 2017. – O Presidente da Mesa da Assembleia Geral da Ordem dos Solicitadores e dos Agentes de Execução, *Rui Carvalheiro.*

Regulamento dos Empregados de Solicitadores e Agentes de Execução

Regulamento nº 431/2011*

Preâmbulo

O Estatuto da Câmara dos Solicitadores determina na alínea *f*) do artigo 109º a obrigação de os solicitadores manterem os seus empregados registados na Câmara dos Solicitadores, nos termos de regulamento a aprovar em assembleia geral.

Estando a profissão de solicitador obrigada a regras estritas em termos de independência, incompatibilidades, impedimentos e segredo profissional, que são um corolário dos direitos da profissão, é evidente que é necessário manter um registo dos empregados forenses de forma a não facilitar eventuais abusos que facilitem o incumprimento daquelas regras, ou que as tornem de impossível fiscalização.

Especificamente, no que se refere aos agentes de execução, a alínea *j*) do nº 2 do artigo 131º-A do Estatuto determina que os agentes de execução têm o dever de manter os seus funcionários ou colaboradores registados na Câmara dos Solicitadores, segundo regulamento específico.

Compete aos conselhos regionais proceder ao registo dos funcionários nos termos da alínea *u*) do artigo 60º daquele estatuto.

O nº 4 do artigo 161º do CPC – Código de Processo Civil, determina que "[...] As pessoas que prestem serviços forenses junto das secretarias, no interesse e por conta dos mandatários judiciais, devem ser identificadas por cartão de modelo emitido pela [...] Câmara dos Solicitadores, com expressa identificação do [...] solicitador, número e cédula profissional, devendo a assinatura deste ser reconhecida pela [...] Câmara dos Solicitadores".

O nº 6 do artigo 239º, daquele Código, determina que o agente de execução pode promover a citação por um seu empregado credenciado pela Câmara dos Solicitadores.

O nº 2 do artigo 245º do CPC também permite que a citação seja promovida por empregado forense.

A Câmara dos Solicitadores sempre tem pugnado pela correcta identificação dos funcionários forenses de forma a evitar os fenómenos da procuradoria ilícita

* *Publicado no Diário da República, 2ª série, nº 135, de 15 de julho de 2011.*

e a dar garantias de idoneidade e responsabilidade nos actos dos que se apresentam a efectuar diligências por conta de solicitadores, ou agentes de execução, ou daqueles que têm acesso a processos com informações de carácter reservado, ou confidencial.

Têm surgido situações problemáticas com o enquadramento de solicitadores e advogados que colaboram com agentes de execução, no acompanhamento de diligências com estes no âmbito da concretização de citações, ou até na colaboração nos respectivos escritórios, porquanto a falta do seu registo implica situações dúbias em termos de incompatibilidades, impedimentos, sigilo profissional e de independência.

Aparecendo na legislação as designações de funcionário e de empregado visando identificar as mesmas funções adopta-se o termo "empregado".

No uso da competência delegada pela assembleia geral da Câmara dos Solicitadores, de 29 de Abril de 2011, a assembleia nacional de delegados, reunida em 18/06/2011, aprova o:

Regulamento dos Empregados de Solicitadores e Agentes de Execução

ARTIGO 1º
Registo dos empregados de solicitadores

1 – Todo o empregado de solicitador, que tenha acesso aos seus arquivos ou processos em movimento tem de estar registado na Câmara dos Solicitadores.

2 – O registo é efectuado mediante o preenchimento, pelo solicitador, de impresso próprio e subscrição pelo empregado de contrato de trabalho ou declaração pela qual expresse a compreensão e aceitação das regras de segredo profissional, de responsabilidade e o compromisso pelo respeito destas, mesmo após a sua desvinculação laboral.

3 – Incumbe ao conselho geral aprovar os modelos do impresso e da declaração referidas em 3.

4 – O registo é da responsabilidade do conselho regional e por este é devida uma taxa fixada no respectivo regulamento.

5 – Em caso de cessação da relação laboral o solicitador tem de comunicar o facto ao conselho regional no prazo de 30 dias.

ARTIGO 2º
Empregado forense de solicitador

1 – O solicitador só pode requerer o registo de "empregado forense de solicitador", daquele que reúna as seguintes condições:

a) Sendo seu empregado possua as habilitações escolares mínimas estabelecidas legalmente em função da sua idade;

b) Subscreva contrato de trabalho ou declaração pelo qual garanta a compreensão e cumprimento das regras do presente regulamento, das suas competências profissionais, de segredo profissional, de responsabilidade e lealdade para com o solicitador,

c) Garanta a sua disponibilidade para participar em acções de formação profissional determinadas pela entidade patronal, sem prejuízo do direito às compensações legais.

d) Se comprometa a devolver o cartão de identificação de "empregado forense de solicitador", no prazo de dois dias úteis, se lhe for solicitado pela sua entidade patronal, ou pela Câmara dos Solicitadores.

2 – Os contratos ou declarações referidos nas alíneas *a*), *b*) e *c*) do número anterior podem ser substituídos por declaração sob compromisso de honra do solicitador requerente na qual garanta o cumprimento daqueles preceitos sob sua responsabilidade.

3 – O conselho geral pode determinar o teor das cláusulas obrigatórias a incluir no contrato de trabalho ou declaração referida na alínea *b*) do número um.

4 – As habilitações referidas na alínea *a*) do nº 1, são dispensadas àqueles que já estejam registados como empregados dos solicitadores.

ARTIGO 3º
Empregado forense de agente de execução

1 – O empregado forense de agente de execução tem de cumprir todos os requisitos estabelecidos nos artigos anteriores, só podendo inscrever-se como tal quando:

a) Possua as habilitações escolares mínimas em vigor na data de inscrição;

b) Demonstre ter contrato de trabalho, ou estar inscrito como tal no regime de previdência.

c) Frequente curso de formação regulamentado ou reconhecido pelo conselho geral da Câmara dos Solicitadores;

d) Se submeta a exame nos termos e matérias curriculares determinados pelo conselho geral da Câmara dos Solicitadores;

2 – Os actuais empregados forenses de agentes de execução são reconhecidos como tal, sem necessidade de cumprirem as condições previstos no nº 1 do presente artigo, mas o conselho geral pode, ouvido o conselho de especialidade, determinar a obrigação de se submeterem a exames, ou de frequentarem formações específicas.

3 – Os actuais empregados forenses de agentes de execução para manter essa qualidade, se ainda não o tiverem feito, têm de cumprir a exigência da alínea *b*) do nº 1 do presente artigo no prazo de 90 dias após a entrada em vigor deste regulamento.

ARTIGO 4º
Empregados forenses de sociedades ou equiparadas

1 – Os empregados forenses de solicitadores, ou os empregados forenses de agentes de execução podem ser registados nos termos do presente regulamento com as necessárias adaptações.

2 – Um empregado forense pode ser registado sob a responsabilidade de mais do que um solicitador, ou agente de execução desde que o impresso e as declarações referidas no nº 2 do artigo 1º sejam subscritos em conjunto.

ARTIGO 5º
Equiparação a empregados forenses de agentes de execução

1 – Os solicitadores, estagiários de solicitadores na segunda fase do estágio e estagiários de agente de execução na segunda fase do estágio, podem ser equiparados a "empregados forenses de agentes de execução" para os efeitos previstos no presente regulamento, desde que remetam ao respectivo conselho regional os requerimentos supra referidos de equiparação, de modelo aprovado pelo conselho geral, pelo qual reconheçam que efectuam actos próprios do empregado de agente de execução sob a orientação e responsabilidade do respectivo agente de execução.

2 – Nas situações referidas no número anterior são exclusivamente disponibilizados cartões e "passwords" de acesso ao sistema informático.

3 – A equiparação referida no número um do presente artigo não obsta a suspeições, impedimentos e incompatibilidades definidos noutros normativos.

ARTIGO 6º
Cartão de empregado e direitos

1 – Os empregados forenses de solicitadores e os empregados forenses de agentes de execução têm direito a receber um cartão de modelo aprovado pelo conselho geral.

2 – Nos cartões referidos no número anterior é indicado um prazo de validade de 3 anos, ou pelo prazo do contrato, se inferior, podendo ser emitidas vinhetas de revalidação, mediante o pagamento de taxa a definir no respectivo regulamento.

3 – Os solicitadores, agentes de execução, sociedades de solicitador, ou sociedades de agentes de execução têm direito a requisitar para os respectivos empregados forenses:

a) Cartão de identificação;

b) Endereço de e-mail.

c) Password de acesso a sistemas informáticos disponibilizados pela Câmara;

d) Inscrição em formações específicas.

ARTIGO 7º
Responsabilidade

1 – O solicitador, o agente de execução, a sociedade de solicitadores, ou a sociedade de agentes de execução são subsidiariamente responsáveis civilmente pelos actos praticados pelo seu empregado, salvo se demonstrarem que este agiu à sua revelia e consequentemente requererem a cessação da sua qualidade de "empregado de solicitador", ou "empregado de agente de execução".

2 – No caso de empregados de sociedades de solicitadores, ou de sociedades de agentes de execução, ou de registo sob a responsabilidade de mais do que um solicitador, ou agente de execução, o requerimento de inscrição deve indicar o solicitador, ou o agente de execução subsidiariamente responsável disciplinarmente pelos actos ou omissões do empregado.

3 – O registo sob a responsabilidade de mais do que um agente de execução implica sempre a existência dos respectivos contratos de trabalho e mútua aceitação.

4 – A responsabilidade disciplinar do solicitador, ou do agente de execução, presumida no número anterior, é elidida perante declaração de outro sócio a assumir a respectiva responsabilidade ou mediante prova efectuada em sede de processo disciplinar.

ARTIGO 8º
Cessação da inscrição do empregado forense

1 – Cessando, por qualquer motivo, a relação de trabalho, ou colaboração do empregado forense com o solicitador, agente de execução, sociedade de solicitadores, ou sociedade de agentes de execução este tem de devolver de imediato o cartão de identificação e são cancelados os endereços de e-mail e as passwords de acesso a sistemas informáticos da Câmara dos Solicitadores.

2 – Incumbe ao solicitador, ao agente de execução e às respectivas sociedades efectuar as diligências para obter a devolução do referido cartão, participando às autoridades o seu eventual extravio ou subtracção.

3 – Inscrevendo-se de novo como empregado forense este mantém o mesmo número interno de referência.

4 – Sendo alterada a comarca onde o empregado forense se registou passando este para o âmbito de outro conselho regional o solicitador, ou agente de execução podem requerer a transferência do respectivo processo, podendo o conselho geral fixar uma taxa por este serviço.

ARTIGO 9º
Divulgação do registo de empregados de agentes de execução

A requerimento dos solicitadores, agentes de execução, ou respectivas sociedades incumbe aos conselhos regionais promoverem, em colaboração com o conselho geral, o registo das inscrições e alterações de empregados forenses de agentes de execução e equiparados no site da Câmara dos Solicitadores, que é de acesso público.

ARTIGO 10º
Dúvidas e omissões

As dúvidas e omissões do presente regulamento são resolvidas por deliberação do Conselho Geral.

ARTIGO 11º
Revogação e entrada em vigor

Este regulamento revoga os anteriores, nomeadamente o aprovado em assembleia de delegados de 15/07/2003 e entra em vigor cinco dias após a sua publicação.

29 de Junho de 2011. – O Presidente da Câmara, *José Carlos Resende.*

Regulamento de Taxas, Seguro Obrigatório e Cobrança e Isenção de Quotas

Regulamento nº 341/2017*

PREÂMBULO

Em virtude da aprovação, pela Lei nº 154/2015, de 15 de setembro, do Estatuto da Ordem dos Solicitadores e dos Agentes de Execução (EOSAE), torna-se necessário proceder à aprovação de novos Regulamentos.

Conforme determina o nº 6 do artigo 3º da Lei nº 154/2015, de 14 de setembro, a assembleia geral deve proceder à aprovação de todos os regulamentos previstos no EOSAE no prazo de dois anos após a sua tomada de posse, mantendo-se em vigor, até à sua substituição, os regulamentos aprovados ao abrigo do Estatuto da Câmara dos Solicitadores.

É o caso do Regulamento de Taxas, aprovado pelo Regulamento nº 430/2009, de 4 de novembro, bem como do Regulamento sobre a redução e forma de pagamento de quotizações, aprovado pelo Regulamento nº 58/2003, de 31 de outubro e alterado pelo Regulamento nº 94/2015, de 5 de março.

No atual diploma procede-se também, conforme previsto no nº 6 do artigo 123º do EOSAE, à aprovação de regulamento que prevê o pagamento pela Ordem dos seguros de responsabilidade civil, relativamente aos associados que não tenham dívidas de qualquer natureza para com a Ordem.

A matéria relativa às taxas a cobrar pelos serviços prestados pela Ordem tem sido regida por um regulamento que data de 2009. Em regra, optou-se por manter os montantes referidos nesse regulamento, pese embora se tenha optado pela indexação dos montantes à Unidade de Conta Processual (UC).

Tal como estipulava a regulamentação anterior à entrada em vigor da EOSAE, mantém-se o princípio de que a taxa é paga no ato do pedido.

No que respeita ao regulamento sobre a redução e forma de pagamento de quotizações, aproveita-se para atualizar o mesmo face à alteração estatutária resultante da criação da possibilidade de redução de quota em caso de pagamento através de débito direto em conta.

* *Publicado no Diário da República, 2ª série, nº 120, de 23 de junho de 2017.*

Já o regulamento que prevê o pagamento pela Ordem dos seguros de responsabilidade civil profissional visa estabelecer de que forma os associados que não tenham dívidas de qualquer natureza para com a Ordem podem beneficiar da oferta dos seguros de responsabilidade civil profissional.

O presente regulamento é elaborado ao abrigo e nos termos do artigo 9º e da alínea *b*) do nº 2 do artigo 10º, ambos da Lei nº 2/2013, de 10 de janeiro, e do nº 6 do artigo 3º da Lei nº 154/2015, de 14 de setembro, que aprovou o Estatuto da Ordem dos Solicitadores e dos Agentes de Execução (EOSAE), e nos termos do nº 3 do artigo 22º, do nº 4 do artigo 83º e do nº 6 do artigo 123º, todos do EOSAE.

A competência da assembleia geral para aprovação de regulamentos da Ordem prevista no nº 3 do artigo 22º do EOSAE foi delegada, relativamente ao presente regulamento, na assembleia de representantes da OSAE, pela deliberação nº 1883/2016 alínea *f*), publicada no Diário da República, 2ª série, nº 240, de 16 de dezembro, alterada pela Declaração de Retificação nº 25/2017, publicada no Diário da República, 2ª série, nº 7, de 10 de janeiro, da assembleia geral do dia 21 de outubro de 2016, conforme previsto no nº 4 daquele artigo, bem como no artigo 9º e na alínea *b*) do nº 2, do artigo 10º, ambos da Lei nº 2/2013, de 10 de janeiro, no nº 6 do artigo 83º e no nº 6 do artigo 123º, todos do EOSAE, ambos da Lei nº 2/2013, de 10 de janeiro, do EOSAE.

Foi promovida a audição pública nos termos do nº 2 do artigo 101º do Código do Procedimento Administrativo. Foi promovida a audição do conselho superior, do conselho fiscal, dos conselhos profissionais dos colégios profissionais e da Comissão para o Acompanhamento dos Auxiliares da Justiça ao abrigo das alíneas *b*) e *c*) do nº 3 do artigo 22º do EOSAE.

Assim, nos termos do artigo 9º e da alínea *b*) do nº 2, do artigo 10º, ambos da Lei nº 2/2013, de 10 de janeiro, do nº 6 do artigo 83º e do nº 6 do artigo 123º, dos nºs 3 e 4 do artigo 22º, todos do EOSAE é aprovado o seguinte regulamento:

CAPÍTULO I
Disposição Geral

ARTIGO 1º
Objeto

O presente regulamento visa definir as taxas a cobrar pelos serviços da Ordem dos Solicitadores e dos Agentes de Execução (OSAE), a redução e forma de pagamento das quotas, bem como o pagamento pela OSAE dos seguros de responsabilidade civil profissional que os seus associados tenham obrigatoriamente de subscrever.

CAPÍTULO II
Taxas

ARTIGO 2º
Natureza jurídica

As taxas constituem a retribuição dos atos praticados pela OSAE e são calculadas tendo em consideração a natureza dos atos, a sua complexidade e os seus custos administrativos.

ARTIGO 3º
Incidência objetiva

1 – Sem prejuízo dos casos de gratuitidade ou redução, os serviços prestados pela OSAE estão sujeitos a taxas, nos termos fixados na tabela constante do anexo I ao presente regulamento do qual faz parte integrante.

2 – Por deliberação do conselho geral, podem ser determinados emolumentos por serviços não previstos nem obrigatórios, não podendo o valor em causa ser superior a 5 UC.

ARTIGO 4º
Pagamento

1 – O pagamento das taxas é efetuado previamente à prestação do serviço.

2 – As taxas relativas aos pedidos de suspensão ou de cancelamento da inscrição podem ser pagas após a prestação do serviço.

3 – Com exceção da taxa devida pela inscrição como associado, se o requerente desistir do pedido, o valor das taxas pagas não é devolvido.

ARTIGO 5º
Taxas de estágio de solicitador

1 – O pagamento da taxa de inscrição no estágio pode ser feito em cinco prestações iguais, sendo:

a) A primeira prestação paga até ao último dia do prazo de inscrição no estágio e cuja falta de apresentação do comprovativo de pagamento é motivo bastante para o indeferimento liminar do pedido;

b) A segunda prestação paga até ao final do terceiro mês do estágio;

c) A terceira prestação paga até ao início do segundo período de estágio;

d) A quarta prestação paga até ao final do nono mês do estágio;

e) A quinta prestação paga até quinze dias antes da data da realização da primeira época da prova escrita do exame final de estágio.

2 – A taxa prevista no ponto 2.2. da tabela constante do anexo I, referente à reclamação das classificações da prova escrita do exame final de estágio, é dividida pelo número total de matérias e paga em função do número de matérias a rever,

havendo devolução da taxa nos casos em que a alteração da nota inicial resulte de erro imputável ao formador corretor e em caso de deferimento da revisão da classificação da prova.

ARTIGO 6º
Redução

1 – A taxa de inscrição no estágio é reduzida em 5% caso o estagiário efetue o pagamento na totalidade no ato de inscrição.

2 – As taxas previstas para a emissão de laudo são reduzidas a metade quando aquele respeite à atividade de agente de execução.

ARTIGO 7º
Isenção

Estão isentos de taxas a prática dos seguintes atos:

a) A realização da segunda época da prova escrita e da prova oral do exame final de estágio, quando o estagiário falte justificadamente à primeira época e requeira nova prova;

b) A emissão da primeira cédula do associado efetivo.

CAPÍTULO III
Quotas

ARTIGO 8º
Redução do valor da quota

1 – Têm direito à redução do valor da quota:

a) Os associados efetivos, nos primeiros três anos subsequentes à primeira inscrição, em 70% no primeiro ano, 50% no segundo ano e 30% no terceiro ano;

b) Os associados reformados, nas condições previstas na alínea *b*) do nº 4 do artigo 83º do EOSAE, em 12%;

c) Os associados que procedam antecipadamente ao pagamento anual das quotas até ao dia 31 de janeiro do ano a que respeitam, em 12%;

d) Os associados que procedam ao pagamento mensal das quotas através de débito direto em conta, em 4%.

2 – A redução prevista na alínea *c*) do número anterior é cumulável com as previstas nas alíneas anteriores.

3 – O associado que se inscreva a partir de 1 de fevereiro beneficia, proporcionalmente, das reduções referidas nos números anteriores.

4 – A declaração de que se pretende o pagamento referido na alínea *c*) do nº 1 pode ser efetuada até 31 de março, caso em que são deduzidas as quotas pagas em janeiro e fevereiro ao valor total a pagar pelo ano.

ARTIGO 9º
Associados correspondentes

Os associados correspondentes previstos na alínea *a*) do nº 1 do artigo 94º do EOSAE devem pagar as quotas semestralmente.

ARTIGO 10º
Devolução de quotas pagas antecipadamente

1 – O associado que suspenda ou cancele a sua inscrição só tem direito à devolução das quotas pagas antecipadamente até à data de produção de efeitos do cancelamento ou da suspensão caso pague todas as quantias que possam estar em dívida à OSAE.

2 – O associado que se reforme no decurso do ano, com quotas anuais pagas antecipadamente, tem direito à devolução proporcional do valor pago.

CAPÍTULO IV
Oferta de seguro de responsabilidade civil profissional a associados

ARTIGO 11º
Orçamentação da despesa

1 – A OSAE pode oferecer um seguro de responsabilidade civil profissional no valor mínimo de € 100.000, por deliberação que deve ser aprovada anualmente pelo conselho geral e que pondere a situação financeira da OSAE.

2 – Caso a OSAE não projete oferecer o seguro referido no número anterior, deve informar os seus associados com a antecedência mínima de 60 dias antes do termo da apólice em vigor.

ARTIGO 12º
Âmbito da oferta

1 – Apenas têm direito à oferta do seguro de responsabilidade civil profissional contratado pela OSAE os associados efetivos que não tenham dívidas de qualquer natureza para com a Ordem ou, tendo, estejam a cumprir acordo de pagamento.

2 – Os associados que reúnam as condições fixadas no número anterior constam da lista dos beneficiários da oferta a enviar à seguradora ou corretora de seguros pelo período da apólice.

3 – Os associados que não reúnam as condições fixadas no nº 1 devem ser informados, com a antecedência mínima de 30 dias antes do termo da apólice em vigor, que não irão beneficiar da oferta de seguro.

4 – A lista de beneficiários pode ser alterada, no caso de inscrição do associado em data posterior à contratualização da apólice de seguro pela Ordem.

5 – No caso de sociedades profissionais de responsabilidade limitada em que todos os associados exerçam a atividade em exclusivo para a sociedade, o seguro

de responsabilidade civil profissional contratado pela OSAE é oferecido à sociedade, desde que nenhum dos seus sócios tenha dívidas de qualquer natureza para com a Ordem ou, tendo, esteja a cumprir acordo de pagamento.

6 – Nos casos referidos no número anterior, a oferta de seguro fica limitada ao valor mínimo previsto no nº 3 do artigo 123º do EOSAE.

ARTIGO 13º
Divulgação das condições da apólice

As condições gerais e especiais aplicáveis aos associados da OSAE devem ser divulgadas no sítio eletrónico da OSAE.

ARTIGO 14º
Comprovação da titularidade de seguro

1 – Nos casos previstos no nº 2 do artigo 11º, ou caso os associados não tenham direito à oferta do seguro de responsabilidade civil profissional nos termos referidos no artigo 12º, os associados da OSAE devem comprovar perante a Ordem ser titulares de seguro no prazo máximo de 30 dias após a notificação da exclusão da lista dos beneficiários.

2 – O incumprimento do disposto no número anterior por solicitador ou agente de execução é comunicado, respetivamente, ao Conselho Superior ou à Comissão para o Acompanhamento dos Auxiliares da Justiça.

ARTIGO 15º
Apólices complementares

Os associados podem contratar seguro de capital superior ao valor da apólice contratada pela OSAE, suportando os prémios anuais correspondentes.

CAPÍTULO V
Disposições finais

ARTIGO 16º
Níveis de serviço e taxa de urgência

1 – A OSAE tem dois níveis de serviço, obrigando-se a prestar os serviços de nível 1 no máximo de 10 dias úteis e os serviços de nível 2 no máximo de 20 dias úteis.

2 – Excetua-se do disposto no número anterior os atos identificados no anexo I com o nível de serviço NA (não se aplica).

3 – Os níveis de serviço estão referidos no anexo I ao presente regulamento, do qual fazem parte integrante.

4 – A OSAE pode cobrar taxa pela urgência do pedido, nos seguintes termos:

a) Nos serviços de nível 1, uma taxa urgente de mais 100% do valor previsto no anexo I para prestação do serviço no máximo de 3 dias úteis e uma taxa de urgência de 200% do valor previsto no anexo I para prestação de serviço no próprio dia útil, para pedidos efetuados até às 13H00, ou no dia útil seguinte, nos demais casos;

b) Nos serviços de nível 2, uma taxa urgente de mais 100% do valor previsto no anexo I para prestação do serviço no máximo de 10 dias úteis e de 200% do valor previsto no anexo I para prestação de serviço no máximo de cinco dias úteis.

5 – Se os prazos previstos no número anterior não forem cumpridos é devolvido o valor do acréscimo resultante da solicitação de urgência.

ARTIGO 17º
Prestação de serviço a não associado

Às taxas previstas na tabela constante do anexo I acresce IVA à taxa legal em vigor, sempre que o serviço seja prestado a não associado da OSAE.

ARTIGO 18º
Disposição Transitória

A taxa pela emissão da cédula profissional de associado não é devida no caso da substituição decorrer exclusivamente de atualização por iniciativa da OSAE.

ARTIGO 19º
Revogação

São revogados:

a) O regulamento de taxas pelos serviços prestados pela Câmara dos Solicitadores, aprovado pelo Regulamento nº 430/2009, de 4 de novembro;

b) O regulamento sobre a redução e forma de pagamento de quotizações, aprovado pelo Regulamento nº 58/2003, de 31 de outubro e alterado pelo Regulamento nº 94/2015, de 5 de março.

ARTIGO 20º
Entrada em vigor

O presente regulamento entra em vigor no primeiro dia do mês seguinte ao da sua publicação.

ANEXO I
(a que se referem os artigos 3º e 16º)
Tabela de serviços prestados pela OSAE sujeitos a pagamento de taxa

Serviços Prestados	Taxa	Níveis de Serviço
1 — Inscrição, suspensão e cancelamento de inscrição		
1.1 — Inscrição como solicitador no primeiro ano após a conclusão do estágio	2 UC	2
1.2 — Inscrição como solicitador depois de decorrido um ano após a conclusão do estágio	3 UC	2
1.3 — Inscrição como agente de execução e verificação de estruturas e meios no primeiro ano após a conclusão do estágio	2,5 UC	2
1.4 — Inscrição como agente de execução e verificação de estruturas e meios depois de decorrido um ano após a conclusão do estágio	3,5 UC	2
1.5 — Suspensão da inscrição	0,5 UC	2
1.6 — Cancelamento voluntário da inscrição	1 UC	2
1.7 — Levantamento da suspensão da inscrição ou pedido de nova inscrição como solicitador	2,0 UC	2
1.8 — Levantamento da suspensão da inscrição ou pedido de nova inscrição como agente de execução e verificação da existência de estruturas e meios	2,5 UC	2
1.9 — Abertura de escritório secundário de agente de execução e verificação da existência de estruturas e meios	2 UC	2
1.10 — Alteração ou encerramento de escritório principal ou secundário, que inclua emissão de nova cédula profissional	0,75 UC	1
1.11 — Mudança de associado de conselho regional	0,25 UC	2
1.12 — Inscrição de empregado forense e emissão de cartão de identificação	0,25 UC	1
1.13 — Mudança de empregado forense de conselho regional	0,25 UC	1
1.14 — Cessação voluntária da atividade de agente de execução com processos pendentes (devendo para o efeito pagar com o pedido uma provisão equivalente a 5€ por processo)	Custo da liquidação, com o mínimo de 2€/processo.	2
2 — Estágio de solicitador		
2.1 — Inscrição no estágio para solicitadores	9,5 UC	2
2.2 — Reclamação das classificações da prova escrita do exame final de estágio	1 UC	NA
2.3 — Realização da segunda época da prova escrita do exame final de estágio	1,5 UC	NA
2.4 — Realização de exame escrito de melhoria de nota, nos termos previstos no n.º 5 do artigo 22.º do Regulamento de Estágio para Solicitadores (RES)	1,5 UC	NA
2.5 — Realização da segunda época da prova oral do exame final de estágio	1 UC	NA
2.6 — Realização de época especial de prova de avaliação requerida nos termos do artigo 14.º do RES, sem prejuízo da taxa referente à realização da segunda época da prova escrita e oral do exame final de estágio	1,5 UC	NA
2.7 — Reprodução ou digitalização das provas escritas de avaliação ou das atas das provas orais, para efeitos de consulta	0,0025 UC por página	1
2.8 — Realização dos exames efetuados ao abrigo do n.º 3 do artigo 28.º do RES	3 UC	NA
2.9 — Realização de exame de segunda época, nos termos previstos no n.º 4 do artigo 28.º do RES	1,5 UC	NA
2.10 — Alteração do patrono formador e respetiva emissão de novo cartão de estagiário, sempre que a mesma se deva a facto respeitante ao estagiário	0,5 UC	2
2.11 — Suspensão do estágio	0,25 UC	1
2.12 — Levantamento da suspensão do estágio	0,25 UC	1
3 — Cédulas profissionais e cartões		
3.1 — Emissão da segunda via de cédula profissional de associado efetivo	0,5 UC	1
3.2 — Emissão da segunda via de cédula profissional de associado estagiário	0,5 UC	1
3.3 — Emissão da segunda via de cartão de empregado forense	0,5 UC	1
3.4 — Renovação do cartão de empregado forense	0,15UC	1
4 — Certidões, Diplomas e Fotocópias		
4.1 — Certidão até 4 páginas	0,25 UC	1
4.2 — Por cada página adicional à certidão	0,005 UC	1
4.3 — Declarações diversas	0,1 UC	1
4.4 — Uma fotocópia	0,0025 UC	1
5 — Sociedades		
5.1 — Aprovação de projeto do pacto social	1,5 UC	2
5.2 — Registo da sociedade profissional	1,5 UC	1
5.3 — Aprovação de projeto de alteração de pacto social, exceto mudança de sede	1 UC	2
5.4 — Registo de alteração do pacto social	1 UC	1
5.5 — Registo de transmissão de participação social ou entrada ou saída de sócio ou associado	0,75 UC	1
5.6 — Registo de depósito de prestação de contas	0,25 UC	1
5.7 — Inscrição do agente de execução contratado ou associado	0,5 UC	2
5.8 — Inscrição da cessação da relação contratual prevista no artigo 7.º do Regulamento do Agente de Execução Contratado ou Associado, aprovado pelo Regulamento n.º 36/2017, de 11 de janeiro	0,5 UC	1
6 — Laudos		
6.1 — Emissão de laudo até € 1.250,00	1 UC	NA
6.2 — Emissão de laudo entre € 1.250,01 e até € 2.500,00	2,5 UC	NA
6.3 — Emissão de laudo entre € 2.500,01 e até € 7.500,00	3,5 UC	NA
6.4 — Emissão de laudo entre € 7.500,01 e até € 25.000,00	4,5 UC	NA
6.5 — Emissão de laudo entre € 25.000,01 e até € 50.000,00	6 UC	NA
6.6 — Emissão de laudo superior a € 50.000	8 UC	NA
7 — Estágio e Formação		
7.1 — Reconhecimento de cada formação ou outra sessão formativa, que não possua créditos de formação pré-determinados pela Ordem ou ECTS, requerido pelos associados, empregados forenses e demais trabalhadores e contratados	0,1 UC	1
7.2 — Inscrição no curso de formação de empregado forense de solicitador (CFEFS) e no curso de formação de empregado forense de agente de execução (CFEFAE)	1 UC	1
7.3 — Inscrição na segunda época dos exames escritos do CFEFS e do CFEFAE	0,5 UC	1
7.4 — Reclamação dos exames escritos do CFEFS e do CFEFAE	0,5 UC	NA
7.5 — Realização de prova de aferição por agente de execução que não cumpra os créditos de formação contínua obrigatórios	3 UC	NA
7.6 — Reclamação da classificação da prova de aferição por agente de execução que não cumpra os créditos de formação contínua obrigatórios	1 UC	NA
7.7 — Realização de exame de avaliação sobre a atualização dos conhecimentos e competências dos associados	5 UC	NA
8 — Balcão Único do Solicitador (BUS)		
8.1 — Inscrição no BUS	1 UC	2
8.2 — Transferência da inscrição no BUS a favor de outro solicitador	0,5 UC	1
8.3 — Renovação	0,2 UC	1
9 — Arquivo		
9.1 — Avaliação, tomada de posse e avaliação de massa documental	0,15 UC por cada hora despendida	NA
9.2 — Transferência de processos ou documentos entre associados	0,5 UC	NA
9.3 — Transferência de processos ou documentos para a OSAE	5 UC	NA
9.4 — Manutenção em arquivo de massas documentais de associados ou ex-associados	0,15 UC por metro linear/ ano	NA
9.5 — Arquivo digital de documentos (por GB/ano):	0,01 UC	NA
9.6 — Disponibilização de cópia de documentos arquivados fisicamente	0,10 UC, ao que acresce 0,005 UC por página	1
9.7 — Disponibilização de documentos arquivados digitalmente	0,005 UC por página	1
10 — Serviços diversos		
10.1 — Emissão de dístico de estacionamento	0,5 UC	1
10.2 — Devolução do montante indevidamente pago à OSAE:		
10.2.1 — Por associado	0,05 UC	NA
10.2.2 — Por não associado	0,1 UC	NA
10.3 — Realização de quaisquer outros serviços não especificados ou especialmente previstos, no caso de o conselho geral não estabelecer o valor da taxa	0,1UC	NA
10.4 — Atribuição de caixa alternativa de correio eletrónico	0,25 UC	1
10.5 — Alteração de nome profissional	0,5 UC	1
10.6 — Selo branco e cunhos:		
10.6.1 — Emissão de selo branco portátil	1,5 UC	2
10.6.2 — Emissão de selo branco de mesa	2 UC	2
10.6.3 — Emissão de cunho em caso de inutilização	1 UC	2
10.6.4 — Emissão de cunho por renovação de símbolo	0,5 UC	2
10.7 — Emissão de certificado digital no próprio dia útil	0,25 UC	1
10.8 — Emissão de selo de autenticação (em conjunto de 35)	0,002 UC	1
10.9 — Emissão de selo de penhora de veículo automóvel (em conjunto de 10)	0,005 UC	1

Aprovado em Assembleia de Representantes da Ordem dos Solicitadores e dos Agentes de Execução de 27 de maio de 2017.

27 de maio de 2017. – O Presidente da Mesa da Assembleia de Representantes da Ordem dos Solicitadores e dos Agentes de Execução, *Rui Carvalheiro*.

Regulamento do Trajo Profissional e das Insígnias de Associados da Ordem dos Solicitadores e dos Agentes de Execução

Regulamento nº 1109/2016*

A profissão de solicitador é uma das mais antigas de sempre. Em Portugal surge a primeira menção formal nas Ordenações Manuelinas, de 1521, na sequência do reconhecimento da profissão dos procuradores referenciada em 1241. Ao longo dos séculos, os solicitadores assumiram diversas funções na estrutura judiciária, destacando-se não só no exercício do mandato mas também enquanto oficiais públicos. A profissão de agente de execução, embora nova no nosso ordenamento jurídico, porquanto aparece com a designação de solicitador de execução no Estatuto de 2003, tem similitude com o "huissier de justice" francês.

A toga, enquanto peça de vestuário característica da Roma antiga, manteve-se como símbolo de distinção no palco judiciário. Pretende simbolizar o compromisso com o direito e a justiça.

O Estatuto da Ordem dos Solicitadores e dos Agentes de Execução, adiante designado como OSAE, determina que constitui dever do associado da Ordem o uso do seu trajo profissional nos termos de regulamento.

Até à publicação do Estatuto de 2015, só podiam exercer as funções de agente de execução solicitadores ou advogados. Este pressuposto cessou com o atual Estatuto, pelo que se impõe clarificar o uso da toga pelos associados que só exerçam esta especialidade.

O regulamento sobre utilização de marcas da titularidade da Ordem é estabelecido em diploma próprio.

Assim, nos termos do nº 6 do artigo 3º da Lei nº 154/2015, de 14 de setembro, que aprovou o Estatuto da Ordem dos Solicitadores e dos Agentes de Execução (EOSAE), e nos termos do artigo 79º, da alínea *h*) do artigo 124º e da alínea *e*) do artigo 152º, todos do ESOAE, é aprovado o Regulamento do Trajo Profissional e das Insígnias de Associados da Ordem dos Solicitadores e dos Agentes de Execução.

* *Publicado no Diário da República, 2ª série, nº 241, de 19 de dezembro de 2016.*

ARTIGO 1º
Objeto

O presente regulamento tem como objeto definir o uso do trajo profissional e das insígnias do associado da Ordem dos Solicitadores e dos Agentes de Execução, adiante designada OSAE.

ARTIGO 2º
Trajo profissional de associado

1 – O trajo profissional do associado da Ordem dos Solicitadores e dos Agentes de Execução (OSAE) compõe -se de toga, de cor preta e obedece a modelo aprovado por deliberação do conselho geral.

2 – Os associados honorários individuais podem usar a toga de associado exclusivamente em sessões solenes.

3 – O provedor é equiparado a associado honorário para os efeitos previstos neste artigo.

4 – É dever do associado:

a) Usar a toga nos termos previstos no Estatuto da Ordem dos Solicitadores e dos Agentes de Execução (EOSAE) e no presente regulamento;
b) Velar pela sua completa compostura e asseio.

ARTIGO 3º
Uso obrigatório

1 – O associado deve, obrigatoriamente usar a toga:

a) Em ato solene ou de tomada de posse;
b) Em qualquer ato judicial presidido por magistrado que use beca.

2 – Os solicitadores devem obrigatoriamente usar toga quando pleiteiem oralmente e os agentes de execução quando presidam às cerimónias de leilões ou similares.

ARTIGO 4º
Selo e Insígnia da Ordem

É de uso exclusivo da OSAE o selo e a insígnia previstos no nº 2 do artigo 2º do EOSAE, que só podem ser usados nos termos do presente regulamento.

ARTIGO 5º
Insígnias de dirigentes e de associados honorários

1 – Os dirigentes da Ordem e os associados honorários individuais têm direito a usar sobre a toga a insígnia da Ordem numa medalha.

2 – As insígnias têm as seguintes características:

a) Prata dourada, de 6 centímetros, destinadas ao bastonário da OSAE e aos associados honorários individuais;

b) Prateada, de 5,5 centímetros, destinada ao presidente do conselho superior, ao presidente da mesa da assembleia geral, ao provedor, ao presidente do conselho fiscal, aos presidentes dos conselhos profissionais, aos presidentes dos conselhos regionais, aos presidentes das mesas das assembleias de representantes e aos vice-presidentes do conselho geral;

c) Prateada, de 5 centímetros, as destinadas aos demais membros da mesa da assembleia geral, do conselho fiscal, do conselho geral, do conselho superior, dos conselhos profissionais, dos conselhos regionais, aos presidentes das delegações distritais e aos presidentes da mesa da assembleias regionais;

d) Prateada, de 4,5 centímetros as destinadas aos demais membros das mesas das assembleias de representantes, das delegações distritais e delegados concelhios e aos membros das mesas das assembleias regionais.

3 – As insígnias têm gravado, no verso, o nome profissional do associado, o cargo ou a qualidade e a data da entrega ou do início do mandato.

4 – A insígnia do Bastonário contém a palavra Bastonário gravada, é suspensa num colar dourado, formada por uma fiada dourada de tantos losangos quantos os restantes membros do conselho geral, conforme modelo definido por deliberação do conselho geral.

5 – A insígnia de associado honorário é suspensa num colar dourado, formado por uma fiada dourada de 6 losangos idênticos aos referidos no número anterior.

6 – As restantes insígnias são suspensas por uma fita vermelha com a largura variada em função do diâmetro da medalha.

7 – Em caso de reeleição imediata para o mesmo cargo, não há lugar a entrega de nova insígnia.

8 – As insígnias referidas no presente artigo só podem ser usadas sobre a toga.

9 – No caso de, no mesmo mandato, o associado tomar posse em mais do que um órgão, tem direito a usar apenas a insígnia relativa ao órgão indicado em primeiro lugar na hierarquia protocolar.

ARTIGO 6º
Placas com Insígnias

1 – Os associados honorários que sejam pessoas coletivas recebem uma placa, onde se inscreve o nome ou a sua designação e a qualidade de "Honorário", sendo gravada a data da sua atribuição.

2 – Os associados que completem 25 e 50 anos de atividade profissional recebem uma placa, contendo a insígnia da Ordem, onde se inscreve o seu nome profissional, a menção dos anos de atividade profissional e a data de referência.

3 – O Conselho Geral aprova os modelos e materiais das placas referidas nos números anteriores.

ARTIGO 7º
Direito ao uso das insígnias

1 – Os associados que deixem de ser dirigentes mantêm o direito ao uso das insígnias que lhes forem atribuídas.

2 – O associado em nenhuma situação pode usar a insígnia sem ser sobre a toga nem apresentar mais que uma insígnia.

3 – O agente de execução que se tenha inscrito até à data da entrada em vigor do EOSAE, sendo advogado, tem a faculdade de usar transitoriamente a toga de advogado em ato judicial presidido por magistrado, durante o período de 5 anos.

4 – Todos os associados inscritos podem usar emblema com a insígnia da Ordem.

5 – É vedado aos associados o uso de qualquer emblema de lapela na toga, podendo apenas usar a insígnia.

ARTIGO 8º
Casos omissos

Todos os casos não previstos neste Regulamento são decididos por deliberação do Conselho Geral.

ARTIGO 9º
Revogação

É revogado o regulamento nº 485/2011, publicado no Diário da República, 2ª série, de 11 de agosto.

ARTIGO 10º
Entrada em vigor

O presente regulamento entra em vigor no dia seguinte ao da sua publicação.

Aprovado em Assembleia Geral da Ordem dos Solicitadores e dos Agentes de Execução de 21 de outubro de 2016.

6 de dezembro de 2016. – O Presidente da Mesa da Assembleia Geral da Ordem dos Solicitadores e dos Agentes de Execução, *Rui Carvalheiro.*

Regulamento de Laudos

Regulamento nº 330/2017*

Nos termos da alínea *g*) do artigo 45º da Lei nº 154/2015, de 14 de setembro (que aprovou o Estatuto da Ordem dos Solicitadores e dos Agentes de Execução) compete aos conselhos profissionais a emissão de laudos, quando tal lhe for solicitado pelos associados, pelos tribunais ou por outros interessados.

O laudo sobre honorários constitui um parecer técnico e juízo sobre a qualificação e valorização dos serviços prestados.

Reveste-se, por definição, de conceitos subjetivos, em especial na maioria dos serviços prestados pelos solicitadores. O Estatuto determina que na fixação dos seus honorários deve o solicitador atender à importância dos serviços prestados ao cliente, à dificuldade e urgência do assunto e às responsabilidades assumidas, ao empenho intelectual da sua prestação e ao tempo despendido, aos resultados obtidos, aos custos necessários à prestação do serviço solicitado, bem como aos demais usos profissionais.

No que se refere aos honorários relativos aos serviços prestados pelos agentes de execução há um grau de subjetividade reduzido, porquanto estes são essencialmente calculados pela aplicação dos normativos tarifários definidos legalmente. As dúvidas mais comuns respeitam à forma de aplicação de cálculos matemáticos e às normas a aplicar, bem como ao eventual uso de critérios de analogia e às opções adotadas na cobrança dos serviços referidos na parte final do nº 1 do artigo 162º do Estatuto da OSAE que não estejam tarifados.

O Estatuto da Ordem dos Solicitadores e dos Agentes de Execução (EOSAE) atribui competências aos conselhos profissionais para a emissão de laudos, mas é omisso quanto aos requisitos formais e processuais para que esses laudos possam ser emitidos, criando, assim, a necessidade de regulamentar o processo de laudos.

A competência da assembleia geral para aprovação de regulamentos da Ordem prevista no nº 3 do artigo 22º do EOSAE foi delegada, relativamente ao presente regulamento, na assembleia de representantes da OSAE, pela deliberação nº 1883/2016, alínea *b*), publicada no Diário da República, 2ª série, nº 240, de 16 de dezembro, alterada pela Declaração de Retificação nº 25/2017, publicada no Diário

* *Publicado no Diário da República, 2ª série, nº 118, de 21 de junho de 2017.*

da República, 2ª série, nº 7, de 10 de janeiro, da assembleia geral do dia 21 de outubro de 2016, conforme previsto no nº 4 daquele artigo.

Foi promovida a audição pública nos termos do nº 2 do artigo 101º do Código do Procedimento Administrativo. Foi promovida a audição do conselho superior, do conselho fiscal, dos conselhos profissionais dos colégios profissionais e da Comissão para o Acompanhamento dos Auxiliares da Justiça ao abrigo das alíneas *b*) e *c*) do nº 3 do artigo 22º do EOSAE.

Assim, nos termos do nº 6 do artigo 3º da Lei nº 154/2015, de 14 de setembro, dos nºs 3 e 4 do artigo 22º do Estatuto da Ordem dos Solicitadores e dos Agentes de Execução é aprovado o seguinte regulamento:

ARTIGO 1º
Competência

Compete aos conselho profissionais emitir laudos sobre honorários em relação aos serviços profissionais dos associados quando tal for solicitado por estes, pelos tribunais ou por outros interessados nos termos do presente regulamento.

ARTIGO 2º
Definições

1 – O laudo sobre honorários constitui parecer técnico e juízo não vinculativo sobre a qualificação e valorização dos serviços prestados pelos associados da Ordem dos Solicitadores e dos Agentes de Execução (OSAE), tendo em atenção as normas do Estatuto da Ordem dos Solicitadores e dos Agentes de Execução (EOSAE), demais legislação aplicável e o presente regulamento.

2 – No que se refere aos solicitadores entende-se por honorários a retribuição dos serviços profissionais por estes prestados no exercício da sua profissão e que devem ser fixados nos termos dos critérios definidos no artigo 149º do EOSAE.

3 – Os honorários dos agentes de execução são calculados com base num sistema tarifário legalmente definido, podendo cobrar-se de honorários por serviços prestados fora do âmbito de processos para que tenham sido nomeados ou que não tenham previsão tarifária específica.

4 – Não constitui laudo o exercício de peritagem de processo ou serviço que vise verificar a realização do mesmo, as despesas, recebimentos e pagamentos efetuados.

ARTIGO 3º
Despesas e encargos

1 – Quando a conta inclua despesas, estas devem ter como referência os documentos que as suportam.

2 – Na emissão do laudo dos solicitadores não deve existir pronúncia sobre as despesas e os encargos inerentes à prestação de serviços do associado, sem prejuízo de poderem ser qualificados como honorários as verbas indicada como des-

pesas, nomeadamente associadas a deslocações ou que não tenham suporte documental.

3 – Os agentes de execução podem cobrar as despesas previstas nas normas legais.

ARTIGO 4º
Da conta de honorários ou de tarifas

1 – A conta de honorários ou de tarifas aplicadas deve ser apresentada, por escrito, de forma detalhada quanto aos serviços, aos valores e às datas, em termos facilmente entendíveis e mencionar o IVA que for devido ou a sua isenção.

2 – Os honorários e as tarifas são fixados em euros, sem prejuízo da indicação da sua correspondência com qualquer outra moeda, com referência ao câmbio na data da apresentação dos mesmos.

3 – A conta deve ser assinada pelo associado ou por administrador da sociedade profissional, podendo esta assinatura ser dispensada ou substituída caso seja elaborada por meios eletrónicos ou se houver delegação de poderes em funcionário forense ou equiparado.

ARTIGO 5º
Da conta de honorários do agente de execução

1 – Tratando-se de notas de honorários do agente de execução, o laudo consiste na verificação do cumprimento das regras tarifárias e das suas fórmulas de cálculo.

2 – A conta dos agentes de execução, salvo motivo devidamente justificado, é elaborada no Sistema Informático de Suporte à Atividade do Agente de Execução (SISAAE).

ARTIGO 6º
Legitimidade para requerer laudo

1 – O laudo sobre honorários relativo a serviços prestados por associado pode ser requerido pelos tribunais, pelo associado, seu representante ou sucessor, pelas sociedades profissionais, pelo constituinte ou consulente, seus representantes ou sucessores ou por quem seja responsável pelo pagamento dos honorários.

2 – Quando o laudo relativo a serviços prestados por agente de execução não seja requerido pelo tribunal ou com a aquiescência prévia deste, os requerentes devem ser previamente alertados de que o pedido de laudo não tem, por si, efeitos suspensivos na evolução processual ou na execução da conta.

ARTIGO 7º
Fundamentos

1 – É pressuposto do pedido da emissão de laudo a existência de conflito ou divergência, de forma expressa ou tácita, entre o associado e o responsável

pelo pagamento acerca do valor dos honorários ou tarifas fixados em conta já apresentada.

2 – Pode ainda constituir objeto de laudo prévio a repartição de honorários entre associados da OSAE, que tenham colaborado na mesma causa, desde que fora do âmbito do exercício em sociedade profissional.

3 – Presume-se a divergência:

a) No caso dos solicitadores, quando tendo a conta sido apresentada ou remetida ao cliente, este não proceda ao seu pagamento no prazo de 30 dias ou se for manifesta a intenção de a contestar, no todo ou em parte;

b) No caso dos agentes de execução, quando o responsável direto ou indireto pelo seu pagamento não proceda ao seu pagamento no prazo estipulado e dentro deste seja apresentada reclamação ao agente de execução ou junto do tribunal.

4 – Para efeitos do disposto no número anterior, não é considerado pagamento da conta a compensação efetuada com as quantias recebidas, a título de provisão, antes da apresentação da conta final, presumindo-se que todas as quantias recebidas antes da apresentação da conta final o são a título de provisão.

5 – É condição para a obtenção de laudo requerido por associado da OSAE ou sociedade profissional destes a ausência de dívidas superiores a 5 UC à Ordem, salvo se estiver a cumprir acordo de pagamento.

ARTIGO 8º
Pedido de laudo

1 – O pedido de laudo sobre honorários deve ser formulado por escrito, dirigido ao respetivo presidente do conselho profissional e instruído com a conta e os documentos considerados relevantes.

2 – O instrutor pode solicitar a remessa, em papel ou por sistema eletrónico, de cópias do processo ou processos a que se referem os serviços em causa ou das suas peças para a boa análise do serviço elaborado.

3 – Nos laudos referentes a agentes de execução para análise sobre a correta aplicação das tarifas reguladas legalmente presume-se como suficiente o envio de cópia do requerimento executivo ou petição, da conta e de eventuais peças processuais essenciais para o cálculo.

4 – Salvo se o pedido de laudo for formulado por tribunal, este tem de ser fundamentado, devendo, no primeiro caso, ser remetidas as peças processuais que permitam uma análise dos argumentos das partes.

5 – O pedido inicial contém:

a) A identificação do solicitador, do agente de execução ou da sociedade, pelo seu nome e cédula profissional, firma e domicílio profissional, do constituinte, consulente, ou reclamante, também com indicação do nome e do respetivo domicílio, e, se possível, o número de telefone e o endereço eletrónico de todas as partes envolvidas;

b) A indicação e exposição dos factos em que se baseia o pedido, em termos claros e precisos com referência aos processos judiciais eventualmente em causa;

c) A data e a assinatura do requerente ou de outrem a seu rogo se o mesmo não souber ou não puder assinar.

ARTIGO 9º
Distribuição

1 – Recebido o pedido de laudo, após registo, compete aos serviços administrativos da OSAE, instruir o processo, verificar os pressupostos regulamentares e garantir a cobrança prévia das taxas devidas, notificando o requerente para proceder às correções necessárias.

2 – Sendo o laudo requerido por associado ou sociedade profissional, devem os serviços administrativos averiguar se estes são devedores de quotas ou de taxas à OSAE, caso em que são notificados para os regularizar no prazo, não inferior a 15 dias, com a informação de que o incumprimento dá causa ao arquivamento do processo.

3 – Se o pedido de laudo for ordenado por tribunal, deve a secretaria do tribunal assegurar o pagamento das taxas previstas.

4 – Verificados os pressupostos dos números anteriores incumbe ao presidente do conselho profissional nomear instrutor do processo que pode ser associado inscrito na mesma especialidade ou jurista contratado pela OSAE.

5 – Para os processos de laudo há no respetivo órgão:

a) Um registo da data da entrada, da distribuição e da marcha do processo até final;

b) Um registo dos acórdãos.

ARTIGO 10º
Instrutor

1 – Ao instrutor compete a organização do processo e a elaboração de uma proposta de laudo a submeter a deliberação do conselho profissional.

2 – Salvo deliberação do conselho profissional, com fundamento na complexidade da matéria, o instrutor deve apresentar a sua proposta de laudo no prazo de 60 dias.

ARTIGO 11º
Despacho liminar e saneamento do processo

1 – Após a distribuição, o instrutor verifica liminarmente se o requerimento está conforme com o artigo 8º, em caso negativo, notifica o requerente para suprir as faltas no prazo de 15 dias, informando que o não suprimento implica o arquivamento do processo.

2 – Compete ao presidente do conselho profissional, sob proposta do instrutor, determinar o arquivamento liminar do processo, quando conclua pela sua mani-

festa improcedência, podendo esta decisão ser objeto de recurso para o respetivo conselho.

3 – O presidente do conselho profissional pode recusar o pedido de laudo sempre que considere que a complexidade do processo em causa exige uma peritagem formal do processo.

4 – Compete a cada conselho profissional a elaboração de uma lista de peritos designados, segundo critérios previamente fixados pelo conselho geral.

ARTIGO 12º
Instrução

1 – Salvo nos casos em que o contraditório já foi efetuado em processo judicial, o instrutor deve sempre notificar o requerido ou os requeridos para responderem, querendo, no prazo de 15 dias, remetendo-se com a notificação cópia do pedido e dos documentos que o acompanharam.

2 – Caso o instrutor entenda necessário esclarecer ainda alguns factos, pode promover a notificação do requerente para se pronunciar sobre a resposta do requerido.

3 – O instrutor pode solicitar aos tribunais, a título devolutivo, nos termos do artigo 7º do EOSAE, os autos cujo mérito da causa é constituído pelo diferendo quanto aos honorários, bem como aqueles em que foram prestados serviços que àqueles honorários deram origem.

4 – O instrutor, sempre que tenha conhecimento de que existe processo disciplinar pendente contra o solicitador, parte no pedido de laudo, cujo objeto seja a apreciação de condutas profissionais relacionadas com a conta de honorários que suporta o pedido, propõe ao conselho profissional que se solicitem ao conselho superior os esclarecimentos necessários para poder analisar se a matéria do processo disciplinar tem correlação com a retribuição dos serviços objeto de laudo.

5 – Caso exista ou seja instaurado processo disciplinar nos termos do número anterior, o instrutor deve solicitar ao conselho profissional deliberação sobre a conveniência da prossecução do processo até decisão disciplinar.

ARTIGO 13º
Proposta de laudo

1 – Finda a instrução, o instrutor formula a sua proposta fundamentada de laudo, discriminando os serviços prestados e os critérios adotados na fixação dos honorários, e concluir por proposta de concessão ou não concessão do laudo requerido.

2 – No que se refere a solicitador, deve-se concluir pela concessão de laudo favorável a este se a diferença de valores entre os honorários fixados e os que o instrutor consideraria moderados for inferior a 10 % dos primeiros.

3 – No que se refere a agente de execução, o laudo só pode ser favorável se o valor em causa for considerado correto pela aplicação dos normativos legais.

4 – Caso entenda que não deve ser concedido laudo favorável, o instrutor deve propor o valor dos honorários que reputa de aceitáveis.

5 – Sempre que o conselho profissional delibere não subscrever a proposta de laudo deve optar entre nomear outro instrutor ou designar um dos seus membros como relator do processo, encarregando-se este de eventuais diligências complementares e de elaborar uma outra proposta de laudo a ser submetida a votação do conselho.

ARTIGO 14º
Conflitos entre sócios de sociedades profissionais ou com estas

O pedido de laudo que respeite a conflitos entre sócios de sociedades profissionais quanto à forma de divisão de honorários ou entre os respetivos associados e a sua sociedade fica dependente da tentativa de conciliação ou da decisão arbitral no caso de ser solicitada a intervenção da comissão prevista no nº 1 do artigo 211º do EOSAE.

ARTIGO 15º
Indícios de falta disciplinar

Se o instrutor constatar a existência de indícios de que o associado, requerido ou requerente, cometeu, pelas suas condutas profissionais relacionadas com os serviços prestados, qualquer ato capaz de integrar ilícito disciplinar, deve participar o facto ao conselho profissional para que este delibere sobre eventual participação disciplinar.

ARTIGO 16º
Desistência e repetição do pedido

1 – Os requerentes podem desistir do pedido de laudo até ao momento em que o instrutor apresente a sua proposta de laudo para deliberação do conselho profissional, mas não podem repetir o pedido.

2 – Após a apresentação da proposta de laudo para deliberação do conselho profissional, só é admitida desistência dos requerentes se a mesma obtiver a expressa aceitação dos demais interessados no laudo, os quais, caso a aceitem, não podem requerer novo laudo sobre a mesma conta de honorários.

ARTIGO 17º
Recurso

As deliberações proferidas nos processos de laudo não admitem recurso, podendo, contudo, qualquer interessado solicitar a aclaração das mesmas.

ARTIGO 18º
Confidencialidade

1 – Os processos de laudo são confidenciais, antes e depois de julgados, sem prejuízo do envio das decisões finais aos requerentes e demais interessados.

2 – O instrutor pode ordenar que se emitam certidões ou cópias às partes interessadas, desde que julgue haver fundamento que justifique o pedido.

3 – As decisões finais podem ser tornadas públicas desde que expurgadas de todas as referências pessoais e regionais que permitam a identificação dos intervenientes.

4 – Compete ao conselho profissional incluir no seu relatório de atividades a estatística dos processos de laudo tramitados no ano transato.

ARTIGO 19º
Taxas

Pela emissão de laudo é devida uma taxa prevista no respetivo regulamento.

ARTIGO 20º
Casos omissos

Os casos não previstos no presente regulamento são resolvidos pelo conselho geral.

ARTIGO 21º
Revogação

É revogado o Regulamento dos laudos sobre honorários de solicitadores, Regulamento nº 7/2006, de 11 de janeiro.

ARTIGO 22º
Entrada em vigor

O presente regulamento entra em vigor no primeiro dia do mês seguinte ao da sua publicação.

Aprovado em Assembleia de Representantes da Ordem dos Solicitadores e dos Agentes de Execução de 27 de maio de 2017.

27 de maio de 2017. – O Presidente da Mesa da Assembleia de Representantes da Ordem dos Solicitadores e dos Agentes de Execução, *Rui Carvalheiro*.

Regulamento das Comunicações da Ordem e Uso do Correio e Certificado Eletrónico

Regulamento nº 331/2017*

O nº 3 do artigo 97º do Estatuto da Ordem dos Solicitadores e dos Agentes de Execução (EOSAE) estipula que a todos os associados efetivos, bem como aos estagiários, é atribuído um endereço de correio eletrónico, bem como um certificado digital de assinatura e autenticação, nos termos e nas condições determinados em regulamento aprovado pela assembleia geral.

O artigo 98º do EOSAE estabelece, por sua vez, que as comunicações e as notificações de decisões ou deliberações de órgãos da Ordem dos Solicitadores e dos Agentes de Execução (OSAE) aos seus associados são feitas, preferencialmente, por via eletrónica, nos termos a definir em regulamento aprovado pela assembleia geral, para o endereço de correio eletrónico fornecido pela OSAE.

A competência da assembleia geral para aprovação de regulamentos da Ordem prevista no nº 3 do artigo 22º do EOSAE foi delegada, relativamente ao presente regulamento, na assembleia de representantes da OSAE, pela deliberação nº 1883/2016 alínea *a*), publicada no Diário da República, 2ª série, nº 240, de 16 de dezembro, alterada pela Declaração de Retificação nº 25/2017, publicada no Diário da República, 2ª série, nº 7, de 10 de janeiro, da assembleia geral do dia 21 de outubro de 2016, conforme previsto no nº 4 daquele artigo, bem como no nº 3 do artigo 97º e no nº 1 do artigo 98º do EOSAE.

Foi promovida a audição pública nos termos do nº 2 do artigo 101º do Código do Procedimento Administrativo. Foi promovida a audição do conselho superior, do conselho fiscal, dos conselhos profissionais dos colégios profissionais e da Comissão para o Acompanhamento dos Auxiliares da Justiça ao abrigo das alíneas *b*) e *c*) do nº 3 do artigo 22º do EOSAE.

Assim, nos termos do nº 6 do artigo 3º da Lei nº 154/2015, de 14 de setembro, dos nºs 3 e 4 do artigo 22º, do nº 3 do artigo 97º e do nº 1 do artigo 98º do Estatuto da Ordem dos Solicitadores e dos Agentes de Execução é aprovado o seguinte regulamento:

* *Publicado no Diário da República, 2ª série, nº 118, de 21 de junho de 2017.*

ARTIGO 1º
Objeto

O presente regulamento estabelece as regras de atribuição, revogação e gestão dos endereços de correio eletrónico sob o domínio "osae.pt", das comunicações da Ordem aos seus associados e do certificado digital para associados inscritos na Ordem dos Solicitadores e dos Agentes de Execução (OSAE).

ARTIGO 2º
Reserva

O domínio "osae.pt" é pertença exclusiva da OSAE, reservando-se a esta o direito de alterar as regras de atribuição e gestão, sem necessidade de qualquer autorização dos seus utilizadores.

ARTIGO 3º
Atribuição de endereços de correio eletrónico

1 – É atribuído um endereço de correio eletrónico a todos os associados efetivos e estagiários da OSAE, bem como às sociedades profissionais.

2 – A atribuição de endereços de correio eletrónico aos órgãos da OSAE ocorre nos termos definidos por deliberação do conselho geral.

3 – O espaço de armazenamento da caixa de correio eletrónico é definido por deliberação do conselho geral, competindo aos associados a sua gestão de forma a não excederem a respetiva capacidade.

4 – O prefixo do endereço de correio eletrónico é limitado a 26 carateres.

5 – O endereço de correio eletrónico é composto pelo nome profissional ou suas abreviaturas seguido do número profissional (0XXXX), aditado de @osae.pt.

6 – O endereço de correio eletrónico das sociedades é composto pela designação abreviada da sociedade, aditada de ".soc@osae.pt".

7 – O endereço de correio eletrónico dos estagiários é composto pelo prefixo de estagiário "estagio" acrescido da designação da especialidade, "sol" ou ae", pelo número de inscrição atribuído, ".0XXXX" e ano, exemplificando: "estagio.sol.0XXXX.2017@osae.pt"; "estagio.ae.0XXXX.2017@osae.pt".

8 – O serviço de correio eletrónico é fornecido ao associado efetivo e ao associado estagiário no ato de inscrição.

9 – A possibilidade de utilização da caixa de correio eletrónico para envio de comunicações é imediatamente suspensa em caso de cancelamento ou suspensão da inscrição, sendo o remetente da mensagem de correio eletrónico informado da ausência de entrega.

10 – Na eventualidade de existir, nos servidores, correio eletrónico destinado à sociedade ou ao associado, a quem foi cancelada ou suspensa a inscrição, a OSAE assegura a sua preservação em ficheiro encriptado pelo prazo de cinco anos.

11 – Os ficheiros referidos no número anterior podem ser entregues à pessoa ou entidade legalmente habilitada, mediante requerimento fundamentado e

acautelados os deveres de segredo profissional e as normas de sigilo de correspondência.

ARTIGO 4º
Endereços de correio eletrónico adicionais

1 – O associado ou a sociedade profissional pode requerer ao conselho geral a utilização de endereços de correio eletrónico adicionais, a que se acrescentem referências numéricas ou geográficas relacionadas com a sede do domicílio profissional ou escritório secundário (limitadas a um prefixo com 26 carateres).

2 – A taxa devida pelo serviço referido no número anterior é a prevista no respetivo regulamento.

ARTIGO 5º
Procedimento

O procedimento de ativação do correio eletrónico é definido por deliberação do conselho geral.

ARTIGO 6º
Alteração de palavra-passe

1 – O associado pode alterar a palavra-passe sempre que considerar necessário.

2 – No caso de perda da palavra passe, o associado pode solicitar à OSAE a emissão de uma nova.

ARTIGO 7º
Obrigações

1 – O correio eletrónico é destinado ao uso profissional.

2 – As comunicações e as notificações de decisões ou deliberações de órgãos da OSAE, designadamente as convocatórias para as assembleias gerais, regionais ou distritais, consideram-se realizadas através do endereço de correio eletrónico atribuído pela OSAE.

3 – Excetuam-se do disposto no número anterior as notificações relativas a procedimentos disciplinares e as que, por imposição legal, devam ser efetuadas por carta registada.

4 – As comunicações presumem-se realizadas na data do envio.

5 – O associado deve zelar pelo sigilo da sua palavra-passe, garantindo a exclusividade do seu acesso ao sistema e a privacidade das suas comunicações.

6 – O associado deve comunicar imediatamente ao conselho geral da OSAE as suspeitas de uso não autorizado da sua conta.

7 – Ao associado cumpre consultar regularmente a sua caixa de correio eletrónico de forma a poder cumprir as suas obrigações profissionais.

ARTIGO 8º
Certificado Digital

1 – O certificado digital é o documento eletrónico que liga os dados de verificação da assinatura digital ao seu titular, confirmando a sua identidade e qualidade profissional.

2 – O certificado digital é emitido aos associados no pleno exercício das suas funções, devendo estes:

a) Garantir que a chave privada é mantida sob seu controlo, tomando as medidas suficientes e necessárias para impedir o seu uso não autorizado;

b) Requerer a imediata suspensão ou revogação do certificado digital sempre que haja suspeitas de quebra de confidencialidade ou de perda da chave privada.

3 – O associado é o único responsável pela utilização do certificado digital, devendo garantir a não utilização por terceiros e a permanente atualização da informação.

ARTIGO 9º
Regras de utilização

1 – Compete ao Conselho Geral:

a) Determinar as regras técnicas de utilização do correio eletrónico, das comunicações e do certificado digital e divulgá-las através de circulares;

b) Resolver os casos omissos ou dúvidas de interpretação do presente regulamento.

2 – A OSAE não garante ao associado que o acesso ao correio eletrónico não possa ser interrompido por falhas do sistema ou de conexão.

ARTIGO 10º
Norma transitória

Os atuais endereços de correio eletrónico com o sufixo solicitador.net podem ser utilizados até 30/06/2018, data a partir da qual não podem ser usados para o envio de correio eletrónico.

ARTIGO 11º
Norma Revogatória

O presente regulamento revoga o Regulamento de Utilização de Correio Eletrónico dos Solicitadores, Regulamento Interno nº 2/2005, de 3 de maio.

ARTIGO 12º
Entrada em Vigor

O presente regulamento entra em vigor no primeiro dia do mês seguinte ao da sua publicação.

Aprovado em Assembleia de Representantes da Ordem dos Solicitadores e dos Agentes de Execução de 27 de maio de 2017.

27 de maio de 2017. – O Presidente da mesa da Assembleia de Representantes da Ordem dos Solicitadores e dos Agentes de Execução, *Rui Carvalheiro*.

Regulamento do Exame para Avaliação sobre Atualização dos Conhecimentos e Competências

Regulamento nº 547/2017*

PREÂMBULO

Nos termos do artigo 89º do Estatuto da Câmara dos Solicitadores (ECS), o solicitador que pretendesse reinscrever-se teria de submeter-se a um exame de avaliação sobre a atualização dos seus conhecimentos jurídicos, éticos e deontológicos.

O Estatuto da Ordem dos Solicitadores e dos Agentes de Execução (EOSAE) estabelece, no seu artigo 115º, norma semelhante, sujeitando os solicitadores e os agentes de execução com inscrição suspensa por iniciativa própria há mais de cinco anos ou três anos, respetivamente, a realização de exame sobre a atualização dos seus conhecimentos e competências

Por deliberação de 9 de julho de 2016, efetuado ao abrigo da sua competência para emissão de pareceres vinculativos sobre omissões ou lacunas do Estatuto e dos regulamentos (cf. alínea *p)* do nº 1 do artigo 31º do EOSAE), o conselho geral deliberou aplicar o EOSAE aos associados que suspenderam a sua inscrição quando ainda estava em vigor o ECS.

Deste modo, o conselho geral deliberou interpretar o artigo 115º do EOSAE, afirmando, no que respeita a cancelamentos de inscrição, que seria exigida a aprovação em exame de avaliação sobre a atualização dos seus conhecimentos e competências caso o interessado pretendesse reinscrever-se no prazo máximo de cinco anos (para solicitadores) ou três anos (para agentes de execução) a contar do cancelamento.

No que respeita às suspensões por iniciativa própria, os artigos 115º e 116º do EOSAE foram interpretados no sentido de que haveria obrigação de realização de exame para os associados com inscrição suspensa por iniciativa própria há mais de cinco anos (para solicitadores) ou mais de três anos (para agentes de execução).

O nº 4 do artigo 115º do EOSAE estabelece que os exames acima referidos são regulamentados pela assembleia geral, ouvidos os conselhos profissionais.

* *Publicado no Diário da República, 2ª série, nº 197, de 12 de outubro de 2017.*

A referida competência foi delegada na assembleia de representantes da Ordem (Deliberação nº 1883/2016, publicada no Diário da República, 2ª série, de 16 de dezembro.

Assim, nos termos do nº 4 do artigo 115º do EOSAE, é aprovado o Regulamento do Exame para Avaliação sobre Atualização dos Conhecimentos e Competências:

ARTIGO 1º
Objeto

O presente Regulamento estipula o regime do exame de avaliação sobre a atualização dos conhecimentos e competências dos associados da Ordem dos Solicitadores e dos Agentes de Execução (OSAE) que, estando com a inscrição suspensa ou cancelada, pretendam reinscrever-se ou levantar a suspensão.

ARTIGO 2º
Âmbito

Estão sujeitos à realização de exame os interessados que:

a) Estando com a inscrição na OSAE suspensa há mais de cinco anos, no caso de solicitadores, ou há mais de três anos, no caso de agentes de execução, pretendam levantar a suspensão;

b) Tendo cancelado a inscrição, pretendam reinscrever-se no prazo máximo de cinco ou de três anos a contar do cancelamento, consoante se tratem, respetivamente, de solicitadores ou agentes de execução.

ARTIGO 3º
Finalidade

O exame tem por única finalidade aferir a atualização dos conhecimentos dos interessados que se encontrem nas condições previstas no artigo anterior.

ARTIGO 4º
Avaliação

1 – Os interessados que pretendam o levantamento da suspensão ou a reinscrição no colégio profissional de solicitadores fazem o exame final de estágio previsto no nº 3 do artigo 12º do Regulamento de Estágio para Solicitadores, aprovado pelo Regulamento nº 1108/2016, de 19 de novembro.

2 – Os interessados que pretendam o levantamento da suspensão ou a reinscrição no colégio profissional de agentes de execução fazem o exame final de estágio previsto no nº 7 do artigo 163º do Estatuto da Ordem dos Solicitadores e dos Agentes de Execução.

ARTIGO 5º
Marcação do exame

1 – O pedido de marcação de exame está sujeito ao pagamento da taxa fixada no regulamento de taxas, redução de quotas, e pagamento do seguro a associados.

2 – O exame deve ser marcado, preferencialmente, em data coincidente com uma época do exame de estágio.

3 – Caso não seja possível a marcação de exame, nos termos referidos no número anterior, no prazo de dois meses a contar do requerimento, a comissão de coordenação de estágio marca data para a sua realização, com a antecedência mínima de dois meses em relação à data da sua realização.

ARTIGO 6º
Regime Supletivo

Nos casos omissos, são aplicáveis, com as necessárias adaptações, as normas previstas no Regulamento de Estágio para Solicitadores e no Regulamento do Estágio de Agentes de Execução.

ARTIGO 7º
Norma revogatória

O presente regulamento revoga o Regulamento interno nº 6/2003, publicado no Diário da República, 2ª série, de 30 de outubro.

ARTIGO 8º
Entrada em vigor

O presente regulamento entra em vigor no dia seguinte ao da sua publicação.

Aprovado em Assembleia de Representantes da Ordem dos Solicitadores e dos Agentes de Execução de 23 de setembro de 2017.

29 de setembro de 2017. – O Presidente da Mesa da Assembleia de Representantes da Ordem dos Solicitadores e dos Agentes de Execução, *Rui Carvalheiro.*

Regulamento do Projeto Geopredial

Regulamento nº 291/2013*

Exposição de motivos

É por todos conhecida a dificuldade de – com base nos elementos documentais atualmente existentes – obter informação clara e inequívoca que permita identificar a configuração e a localização de um imóvel, sendo que esta dificuldade é substancialmente agravada quando se trata de identificar prédios rústicos nos concelhos onde não vigora o cadastro geométrico.

De acordo com números do Governo, mais de 20% do território português é de propriedade desconhecida e apenas 15% tem cadastro predial atualizado. Estima-se que a cobertura integral do território obrigue à identificação de mais 17 milhões de prédios, com custos associados (estimativas previstas para o Sistema Nacional de Exploração e Gestão de Informação Cadastral, SiNErGIC) de 700 milhões de euros.

Segundo a Resolução de Conselho de Ministros nº 45/2006, de 4 de maio, que criou o SiNErGIC, entre as décadas de 30 e 90 do século passado foram cadastrados 12% dos prédios rústicos, e de 1995 até 2006 os trabalhos de execução do cadastro predial, realizados em cinco concelhos, cobriram apenas 1,5% do território nacional.

A inexistência de uma adequada identificação da propriedade imobiliária afeta transversalmente toda a sociedade, sendo por isso tema amplamente debatido e objeto das grandes orientações da política de coesão para o período 2007--2013.

São incontáveis os benefícios que se retiram de uma correta identificação da propriedade:

a) Diminuição da conflitualidade;

b) Redução dos custos associados aos processos judiciais (peritagens e prova testemunhal);

* *Publicado no Diário da República, 2ª série, nº 145, de 30 de julho de 2013.*

c) Dinamização dos negócios sobre imóveis, particularmente na propriedade rústica;

d) Simplificação do processo de concessão de crédito;

e) Redução dos custos com processos de expropriação;

f) Simplificação dos processos de licenciamento;

g) Potenciar a exploração agrícola e florestal;

h) Redução de burocracia;

i) Maior transparência nos processos de licenciamento;

j) Possibilitar a criação de uma política fiscal justa sobre propriedade imobiliária.

Até ao momento, a esmagadora maioria dos proprietários está impossibilitada de colmatar as falhas do sistema. Na verdade, mesmo querendo encontrar um forma de identificar os seus bens, os proprietários veem-se constrangidos a ter ao seu dispor soluções meramente descritivas, que apesar de cumprirem as expectativas legalmente admissíveis, não os protegem nem sequer alertam para os eventuais "assaltos" ao seu direito. Note-se que em Portugal continua a ser possível a duplicação de prédios, ou seja, que um mesmo prédio tenha duas ou mais descrições prediais total ou parcialmente conflituantes.

A Câmara dos Solicitadores, apelando ao papel histórico do solicitador enquanto profissional que lida com as mais diversas questões relacionadas com a propriedade imobiliária, entendeu procurar encontrar uma solução que possa, pelo menos, ajudar a proteger quem tem consciência da fragilidade do atual sistema.

Após 18 meses e depois de concretizada, com assinalável êxito, a prova de conceito na freguesia de Argivai, concelho da Póvoa de Varzim, a Câmara dos Solicitadores está em condições de poder disponibilizar aos Solicitadores uma ferramenta que pode por um lado ajudar os proprietários, mas também auxiliar o Estado.

O projeto Geopredial®, lançado em setembro de 2011, é agora materializado no presente regulamento, o ponto de partida para o consideramos uma ferramenta essencial para a correta e inequívoca identificação da propriedade imobiliária, concentrando, num único ponto, toda a informação relevante.

No âmbito do Geopredial ®, o proprietário do imóvel obtém um conjunto integrado de informações, que lhe permitem obter a correta identificação dos imóveis e dos elementos que nele estão integrados, designadamente sinais distintivos e que possam servir de apoio à afirmação do direito de propriedade, sustentados no conhecimento do solicitador em matéria de direitos reais e nas áreas registral e fiscal, aliados a formação específica em sistemas de informação geográfica e a soluções tecnológicas de vanguarda.

As soluções consagradas no presente regulamento elevam a informação sobre a propriedade imobiliária a um novo patamar, permitindo que se perpetue, no espaço e no tempo, a realidade física e jurídica do prédio, que julgamos poder vir servir de base a uma necessária e merecida valorização do papel do registo predial.

O projeto Geopredial® valoriza ainda o papel do solicitador enquanto profissional que lida com as mais diversas questões relacionadas com direitos reais, na componente fiscal, na formalização de contratos e no aconselhamento jurídico.

Assim, nos termos da alínea *c*) do artigo 4º e da alínea *f*) do nº 1 do artigo 30º, ambos do Estatuto da Câmara dos Solicitadores (ECS), aprovado pelo Decreto-Lei nº 88/2003, de 26 de abril, com as alterações introduzidas pelo Decreto-Lei nº 226/2008 de 20 de novembro, a assembleia geral de solicitadores aprova o Regulamento do Projeto Geopredial®, que, nos termos da alínea *f*) do nº 1 do artigo 41º do ECS, lhe foi submetida pelo Conselho Geral.

CAPÍTULO I
Disposições Gerais

ARTIGO 1º
Âmbito e objetivo

1 – O presente regulamento define as regras de acesso e de utilização do serviço Geopredial® e da plataforma informática a este associado.

2 – O Geopredial® tem por objetivo disponibilizar aos solicitadores um conjunto integrado de ferramentas que lhes permitam prestar um serviço de recolha, publicação e conservação de informação sobre imóveis, concentrando e perpetuando, num único ponto, toda a informação relevante sobre a propriedade imobiliária.

ARTIGO 2º
Âmbito territorial

O serviço Geopredial® é disponibilizado em todo o território nacional.

ARTIGO 3º
Natureza dos prédios

Podem ser submetidos a identificação, nos termos do presente regulamento, quaisquer prédios, independentemente da sua natureza, que, nos termos do Código do Registo Predial, estejam ou previsivelmente possam estar sujeitos a registo.

ARTIGO 4º
Solicitadores habilitados

1 – O processo de identificação é realizado por solicitador especialmente habilitado para o efeito nos termos do presente regulamento.

2 – O direito do solicitador a utilizar a plataforma Geopredial® está condicionado ao estrito cumprimento das regras constantes do presente regulamento.

3 – O solicitador deve advertir os interessados que a utilização da plataforma Geopredial® não é um levantamento topográfico.

ARTIGO 5º
Impedimento

1 – O solicitador está impedido de proceder ao depósito do auto de constatação, quando:

a) Represente ou tenha representado judicialmente o requerente nos últimos dois anos;

b) Esteja sujeito a algum dos impedimentos previstos para a realização de atos notariais.

2 – O solicitador deve declarar, no momento do depósito, que não incorre nos supra referidos impedimentos.

ARTIGO 6º
Condições técnicas essenciais

1 – O processo de identificação só pode ser concluído e os seus resultados publicados se for assegurado o cumprimento das condições previstas no presente regulamento.

2 – Quaisquer elementos de identificação que sejam recolhidos pelo solicitador na deslocação ao prédio e que devam ficar associados ao processo de identificação devem ser depositados eletronicamente na plataforma Geopredial® até às 24:00 horas do primeiro dia útil seguinte ao da sua realização.

3 – A falta de depósito no prazo referido no número anterior determina que os dados sejam considerados inválidos, sendo recusado o seu depósito na plataforma, salvo se existir impossibilidade técnica da plataforma, devidamente comprovada.

ARTIGO 7º
Responsabilidade pelas declarações

A localização, os limites do prédio e os demais elementos caraterizadores da propriedade são recolhidos pelo solicitador de acordo com as declarações prestadas pelo requerente, sendo da responsabilidade deste o teor das informações prestadas.

ARTIGO 8º
Honorários e conta

1 – O pagamento da conta fica a cargo do requerente do processo de identificação de imóvel.

2 – O solicitador pode exigir, a título de provisão, quantias por conta dos honorários ou de despesas, sob pena de recusa de prática do ato.

3 – Os honorários são livremente fixados pelo solicitador, não podendo exceder os limites máximos previstos no anexo 1 ao presente regulamento, do qual faz parte integrante.

4 – A conta é objeto de nota discriminativa, da qual constam, separadamente, as despesas e os honorários.

5 – A conta é elaborada em formulário próprio, constante da plataforma Geopredial®.

6 – Sendo cobrados honorários por serviços diversos dos previstos no presente regulamento ou por um conjunto de serviços, o solicitador deve indicar, na nota de honorários, qual o valor que imputa aos serviços prestados pelo processo de identificação.

ARTIGO 9º
Serviços complementares prestados pelo solicitador

Não se inclui nos serviços prestados ao abrigo do presente regulamento os honorários por procuradoria, designadamente a promoção de registos e de retificações matriciais.

ARTIGO 10º
Lista de solicitadores habilitados

1 – Os solicitadores habilitados a utilizar o serviço Geopredial® são identificados em página eletrónica da Câmara dos Solicitadores.

2 – Da lista referida no número anterior constam obrigatoriamente os seguintes elementos:

a) Nome profissional;
b) Domicílio profissional principal;
c) Contacto telefónico fixo;
d) Endereço de correio eletrónico;
e) Horário de atendimento.

3 – Da lista referida no nº 1 podem ainda constar, a pedido do solicitador, os seguintes elementos:

a) Contacto telefónico móvel;
b) Contacto de fax;
c) Fotografia;
d) Outros contactos eletrónicos;
e) Página de internet;
f) Escritórios secundários.
g) Sociedade que integra.

4 – Os elementos contidos na lista podem ser corrigidos ou alterados pelo solicitador, ficando a alteração de domicílio profissional sujeita a pagamento da taxa prevista no respetivo regulamento.

5 – Se o solicitador integrar sociedade de solicitadores, esta é identificada com a menção dos solicitadores habilitados a utilizar o serviço Geopredial®.

ARTIGO 11º
Comissão técnica

1 – O conselho geral nomeia uma comissão técnica a quem incumbe:

a) Aprovar o manual de boas práticas;
b) Pronunciar-se, no prazo de 90 dias, quanto a questões técnicas que lhe sejam colocadas;
c) Elaborar um relatório anual sobre o desenvolvimento do projeto.

2 – A comissão técnica é constituída por:

a) Um solicitador regularmente inscrito na Câmara dos Solicitadores;
b) Um jurista de reconhecido mérito na área de registo predial, indicado pelo Instituto dos Registos e do Notariado, I. P. (IRN);
c) Um geógrafo ou engenheiro geógrafo, indicado pela Direção Geral do Território (DGT);
d) Um jurista designado pela entidade administrativa com poderes de supervisão e disciplina dos agentes de execução, caso esteja constituída;
e) Uma personalidade com reconhecida competência técnica nas áreas da geografia e da cartografia, indicada por instituição de ensino superior escolhida pelo Conselho Geral.

3 – Na falta de indicação de membros pelos organismos atrás identificados no prazo de 30 dias após o envio do respetivo convite, incumbe ao Conselho Geral a nomeação de personalidades com perfil técnico similar que os substituam.
4 – Os membros da comissão técnica escolhem um presidente, que tem voto de qualidade.
5 – Os membros da comissão técnica recebem senhas de presença e são-lhes pagas as despesas nos termos de deliberação do conselho geral.

CAPÍTULO II
Processo de Identificação de imóvel

SECÇÃO I
Regras do processo de identificação

ARTIGO 12º
Início do processo de identificação de imóvel

1 – O processo de identificação de imóvel é realizado a pedido de interessado que declare, perante o solicitador, ser titular ou representar titular de direito real

sobre o imóvel a submeter a identificação e termina com a disponibilização ao cliente do Processo Individual de Identificação de Imóvel (PIII).

2 – Com o pedido de identificação do imóvel, o cliente deve fornecer ao solicitador os elementos necessários para correta identificação do imóvel e a sua titularidade, sendo ainda aconselhável que faculte cópias de quaisquer outros elementos relevantes para o seu enquadramento com a realidade jurídica.

3 – Com o pedido de identificação, ou em momento posterior, pode ainda ser entregue pelo cliente levantamento topográfico que reúna os requisitos previstos no artigo 25º

4 – Após a obtenção dos elementos atrás referidos, o solicitador desloca-se ao prédio a fim de lavrar o auto de constatação.

5 – Sempre que o cliente assim o pretenda, o solicitador pode notificar os proprietários confinantes para comparecerem no dia e hora indicado, a fim de, querendo, acompanharem a realização do auto de constatação.

ARTIGO 13º
Auto de constatação

1 – O auto de constatação é realizado com a efetiva deslocação do solicitador ao prédio objeto de identificação.

2 – O auto de constatação é lavrado no próprio local, podendo-o ser por minuta, que é posteriormente transcrita na plataforma informática.

3 – No auto de constatação são identificados todos os elementos que o requerente entenda ser relevantes para uma correta caraterização do imóvel, descrevendo-se sumariamente as suas características, as benfeitorias, marcos ou outros sinais distintivos.

4 – No auto de constatação fazem-se constar quaisquer declarações do requerente, de confrontante ou de terceiro com interesse legítimo no processo.

5 – Para auxiliar e complementar a elaboração do auto de constatação, podem ser recolhidas imagens e som, devendo ser advertidos os presentes de que vão ser usados tais recursos.

6 – A recolha dos elementos previstos no número anterior é feita através de equipamento ou aplicação informática aprovados pela Câmara dos Solicitadores.

7 – Sempre que não seja entregue pelo requerente o levantamento topográfico previsto no nº 3 do artigo 12º, o solicitador obtém as coordenadas dos limites do prédio e de quaisquer elementos distintivos que sejam relevantes para a sua correta identificação.

8 – Sendo entregue o levantamento topográfico previsto no artigo anterior, o solicitador pode dispensar a obtenção de todas as coordenadas dos limites do prédio, devendo obter um mínimo de quatro coordenadas, que coincidam com os pontos referenciais de enquadramento, previstos no artigo 25º, sem prejuízo de poder complementar esta informação com as coordenadas de marcos físicos relevantes que permitam o enquadramento por foto interpretação.

9 – Todos os dados recolhidos pelo solicitador são obrigatoriamente depositados na plataforma informática, ficando a fazer parte integrante do PIII.

10 – Após a conclusão da recolha dos elementos relevantes para a caracterização da propriedade, o auto de constatação é concluído e lido aos presentes, que, querendo, o assinam.

11 – Não sendo possível a concretização da recolha de todos os dados relevantes no próprio dia, o auto de constatação é encerrado até às 24.00 horas, sendo aberto novo auto na próxima deslocação ao local.

12 – O teor do auto de constatação é integralmente transcrito na plataforma Geopredial®, digitalizando-se o original, que fica igualmente depositado na plataforma, em conjunto com os demais elementos recolhidos.

13 – Os documentos, ou as respetivas cópias, entregues pelo requerente, ou por outros interessados, são por estes subscritos fazendo-se constar no auto quem os entregou e que estes ficam disponíveis na plataforma.

14 – O depósito eletrónico de quaisquer elementos colhidos no terreno deve ocorrer até às 24.00 horas do dia seguinte ao da recolha.

ARTIGO 14º
Ficha de identificação provisória

1 – Após o depósito do auto de constatação e dos demais elementos de identificação, o solicitador lavra a ficha de identificação do imóvel, podendo corrigir imprecisões de texto que possam ter ocorrido e organiza os demais elementos que foram recolhidos.

2 – Na ficha de identificação constam obrigatoriamente:

a) A descrição predial, ou a circunstância de o imóvel não se encontrar descrito;

b) Os artigos matriciais, ou a circunstância destes estarem omissos;

c) A localização administrativa, indicando o distrito, o concelho e a freguesia onde se situa o prédio;

d) O nome, morada e número de identificação fiscal do requerente e a qualidade em que o requerente se apresenta;

e) O nome, a morada e o número de identificação fiscal dos titulares de direito real de propriedade sobre o imóvel, o estado civil, o nome do cônjuge e o regime de bens;

f) O nome, a morada e o número de identificação fiscal do representante do requerente, caso exista;

g) O nome, a morada e o número de documento de identificação fiscal de terceiros que hajam prestado declarações, designadamente proprietários confinantes;

h) A representação georreferenciada do polígono do prédio e outros elementos constantes do dicionário de dados, como definido no artigo 24º

3 – Podem ainda constar da ficha:

a) Documentos respeitantes ao licenciamento;

b) Documentos escriturais;
c) Contratos de arrendamento, de comodato ou de parceria agrícola;
d) Servidões;
e) Plantas e cartas de ordenamentos e condicionantes;
f) Fotografias e elementos corpóreos relevantes;
g) Nome dos confrontantes;
h) Outros elementos que sejam relevantes para a correta identificação do prédio.

4 – Sempre que sejam recolhidas as coordenadas dos limites do prédio, o solicitador submete os dados para pós-processamento, obtendo assim as coordenadas finais para os marcos, marcas e outros pontos de estrema e pontos elemento, definindo as estremas do prédio, determinando o polígono dos limites do prédio e associando as legendas que sejam relevantes, verificando ainda se os dados recolhidos estão de acordo com os requisitos técnicos previstos no presente regulamento.

5 – Uma vez concluídas as atividades previstas nos números anteriores e uma vez verificada a regularidade de todos os elementos, o solicitador submete a ficha de identificação provisória.

6 – Com o depósito da ficha é automaticamente debitada na conta corrente do solicitador, acessível em página eletrónica da Câmara dos Solicitadores, o valor previsto no nº 2 da tabela a que se refere o artigo 31º

7 – A inexistência de saldo suficiente para assegurar o pagamento da taxa prevista no número anterior impede a submissão da ficha de identificação.

8 – Os dados submetidos só são considerados válidos após validação da plataforma Geopredial®, que, salvo motivo de força maior, deve ocorrer até ao termo do oitavo dia útil seguinte.

ARTIGO 15º
Aprovação da ficha de identificação provisória

1 – Uma vez validada pela plataforma Geopredial®, a ficha de identificação provisória é notificada pelo solicitador ao requerente, por carta registada, para que este, no prazo de 15 dias, a aprove ou reclame de alguns dos elementos dela constantes, sem prejuízo desde poder deste logo declarar que aceita o seu teor.

2 – Não havendo reclamação no prazo fixado no número anterior, a ficha de identificação considera-se aprovada.

ARTIGO 16º
Processo individual de identificação de imóvel

1 – A cada prédio representado por um polígono e demais elementos georreferenciados, e à informação a este associada, após a sua validação pelo requerente, é atribuído um identificador único nacional, denominando-se a este conjunto o PIII.

2 – Caso o prédio já se encontre registado na conservatória, com a área coincidente à que resultou do processo de identificação, ao identificador referido no número anterior é aditada a letra "R".

3 – Sempre que do PIII não conste a descrição predial do imóvel ou a área resultante não seja coincidente, pode ocorrer posteriormente o averbamento dos elementos em falta.

4 – Para os efeitos previstos no número anterior, o titular inscrito deve juntar certidão permanente ou informação predial simplificada e cópia da apresentação que deu origem à atualização da descrição, da qual conste o número do PIII.

5 – Por protocolo celebrado com o IRN pode ser disponibilizado acesso ao processo PIII para verificação de coincidência de limites e para concretização do averbamento previsto no nº 3.

6 – A PIII evidencia as áreas de sobreposição com prédios previamente objeto de processo de identificação.

ARTIGO 17º
Princípio da imutabilidade da área e configuração

1 – O PIII não pode sofrer qualquer alteração quanto à área e configuração, podendo no entanto ser atualizadas as demais informações respeitantes ao prédio.

2 – A alteração ou a retificação de áreas, bem como a anexação e desanexação de prédios ou parte de prédios dão sempre origem a novo ou novos processos de identificação, que devem ficar interligados ao processo ou processos que lhe deram origem.

SECÇÃO II
Atualizações ao PIII

ARTIGO 18º
Alteração do solicitador responsável pela conservação do processo

1 – A conservação dos PIII é da responsabilidade do solicitador que efetuou o depósito da ficha de identificação de imóvel.

2 – Caso o solicitador deixe de estar inscrito na plataforma Geopredial®, os PIII são redistribuídos equitativamente pelos solicitadores do concelho ou, não havendo no concelho de localização do prédio, por entre os do distrito.

3 – Havendo lugar a distribuição de serviços de Geopredial® em função de distribuição geográfica, cada solicitador só pode ser beneficiado num concelho que indique como sede, não podendo nenhuma sociedade de solicitadores ser privilegiada ou prejudicada na distribuição.

4 – Cabe, em regra, ao solicitador responsável pela conservação do PIII a emissão das certidões eletrónicas referidas no artigo 38º

5 – A atualização de elementos constantes do PIII é realizada pelo solicitador responsável pela conservação do processo, pelo que a realização de novo auto de constatação para atualização ou a junção de novos dados ao processo individual

por solicitador diverso está sempre dependente de prévia alteração do responsável pela conservação do processo.

6 – O requerente do processo de identificação ou o titular inscrito do prédio associado ao PIII podem requerer a alteração do solicitador responsável.

7 – A alteração é requerida junto do solicitador a favor do qual se pretende que passe a ficar responsável pela conservação do PIII, ficando a submissão do pedido sujeita ao pagamento de taxa prevista no presente regulamento.

8 – A alteração do solicitador é efetuada pelos serviços da Câmara dos Solicitadores, depois de verificada a legitimidade do requerente.

ARTIGO 19º
Atualização de titular do processo PIII

1 – Presume-se como titular do processo PIII a pessoa que requereu o processo de identificação.

2 – O PIII pode ser averbado a favor de novo ou novos titulares quando:

a) O requerente primitivo assim o indique;

b) Seja apresentado documento de transmissão da propriedade do qual conste referência expressa ao PIII, acompanhado do respetivo registo definitivo de aquisição, ou que do qual resulte, inequivocamente, que o prédio transmitido corresponde ao identificado no PIII.

3 – O pedido de averbamento de novo titular é feito junto do solicitador responsável pela conservação do PIII, havendo lugar ao pagamento da respetiva taxa.

ARTIGO 20º
Atualização de outras informações do PIII

Pode ser requerida ao solicitador responsável pela conservação do PIII a atualização de quaisquer outros dados relevantes para a correta identificação do imóvel, desde que estes não impliquem a alteração da área ou da configuração dos limites do prédio.

SECÇÃO III
Requisitos técnicos

ARTIGO 21º
Dispositivos eletrónicos de recolha de dados

1 – Compete à Câmara dos Solicitadores definir os requisitos técnicos a que um equipamento deve obedecer para ser utilizado na recolha dos dados, de acordo com as classes de precisão definidas no artigo 22º

2 – Os requisitos técnicos incluem, para além da identificação do modelo do equipamento, a configuração específica que deve ser usada para as operações de recolha de dados.

3 – A lista de equipamentos que cumprem os requisitos técnicos de projeto é publicada em página eletrónica da Câmara dos Solicitadores

4 – Só pode ser integrado na lista referida no número anterior um novo equipamento após a validação técnica do mesmo, por parte de entidade externa independente escolhida ou aprovada pelo conselho geral.

5 – O processo tendente à aprovação está sujeito ao prévio pagamento da taxa prevista na tabela a que se refere o artigo 31º

ARTIGO 22º
Pressupostos subjacentes à qualidade posicional

1 – Os parâmetros fixados têm em conta:

a) A qualidade posicional estabelecida para o cadastro predial pela DGT;

b) O facto do Geopredial® se aproximar mais de uma Conservação Cadastral do que de uma Execução Cadastral de carácter sistemático, embora numa fase inicial não exista informação de georreferenciação prévia ao anterior cadastro geométrico.

2 – São definidas as seguintes classes de precisão do Geopredial®:

a) Classe A: Precisão elevada, reservada para prédios urbanos ou de valor de transação elevado;

b) Classe B: Alta precisão, para prédios urbanos ou rústicos (não florestais);

c) Classe C: Precisão base, para os restantes prédios.

3 – Na classe A de precisão o levantamento tem de ser assegurado por levantamento topográfico, a contratar no âmbito do processo, cujos elementos estruturais para o cadastro predial devem ser carregados para a plataforma do Geopredial®.

4 – Na classe B de precisão é necessário que existam boas condições de aquisição segundo o método a usar no Geopredial®, desde que se configurem e usem equipamentos GPS adequados.

5 – A classe C de precisão utiliza-se em todos os outros tipos de prédios, inclusive os florestais.

6 – Os valores a observar para os erros e precisão padrão, para cada uma das classes de precisão, em metros, são os seguintes:

Classe	Erro Máximo	E. M.Q.	Precisão-padrão*
A	0,25	0,12	0,18
B	0,85	0,40	0,60
C	2,00	1,12	1,40

* *A precisão-padrão considera sempre um intervalo de confiança de 90%*

7 – Os parâmetros de qualidade posicional devem ser interpretados nos seguintes termos, no âmbito de uma confirmação dada por operações de fiscalização:

a) Erro máximo: valor que nunca deve ser excedido, no conjunto de valores confirmados relativos a cada classe de precisão;

b) E. M.Q. ou Erro Médio Quadrático: Numa amostra significativa de valores confirmados para cada classe de precisão, não mais do que uma população contida no intervalo do desvio-padrão pode ter um erro entre 0 e o valor tabelado;

c) Precisão Padrão: Numa amostra significativa de valores confirmados para cada classe de precisão, não mais do que 90% dos erros medidos devem estar entre 0 e o valor tabelado.

8 – As coordenadas de todos os dados georreferenciados utilizados no âmbito do projeto devem ser expressas no sistema de referência oficial, o Sistema de Referência Terrestre Europeu, ETRS89/PT-TM06.

Elipsoide de referência	GRS80
Projeção cartográfica	Transversa de Mercator.
Latitude da origem das coordenadas retangulares.	39° 40' 05",73 N
Longitude da origem das coordenadas retangulares.	08° 07' 59",19 W
Falsa origem das coordenadas retangulares.	Em M (distância à Meridiana): 0 m. Em P (distância à Perpendicular): 0 m.
Coeficiente de redução de escala no meridiano central.	1,0

ARTIGO 23º
Qualidade Posicional no Geopredial®

1 – Toda a informação adquirida no âmbito do Geopredial® deve obedecer ao modelo de dados definidos.

2 – As características dos elementos a adquirir devem obedecer ao dicionário de dados do Geopredial®, tendo em atenção os elementos "Ponto de Estrema", "Ponto de Elemento" e "Linha de Servidão".

3 – O levantamento não deve ser registado no sistema (na componente de produção), se o seu erro máximo for superior ao fixado pela classe de precisão C, caso em que os dados da componente de aquisição podem ser transferidos para um equipamento GPS de maior qualidade e deve ser efetuado um novo levantamento, ou ser contratado um levantamento topográfico.

4 – O processo de georreferenciação do Geopredial® contempla dois processos, devendo os solicitadores indicar obrigatoriamente no Auto de Constatação qual o processo de georreferenciação indicado:

a) Georreferenciação simples: não é requerida a caracterização da natureza das estremas de um prédio;

b) Georreferenciação completa: a natureza das estremas deve ser completamente caracterizada.

5 – Por cada prédio georreferenciado, os resultados apresentados devem englobar, para além do processo de georreferenciação simples ou completa, os dados da ficha de campo.

ARTIGO 24º
Dicionário de dados

O dicionário de dados é uma coleção de metadados, definida pelo Conselho Geral, que contém definições e representações de elementos de dados que devem ser cumpridos, aquando da sua aquisição através dos equipamentos GPS, para integração da informação na plataforma Geopredial®.

ARTIGO 25º
Levantamentos topográficos

1 – Os solicitadores podem depositar na plataforma Geopredial® levantamentos topográficos realizados por técnicos habilitados para a função, na área da topografia e engenharia geográfica.

2 – Estes levantamentos não podem ser registados no sistema, na componente de produção, se o seu erro máximo for superior ao fixado pela classe de precisão A.

3 – Os levantamentos topográficos devem ainda cumprir os requisitos do modelo de dados quanto à natureza das entidades nele representadas, nomeadamente as suas descrições espacial e alfanuméricas, georreferenciação e relações topológicas definidas entre si.

4 – O depósito dos levantamentos topográficos está dependente do cumprimento dos seguintes requisitos:

a) O levantamento deve constar de ficheiro eletrónico com o formato shapefile, ou o formato padrão internacional GML, e só pode dizer respeito a um único prédio/polígono, sem prejuízo de poder conter outros elementos pontuais, tais como poços, minas ou linhas de servidão;

b) O levantamento deve identificar quatro pontos de controlo, distanciados entre si, correspondentes a quatro pontos facilmente identificáveis do prédio, ou exteriores ao prédio, pontos estes o mais afastados de obstáculos que interfiram com a qualidade posicional;

c) Os quatro pontos de controlo referidos na alínea anterior devem ser recolhidos pelo solicitador de acordo com o dicionário de dados, de forma a validar o levantamento topográfico realizado;

d) Do levantamento deve ainda constar de uma planta em suporte de papel em formato A4, acompanhada do comprovativo da qualidade profissional, da qual conste a declaração assinada pelo técnico de que os elementos constantes da planta foram recolhidos pelo próprio com base nas informações prestada pelo proprietário.

5 – O levantamento topográfico deve ser recusado sempre que não reúna os requisitos previstos no presente artigo.

ARTIGO 26º
Manual de boas práticas

No prazo de 90 dias contados da publicação do presente regulamento, a comissão técnica referida no artigo 10º aprova um manual de boas práticas, cujas diretivas devem ser seguidas pelos solicitadores no âmbito do Geopredial®.

CAPÍTULO III
Condições de adesão

ARTIGO 27º
Condições

1 – São exigidas aos solicitadores as seguintes condições para acesso ao serviço Geopredial®:

a) Ter a inscrição em vigor;

b) Não ter dívidas à Câmara dos Solicitadores vencidas há mais de 6 meses ou, tendo, estejam a cumprir acordo de pagamento;

c) Frequentar formação inicial;

d) Ser aprovado em prova final;

e) Ter conta corrente eletrónica disponível em página eletrónica da Câmara dos Solicitadores.

2 – O pedido de adesão é formulado por via eletrónica e de acordo com indicações publicadas na plataforma informática.

ARTIGO 28º
Formação inicial

1 – Os solicitadores que pretendam aderir ao serviço Geopredial® devem frequentar e ser aprovados na formação específica desenvolvida pela Câmara dos Solicitadores ou por entidade por esta credenciada para o efeito, com a componente letiva e horária constante do anexo 2 ao presente regulamento, do qual faz parte integrante.

2 – A inscrição na formação está dependente de frequência, com aprovação, de módulo gratuito de introdução ao Geopredial®, sob o formato de formação não presencial em e-learning.

3 – É obrigatória a frequência de 80% da formação teórica e de 90% da formação prática.

4 – A avaliação dos módulos não é eliminatória, mas permite ao formando determinar a evolução dos seus conhecimentos para a prova final.

5 – O Conselho Geral determina o número de vagas disponíveis, os locais onde esta vai decorrer, horários e forma de inscrição, que são publicadas no sítio de internet da Câmara dos Solicitadores.

ARTIGO 29º
Prova final

1 – No final da formação e uma vez verificado o cumprimento do nº 2 do artigo anterior, é realizado uma prova final, com componente teórica e componente prática.

2 – A componente teórica é prestada através de prova escrita com a duração máxima de duas horas, classificada de zero a 20 valores.

3 – A componente prática é realizada através da realização de um caso prático completo, e é classificada de zero a 20 valores.

4 – A aprovação na prova final depende da obtenção da classificação mínima de 50% na componente teórica e de 75% na componente prática.

5 – É admissível a repetição da prova por duas vezes, sendo esta repetição sujeita ao pagamento de taxa.

6 – A prova final é realizada perante um júri designado pelo conselho geral.

ARTIGO 30º
Formação contínua e prática

1 – Sem prejuízo das sanções por não cumprimento previstas no artigo 36º, o direito à utilização da plataforma Geopredial® depende:

a) Da frequência de formação contínua, disponibilizada pela Câmara dos Solicitadores ou por entidade por esta credenciada para o efeito, com a duração máxima de 16 horas anuais, conforme venha a ser determinado pelo conselho geral;

b) Do desenvolvimento de trabalhos no âmbito do Geopredial® nos últimos 18 meses.

2 – O não cumprimento do disposto na alínea *a*) do número anterior implica a suspensão do acesso ao serviço Geopredial®, que se manterá até que se comprove a realização da formação.

3 – O não cumprimento do disposto na alínea *b*) do nº 1 implica a realização de formação complementar, nos termos a definir pela Comissão Técnica referida no artigo 11º

4 – Decorrido o prazo de 18 meses sobre a suspensão prevista na alínea *a*) ou *b*) do nº 1, é revogado o acesso à plataforma, que só pode ser renovado mediante a realização da prova prevista no artigo 29º

CAPÍTULO IV
Taxas

ARTIGO 31º
Taxas

1 – A utilização dos serviços disponibilizados na plataforma está sujeita ao pagamento das taxas previstas no Anexo 3 ao presente regulamento, do qual faz parte integrante.

2 – As taxas são pagas antecipadamente, por débito na conta corrente eletrónica disponível em página eletrónica da Câmara dos Solicitadores.

ARTIGO 32º
Faturas

As faturas-recibo respeitantes às taxas pagas são emitidas ao próprio solicitador e disponibilizados na página eletrónica da Câmara dos Solicitadores.

CAPÍTULO V
Fiscalização, ação disciplinar e reclamação

SECÇÃO I
Fiscalização e reclamação

ARTIGO 33º
Fiscalização

Os autos de constatação depositados na plataforma estão sujeitos a fiscalização, podendo esta resultar da iniciativa do órgão de fiscalização e disciplina ou resultar de reclamação apresentada.

ARTIGO 34º
Entidade fiscalizadora

A fiscalização compete aos órgãos disciplinares da Câmara dos Solicitadores, podendo o Conselho Geral aprovar a designação de entidade ou entidades responsáveis para auxiliar na fiscalização, designadamente para apreciação das questões técnicas.

ARTIGO 35º
Repetição de auto de constatação e elaboração de nova ficha de identificação

1 – Se da fiscalização do processo se constatar que não foram cumpridos os pressupostos previstos no presente regulamento e que é necessária a realiza-

ção de novo auto de constatação, é designado um solicitador para realização de novo auto.

2 – Verificando-se que existe erro grosseiro no auto de constatação original ou na elaboração do PIII, o solicitador fiscalizado fica obrigado ao pagamento dos custos pela realização do novo auto de constatação.

SECÇÃO II
Sanções

ARTIGO 36º
Sanções por não cumprimento

1 – O não cumprimento das disposições previstas no presente regulamento podem ditar as seguintes sanções, podendo ser cumulativas:

a) Revogação do acesso à plataforma Geopredial®;

b) Frequência de formação específica;

c) Repetição do exame previsto no artigo 29º;

d) Pagamento dos custos pela realização de novo auto de constatação.

2 – A aplicação das sanções previstas no número anterior não prejudica a aplicação de sanções disciplinares previstas no Estatuto.

CAPÍTULO VI
Publicidade e Proteção de dados

ARTIGO 37º
Confidencialidade dos dados

1 – Sem prejuízo do disposto nos números seguintes, os dados constantes da plataforma Geopredial® presumem-se confidenciais, só tendo acesso integral ao processo individual de identificação de imóvel:

a) O solicitador responsável pela conservação do PIII;

b) O titular do PIII ou pessoa por este mandatada;

c) A entidade responsável pela fiscalização, na exata medida necessária à prossecução das suas funções.

2 – O requerente, no momento do pedido ou em momento posterior, pode declarar quais os dados que podem ser disponibilizados ao público.

3 – São de acesso público e gratuito:

a) O polígono representando os limites do prédio, sem quaisquer elementos adicionais, a uma escala de visualização limite de 1:1000, através do sítio de internet www.Geopredial.pt;

b) O número do processo individual de identificação de imóvel associado ao polígono;

c) O solicitador responsável pela conservação do PIII.

4 – São de acesso público, mediante pagamento:

a) Uma representação em detalhe do conjunto de elementos georreferenciados do prédio e respetiva legenda, à escala de visualização máxima permitida pela ortofoto de fundo, através do sítio de internet www.Geopredial.pt;

b) A descrição ou descrições prediais associadas ao prédio;

c) A certidão eletrónica dos elementos georreferenciados do prédio com indicação da área e descrição ou descrições prediais associadas ao polígino, com indicação do PIII;

d) Certidão em suporte de papel dos elementos georreferenciados do prédio com indicação da área e descrição ou descrições prediais associadas, com indicação do PIII.

5 – O acesso à informação referida no nº 4 pode ser objeto de protocolo com entidades públicas.

6 – O titular do PIII pode requerer certidão integral do processo.

ARTIGO 38º
Emissão de certidões e informações de acesso público

1 – As certidões ou informações previstas nas alíneas *a*) a *c*) do nº 4 do artigo anterior são requeridas através de página eletrónica da Câmara dos Solicitadores ou diretamente junto de qualquer solicitador inscrito no Geopredial®.

2 – A emissão da certidão está dependente do prévio pagamento da taxa de disponibilização e dos honorários fixados pelo solicitador.

3 – A emissão da certidão ou informação cabe ao solicitador responsável pela conservação do PIII, que a dever emitir e assinar eletronicamente no prazo de 24 horas.

4 – Caso não seja cumprido o prazo previsto no número anterior, o pedido é redistribuído, aplicando-se, com as necessárias adaptações, o disposto no artigo 18º

ARTIGO 39º
Aviso de sobreposição

1 – A plataforma Geopredial® assinala as sobreposições de polígonos, fazendo constar do PIII a existência de prédio submetido na plataforma, identificando na planta a área conflituante.

2 – O solicitador deve, junto do requerente, esclarecer o motivo da sobreposição, podendo, com o acordo do requerente, contactar o solicitador responsável pela conservação do PIII do prédio previamente inserido na plataforma, no sentido de procurar encontrar uma solução consensual na determinação dos limites dos dois prédios.

3 – O solicitador responsável pela conservação do PIII do prédio previamente inserido é avisado eletronicamente, para o endereço de correio eletrónico profissional, indicado no processo, da existência de PIII com área conflituante.

4 – Decorrido o prazo de cinco dias sobre o aviso referido no número anterior, o solicitador deve informar o titular do processo da existência de uma área conflituante.

5 – Não sendo cumprido, pelo solicitador, o disposto no número anterior e sempre que conste da plataforma o endereço eletrónico ao titular, é remetido um aviso automático para este.

ARTIGO 40º
Sigilo profissional

1 – A intervenção do solicitador como testemunha depende de prévia autorização nos termos estatutários, salvo se se tratar da mera confirmação de que o auto de constatação foi por ele realizado, a data hora e local de realização e a data de depósito dos elementos na plataforma Geopredial®, ou quanto aos elementos públicos previstos nos nºs 3 e 4 do artigo 37º

2 – O pedido de dispensa de sigilo que diga respeito a atos realizados ao abrigo do presente regulamento é feito através de formulário eletrónico, sendo a certidão da decisão que dispensa o sigilo profissional também disponibilizada por via eletrónica.

CAPÍTULO VII
Disposições finais e transitórias

ARTIGO 41º
Formação

Aos solicitadores que frequentaram, com aprovação, o plano de formação experimental ministrado em abril e maio de 2013, é reconhecida a equivalência à formação prevista no artigo 28º

ARTIGO 42º
Plataforma

A submissão de elementos na plataforma depende do cumprimento de todas as regras que resultem da utilização da plataforma informática Geopredial® incluindo modelos e formulários que ali sejam disponibilizados.

ARTIGO 43º
Entrada em vigor

O presente regulamento entrada em vigor no dia seguinte ao da sua publicação.

ARTIGO 44º
Alargamento do âmbito

O conselho geral pode alargar o âmbito do Geopredial®, designadamente para inclusão de áreas integradas no domínio público.

ARTIGO 45º
Revisão do Presente Regulamento

O presente regulamento deve ser revisto no prazo máximo de seis meses contados da sua publicação.

Aprovado em assembleia geral da Câmara dos Solicitadores de 5 de julho de 2013.

10 de julho de 2013. – O Presidente da Câmara dos Solicitadores, *José Carlos Resende.*

ANEXO 1
Honorários máximos

	Descrição	Área	Honorários
1.	Auto de constatação, incluindo a deslocação ao prédio, obtenção de coordenadas dos limites do prédio, depósito na plataforma *Geopredial®*, notificação do requerente para Reclamação e averbamento da submissão do prédio a registo (se solicitada nos 30 dias seguintes), e disponibilização da certidão eletrónica (não inclui deslocação quando superior a 40 km).		
1.1.		Prédios até 3.000 m²	1,3 UC
1.2.		Até 1 ha acresce ao da verba 1.1.	1,2 UC
1.3.		Até 5 ha, acresce ao da verba 1.2 por ha	1,1 UC
1.4.		Até 10 ha, acresce ao da verba 1.3, por ha.	1 UC
1.6.		Até 50 ha, acresce ao da verba 1.4 por ha	0,95 UC
1.7.		+ de 50 ha, acresce ao da verba 1.5, por ha	0,9 UC
2.	Prédio de natureza mista, pode acrescer ao valor calculado no ponto 1		10 %
3.	Prédio com topografia muito acidentada e ou com coberto vegetal que implique a recolha de + 50 % dos pontos com 3 minutos (ou mais), acresce ao valor calculado no ponto 1		10 %
4.	Auto de constatação, incluindo a deslocação ao prédio para obtenção de coordenadas de enquadramento, depósito na plataforma *Geopredial®*, notificação do requerente para Reclamação e averbamento da submissão do prédio a registo (se solicitada nos 30 dias seguintes), e disponibilização da certidão eletrónica. (não inclui deslocação quando superior a 40 km).		75 % do valor calculado no ponto 1.
5.	Emissão de certidão eletrónica ou em papel com o pedido de validade de 1 ano, por prédio		0,06 UC
6.	Alteração de solicitador responsável a pedido do requerente (por PIII)		0,1 UC
7.	Alteração dos titulares do PIII		0,15 UC
8.	Atualização de elementos de identificação de PIII, por simples junção de documentos (sem necessidade de realização de novo auto de constatação)		0,15 UC
9.	Atualização de elementos de identificação de PIII, com a necessidade de realização de novo auto de constatação para recolha de elementos no prédio (inclui deslocação quando superior a 40 km).		0,4 UC/hora, no mínimo de 0,4 UC e máximo de 4 UC.
10.	Critério por hora de trabalho, não incluindo o tempo de deslocação		0,4 UC

ANEXO 2
Formação

Parte	Módulos	Natureza	Descrição	Horas
Parte 1 «Formação inicial do Geopredial» — 48 horas.	Módulo 1	Teórica	A descrição do Geopredial e dos procedimentos considerados.	1
	Módulo 2	Teórica	Áreas de intervenção relevantes no contexto do Geopredial.	7
	Módulo 3	Teórica	Tecnologia GPS	3
	Módulo 4	Teórica e Prática	Modelo de dados e regras de aquisição	5
	Módulo 5	Teórica e Prática	Funcionamento e prática do GPS	8
	Módulo 6	Prática	Levantamento com GPS de prédios rústicos	8
	Módulo 7	Teórica e Prática	Levantamento de prédios rústicos com recurso a medidas.	8
	Módulo 8	Teórica e Prática	A plataforma de suporte ao Geopredial	5
	Avaliação	Prova Final		3
Parte 2 — Formação Avançada na Plataforma do Geopredial.	Módulo 1	Teórica	Cartografia e informação cadastral em Portugal.	1
	Módulo 2	Teórica	Foto-interpretação	3
	Módulo 3	Prática	Iniciação à utilização de web-sig	18
			Avaliação	2

ANEXO 3
Taxas

1 – Formação e inscrição:

1.1 – Formação prevista no artigo 28º, incluindo o exame previsto no artigo 29º e inscrição: 4 UC.

1.2 – Repetição da prova final e readmissão: 0,75 UC.

2 – Taxas de serviços:

2.1 – Depósito de ficha provisória de identificação de imóvel prevista no artigo 14º, incluindo emissão de certidão pelo período de 1 ano: 0,1 UC.

2.2 – Acresce ao valor anterior para prédios com área superior a 1 ha: 0,1 UC.

2.3 – Disponibilização de informação ou certidão eletrónica com a validade de um ano (por PIII): 0,05 UC.

2.4 – Alteração de solicitador responsável a pedido do cliente (por PIII): 0,05 UC.

2.5 – Processo de aprovação de dispositivo de recolha de dados (GPS): 10 UC.

2.6 – Alteração dos titulares do PIII: 0,025 UC.

2.7 – Depósito de auto de constatação: 0,05 UC.

Regulamento da Caixa de Compensações dos Solicitadores de Execução

Regulamento nº 132/2013*

NOTA JUSTIFICATIVA

Nos termos da alínea *d*) do nº 1 do artigo 30º do Estatuto da Câmara dos Solicitadores (ECS) compete à Assembleia Geral aprovar os regulamentos da caixa de compensações.

O regulamento da caixa de compensações dos solicitadores de execução foi aprovado pelo Regulamento nº 481/2011, publicado no Diário da República, 2ª série, de 11 de agosto.

No final de janeiro do presente ano entrou em vigor o Decreto-Lei nº 4/2013, de 11 de janeiro, o qual aprovou um conjunto de medidas urgentes de combate às pendências em atraso no domínio da ação executiva.

Um dos objetivos deste diploma foi o de responsabilizar o exequente, enquanto principal interessado no sucesso da execução, pela sua forma de atuação no processo. Deste modo, previu-se a extinção das execuções que estejam paradas, sem qualquer impulso processual do exequente há mais de seis meses, quando este seja devido, ou quando o exequente não efetue o pagamento das quantias devidas ao agente de execução a título de honorários ou despesas, impedindo assim a regular tramitação das execuções por si promovidas.

Assim, com a entrada em vigor do Decreto-Lei nº 4/2013, deixou de ser necessário desencadear o procedimento previsto no artigo 15º-A da Portaria nº 331-B//2009, de 30 de março.

O Decreto-Lei nº 4/2013, por outro lado, torna conveniente a aprovação de novos regulamentos das caixas de compensações, que adequem a regulamentação existente a este diploma, de modo a cumprir os objetivos de extinção de processos por falta de impulso do exequente.

Assim, este novo regulamento da caixa de compensações dos agentes de execução, que mantém, em regra, as normas constantes do Regulamento nº 481/2011, reforça a existência de critérios de transparência da atividade e de igualdade entre os membros da Câmara dos Solicitadores que exercem a especialidade de agente de execução.

* *Publicado no Diário da República, 2ª série, nº 69, de 09 de abril de 2013.*

Com a nova regulamentação introduz-se também um princípio de diferenciação entre os que cumprem as suas obrigações legais e estatutárias, designadamente no que diz respeito ao pagamento dos valores em dívida à caixa de compensações, sendo bloqueado o acesso aos serviços que não sejam essenciais à tramitação processual àqueles que não contribuem para a sua manutenção.

Preâmbulo

A gestão da caixa de compensações dos agentes de execução é essencial para assegurar o cumprimento das obrigações estatutárias.

O presente regulamento aplica-se aos processos tramitados pelos solicitadores de execução, agora denominados agentes de execução. Disciplina-se a cobrança dos valores devidos à caixa de compensações nos processos executivos ou declarativos intentados entre 15 de setembro de 2003 e 30 de março de 2009.

Prevê-se a possibilidade de serem devolvidos valores que, por lapso do agente de execução, tenham sido indevidamente pagos.

Por uma questão de melhor identificação é denominado de "regulamento da caixa de compensações - S. E.", usando-se as iniciais desta especialidade até à entrada em vigor do Decreto-Lei nº 26/2008 de 20 de novembro.

A gestão e a cobrança da caixa de compensações, nos processos apresentados em juízo em data posterior a 30 de março de 2009, são objeto de regulamento autónomo.

Nos termos do disposto na alínea *d*) do nº 1 do artigo 30º do Estatuto da Câmara dos Solicitadores, e nos termos do disposto na Portaria nº 708/2003 de 4 de agosto, é aprovado o regulamento da caixa de compensações - S. E., o qual se rege pelas seguintes disposições:

Regulamento da Caixa de Compensações – S. E.

CAPÍTULO I
Caixa de Compensações

SECÇÃO I
Disposições Gerais

ARTIGO 1º
Âmbito

1 – O presente regulamento disciplina a gestão da caixa de compensações, os pagamentos aos agentes de execução, anteriormente denominados solicitadores

de execução, dos valores que lhe forem devidos por deslocações e a cobrança das permilagens devidas pelos agentes de execução, nos termos previstos no artigo 127º do Estatuto da Câmara dos Solicitadores e da Portaria nº 708/2003 de 4 de agosto, ou seja, os valores devidos no âmbito dos processos executivos e declarativos intentados entre 15 de setembro de 2003 e 30 de março de 2009.

2 – A gestão, pagamentos e cobrança da caixa de compensações nos processos executivos ou declarativos intentados em data posterior a 30 de março de 2009 são objeto de regulamento autónomo.

3 – Salvo indicação em contrário, as referências ao Estatuto da Câmara dos Solicitadores dizem respeito à redação anterior às alterações introduzidas pelo Decreto-Lei nº 26/2008, de 20 de novembro.

ARTIGO 2º
Contabilização

A contabilização das verbas arrecadadas e despendidas com as obrigações da caixa de compensações é objeto de registo próprio, embora integradas nas contas do conselho geral da Câmara dos Solicitadores.

ARTIGO 3º
Dever de informação

Compete ao conselho geral a aprovação e divulgação dos mapas de dados estatísticos sobre a utilização das verbas da caixa de compensações, elaborados pela comissão de gestão da caixa de compensações.

SECÇÃO II
Gestão da Caixa de Compensações

ARTIGO 4º
Gestão da Caixa de Compensações

1 – A gestão da caixa de compensações incumbe à comissão prevista no nº 5 do artigo 127º do Estatuto da Câmara dos Solicitadores, com a redação prevista antes da alteração introduzida pelo Decreto-Lei nº 226/2008, de 20 de novembro.

2 – Por proposta da comissão de gestão da caixa de compensações, pode o conselho geral, ouvido o conselho do colégio de especialidade dos agentes de execução, delegar competência no gestor da caixa de compensações referido no nº 5 do artigo 127º do Estatuto da Câmara dos Solicitadores, com a redação que lhe foi dada pelo decreto-lei nº 226/2008, de 20 de novembro.

3 – As despesas que ocorram com a gestão da caixa de compensações são suportadas por esta, nos mesmos termos que o conselho geral ou os conselhos regionais suportam as dos respetivos órgãos.

ARTIGO 5º
Competência

Compete à comissão de gestão da caixa de compensações:

a) Aceitar ou recusar os pedidos de compensação de deslocações;

b) Aceitar ou recusar as retificações às declarações de valores a liquidar pelos agentes de execução à caixa de compensação;

c) Verificar a existência ou não de disponibilidades financeiras para suportar os custos com os serviços de fiscalização e ações de formação;

d) Elaborar trimestralmente um mapa de origem e aplicação de fundos, com estimativa para o trimestre ou trimestres seguintes;

e) Elaborar os mapas estatísticos referidos no artigo 3º deste Regulamento, submetendo-os à aprovação do conselho geral,

f) Propor ao conselho geral a adoção de medidas extraordinárias de afetação dos recursos da caixa de compensações, sempre que a margem de solvência existente seja igual ou inferior ao indicador referido no artigo 10º deste Regulamento;

g) Assegurar o funcionamento e eficácia dos meios ao dispor da caixa de compensações.

SECÇÃO III
Receitas e Custos da Caixa de Compensações

ARTIGO 6º
Receitas da Caixa de Compensações

Para além das permilagens resultantes da portaria nº 708/2003 de 4 de agosto, constituem ainda receitas da caixa de compensações os juros produzidos por aplicações financeiras dos seus fundos, as multas aplicadas aos agentes de execução pelas secções regionais deontológicas, ou pelo conselho superior, as dotações extraordinárias e quaisquer outras verbas que lhe sejam ou venham a ser atribuídas por lei ou regulamento.

ARTIGO 7º
Custos da Caixa de Compensações

São custos da caixa de compensações:

a) A compensação das deslocações do agente de execução previstas no nº 2 do artigo 127º do Estatuto da Câmara dos Solicitadores;

b) O pagamento das ações de formação de agentes de execução ou candidatos a agentes de execução enquadráveis no seu âmbito;

c) O desenvolvimento e manutenção das aplicações informáticas necessárias ao exercício da atividade de agente de execução;

d) O pagamento dos serviços de fiscalização de agente de execução enquadráveis no seu âmbito;

e) Os custos de funcionamento dos meios de fiscalização gestão e controlo da atividade dos agentes de execução;

f) Quaisquer outros custos de funcionamento conexos com a formação ou fiscalização dos agentes de execução;

g) Os custos inerentes à respetiva gestão;

h) 10% das suas receitas anuais, até ao montante de 500 000 €, as quais se destinam à constituição do fundo de garantia semelhante ao que está previsto no artigo 127º-A do Estatuto da Câmara dos Solicitadores, mas que não pode nunca duplicar pagamentos de forma a ser ultrapassado o limite máximo garantido de 100 000 € por agente de execução;

i) A aquisição e a manutenção do parque informático necessário ao funcionamento das aplicações informáticas;

j) O apoio técnico às aplicações disponibilizadas pela Câmara dos Solicitadores aos agentes de execução, bem como outros apoios fornecidos à respetiva atividade.

ARTIGO 8º
Ativo da caixa de compensações

São ativos da caixa de compensações:

a) Os depósitos bancários e as aplicações financeiras;

b) Os direitos de crédito sobre os agente de execução que não hajam liquidado e ou pago o valor devido à caixa de compensações.

ARTIGO 9º
Passivo da Caixa de Compensações

Constitui passivo da caixa de compensações as verbas adiantadas pelo conselho geral no âmbito da atividade dos agentes de execução.

ARTIGO 10º
Margem de solvência

A comissão de gestão da caixa de compensações procura assegurar a existência de uma margem de solvência de 0,7 (zero vírgula sete), calculada nos termos da seguinte fórmula:

$$MS = (VC + VF + DF + OO)/(RD + RL)$$

em que:

MS: Margem de solvência;

VC: Valor das compensações pedidas e ainda não pagas;

VF: Valor das despesas previstas com as comissões de fiscalização e ainda não pagas;

DF: Despesas correntes de funcionamento;
OO: Outras obrigações de curto prazo;
RD: Receitas disponíveis;
RL: receitas liquidadas e ainda não recebidas.

ARTIGO 11º
Registo das verbas arrecadadas

As verbas arrecadadas para a caixa de compensações, dada a sua natureza, são objeto de contabilização própria, embora integradas nas contas do conselho geral.

SECÇÃO IV
Despesas de deslocações

ARTIGO 12º
Beneficiários das compensações por deslocações

1 – O direito às compensações por deslocações é o que resulta do disposto no nº 2 do artigo 127º do Estatuto da Câmara dos Solicitadores.

2 – Só podem ser pagas as compensações por deslocações a agentes de execução que não tenham dívidas para com a caixa de compensações.

3 – As liquidações de verbas devidas e os pagamentos da responsabilidade da caixa de compensações aos agentes de execução são efetuados mensalmente.

4 – Os créditos de compensações por deslocações são pagáveis aos agentes de execução quando atinjam um mínimo de 100 euros.

5 – No caso do valor apurado mensalmente ser inferior, acumula para o mês ou meses seguintes até perfazer aquele valor mínimo.

ARTIGO 13º
Pedidos de compensação

Os pedidos de compensação de deslocações devem ser remetidos à caixa de compensações mensalmente, até ao dia 10 do mês seguinte a que disser respeito, em formulário aprovado pela comissão de gestão da caixa de compensações S. E. ou pelo respetivo Gestor.

ARTIGO 14º
Valor do quilómetro percorrido

O valor devido por quilómetro para pagamento das compensações de deslocações a que se refere o artigo 13º da portaria nº 708/2003 de 4 de agosto, é o estabelecido para as deslocações de funcionários do Estado em viatura própria, podendo ser alterado para um valor superior, em certas comarcas, por deliberação do conselho geral.

ARTIGO 15º
Verificação de distâncias

Para a verificação das distâncias percorridas e lançadas na aplicação informática SISAAE/GPESE pelos agentes de execução, a Câmara dos Solicitadores utiliza aplicação informática de cálculo automático de distâncias, disponibilizada livremente no mercado e da qual dá conhecimento àqueles.

ARTIGO 16º
Pagamento dos quilómetros percorridos

1 – O pagamento dos quilómetros percorridos e verificados é efetuado ao agente de execução até ao final do mês seguinte àquele a que disser respeito.

2 – Só são pagos os valores referidos no número anterior, desde que se encontrem regularizadas todas as quantias devidas pelo agente de execução à caixa de compensações.

ARTIGO 17º
Pagamento de ações de formação

As ações de formação suscetíveis de enquadramento no âmbito da caixa de compensações, para que dela possam beneficiar, devem ser sempre previamente comunicadas à comissão de gestão, que informa o conselho geral da existência ou não de disponibilidades financeiras para o efeito.

CAPÍTULO II
Liquidação e Cobrança dos valores devidos à Caixa de Compensações

SECÇÃO I
Liquidação e cobrança

ARTIGO 18º
Liquidação e cobrança

1 – A liquidação das permilagens devidas à caixa de compensações é feita no prazo de 60 dias contados da publicação do presente regulamento, ou nos 30 dias seguintes à data em que for declarado pelo agente de execução que a provisão inicial se encontra paga, se anterior.

2 – A liquidação é feita através da aplicação informática SISAAE/GPESE.

3 – No prazo referido no nº 1, o agente de execução deve declarar quais os processos em que não pretende liquidar o valor devido à caixa de compensações.

4 – Decorrido o referido prazo presume-se que o agente de execução recebeu o valor, sem prejuízo de posterior retificação.

5 – O pagamento dos valores liquidados deve ser feito pelo agente de execução por depósito na conta bancária indicada pela Câmara dos Solicitadores e no prazo de 30 dias contados da data em que lhe for remetido a nota de liquidação.

6 – Nos termos do nº 2 do artigo 1º do presente regulamento, a liquidação e cobrança da caixa de compensações nos processos posteriores a 30 de março de 2009, é objeto de regulamento autónomo.

ARTIGO 19º
Comprovativos de liquidação e pagamento

1 – No prazo referido no nº 1 do artigo anterior, a Câmara dos Solicitadores remete ao agente de execução, preferencialmente por via eletrónica, nota de liquidação dos valores devidos à caixa de compensações.

2 – A Câmara dos Solicitadores deve assegurar que, em cada processo tramitado no SISAAE/GPESE, fica a constar um comprovativo eletrónico de liquidação e de pagamento.

3 – Sem prejuízo do comprovativo referido no número anterior, a Câmara dos Solicitadores deve emitir, mensalmente, fatura/recibo dos valores cobrados, a ser remetida ao agente de execução ou à sociedade que este integre, preferencialmente por via eletrónica.

ARTIGO 20º
Fiscalização

1 – A declaração de processos com vista a não ser liquidado o valor devido à caixa de compensações está sujeita a fiscalização pela entidade gestora, sendo esta fiscalização obrigatória sempre que o volume de processos declarados para esse fim ultrapasse 2% do volume total de processos do agente de execução.

2 – Presume-se que é devido o valor à caixa de compensações sempre que o agente de execução haja praticado atos de consulta para identificação de bens penhoráveis ou atos de penhora.

ARTIGO 21º
Limitações à movimentação dos processos

1 – Enquanto não se mostrar comprovado, na aplicação informática SISAAE/GPESE, o pagamento dos honorários devidos nos termos da Portaria nº 708/2003, de 4 de agosto, o agente de execução apenas pode praticar os atos previstos no artigo 4º do Decreto-Lei nº 4/2013 de 11 de janeiro.

2 – Salvaguarda-se a possibilidade de não serem impostas limitações à movimentação quando:

a) O exequente beneficie de apoio judiciário;

b) Tenha sido proferida decisão judicial a ordenar ao agente de execução a prática de atos processuais não previstos no Decreto-Lei nº 4/2013 sem que lhe tivesse sido paga a devida provisão.

3 – Não é devido o valor à caixa de compensações, sempre que:

a) O processo de execução se extinga por força do disposto no artigo 4º do Decreto-Lei nº 4/2013 de 11 de janeiro;
b) Ocorra erro na distribuição do processo do qual resulte que o agente de execução deva devolver ao exequente o valor que lhe havia sido indevidamente pago a título de provisão pela abertura do processo;
c) Não tenha sido paga a provisão ou honorários ao agente de execução;
d) Erro na distribuição do processo;
e) O exequente beneficie de apoio judiciário na modalidade de nomeação e pagamento dos honorários de agente de execução;
f) Ocorra o disposto na alínea *b*) do número anterior;
g) Se verifique erro na classificação do processo;
h) Tenha o agente de execução sido designado em substituição de outro, a quem lhe havia sido paga a provisão devida pela abertura do processo.

SECÇÃO II
Retificação de declarações

ARTIGO 22º
Retificação de declarações

1 – No prazo de 12 meses após a declaração de um processo para liquidação ou do prazo da extinção da instância, o agente de execução pode retificar a declaração anteriormente feita, com algum dos fundamentos previstos no nº 3 do artigo 21º.

2 – O pedido de retificação da declaração é feito através da plataforma SISAAE/GPESE.

3 – A retificação da declaração é deferida pela comissão de gestão, verificando-se os fundamentos invocados.

4 – Até ao final do mês seguinte e verificados os fundamentos do pedido de retificação, é emitida nota de crédito e depositado, em conta bancária do agente de execução, o somatório dos valores apurados.

5 – Da decisão de indeferimento da retificação da declaração, sem prejuízo de poder ser submetido novo pedido no prazo de 30 dias, cabe reclamação para a secção regional deontológica da área do domicílio principal do agente de execução.

SECÇÃO III
Atraso no pagamento

ARTIGO 23º
Atraso no pagamento

1 – O atraso superior a 60 dias no pagamento pelo agente de execução de valores superiores a 25 UC, liquidados e devidos à caixa de compensações importa, pelo período em que durar o não pagamento:

a) O bloqueio do acesso à penhora eletrónica de veículos automóveis no SISAAE/GPESE;

b) O bloqueio do acesso a consultas ao registo predial através do SISAAE/GPESE;

c) O bloqueio do acesso a consultas ao registo comercial através do SISAAE/GPESE;

d) O bloqueio do acesso da emissão de documentos no SISAAE/GPESE com prévia inclusão de identificadores de registo postal;

e) O bloqueio do acesso a atendimento no apoio informático (help desk);

f) O não acesso às ações de formação ou conferências promovidas pela Câmara dos Solicitadores de caráter gratuito ou subsidiado;

g) O cancelamento ou a suspensão do certificado digital exclusivo de agente de execução;

h) A não renovação, o cancelamento ou a suspensão do seguro de responsabilidade civil profissional disponibilizado pela Câmara dos Solicitadores.

2 – O disposto no número anterior não é aplicável quando o agente de execução estabeleça com o gestor da caixa de compensações um plano de pagamento e que este esteja a ser pontualmente cumprido.

3 – A Câmara dos Solicitadores notifica o agente de execução para, em sede de audiência prévia, se pronunciar, por escrito, no prazo de 10 dias, sobre a aplicação do disposto no nº 1.

4 – Após a audiência prévia do agente de execução, a Câmara dos Solicitadores comunica ao agente de execução, com a antecedência mínima de 10 dias, a aplicação do disposto no nº 1.

ARTIGO 23º-A
Faturação coletiva

Caso ocorra atraso no pagamento de faturas emitidas à sociedade profissional que o agente de execução integre ou tenha integrado, é aplicável o disposto no artigo anterior, no que respeita ao agente de execução titular do processo, quando:

a) A soma dos valores liquidados e devidos à caixa de compensações, nos processos atribuídos a cada um dos sócios com os valores liquidados e devidos individualmente pelo agente de execução, seja superior a 25 UC;

b) O atraso no pagamento seja superior a 60 dias.

(Aditado pelo Regulamento nº 209/2015, publicado no DR nº 84, II série, de 30-04)

CAPÍTULO III
Disposições finais

ARTIGO 24º
Responsabilidade disciplinar

Constitui infração disciplinar, a apreciar nos termos estatutários, o não cumprimento das obrigações decorrentes do presente Regulamento.

ARTIGO 25º
Suprimento de dúvidas ou omissões

Quaisquer dúvidas ou omissões do presente Regulamento, são resolvidas por deliberação específica ou interpretativa do conselho geral.

ARTIGO 26º
Irregularidades

As falsas declarações sobre os motivos evocados para não liquidar a caixa de compensações são objeto de participação disciplinar, nos termos do Estatuto da Câmara dos Solicitadores.

ARTIGO 27º
Reembolso

O reembolso das verbas referidas no artigo 9º, é efetuado logo que haja saldo suficiente na caixa de compensações.

ARTIGO 27º-A
Faturação coletiva

Caso ocorra atraso no pagamento de faturas emitidas à sociedade profissional que o agente de execução integre ou tenha integrado, é aplicável o disposto no artigo anterior, no que respeita ao agente de execução titular do processo, quando:

a) A soma dos valores liquidados e devidos à caixa de compensações, nos processos atribuídos a cada um dos sócios com os valores liquidados e devidos individualmente pelo agente de execução, seja superior a 25 UC;
b) O atraso no pagamento seja superior a 60 dias.
(Aditado pelo Regulamento nº 200/2015, publicado no DR nº 82, II série, de 28-04)

ARTIGO 28º
Revogação

É revogado o regulamento da caixa de compensações – S. E., aprovado pelo Regulamento nº 481/2011, publicado no Diário da República, 2ª série, de 11 de agosto.

ARTIGO 29º
Entrada em vigor

O presente regulamento entra em vigor cinco dias após a sua publicação.

Aprovado em assembleia geral da Câmara dos Solicitadores de 25 de março de 2013.

25 de março de 2013. – O Presidente da Câmara dos Solicitadores, *José Carlos Resende.*

Regulamento de Arquivo

Regulamento nº 328/2017*

O arquivo dos documentos confiados aos associados da Ordem dos Solicitadores e dos Agentes de Execução (OSAE) constitui uma das obrigações deontológicas mais importantes do serviço público que prestam.

É responsabilidade do associado, ou da sociedade profissional que este integra, a manutenção do arquivo, organizando de uma forma eficaz os documentos e processos que têm de ser mantidos e disponibilizados aos seus clientes, terceiros ou autoridades, em função da sua relevância e dos riscos inerentes ao seu desaparecimento, assegurando a sua preservação pelo tempo e forma definidos no presente regulamento e na lei.

Aquela obrigação perdura mesmo após o cancelamento da inscrição como associado, devendo este providenciar a transferência do seu arquivo para outro associado ou sociedade profissional ou para empresas especializadas que cumpram as normas definidas no presente regulamento.

A OSAE, enquanto associação pública com poderes delegados pelo Estado, deve assegurar que aquela obrigação é cumprida dentro dos melhores termos de qualidade e segurança.

Decorre do Estatuto da Ordem dos Solicitadores e dos Agentes de Execução (EOSAE) que "quando não tenham sido transmitidos a outra sociedade ou associado, a Ordem deve promover a manutenção em arquivo dos documentos autênticos, autenticados, ou de importância similar, depositados em exclusivo junto de solicitadores ou de agentes de execução ou de sociedades de profissionais que, consoante os casos aplicáveis, tenham falecido, ficado incapazes de exercer a profissão, requerido a cessação de funções no colégio profissional, sido interditos definitivamente do exercício da atividade profissional ou suspensos por um período superior a dois anos".

Acresce que, nos termos do artigo 8º da Portaria nº 1535/2008, de 30 de dezembro, compete às autoridades autenticadoras que depositem documentos arquivar os originais dos documentos depositados, sendo atribuída à OSAE a possibilidade de criação de sistemas de arquivo centralizados, mantidos por esta ou

* *Publicado no Diário da República, 2ª série, nº 117, de 20 de junho de 2017.*

por entidades terceiras contratadas para o efeito, para as quais podem ser transferidos os originais dos documentos depositados.

No que respeita aos solicitadores, podem ser abrangidos os seguintes documentos:

a) Os documentos particulares autenticados que titulem atos sujeitos a registo predial, bem como os documentos que os instruam e que devam ficar arquivados por não constarem de arquivo público (cf. o nº 1 do artigo 4º e o artigo 8º da Portaria nº 1535/2008, de 30 de dezembro);

b) Os documentos de que conste o consentimento do credor ao cancelamento do registo de hipoteca (cf. nº 2 do artigo 4º da Portaria nº 1535/2008, de 30 de dezembro);

c) Os documentos que instruam pedidos de registo online, no que respeita ao registo predial (cf. artigo 19º da Portaria nº 1535/2008, de 30 de dezembro);

d) Os documentos relativos ao registo automóvel (cf. artigo 4º da Portaria nº 99/2008, de 31 de janeiro);

e) Os documentos previstos no artigo 14º da Lei nº 25/2008, de 5 de junho, pelo período de conservação de sete anos.

Quanto aos agentes de execução, estabelece o artigo 849º do Código de Processo Civil (CPC) que a extinção da execução é comunicada, por via eletrónica, ao tribunal, sendo assegurado pelo sistema informático o arquivo automático e eletrónico do processo, sem necessidade de intervenção judicial ou da secretaria.

Assim, em casos absolutamente excecionais, compete à OSAE, mediante a cobrança dos respetivos custos aos eventuais responsáveis, assumir o arquivo dos documentos atrás referidos quando estes correm evidentes riscos de destruição ou de uso por pessoas ou entidades não autorizadas.

A competência da assembleia geral para aprovação de regulamentos da Ordem prevista no nº 3 do artigo 22º do EOSAE foi delegada, relativamente ao presente regulamento, na assembleia de representantes da OSAE, pela deliberação nº 1883/2016 alínea *d*), publicada no Diário da República, 2ª série, nº 240, de 16 de dezembro, alterada pela Declaração de Retificação nº 25/2017, publicada no Diário da República, 2ª série, nº 7, de 10 de janeiro, da assembleia geral do dia 21 de outubro de 2016, conforme previsto no nº 4 daquele artigo, bem como no nº 3 do artigo 101º do EOSAE.

Foi promovida a audição pública nos termos do nº 2 do artigo 101º do Código do Procedimento Administrativo. Foi promovida a audição do conselho superior, do conselho fiscal, dos conselhos profissionais dos colégios profissionais e da Comissão para o Acompanhamento dos Auxiliares da Justiça ao abrigo das alíneas *b*) e *c*) do nº 3 do artigo 22º do EOSAE.

Assim, nos termos do nº 6 do artigo 3º da Lei nº 154/2015, de 14 de setembro, dos nºs 3 e 4 do artigo 22º, do nº 3 do artigo 101º do Estatuto da Ordem dos Solicitadores e dos Agentes de Execução é aprovado o seguinte regulamento:

CAPÍTULO I
Objeto e âmbito

ARTIGO 1º
Objeto

1 – O presente regulamento define as regras a que deve obedecer:

a) O procedimento de arquivo de documentos de associados da Ordem dos Solicitadores e dos Agentes de Execução (OSAE);

b) Os requisitos e as condições de utilização da plataforma eletrónica destinada a gerir o arquivo desses documentos;

c) As exigências de acondicionamento, forma e regras de remessa física e digital, recolha, condições de acesso aos documentos arquivados e a gestão da informação;

d) A conservação, tratamento, transferência ou destruição dos documentos arquivados.

2 – O presente regulamento define ainda as normas a observar pela OSAE ou por entidades terceiras a quem esta concessione tal serviço, na guarda e manutenção de arquivos, mediante protocolo.

ARTIGO 2º
Âmbito de aplicação

1 – O presente regulamento é aplicável ao arquivo de documentos cuja manutenção e arquivo é imposta por lei ou regulamento.

2 – Sem prejuízo da possibilidade de utilização dos serviços disponibilizados pela OSAE para apoio ao arquivo documental, o presente regulamento não se aplica ao arquivo de outros documentos que os associados considerem útil manter.

CAPÍTULO II
Normas gerais

ARTIGO 3º
Deveres dos associados

1 – É dever do associado e da sociedade profissional que o integra assegurar o arquivo dos documentos definidos por lei como de conservação obrigatória, bem como dos restantes documentos mencionados nos artigos 7º e 9º, observando os seguintes princípios:

a) O arquivo deve estar situado em local seguro, de fácil acesso e com condições de salubridade adequadas;

b) O arquivo dos documentos referentes a processos e serviços em curso deve ser organizado de forma a serem facilmente localizados os documentos definidos como relevantes;

c) O arquivo de processos findos deve ser organizado por datas ou anos, com referência ao momento em que se considere findo ou extinto, e dentro destes por ordem numérica ou alfabética, assegurando a existência de listas ordenadas;

d) O arquivo dos processos suspensos ou inativos, por aguardarem decurso de prazo prescrição ou de qualquer data que permita ponderar a sua declaração como findos ou extintos, deve ser organizado pelos anos em que se prevê a sua declaração como findos ou extintos e dentro destes por ordem numérica ou alfabética.

2 – Tendo o associado de entregar o original dos documentos referidos no número anterior a autoridade ou interessado, deve arquivar cópia do mesmo que subscreve com termo onde conste a indicação da entidade ou da pessoa a quem fez a entrega, da data e do motivo e, se possível, com documento comprovativo, assinado por ambos.

3 – Decorrido o período definido por lei ou no presente regulamento para manutenção dos documentos em arquivo, o associado pode proceder ao seu encaminhamento para arquivo público ou à destruição dos mesmos.

(Cf. Declaração de Retificação nº 522/2017, publicada no DR nº 151, II série, de 07-08)

ARTIGO 4º
Emissão de certidões

1 – A emissão de certidões de documentos arquivados é da competência do associado ou da sociedade profissional responsável pelo arquivo.

2 – Compete ao conselho geral da OSAE, emitir certidões de documentos cujo arquivo esteja à sua responsabilidade nos termos do nº 1 do artigo 12º

ARTIGO 5º
Transmissão de arquivo

1 – O associado ou a sociedade profissional que o integra pode transmitir o arquivo a outro associado ou sociedade profissional que abranja a mesma especialidade.

2 – A transmissão deve constar de termo de entrega e receção, subscrito pelos associados ou administrações das sociedades profissionais envolvidas, do qual conste:

a) A identificação dos associados intervenientes com o nome completo, nome profissional, número de cédula, endereço profissional e de correio eletrónico;

b) Declaração expressa do associado recetor do compromisso de manutenção do arquivo nas condições e prazos constantes do presente regulamento;

c) A identificação do número de pasta, caixa ou suporte equivalente, bem como o número e referência dos documentos que os mesmos contêm;

d) O endereço da nova localização do arquivo.

3 – O termo de entrega e receção deve ser remetido ao conselho geral da OSAE no prazo de 20 dias a contar da sua assinatura.

4 – Após a receção do termo, o registo público do associado ou sociedade profissional é atualizado, na página da internet da OSAE, com a referência: "Detentor do arquivo de nome profissional ou denominação social e especialidade".

5 – O associado ou a sociedade profissional podem fazer constar nos seus estacionários a referência mencionada no número anterior.

ARTIGO 6º
Contratação de entidades terceiras para arquivo de processos findos

1 – O associado ou a sociedade profissional podem recorrer à contratação de entidade terceira, que seja certificada e tenha celebrado protocolo com a OSAE que assegure a manutenção do seu arquivo físico, respeitando os prazos e normas fixadas no presente regulamento, assegurando a confidencialidade e o acesso ao mesmo pela OSAE nos casos previstos no regulamento.

2 – O associado ou sociedade profissional devem, no prazo máximo de 10 dias, após a entrega dos documentos à entidade contratada para arquivo, informar a OSAE sobre o teor do contrato celebrado para o arquivo dos documentos e a sua manutenção.

3 – A contratação de entidade terceira deve obedecer aos seguintes requisitos mínimos:

a) Garantir a boa conservação, acondicionamento e manutenção dos documentos;

b) Garantir a confidencialidade no acesso aos documentos, com acesso exclusivo ao associado ou sociedade a quem pertence o arquivo;

c) Garantir o acesso aos documentos às autoridades judiciais, de investigação e fiscalizadoras, nos termos da lei;

d) Permitir o acesso à identificação dos suportes e dos documentos neles contidos, pelo associado, de preferência por via telemática.

CAPÍTULO III
Arquivo dos solicitadores

ARTIGO 7º
Arquivo obrigatório em suporte físico

1 – Sem prejuízo do disposto no nº 1 do artigo 3º, devem ser mantidos em suporte físico os documentos cujo arquivo seja legalmente imposto, designadamente, os autenticados ou de importância similar, todos os depositados em exclusivo junto dos mesmos, assim como os documentos submetidos eletronicamente em atos de registo, cujo original não esteja em arquivo público.

2 – Sem prejuízo do arquivo de cópias físicas ou digitais em processos individuais dos clientes, os solicitadores devem manter em arquivo físico autónomo, ordenado por ordem cronológica, os originais dos seguintes documentos:

a) Os termos de autenticação e respetivos documentos particulares bem como os que os instruam e que por disposição legal devam ficar arquivados;

b) Os autos de constatação;

c) Os documentos anexos aos autos de levantamento de Geopredial;

d) Os documentos depositados como originais e de que não exista cópia em arquivo público cuja guarda lhes tenha sido entregue;

e) Outros documentos originais que não tenham sido entregues pelo associado ao cliente ou outro interessado.

3 – O solicitador deve manter listagem permanentemente atualizada, em suporte eletrónico, que permita a localização dos documentos referidos no número anterior contendo, nomeadamente, a data do ato, os intervenientes e a indicação da localização dos respetivos suportes de arquivo, podendo ser esta informação complementada com código de barras.

ARTIGO 8º
Destino final, forma e prazo de destruição dos documentos arquivados

Com exceção dos documentos referidos na alínea *a*) do nº 2 do artigo 7º, que podem vir a ser entregues em arquivo público no prazo que vier a ser definido, os solicitadores podem proceder à destruição dos documentos em arquivo nos seguintes prazos:

a) Os documentos referidos nas alíneas *b*) a *e*) do nº 2 do artigo 7º no prazo de 20 anos após a sua entrega;

b) Os restantes no prazo de cinco anos, se outro prazo mais lato não estiver previsto em disposição legal.

CAPÍTULO IV
Arquivo dos agentes de execução

ARTIGO 9º
Arquivo obrigatório em suporte físico dos agentes de execução

1 – Os agentes de execução devem manter em suporte físico os originais de documentos relativos aos títulos executivos, cujo original não esteja em arquivo público, aos títulos de transmissão de bens, ainda que se encontrem em suporte digital, e aos atos elaborados fora do Sistema Informático de Suporte à Atividade do Agente de Execução (SISAAE) pelo agente de execução ou por terceiro e não juntos ao SISAAE.

2 – É também obrigatória a conservação dos originais dos documentos em que esteja aposta a assinatura de terceiros, que não a do próprio agente de execução, designadamente:

a) Certidão de citação/notificação;

b) Avisos de receção ou prova de depósito de carta;

c) Autos de penhora;

d) Autos de diligência.

3 – Sem prejuízo do dever de registo no SISAAE, nos termos previstos no Regulamento de Registo de Atos e Registo de Bens de Agente de Execução, está dispensada a conservação em suporte físico das certidões emitidas por serviços públicos ou cujo teor possa ser confirmado em arquivo público.

4 – Devem igualmente ser mantidos em arquivo, pelo agente de execução, os originais das verificações não judiciais qualificadas, das comunicações ao abrigo do NRAU, dos autos de constatação e outros documentos análogos que contenham assinatura das partes e que não tenham sido enviados para o tribunal ou entregues às partes.

5 – O agente de execução deve manter permanentemente atualizada listagem, em suporte eletrónico, que permita a localização do processo físico no seu arquivo contendo, nomeadamente, a data de arquivo, número de caixa ou suporte equiparado e a sua localização, podendo ser esta informação complementada com nomes dos intervenientes e código de barras.

ARTIGO 10º
Arquivo de processo findos

1 – O agente de execução está obrigado à manutenção em arquivo físico dos processos findos pelo período determinado por lei.

2 – O arquivo dos processos findos do agente de execução, cuja inscrição se encontre suspensa ou cancelada, deve ser assegurado pela seguinte ordem:

a) Agente de execução substituto, designado nos termos do nº 7 do artigo 174º do Estatuto da Ordem dos Solicitadores e dos Agentes de Execução (EOSAE), quando lhe incumba a competência de assegurar os serviços do escritório;

b) Salvo indicação em contrário pelo tribunal ou órgão disciplinar, do agente de execução indicado pelo que tem a inscrição suspensa ou cancelada;

c) Agente de execução designado pela CAAJ, que aceite desempenhar tais funções;

d) A OSAE.

3 – Quando se trate de sociedade, verificando-se a sua extinção, o arquivo é assegurado pela seguinte ordem:

a) Agente de execução designado por acordo dos sócios;

b) Agente de execução responsável pelo processo à data do seu término ou, tendo findado em data anterior à entrada em vigor do presente regulamento, ao agente de execução designado;

c) Pelo agente de execução com a maior participação de capital na sociedade;
d) Pela OSAE.

4 – Em caso de divisão de sociedade profissional de agentes de execução, os sócios devem acordar sobre a responsabilidade e forma de manutenção do arquivo nos termos do presente regulamento.

5 – Quando se trate de processos tramitados por agente de execução antes da constituição da sociedade, o arquivo é assegurado pela sociedade que o integre, salvo acordo escrito que salvaguarde o arquivo junto de outro agente de execução.

ARTIGO 11º
Prazos de arquivo em suporte físico de agente de execução

1 – Devem manter-se em arquivo físico, à guarda do agente de execução, todos os originais de documentos relativos às execuções referidas no artigo 9º pelo prazo mínimo de:

a) Cinco anos, a contar da data do arquivo eletrónico do processo, quando a execução tenha terminado com o pagamento;

b) No caso da prescrição legal aplicável, quando a execução tenha sido arquivada por outros motivos.

2 – Devem manter-se em arquivo físico da responsabilidade da OSAE os documentos que esta recolheu dos seus associados pelos prazos referidos nos números anteriores.

CAPÍTULO V
Arquivos assumidos pela OSAE

ARTIGO 12º
Deveres da OSAE

1 – Em caso de cancelamento ou suspensão da inscrição, por período superior a 60 dias, e não tendo sido transmitido o arquivo a outro associado ou sociedade a Ordem deve:

a) Organizar o respetivo procedimento de transmissão a outro associado ou sociedade, ouvindo, sempre que possível o anterior titular ou os seus representantes legais;

b) Promover a destruição dos documentos nos termos do nº 5 do artigo 101º do EOSAE, após o decurso de um período de 90 dias sobre a afixação de editais, a expensas dos responsáveis, na porta do antigo escritório, no site da OSAE e no jornal mais lido da localidade;

c) Preservar prioritariamente os documentos referidos no nº 2 do artigo 7º

2 – A transmissão de arquivo determina o pagamento da taxa prevista no respetivo regulamento.

ARTIGO 13º
Arquivos digitais geridos pela OSAE

1 – Por deliberação do conselho geral a OSAE deve disponibilizar aos associados sistemas de arquivo digital dos documentos autenticados ou de importância similar, emitidos pelos associados ou por terceiros e depositados junto dos mesmos, em plataforma eletrónica, que garanta o acesso ao depósito e consulta dos documentos pelo associado credenciado para o efeito.

2 – O arquivo digital da OSAE permite a gestão de um conjunto orgânico de documentos, independentemente da sua data, forma ou suporte material, produzidos ou recebidos pelo solicitador ou agente de Execução, no decurso das suas funções ou atividades.

3 – O arquivo digital deve garantir a preservação, fidedignidade, integridade, segurança, autenticidade, durabilidade e acessibilidade dos ficheiros nele depositados.

4 – A gestão do arquivo digital é da responsabilidade do conselho geral, que deve fixar as regras de acesso, forma de certificação, codificação e emolumentos aplicáveis.

5 – O depósito de documentos em arquivo digital deve ser acompanhado de recibo de entrega que deve conter a identificação dos ficheiros e os códigos correspondentes, devendo este ser assinado pelo solicitador requisitante.

6 – Pelo arquivo digital são devidos emolumentos.

ARTIGO 14º
Medidas de organização do arquivo

1 – Caso a OSAE tenha conhecimento que o arquivo de associado esteja em risco de perda ou de deterioração deve tomar a iniciativa para recolha de todos os documentos identificados nos artigos 3º, 7º e 9º, podendo contratar entidade externa certificada e que celebre protocolo com a OSAE para a sua guarda e manutenção.

2 – Salvo no caso de existir seguro específico, correm por conta do associado, que deu origem à intervenção da OSAE,, todos os encargos presentes e futuros relacionados com o arquivo dos seus documentos e a sua manutenção pelo período legalmente obrigatório.

ARTIGO 15º
Digitalização e Destruição de Documentos

1 – Decorrido o prazo mínimo para arquivo e manutenção de documentos e revelando-se inútil o seu arquivamento, pode o associado promover a sua destruição.

2 – O conselho geral da OSAE deve promover a utilização de meios informáticos de digitalização dos arquivos dos associados e da OSAE que minimizem os riscos da sua perda através da aprovação de regras procedimentais ou regulamen-

tares específicas e a disponibilização de programas de gestão específicos para associados.

3 – O conselho geral da OSAE pode concessionar a empresas da especialidade a digitalização e o arquivo dos documentos que mantém à sua guarda e dos que lhes forem expressamente confiados pelos associados, através de protocolos ou contratos pelos quais se definam as normas de segurança, de garantias de inviolabilidade e segredo profissional e os emolumentos a pagar pelos serviços.

ARTIGO 16º
Fiscalização

Sem prejuízo das competências do conselho superior e da CAAJ, compete aos conselhos profissionais, no âmbito da fiscalização e inspeção dos associados inscritos no respetivo colégio, a verificação da conformidade dos arquivos, devendo participar quaisquer ocorrências aos órgãos disciplinares competentes.

ARTIGO 17º
Taxas

1 – As taxas pela intervenção da OSAE são fixadas no respetivo regulamento.

2 – Os emolumentos devidos pelo depósito e manutenção de arquivos digitais são fixados pelo Conselho Geral.

ARTIGO 18º
Revisão do presente regulamento

O presente regulamento deve ser revisto no prazo de um ano após a sua entrada em vigor.

ARTIGO 19º
Entrada em Vigor

O presente regulamento entra em vigor no primeiro dia do mês seguinte ao da sua publicação, com exceção das normas que se referem à organização do arquivo referidas no artigo 3º, no artigo 7º e o nº 5 do artigo 9º, que entram em vigor a 1 de janeiro de 2018

Aprovado em Assembleia de Representantes da Ordem dos Solicitadores e dos Agentes de Execução de 27 de maio de 2017.

27 de maio de 2017. – O Presidente da Mesa da Assembleia de Representantes da Ordem dos Solicitadores e dos Agentes de Execução, *Rui Carvalheiro*.

Regulamento de Publicidade, Imagem e Utilização de Marcas de Titularidade da Ordem

Regulamento nº 548/2017*

PREÂMBULO

O Estatuto da Ordem dos Solicitadores e dos Agentes de Execução (EOSAE), na alínea *f*) do nº 2 do artigo 124º que tem como epígrafe "Deveres para com a comunidade", estabelece que o solicitador ou o agente de execução não devem "fazer publicidade fora dos limites do presente Estatuto".

O artigo 128º do mesmo diploma, sob a epígrafe: "Informação e publicidade", determina as principais normas a que os associados da Ordem dos Solicitadores e dos Agentes de Execução (OSAE) se devem ater no que se refere àquela matéria, estabelecendo no seu nº 6 que compete à assembleia geral regulamentar as normas de publicidade do Estatuto.

Naquele artigo estabelece-se que a publicidade dos associados é meramente informativa, devendo ter suporte escrito.

Também se define que o associado da OSAE pode divulgar a sua atividade profissional de forma objetiva, verdadeira e digna, no respeito dos deveres deontológicos. São exemplos de publicidade objetiva, conforme determina o nº 3 do artigo 128º do EOSAE, "*a*) A identificação pessoal, académica, curricular e profissional do associado ou da sociedade de solicitadores e ou de agentes de execução e dos respetivos colaboradores; *b*) A denominação, o logótipo ou outro sinal distintivo do escritório ou da sociedade; *c*) A indicação das atividades profissionais que exerçam, das áreas ou das matérias jurídicas de exercício preferencial; *d*) Os cargos exercidos na Ordem; *e*) O horário de atendimento ao público; *f*) Os idiomas falados ou escritos; *g*) A indicação do respetivo sítio oficial na Internet; *h*) A colocação, no exterior do escritório ou da sociedade, de uma placa ou tabuleta identificativa da sua existência.".

Naquela disposição também se identificam como atos ilícitos de publicidade, designadamente, "*a*) A colocação de conteúdos persuasivos, ideológicos, de autoengrandecimento e de comparação; *b*) A promessa ou indução da produção de resultados; *c*) A prestação de informações erróneas ou enganosas; *d*) A menção a título académico ou a curso que não seja certificado".

* *Publicado no Diário da República, 2ª série, nº 197, de 12 de outubro de 2017.*

O uso do selo de autenticação é também aqui regulado. Este já demonstrou dois méritos evidentes: no que se refere aos agentes de execução, assumiu um caráter de sinal exterior essencial da função de oficial público, que deve ser reforçado; quanto aos solicitadores, o seu uso em reconhecimentos de assinaturas e autenticações constitui um sinal de garantia, a que acresce a segurança obtida pela inserção do número do selo de autenticação no registo informático destes atos.

A Ordem dos Solicitadores e dos Agentes de Execução (OSAE), então Câmara dos Solicitadores, criou no ano de 2009, a marca e a imagem do "Balcão Único do Solicitador" – BUS", com a finalidade de permitir o seu uso pelos associados aderentes, desde que se sujeitassem aos requisitos mínimos de estrutura dos escritórios e às condições de formação impostas.

A estruturação e desenvolvimento do conceito BUS teve evidentes virtualidades enquanto marca e forma de apresentação dos escritórios de solicitadores.

Ponderada a experiência adquirida e o debate efetuado assume-se que o uso da marca BUS implica um aprofundamento do conceito.

O uso da marca BUS implica: espaços com acessibilidade, dignidade, horário de funcionamento definido e afixado, equipamentos suficientes para uma assistência de qualidade, disponibilidade para os serviços definidos ou a definir como essenciais, publicação da respetiva tabela de honorários, formação contínua, utilização de soluções informáticas homogéneas e instrumentos de transparência com a credibilidade que a OSAE pode transmitir ao cidadão, ou a entidades interessadas em contratar serviços do BUS, elevados padrões de eficácia e de ética suscetíveis de serem auditados pelos órgãos disciplinares da Ordem, além de implicarem sanções em caso de incumprimento.

Através do presente regulamento pretende-se aprofundar os conceitos presentes no EOSAE, aprovar o conceito e a forma de utilização dos suportes de imagem a utilizar pelos associados.

A competência da assembleia geral para aprovação de regulamentos da Ordem prevista no nº 3 do artigo 22º do EOSAE foi delegada, relativamente ao presente regulamento, na assembleia de representantes da OSAE, pela Deliberação nº 1883/2016 alínea *j*), publicada no Diário da República, 2ª série, nº 240, de 16 de dezembro, alterada pela Declaração de Retificação nº 25/2017, publicada no Diário da República, 2ª série, nº 7, de 10 de janeiro, da assembleia geral do dia 21 de outubro de 2016, conforme previsto no nº 4 daquele artigo, bem como na alínea *k*) do nº 4 e no nº 6 do artigo 128º do EOSAE.

Foi promovida a audição pública nos termos do nº 2 do artigo 101º do Código do Procedimento Administrativo. Foi promovida a audição do conselho superior, do conselho fiscal, dos conselhos profissionais dos colégios profissionais e da Comissão para o Acompanhamento dos Auxiliares da Justiça ao abrigo das alíneas *b*) e *c*) do nº 3 do artigo 22º do EOSAE.

Assim, nos termos do nº 6 do artigo 3º da Lei nº 154/2015, de 14 de setembro, dos nºs 3 e 4 do artigo 22º, da alínea *k*) do nº 4 e do nº 6 do artigo 128º do Estatuto da Ordem dos Solicitadores e dos Agentes de Execução é aprovado o seguinte regulamento:

CAPÍTULO I
Publicidade

SECÇÃO I
Geral

ARTIGO 1º
Definições

Para efeitos do presente regulamento, entende-se por:

a) «Publicidade funcional», toda a publicidade pública que tenha por objeto a promoção da Ordem dos Solicitadores e dos Agentes de Execução (OSAE) ou dos seus associados;

b) «Publicidade pessoal», toda a comunicação pública, independentemente dos meios veiculares, que tenha por objeto fazer conhecer o seu autor ou prestar informações sobre a natureza ou a qualidade dos seus serviços;

c) «Publicidade do escritório», os serviços disponibilizados pelo associado num determinado espaço físico;

d) «Meio veicular», suporte usado para a divulgação de informação;

e) «Elementos de identificação profissional», as imagens, os logótipos, o estacionário, as marcas, e outros meios disponibilizados pela OSAE para uniformizar a imagem dos seus associados;

f) «Selo branco», o sinal identificativo dos associados, descrito no anexo I ao presente regulamento, do qual faz parte integrante;

g) «Selo de autenticação», o selo de papel autocolante identificativo dos associados, descrito no anexo II ao presente regulamento, do qual faz parte integrante;

h) «Selo de autenticação eletrónico», a confirmação efetuada através de sistema informático disponibilizado, autenticando o conteúdo de um determinado documento;

i) «Ícones», os símbolos de reduzida dimensão, definidos pelo Conselho Geral, que são incluídos na lista pública dos associados e das sociedades profissionais, na publicidade pessoal e do escritório, para identificar caraterísticas dos escritórios ou dos serviços prestados pelos associados, nomeadamente acesso a pessoas com mobilidade reduzida, existência de horário fixo, existência de tabela de honorários e disponibilização de acessos informáticos;

j) «Estacionário», pastas, envelopes, papel de carta, papel de fax e cartão pessoal.

SECÇÃO II
Publicidade funcional

ARTIGO 2º
Publicidade e Imagem da Ordem dos Solicitadores e Agentes de Execução

1 – Apenas à OSAE é lícito publicitar a profissão de agente de execução, de solicitador e das suas especializações.

2 – É definida uma imagem única para solicitadores e agentes de execução e respetivas sociedades, conforme anexo III ao presente regulamento, do qual faz parte integrante.

3 – A OSAE disponibiliza imagem para estacionário, marcas, logótipos, selo branco, selo de autenticação e selo eletrónico, para uso exclusivo dos seus associados.

4 – Por deliberação do conselho geral podem ser definidas designações, marcas ou ícones a utilizar na lista pública dos associados e sociedades profissionais constante do sítio da OSAE, bem como pelos associados ou sociedades profissionais, tendo em consideração requisitos de formação, de disponibilidade e de espaço físico dos associados ou das sociedades.

SECÇÃO III
Publicidade Pessoal

ARTIGO 3º
Publicidade Pessoal do Associado da OSAE

1 – A publicidade pessoal deve respeitar as normas do Estatuto da Ordem dos Solicitadores e dos Agentes de Execução (EOSAE), do Código da Publicidade e do presente regulamento.

2 – A publicidade pessoal é permitida na medida em que preencha uma função informativa junto do público.

3 – A publicidade pessoal do associado deve ser verídica, respeitosa do segredo profissional e veiculada com dignidade e moderação.

ARTIGO 4º
Conteúdo da publicidade pessoal

1 – A publicidade pessoal tem caráter informativo e não persuasivo.

2 – Os suportes de imagem podem ser compostos por:

a) Nome profissional ou denominação social;
b) Especializações que o associado pretenda divulgar;
c) Número de cédula profissional ou a data de inscrição na OSAE;
d) Logótipo nos termos definidos no presente regulamento.

3 – A publicidade profissional pode conter as seguintes menções:

a) Quanto aos associados, as especialidades e habilitações académicas, os cargos dirigentes exercidos na OSAE, o domicílio profissional, os domicílios secundários, a localização georreferenciada dos escritórios, os contactos telefónicos, o endereço de correio eletrónico, o sítio eletrónico, as línguas faladas ou escritas, o número da apólice de seguro de responsabilidade civil profissional e respetivo montante;

b) Quanto às sociedades de profissionais, o nome profissional dos administradores, sócios e associados, com indicação das respetivas especializações e as restantes informações mencionadas na alínea anterior.

4 – Quanto aos solicitadores e às sociedades profissionais integradas por solicitadores, a publicidade profissional pode conter as seguintes menções:

a) O direito ao uso da marca BUS, com a indicação do escritório onde é praticado o serviço no caso de ter mais do que um domicílio profissional;
b) O direito ao uso da plataforma de Geopredial e da respetiva marca;
c) O direito ao uso da plataforma de constatação de facto e respetiva marca;
d) A utilização de conta-cliente através de suporte informático disponibilizado pela OSAE;
e) A divulgação de tabela de honorários;
f) A indicação das áreas preferenciais, nos termos do anexo IV ao presente regulamento, e dos atos que possam ser praticados de acordo com estas.

5 – Quanto aos agentes de execução e sociedades profissionais integradas por agentes de execução, a publicidade profissional pode conter as seguintes menções:

a) A tramitação de PEPEX;
b) A utilização da plataforma e-leiloes.pt;
c) A realização de citações oriundas de países da União Europeia.

6 – A lista referida na alínea *f*) do nº 4 pode ser alterada por deliberação do conselho geral, sendo ouvido o conselho profissional do colégio dos solicitadores.

ARTIGO 5º
Conteúdos da publicidade específica do escritório

1 – Além das informações mencionadas no artigo anterior, por cada escritório profissional, podem ainda ser acrescidos ícones aprovados pelo Conselho Geral, relativos às atividades profissionais aí exercidas e às condições físicas destes, nos seguintes termos:

a) Para os associados ou sociedades profissionais:
   i) Acessibilidade a utentes de mobilidade reduzida cumprindo os requisitos previstos na lei referente às condições de acessibilidade de espaços públicos;

ii) Horário de abertura ao público;
iii) Agendamento online;
iv) A disponibilização de terminal de pagamento automático.

b) Para os solicitadores ou sociedades profissionais integradas por solicitadores:

i) O uso das marcas registadas da OSAE;
ii) A disponibilidade de meios informáticos para acesso dos cidadãos aos serviços públicos, nomeadamente através de leitores smart card.

2 – O uso da marca Balcão Único do Solicitador (BUS) está sujeito ao cumprimento das condições impostas no presente regulamento.

ARTIGO 6º
Conteúdos Proibidos

Nas proibições de publicidade de solicitadores e agentes de execução definidas no EOSAE considera-se como informações erradas ou enganosas a publicitação de marcas não autorizadas ou a publicitação de caraterísticas falsas dos escritórios.

ARTIGO 7º
Suportes Publicitários

Os suportes publicitários lícitos são os definidos no EOSAE de acordo com os seguintes termos:

a) É lícita a publicidade de especializações reconhecidas pela OSAE, a aposição de marcas e a aposição de ícones nos termos do presente regulamento;

b) A menção dos nomes de clientes, para efeitos da alínea *g*) do nº 4 do artigo 128º do EOSAE, carece de autorização do bastonário nos mesmos termos das normas definidas para a quebra de segredo profissional.

ARTIGO 8º
Suportes proibidos

1 – É proibida a publicidade em suportes que ponham em causa a objetividade e integridade da informação ou que afetem a dignidade profissional do associado, da profissão ou da OSAE, nomeadamente:

a) A utilização de reclamos em viaturas;

b) A utilização de reclamos que, pelas suas dimensões, características de iluminação e local de colocação, sejam considerados desproporcionais e desprestigiantes para a profissão.

2 – Em caso de dúvida, cabe ao conselho geral emitir parecer prévio sobre a utilização de suporte de imagem.

SECÇÃO IV
Sociedades

ARTIGO 9º
Publicidade

1 – Às sociedades profissionais aplicam-se as normas previstas para os associados, com as necessárias adaptações.

2 – No caso de integrarem a sociedade profissional sócios com especialidades profissionais diferentes, com especializações ou que tenham o direito a uso de marcas, junto da descrição do nome dos sócios devem ser indicadas estas caraterísticas e competências.

SECÇÃO V
Pareceres

ARTIGO 10º
Pareceres sobre a aplicação do Regulamento

1 – Mediante requerimento dos associados, o conselho geral, ouvindo os respetivos conselhos profissionais, emite parecer sobre a aplicação do presente regulamento às propostas sobre conteúdos e suportes de publicidade que estes pretendam promover.

2 – O prazo para a emissão de parecer é de 60 dias.

3 – A publicidade ou o uso de formas e meios que contrarie o parecer emitido implica a instauração de processo disciplinar.

4 – Os pareceres emitidos podem ser divulgados sem identificação do requerente na página da Internet da OSAE.

CAPÍTULO II
Imagem dos Atos de Solicitador e de Agente de Execução

ARTIGO 11º
Obrigatoriedade de uso

1 – Os selos de autenticação são de uso obrigatório nos termos do EOSAE.

2 – A utilização de selo branco não dispensa o uso de selo de autenticação.

3 – O uso de selo de autenticação eletrónico dispensa a utilização dos outros selos, sem prejuízo de o associado também os poder utilizar para reforço da segurança e imagem documental.

ARTIGO 12º
Selo branco

1 – O selo branco é uma marca identificativa de atos praticados por solicitadores e agentes de execução, que resulta da impressão de um cunho em documento escrito.

2 – Nos documentos com mais de uma página deve ser usado o selo branco nas folhas que não tenham selo de autenticação.

3 – O selo branco é emitido exclusivamente pela OSAE, mediante requerimento dirigido ao conselho geral.

4 – O modelo de requerimento para a emissão do selo branco é aprovado pelo conselho geral e disponibilizado no sítio da Internet da OSAE, contendo as condições e o modo da sua utilização.

5 – Pode ser requerida emissão de um cunho por cada especialidade e por escritório registado.

6 – Os cunhos são propriedade da OSAE, emitidos mediante o pagamento de uma taxa e devolvidos nos mesmos termos da cédula profissional.

ARTIGO 13º
Selo de autenticação em papel (vinhetas)

1 – Os selos de autenticação em suporte papel (vinhetas) são disponibilizados pela OSAE e validam os atos praticados por solicitadores e por agentes de execução.

2 – Os selos de autenticação são emitidos pela OSAE mediante requerimento dirigido ao conselho geral, sendo remetidos para o domicílio profissional do associado no prazo de 10 dias úteis, exceto se este requerer o levantamento presencial na sede da OSAE.

ARTIGO 14º
Selo de autenticação eletrónico

1 – O selo de autenticação eletrónico é aposto em documento desmaterializado.

2 – O selo de autenticação eletrónico é disponibilizado pela OSAE e valida os atos praticados eletronicamente pelos associados.

3 – O selo de autenticação eletrónico é objeto de pagamento de uma taxa correspondente a metade da definida para os selos de autenticação em papel.

CAPÍTULO III
Imagem de Solicitadores e de Agentes de Execução

ARTIGO 15º
Logótipos, imagem e estacionário

A OSAE disponibiliza modelos de imagem, logótipos e estacionário para solicitadores e agentes de execução.

ARTIGO 16º
Cartazes e Tabuletas

Os modelos de tabuletas ou cartazes são fornecidos em formato digital no ato de inscrição na OSAE.

ARTIGO 17º
Logótipos e Modelos de Estacionário

1 – A OSAE disponibiliza modelos de estacionário para solicitadores e agentes de execução, na área reservada do sítio eletrónico da OSAE.

2 – Só os solicitadores e agentes de execução com a inscrição em vigor podem usar as imagens, os logótipos e o estacionário disponibilizados pela OSAE.

ARTIGO 18º
Obrigatoriedade

A utilização da imagem, logótipos e estacionário definidos no anexo III ao presente regulamento é obrigatória para solicitadores e agentes de execução.

CAPÍTULO IV
Cessação do Direito de Uso da Imagem

ARTIGO 19º
Reserva de utilização

1 – O conselho geral da OSAE reserva-se o direito de proibir a utilização das imagens registadas como marcas sempre que o associado contrarie as disposições do presente regulamento.

2 – As deliberações do conselho geral da OSAE, quanto aos limites de utilização da imagem, são passíveis de recurso para o conselho superior.

ARTIGO 20º
Suspensão ou Cancelamento da Inscrição

1 – A suspensão ou o cancelamento da inscrição do associado inibe o direito ao uso da imagem profissional.

2 – O associado na posse de cunho de selo branco e de selos de autenticação deve devolvê-los ao conselho geral nos 10 dias seguintes à suspensão ou ao cancelamento da inscrição, sob pena de processo disciplinar.

3 – Em caso de suspensão da inscrição, o conselho geral guarda os cunhos de selos brancos e os selos de autenticação em depósito pelo prazo máximo de cinco anos.

4 – A entrega dos cunhos de selo branco ou dos selos de autenticação não obriga a OSAE à devolução de qualquer quantia paga.

ARTIGO 21º
Subtração, perda ou extravio de selo branco ou de selos de autenticação em papel

Em caso de perda, extravio ou furto do selo branco ou do selo de autenticação o associado deve denunciar o facto às autoridades competentes e comunicá-lo ao conselho geral.

CAPÍTULO V
Balcão Único do Solicitador (BUS)

SECÇÃO I
Natureza, Imagem, Direitos e Deveres

ARTIGO 22º
Natureza

1 – O BUS é uma marca registada, propriedade da OSAE.

2 – A imagem do BUS não prejudica nem afasta a utilização da imagem do solicitador nem as disposições que a regulamentam.

ARTIGO 23º
Imagem do BUS

1 – A imagem do BUS, que inclui estacionário, um elemento gráfico de utilização em suportes transparentes ou translúcidos, cartazes e sítio eletrónico é aprovada pelo conselho geral.

2 – Apenas ao solicitador constituído em BUS, ou à sociedade profissional que o integre, é permitido o uso da marca, logótipos e estacionário aprovado do BUS.

3 – Cabe ao conselho geral, mediante proposta do conselho profissional dos solicitadores, autorizar o uso da marca, dos logótipos e do estacionário aprovados, podendo ainda participar disciplinar ou criminalmente por utilização abusiva da mesma.

ARTIGO 24º
Direitos dos solicitadores inscritos no BUS

Os solicitadores aderentes ao BUS ou as sociedades profissionais que os integrem, têm direito, designadamente:

a) A constar da lista de solicitadores aderentes ao BUS;

b) Ao uso da marca e imagem do BUS;

c) A ter a qualidade da estrutura e meios do seu BUS reconhecida pela OSAE;

d) A beneficiar da publicidade funcional da OSAE;

e) A beneficiar de eventuais protocolos que a OSAE estabeleça com outras entidades que exijam ou privilegiem estruturas e caraterísticas semelhantes às exigíveis aos aderentes ao BUS;

f) A usar cartazes, anúncios e demais suportes de divulgação autorizados do BUS;

g) À divulgação da certificação pela OSAE.

ARTIGO 25º
Deveres dos solicitadores inscritos no BUS

1 – São deveres dos solicitadores inscritos no BUS:

a) Frequentar anualmente as ações de formação definidas pelo conselho geral;

b) Frequentar, com aproveitamento, formação específica sobre o âmbito de aplicação do BUS, a realizar de dois em dois anos, nos termos definidos pelo conselho geral;

c) Utilizar a plataforma informática de gestão do escritório de solicitador disponibilizada pela OSAE;

d) Dispor de certificado digital;

e) Dispor de porta-moedas eletrónico;

f) Usar a conta-cliente de solicitador;

g) Não apresentar dívidas, de qualquer natureza, para com a OSAE ou encontrar-se a cumprir plano de pagamento

2 – Os solicitadores que frequentem ações de formação, não promovidas pela OSAE, com conteúdos programáticos semelhantes aos referidos na alínea *a*) do número anterior, submetem-se a avaliação a definir por deliberação do conselho geral.

3 – O solicitador inscrito em BUS deve disponibilizar obrigatoriamente os seguintes serviços aos cidadãos:

a) Reconhecimentos de assinaturas;

b) Certificações e autenticações de documentos;

c) Acesso aos serviços eletrónicos e informáticos dos diversos serviços públicos que celebrem protocolo com a OSAE a esse respeito.

4 – Para a utilização da marca BUS num determinado escritório devem existir as seguintes condições físicas:

a) Espaços destinados a espera, atendimento, arquivo e instalações sanitárias;

b) Afixação de tabela de honorários para todos os serviços de caráter obrigatório, bem como dos contactos da OSAE para efeitos de reclamação;

c) Ter os equipamentos necessários à prestação dos serviços publicitados, nomeadamente computador, impressora, digitalizadora, telefone, leitor de smart card e equipamento de receção e envio de telefax, podendo este ser substituído por e-fax;

d) Colocar no exterior o número da licença e o horário de funcionamento.

SECÇÃO II
Inscrição

ARTIGO 26º
Requisitos de inscrição no BUS

1 – O direito ao uso da marca BUS encontra-se sujeito à verificação dos seguintes requisitos:

a) Obtenção de nota positiva em exame de avaliação sobre os conhecimentos relativos ao âmbito de aplicação do BUS;

b) Ter os requisitos e disponibilizar os espaços físicos definidos no artigo anterior;

c) Indicar a abertura de conta-cliente de solicitador em instituição protocolada com a OSAE.

2 – Verificada a falta de algum requisito dos identificados nas alíneas *b*) e *c*) do número anterior, o solicitador aderente deve, no prazo de 10 dias, suprir a irregularidade ou requerer a desistência do pedido.

3 – O conselho profissional dos solicitadores pode promover a realização de vistorias prévias sempre que as informações apresentadas ou obtidas lhe suscitem dúvidas antes de elaborar a proposta ao conselho geral para a inscrição no BUS.

ARTIGO 27º
Inscrição no BUS

1 – A inscrição no BUS compete ao conselho geral, com faculdade de delegação, devendo ser proferida no prazo de 30 dias a contar da apresentação do requerimento, que deve ser acompanhado do comprovativo de pagamento da respetiva taxa.

2 – Caso haja lugar a indeferimento, a decisão devidamente fundamentada é comunicada por escrito ao requerente, preferencialmente por correio eletrónico, podendo este suprir as deficiências no prazo de 10 dias a contar da comunicação.

3 – Da deliberação de recusa de inscrição no BUS cabe recurso para o conselho superior.

4 – A inscrição no BUS implica a emissão de uma licença numerada, com data de validade de dois anos, renováveis por igual período a pedido do solicitador.

ARTIGO 28º
Auditoria e fiscalização

1 – Compete ao conselho profissional dos solicitadores promover as ações de fiscalização necessárias de forma a garantir o respeito pelas normas do presente Regulamento.

2 – Caso se verifique a existência de irregularidades não sanáveis, é cancelada a licença, sem prejuízo de participação disciplinar.

ARTIGO 29º
Renovação

A inscrição no BUS é renovada bienalmente pelo conselho geral, mediante requerimento, pagamento de taxa devida e declaração escrita do requerente que ateste que mantém os requisitos previstos neste capítulo.

ARTIGO 30º
Transferência da inscrição

A inscrição no BUS pode ser transferida, mediante o pagamento de taxa, para outro solicitador que reúna os pressupostos necessários, passe a utilizar o espaço a que corresponde a inscrição e que subscreva declaração pela qual se comprometa a aceitar a gestão e guarda do respetivo arquivo.

ARTIGO 31º
Caducidade da inscrição

A inscrição caduca e a licença é cancelada se o solicitador, notificado para sanar deficiências, suprir faltas ou cumprir obrigações que lhe são impostas, não as cumprir no prazo que lhe seja conferido.

CAPÍTULO VI
Disposições Finais e Transitórias

ARTIGO 32º
Disposições transitórias

Os solicitadores aderentes ao BUS e com a inscrição em vigor devem adotar as normas estabelecidas no presente regulamento, no prazo de:

a) Um ano quanto às exigências formativas, de conta-cliente e de certificado digital;

b) Dois anos quanto aos restantes pressupostos de inscrição;

c) A taxa prevista no nº 3 do artigo 14º entra em vigor em 1/01/2018.

ARTIGO 33º
Norma Revogatória

É revogado o Regulamento nº 786/2010, Regulamento de Publicidade e Imagem dos Solicitadores e Agentes de Execução, publicado na 2ª série – Nº 203, do Diário da República de 19 de outubro de 2010.

ARTIGO 34º
Entrada em vigor

O presente regulamento entra em vigor no primeiro dia do mês seguinte ao da sua publicação.

Aprovado em Assembleia de Representantes da Ordem dos Solicitadores e dos Agentes de Execução de 23 de setembro de 2017.

29 de setembro de 2017. – O Presidente da mesa da Assembleia de Representantes da Ordem dos Solicitadores e dos Agentes de Execução, *Rui Carvalheiro*.

ANEXO I
Selo branco de solicitador

O selo branco de solicitador é composto por cunho de duas faces, com o diâmetro de quatro centímetros. Na metade superior contém o logótipo do solicitador, identificado no anexo III deste regulamento, e na metade inferior, no sentido descendente, contém os dizeres "solicitador" e "cédula nº", este precedendo o número da cédula do solicitador titular do selo. No rebordo inferior contém o nome profissional do solicitador titular do selo.

Selo branco de agente de execução

O selo branco de agente de execução é composto por cunho de duas faces com o diâmetro de quatro centímetros. Na metade superior contém o logótipo do agente de execução identificado no Anexo III deste regulamento e na metade inferior, no sentido descendente, contém o nome profissional do agente de execução, os dizeres "agente de execução" e "cédula nº", este precedendo o número da cédula do agente de execução titular do selo. No rebordo inferior contém o nome profissional do agente de execução titular do selo.

ANEXO II
Selos de autenticação em papel

O selo de autenticação em papel é constituído por um papel autocolante com a dimensão 35 mm x 30 mm, com características que permitam assegurar que uma vez aplicado não poderá voltar a ser levantado ou descolado No papel estão pré-impressas as palavras "Solicitador * Portugal" ou "Agente de Execução * Portugal", conforme se tratem de selos para utilização nos atos decorrentes da atividade de solicitadoria ou de atos próprios do agente de execução.

No terço superior do selo encontra-se uma banda holográfica com a dimensão 30 mm x 8 mm, na qual se pode visualizar a insígnia da Ordem dos Solicitadores e dos Agentes de Execução e a palavra "Ordem dos Solicitadores e dos Agentes de Execução", cujo modelo será depositado na Imprensa Nacional Casa da Moeda.

Na parte superior do selo consta um identificador alfanumérico.

Na parte inferior do selo consta o nome ou o nome abreviado do associado, o número de cédula profissional e a data de emissão.

O conselho geral pode introduzir mecanismos adicionais de segurança que são mantidos secretos.

ANEXO III
Logótipo e estacionário de solicitadores e de agentes de execução

Descrição: A figura de uma balança de dois pratos tendo sobreposta em parte uma representação da esfera armilar rodeada por doze estrelas na metade direita.

Cores: Bordeaux, preto e branco.

Estacionário: pastas, envelopes, papel de carta, papel de fax e cartão pessoal.

ANEXO IV
Áreas preferenciais

Notariado, Registos e Contratos;
Família e Sucessões;
Inventários;
Comercial e Sociedades Comerciais;
Fiscal;
Recuperação de créditos;
Administrativo;
Urbanismo;
Trabalho;
Gestão de patrimónios.

Regulamento das Contas-Cliente de Solicitador

Regulamento nº 611/2017*

PREÂMBULO

O Estatuto da Ordem dos Solicitadores e dos Agentes de Execução (EOSAE), consagrado na Lei nº 154/2015, publicada no D.R. nº 179/2015, série I, de 14 de setembro, prevê nos seus artigos 146º e 147º a existência de contas-cliente de solicitadores, estipulando o nº 1 do artigo 146º que o registo de movimentos destas contas é efetuado segundo as normas do respetivo regulamento.

Nas normas gerais do EOSAE que incidem sobre contas-cliente, determina o nº 3 do artigo 122º que estas são abertas em qualquer instituição de crédito que efetue protocolo para esse efeito com a Ordem e pelo qual aceite submeter-se às normas estatutárias e regulamentares sobre esta matéria.

O artigo 147º do EOSAE estabelece os princípios gerais das liquidações das contas-cliente.

As contas-cliente de solicitador visam três grandes objetivos:

1 – Assegurar que os valores confiados aos solicitadores ou suas sociedades profissionais por conta dos seus clientes ou de terceiros não integram o seu património pessoal e portanto não são suscetíveis de serem considerados em caso de cessação da atividade ou em situações de conflito patrimonial, nomeadamente na insolvência, divórcio, penhora, arresto, porquanto constituem patrimónios autónomos;

2 – Apresentar aos clientes soluções de transparência essenciais para a credibilização da profissão;

3 – Assegurar aos clientes que em caso de liquidação das contas há uma intervenção da OSAE que permite a entrega dos valores a quem a eles tiver direito.

Faz-se notar que a OSAE, após a experiência de 14 anos obtida com a implementação das contas-cliente de agentes de execução, desenvolveu ferramentas informáticas sofisticadas que facilitam o objetivo da transparência.

As contas-cliente de solicitador têm, no entanto, uma diferença substancial face às dos agentes de execução: – Não estão sujeitas a uma auditoria permanente.

* *Publicado no Diário da República, 2ª série, nº 236, de 11 de dezembro de 2017.*

Esta incumbe aos clientes. Os órgãos dirigentes da Ordem não têm que auditá-las nem podem consultá-las. Os órgãos disciplinares e os tribunais podem, no âmbito dos respetivos processos, solicitar informações que entendam convenientes sobre estas. Os órgãos dirigentes só têm acesso àquelas contas em caso de liquidação nos termos do artigo 147º do EOSAE.

Acresce que o solicitador através dos extratos da conta-cliente tem uma ferramenta importante para demonstrar fiscalmente quais os valores que recebeu destinadas a despesas por conta dos clientes ou que lhes foram confiados por conta destes e que consequentemente não devem ser incluídos nas suas receitas próprias e sujeitas aos impostos estabelecidos para a atividade profissional.

A competência da Assembleia Geral para aprovação de regulamentos da Ordem, prevista no nº 3 do artigo 22º do EOSAE, foi delegada, relativamente ao presente regulamento, na assembleia de representantes do colégio profissional dos solicitadores, pela deliberação nº 1886/2016, alínea *b*), publicada no Diário da República, 2ª série, nº 241, de 19 de dezembro, alterada pela Declaração de Retificação nº 32/2017, publicada no Diário da República, 2ª série, nº 8, de 11 de janeiro, da Assembleia Geral do dia 21 de outubro de 2016, conforme previsto na alínea *d*) do nº 3 daquele artigo, bem como no nº 1 do artigo 146º do EOSAE.

Foi promovida a audição pública nos termos do nº 2 do artigo 101º do Código do Procedimento Administrativo. Foi promovida a audição do conselho superior, do conselho fiscal e dos conselhos profissionais.

Assim, nos termos do nº 6 do artigo 3º da Lei nº 154/2015, de 14 de setembro, do nº 3 do artigo 22º, do nº 1 do artigo 146º do Estatuto da Ordem dos Solicitadores e dos Agentes de Execução é aprovado o seguinte regulamento:

ARTIGO 1º
Objeto

1 – O presente regulamento estabelece as normas a que deve obedecer a abertura, a movimentação, a gestão e o encerramento das contas-cliente de solicitadores.

2 – O solicitador ou sociedade profissional deste que detenha ou pretenda deter quantias por conta dos seus clientes, ou de terceiros, destinadas a despesas, deve ser titular de uma conta-cliente.

ARTIGO 2º
Abertura de Conta

1 – As contas-cliente de Solicitador (CCS) só podem ser abertas e movimentadas em instituições de crédito (bancos) que tenham aceitado a articulação com a plataforma informática da OSAE, adiante designada como "plataforma informática" e subscrevam protocolo que regule a forma de abertura, movimentação e encerramento daquelas contas com aplicação das normas estatutárias e do presente regulamento.

2 – A conta-cliente de solicitador pode ser titulada por solicitador que tenha aderido previamente à plataforma informática referida no número anterior e que

subscreva os documentos de abertura de conta nos termos do presente regulamento e do protocolo com o Banco.

3 – A conta-cliente de solicitador pode ser titulada por solicitador, por sociedade de solicitadores ou por sociedade de solicitadores e de agentes de execução:

a) Que tenham aderido previamente à plataforma informática referida no número anterior;

b) Que subscrevam os documentos de abertura de conta nos termos do presente regulamento e do protocolo com o Banco.

4 – No caso das sociedades de solicitadores ou de solicitadores e agentes de execução, é ainda exigível:

a) Que seja sócio, pelo menos um solicitador regularmente inscrito no Colégio de Solicitadores;

b) Que os administradores com poderes para obrigar a sociedade e, consequentemente, movimentar a conta-cliente sejam obrigatoriamente solicitadores;

c) Que se reconheça a todos os sócios, solicitadores, o direito de consulta dos movimentos da conta podendo a sociedade deliberar alargar esse direito a associados e a empregados forenses devidamente identificados na OSAE;

d) Que as sociedades remetem, antecipadamente à OSAE, cópia certificada do título onde constem as deliberações referidas na alíneas anteriores.

5 – A OSAE insere estas configurações na plataforma informática e informa o banco protocolado onde se encontra sedeada a conta, juntando a cópia dos referidos títulos.

6 – Sendo a conta-cliente de solicitador titulada por sociedade de solicitadores e agentes de execução esta não pode ser utilizada para movimentar valores no âmbito de serviços de agente de execução.

ARTIGO 3º
Movimentação da conta

1 – Todos os movimentos, tanto a crédito como a débito, contêm obrigatoriamente uma referência (Identificador Único de Pagamento – IUP) que corresponde à identificação do respetivo processo criado na plataforma informática.

2 – Os movimentos a débito devem ainda conter um código que permita identificar o motivo da movimentação.

ARTIGO 4º
Movimentos a crédito

1 – São admitidos os seguintes movimentos a crédito:

a) Em dinheiro, ao balcão do banco protocolado, com a referência do pagamento efetuado;

b) Em cheque, ao balcão do banco protocolado, com a referência do pagamento efetuado;

c) Transferência com referências multibanco;
d) Transferência oriunda de outros países para o IBAN da conta-cliente.

2 – Os movimentos a crédito que, por qualquer motivo, não contenham identificador que permita a conciliação automática ao processo, devem ser conciliados manualmente pelo solicitador no prazo de 10 dias, solicitando ao banco protocolado, sempre que necessário, os dados destinados a auxiliar conciliação.

3 – Não sendo possível ao solicitador identificar a origem, o fundamento ou o destino do valor creditado na conta, deve este solicitar ao banco protocolado para promover os seus melhores esforços (dever de diligência) conducentes à restituição do valor depositário à entidade responsável pela operação.

ARTIGO 5º
Movimentos a débito

1 – São admitidos os seguintes movimentos a débito:

a) Transferência bancária para IBAN;
b) Pagamento de referências multibanco;
c) Pagamento de Documento único do Cobrança;
d) Pagamento ao balcão do banco;
e) Cheque bancário;
f) Transferência para conta bancária no estrangeiro.

2 – A realização de movimentos a débito depende da verificação prévia da conciliação bancária dos movimentos anteriores, da verificação da existência de fundos e da identificação do beneficiário.

ARTIGO 6º
Encerramento da conta

1 – Sem prejuízo das competências dos órgãos disciplinares, poderá ser solicitado o encerramento da conta-cliente junto do Banco protocolado, pelo seu titular, quando esta tenha um saldo zero.

2 – A conta-cliente é ainda encerrada nas situações referidas nos nºs 1 e 2 do artigo 147º do EOSAE.

3 – A revogação pelo solicitador ou pela sociedade que integre, das condições gerais ou particulares de movimentação da conta junto do Banco protocolado, será considerada como uma manifestação de vontade no sentido de encerramento das contas-cliente.

ARTIGO 7º
Impossibilidade de Movimentação

1 – Verificando-se a impossibilidade de movimentação a débito em resultado da indisponibilidade dos sistemas informáticos superiores a dois dias úteis,

fazendo prova dessa impossibilidade, o solicitador requer ao banco protocolado por escrito a transferência, indicando:

a) O número do processo;
b) A conta a debitar;
c) A conta bancária de destino;
d) A identificação do destinatário;
e) O motivo da transferência.

2 – O solicitador pode, em alternativa, utilizar os métodos previstos nas alíneas *d*) e *e*) do nº 1 do artigo 5º

3 – Os movimentos realizados nos termos do nº 1 são registados na plataforma informática pelo titular da conta no prazo máximo de dois dias úteis após a realização da transferência.

ARTIGO 8º
Juros

1 – No protocolo com a entidade bancária será estabelecida a taxa de juro para remuneração dos depósitos em contas-cliente, a forma da sua prévia fixação e a sua periodicidade. Esta informação será afixada na página da OSAE para divulgação pública.

2 – Os clientes por conta dos quais se efetuaram os depósitos na conta-cliente de solicitadores têm direito a receberem proporcionalmente os juros líquidos correspondentes ao tempo e valor depositados são calculados automaticamente, por processo; nos termos do número anterior sempre que o valor a creditar anualmente ultrapasse 1/10 UC.

3 – O valor de juros não creditado aos clientes, após o pagamento dos impostos proporcionais, reverte para o Fundo de Garantia dos Solicitadores, competindo ao titular da conta-cliente a sua transferência.

ARTIGO 9º
Liquidação

1 – A seleção dos solicitadores ou sociedades de solicitadores referidos no nº 4 do artigo 147º do EOSAE é efetuada através de candidatura anual organizada pelo conselho profissional com referência a cada região.

2 – Na ausência de candidatos cabe ao conselho profissional proceder à designação.

3 – A liquidação é remunerada segundo regras a definir pelo conselho geral.

4 – A remuneração referida no número anterior é da responsabilidade prioritária e sucessivamente:

a) Do seguro profissional que cubra essa responsabilidade;
b) Do património do solicitador ou da sociedade profissional;
c) Do Fundo de Garantia de Solicitadores;
d) Dos valores existentes em saldo na conta-cliente de solicitador.

5 – O pagamento através do Fundo de Garantia só pode ser acionado após a sua regulamentação e constituição nos termos do EOSAE.

6 – Os valores a pagar com as despesas com a liquidação são essenciais e prioritários para efetuar o rateio previsto no nº 7 do artigo 147º pelo que este só é efetuado após estar assegurado o respetivo pagamento.

7 – O eventual saldo remanescente na conta-cliente de solicitador após a liquidação é integrado no Fundo de Garantia de Solicitadores.

8 – Incumbe ao bastonário da OSAE e ao liquidatário subscrever as ordens de pagamento resultantes do processo de liquidação, da aplicação das normas do EOSAE e do presente regulamento.

ARTIGO 10º
Segurança

1 – A plataforma eletrónica e os procedimentos protocolados com a entidade bancária devem assegurar que em cada movimento são registados os elementos indicados no artigo 3º, podendo o Conselho Geral instituir que todos ou alguns dos movimentos bancários fiquem condicionados à emissão de identificador único de pagamento (IUP).

2 – A conta-cliente de solicitador só pode ser consultada, nos termos do Estatuto da OSAE, pelos órgãos disciplinares ou por liquidatário nomeado.

ARTIGO 11º
Norma Revogatória

É revogado o Regulamento Interno nº 57/2003, Regulamento da conta-clientes de solicitador, publicado no Diário da República nº 253/2003, Série II de 31/10/2003.

ARTIGO 12º
Entrada em vigor

O presente regulamento entra em vigor oito dias APÓS O anúncio público efetuado pelo conselho geral da disponibilidade da plataforma informática de suporte e da subscrição com uma instituição bancária do protocolo referido no presente regulamento.

Aprovado em Assembleia de Representantes do Colégio Profissional dos Solicitadores da Ordem dos Solicitadores e dos Agentes de Execução, de 18 de novembro de 2017.

18 de novembro de 2017. – O Presidente da Mesa da Assembleia de Representantes do Colégio Profissional dos Solicitadores da Ordem dos Solicitadores e dos Agentes de Execução, *Paulo Branco*.

Regulamento de Estágio para Solicitadores

Regulamento nº 1108/2016*

Preâmbulo

Tendo em conta as atribuições da Ordem dos Solicitadores e dos Agentes de Execução, doravante designada de Ordem, nomeadamente:

O Estatuto da Ordem dos Solicitadores e dos Agentes de Execução (EOSAE), aprovado pela Lei nº 154/2015, de 14 de setembro, nos termos do qual e de acordo com o artigo 1º, nº 2 a Ordem é uma pessoa coletiva de direito público de natureza associativa que, no exercício dos seus poderes públicos, aprova os regulamentos previstos na lei e no EOSAE;

O artigo 3º do EOSAE, cujo nº 1 estabelece que a Ordem tem como fins o controlo do acesso e exercício da atividade profissional dos solicitadores e dos agentes de execução, elaborando, nos termos da lei, as normas técnicas e deontológicas respetivas, estando prevista a atribuição regulamentar concreta no nº 2, particularmente nas alíneas *b*) e *e*).

Não olvidando que o solicitador, enquanto auxiliar na administração da justiça, tem uma ampla e secular tradição no nosso ordenamento jurídico, cuja primeira referência legal à profissão remonta ao longínquo ano de 1521 – nas Ordenações Manuelinas – e compreende um alargado conjunto de competências, partilhadas com outras profissões jurídicas, designadamente, as previstas na Lei nº 49/2004, de 24 de agosto.

Sabendo que é, também, oportuno este ensejo para confirmar os progressos alcançados com os regulamentos de estágio anteriores e corroborar um modelo de estágio de excelência e exigência que garante que a transformação da Câmara dos Solicitadores em Ordem dos Solicitadores e dos Agentes de Execução é a melhor das coincidências, especialmente para adequar o regulamento de estágio aos desafios e mudanças necessárias. Alterações, por exemplo, quanto aos requisitos de inscrição no estágio, à duração máxima do mesmo, da avaliação, da previsão e exigência de seguros de responsabilidade civil profissional e de riscos profissionais, da obrigatoriedade de publicitação de uma lista de associados estagiários,

* *Publicado no Diário da República, 2ª série, nº 241, de 19 de dezembro de 2016.*

do cartão de estagiário e da necessidade de harmonizar a diversificação de procedimentos observada nos diferentes centros de estágio em favor do princípio da igualdade entre estagiários. De resto, a grande maioria das adaptações resulta da adequação do EOSAE e dos respetivos regulamentos ao regime jurídico das associações públicas profissionais estabelecido pela Lei nº 2/2013, de 10 de janeiro.

Assim, nos termos do EOSAE e, especialmente pelo disposto no artigo 132º, é aprovado o regulamento de estágio para solicitadores, o qual se rege pelas seguintes disposições:

CAPÍTULO I
Princípios e disposições gerais

ARTIGO 1º
Objetivos e duração do estágio

1 – Incumbe à Ordem, no exercício das suas atribuições, estabelecer um modelo de estágio que prima pela excelência e exigência científicas, pedagógicas e profissionais, tendo em vista a preparação adequada dos associados estagiários e o desempenho competente e responsável dos atos próprios enquanto futuros solicitadores.

2 – O estágio terá a duração máxima de dezoito meses a contar da data do pedido de inscrição, incluindo as fases de formação e avaliação, nos termos do artigo 156º, nº 1 do EOSAE.

ARTIGO 2º
Primeiro período de estágio

1 – O primeiro período de estágio tem a duração máxima de seis meses e corresponde à fase de formação, que visa o aprofundamento e o desenvolvimento teórico-prático dos conhecimentos já adquiridos no percurso académico dos estagiários e que se relacionam especialmente com o exercício da atividade profissional.

2 – No primeiro período de estágio, o estagiário deve frequentar sessões formativas, seminários, conferências e colóquios e realizar os trabalhos e relatórios que sejam determinados pela comissão de coordenação de estágio, utilizando, para o efeito, a plataforma informática de apoio ao estágio.

ARTIGO 3º
Segundo período de estágio

1 – O segundo período de estágio tem a duração máxima de doze meses, sendo que, neste período, o patrono formador é o principal responsável pela formação do estagiário, que privilegia a integração deste no exercício concreto da atividade profissional.

2 – No segundo período de estágio podem ocorrer, excecionalmente, ações formativas se a comissão de coordenação de estágio entender serem justificadas, nomeadamente, no caso de alterações legislativas relevantes.

ARTIGO 4º
Patronos formadores

1 – Todos os associados que cumpram os requisitos estatutariamente previstos têm o dever de dar estágio.

2 – O patrono formador deve acompanhar o estagiário em todas as fases do estágio.

3 – Em cada estágio, pode o conselho geral atribuir um eventual montante remuneratório fixo e/ou variável aos patronos formadores, suportado pela Ordem.

4 – Salvo deliberação fundamentada da comissão de coordenação de estágio, o patrono formador só pode ser responsável por um máximo de dez estagiários.

5 – O patrono formador deve apresentar um relatório final de estágio, de acordo com o modelo aprovado pela comissão de coordenação de estágio, até trinta dias antes da data da primeira época da prova escrita do exame final de estágio, pronunciando-se sobre a aptidão ou ineptidão do associado estagiário para a prática autónoma, competente e responsável dos atos próprios da profissão.

ARTIGO 5º
Bolsa de patronos formadores

1 – São primeiramente selecionados como patronos formadores, os associados que manifestem especial predisposição para o efeito, através da inscrição na bolsa de patronos formadores, cuja criação e manutenção é assegurada pelo conselho geral.

2 – Compete à comissão de coordenação de estágio a nomeação dos patronos formadores, sem prejuízo da faculdade de indicação destes por parte dos candidatos, no momento da inscrição ou posteriormente, e desde que instruída por declaração de aceitação do patrono formador que cumpra os requisitos estatutários exigidos.

3 – No caso de o estagiário indicar um patrono formador de entre os associados integrados na bolsa de patronos formadores, não há necessidade de juntar declaração de aceitação, sem prejuízo de o patrono formador poder recusar a indicação, fundamentadamente, no prazo de dez dias após notificação da mesma.

4 – Não havendo inscrições suficientes na bolsa de patronos formadores ou indicações por parte dos estagiários, são nomeados os patronos que integrem a lista de associados elegíveis como patronos que é complementar e deriva da informação constante da lista obrigatória prevista no artigo 100º, nº 2, alínea *a*) do EOSAE.

5 – As nomeações devem ter em conta, designadamente, e na medida do possível, o fator de proximidade entre os escritórios dos patronos e a residência dos estagiários.

6 – A comissão de coordenação de estágio pode requerer o auxílio dos conselhos regionais para a nomeação de patronos formadores, que tem lugar no primeiro mês de estágio.

7 – Os patronos formadores podem ser designados para integrar os júris das provas orais.

ARTIGO 6º
Alteração de patrono formador e transferência

1 – Mediante requerimento fundamentado dirigido à comissão de coordenação de estágio, pode o estagiário solicitar alteração de patrono formador, designadamente no caso de impedimento deste ou inobservância de quaisquer deveres estatutários e regulamentares.

2 – É sempre considerado como responsável pela informação necessária à aprovação no estágio o último patrono formador nomeado.

3 – Ocorrendo comprovada omissão culposa de deveres do patrono formador ou violação de quaisquer garantias dos estagiários, a comissão de coordenação de estágio determina a nomeação de novo patrono formador através de deliberação fundamentada.

4 – Em qualquer um dos casos referidos nos números anteriores, ou em outras circunstâncias devidamente justificadas, pode a comissão de coordenação de estágio substituir ou substituir-se ao patrono formador e deliberar fundamentadamente sobre a necessária informação favorável para aprovação no estágio, de acordo com o artigo 105º, nº 2 alínea *a*) do EOSAE, em articulação com os centros de estágio, se existirem.

5 – O associado estagiário pode deduzir pedido fundamentado solicitando a transferência de centro de estágio, caso exista e, bem assim, solicitar a realização de provas de avaliação em local diferente daquele em que realizaria em função do domicílio profissional ou afetação a determinado centro de estágio.

ARTIGO 7º
Formador auxiliar

1 – Por solicitação do patrono formador, pode a comissão de coordenação de estágio designar um ou mais formadores auxiliares.

2 – O formador auxiliar pode ser sugerido pelo patrono formador.

3 – Só pode ser formador auxiliar o associado que possa ser patrono formador e demonstre ter especial aptidão para prestar apoio em aspetos concretos do estágio, em função do domínio de determinada matéria relevante para o exercício da profissão.

4 – A Ordem mantém uma lista atualizada dos formadores auxiliares.

5 – Por deliberação da comissão de coordenação de estágio, ouvido o patrono formador, o disposto no presente artigo aplica-se, com as necessárias adaptações, ao disposto no artigo 132º, nº 3, alínea *b*) do EOSAE, para os casos em que a solicitação de formador auxiliar seja realizada pelo solicitador estagiário.

ARTIGO 8º
Seguros

1 – O candidato que pretenda inscrever-se no estágio deve comprovar a subscrição das apólices de seguro exigidas estatutariamente.

2 – A Ordem divulga antecipadamente as apólices de seguro de grupo para o caso de o estagiário optar por não contratar, por si, as apólices exigíveis.

3 – A notícia com a informação relativa às apólices é publicada no sítio da internet da Ordem até trinta dias antes da abertura das inscrições no estágio.

ARTIGO 9º
Lista pública e número dos associados estagiários

1 – A Ordem promove a publicação de uma lista pública dos associados estagiários de acordo com o artigo 100º do EOSAE.

2 – A numeração dos associados estagiários é atribuída sequencialmente, em função da ordem do recebimento dos requerimentos de inscrição em todo o território nacional.

3 – O número de estagiário é complementado com informação relativa ao ano de estágio, à qualidade de associado estagiário, aos diferentes estágios organizados pela Ordem e, eventualmente, ao centro de estágio respetivo.

ARTIGO 10º
Inscrição no estágio

1 – Na inscrição, o candidato deve aceitar expressamente que todas as notificações possam ser feitas por via eletrónica, para o endereço de correio eletrónico profissional e para a plataforma informática de apoio ao estágio, sem prejuízo da necessária notificação edital das classificações das provas de avaliação.

2 – Nas sessões de abertura do estágio, quando estas tenham lugar, ou no início de cada estágio, é distribuída aos associados estagiários, preferencialmente por via eletrónica, toda a informação necessária ao integral exercício dos seus direitos e cumprimento dos seus deveres.

ARTIGO 11º
Suspensão e cessação do estágio

1 – O estagiário pode requerer ao bastonário, fundamentadamente, a suspensão do estágio.

2 – Deferido o pedido de suspensão, o estágio é impreterivelmente reiniciado no estágio imediatamente seguinte, retomando-se na mesma fase em que foi suspenso.

3 – Se ao estágio referido no número anterior vierem a ser aplicáveis outras normas para admissão e frequência, o estagiário pode apenas reiniciá-lo se assegurar o seu cumprimento nos termos que vierem a ser determinados pelo conselho geral.

4 – O período de estágio já realizado perde qualquer validade se o pedido de reinício não for efetuado para o estágio seguinte, tendo o estagiário de efetuar nova inscrição e repetir todo o estágio.

ARTIGO 12º
Aprovação no estágio e no exame final

1 – Sem prejuízo dos outros requisitos estatutários para a inscrição de solicitadores na Ordem, os estagiários devem obter aprovação no estágio, assim como no respetivo exame final.

2 – A aprovação no estágio depende, cumulativamente:

a) Da realização e aprovação num trabalho que verse sobre deontologia profissional, ou outra matéria definida pela comissão de coordenação de estágio;

b) Da frequência de um mínimo de dez audiências judiciais/diligências, cuja distribuição temática é definida pela comissão de coordenação de estágio no início de cada estágio;

c) Da informação favorável do patrono, ou dos centros de estágio nos termos do artigo 6º, que deve ter em conta, nomeadamente, a assiduidade do estagiário no segundo período de estágio.

3 – O exame final de estágio compreende uma componente escrita e uma componente oral.

4 – As provas de avaliação são sempre de âmbito nacional e a prova escrita é anónima para o formador corretor.

5 – Os trabalhos e relatórios, bem como as linhas programáticas e temáticas das sessões devem, tanto quanto possível, ser tidas em conta na elaboração das provas escritas e pelos júris das provas orais.

6 – A desistência, a falta de comparência e a anulação das provas de avaliação equivalem à reprovação.

7 – A fraude verificada em qualquer uma das provas, bem como a cumplicidade ou a tentativa, implicam a anulação da prova e a cominação prevista no artigo seguinte, sem prejuízo de procedimento disciplinar nos termos do artigo 31º

8 – O disposto no número anterior é igualmente aplicável à fraude nos trabalhos e relatórios entregues ou à falsificação dos comprovativos de assistência às audiências judiciais/diligências previstas na alínea *b*) do nº 2.

ARTIGO 13º
Nova inscrição e repetição do estágio

A reprovação no estágio ou no exame final de estágio implicam nova inscrição e a repetição integral do estágio.

ARTIGO 14º
Falta justificada a prova de avaliação

1 – O associado estagiário que falte justificadamente a uma das provas em qualquer uma das épocas pode, por uma única vez, requerer nova prova à comissão de coordenação de estágio, no prazo de dez dias a contar da publicação da classificação da prova.

2 – A comissão de coordenação de estágio propõe ao conselho geral a data de uma época especial para a realização das provas de avaliação dos estagiários que faltem justificadamente, nos termos do artigo 18º, nº 1, alínea *b*).

3 – Consideram-se justificadas as faltas com algum dos seguintes fundamentos:

a) Falecimento de cônjuge ou unido de facto, ou de parente ou afim até ao segundo grau da linha reta ou colateral;

b) Doença infetocontagiosa, internamento hospitalar ou outras situações incapacitantes devidamente comprovadas;

c) Cumprimento de obrigações legais;

d) Outras razões devidamente justificadas e reconhecidas pela comissão de coordenação de estágio como objetivamente impeditivas.

ARTIGO 15º
Publicação das classificações

A classificação das diferentes provas é notificada aos interessados editalmente por via da publicação no sítio da internet da Ordem, da plataforma informática de apoio ao estágio e, ainda, notificada através do endereço de correio eletrónico profissional dos associados estagiários.

ARTIGO 16º
Consulta das provas

1 – Na consulta das provas escritas para confronto com os critérios de correção publicitados pode apenas ser cobrada uma taxa que cubra os custos suportados pelos serviços com a reprodução ou digitalização documental.

2 – Os critérios de correção das provas escritas são disponibilizados até à data da publicação das classificações na plataforma informática de apoio ao estágio.

3 – A ata das provas orais é igualmente disponibilizada para consulta.

CAPÍTULO II
Estrutura orgânica do estágio e competências dos órgãos

ARTIGO 17º
Competências gerais dos órgãos do estágio

1 – Compete ao conselho geral a organização e direção do estágio e a nomeação da comissão de coordenação de estágio.

2 – A promoção da inscrição dos associados estagiários, bem como a deliberação sobre quaisquer questões relativas à sua inscrição cabe ao conselho geral, em articulação com o conselho profissional.

3 – Os conselhos regionais e as delegações distritais colaboram na organização e funcionamento do estágio, nos termos do presente regulamento e das competências delegadas pelo conselho geral.

4 – A provedoria dos associados estagiários é assegurada pelo provedor da Ordem.

5 – O conselho geral pode criar comissões que auxiliem a respetiva comissão de coordenação no âmbito da auditoria e fiscalização ou na pronúncia sobre aspetos científico-pedagógicos do estágio.

ARTIGO 18º
Conselho geral

1 – No âmbito da organização e direção do estágio, compete ao conselho geral, designadamente:

a) Nomear os membros da comissão de coordenação de estágio, sem prejuízo da integração necessária de um elemento indicado pelo conselho profissional;

b) Determinar a data de abertura, de realização das provas de avaliação e de encerramento do estágio;

c) Definir os conteúdos programáticos do estágio, nomeadamente das sessões e outras iniciativas formativas, bem como definir a logística, a estrutura dos trabalhos e dos relatórios a apresentar pelos estagiários;

d) Elaborar um guião procedimental de estágio e a respetiva calendarização, elencando as tarefas executórias necessárias à concretização do mesmo, por forma a garantir o cumprimento do limite legal imposto à duração do estágio.

2 – As competências do conselho geral previstas nas alíneas *b*) a *d*) do número anterior podem ser delegadas na comissão de coordenação de estágio que, por sua vez, as pode subdelegar no departamento de formação do conselho geral.

ARTIGO 19º
Comissão de coordenação de estágio

1 – Compete à comissão de coordenação de estágio, nomeadamente:

a) Selecionar os formadores, corretores e revisores, com observância das regras do regulamento respetivo;

b) Apresentar ao conselho geral um relatório final sobre o estágio;

c) Promover a organização de colóquios, conferências, seminários e debates durante o estágio;

d) Com a prévia autorização do conselho geral, criar nos conselhos regionais ou nas delegações distritais, centros de estágio e serviços de estágio, nos quais pode delegar a instrução e a tramitação dos processos de inscrição dos associados estagiários ou o apoio logístico necessário ao bom funcionamento do estágio, da organização das sessões formativas, das provas de avaliação, dos pedidos de justificação de faltas ou da reclamação das classificações das provas escritas de avaliação;

e) Assegurar a elaboração das provas escritas e os respetivos critérios de correção relativos ao exame final de estágio;

f) Determinar e verificar as regras de confidencialidade do exame final de estágio;

g) Deliberar sobre as reclamações das classificações das provas escritas de avaliação.

2 – A comissão de coordenação de estágio reúne ordinariamente uma vez por mês e, extraordinariamente, por convocação do presidente ou da maioria dos seus membros.

3 – Sem prejuízo das suas competências próprias, a comissão de coordenação de estágio, através do presidente e dos membros que a compõem, pode reunir-se a todo o tempo com o departamento de formação do conselho geral com o objetivo de acompanhar permanentemente os assuntos relativos ao estágio.

CAPÍTULO III
Do estágio

ARTIGO 20º
Abertura

1 – O estágio para solicitadores inicia-se uma vez por ano em data a determinar pelo conselho geral.

2 – A notícia com a informação relativa à data de abertura, documentação instrutória do requerimento de inscrição e outras indicações úteis, é publicada no sítio da internet da Ordem até trinta dias antes da abertura das inscrições no estágio.

3 – A comissão de coordenação de estágio pode determinar a abertura de um período de pré-inscrições destinado a apurar, designadamente, quais os meios humanos e materiais adequados ao regular e eficiente funcionamento do estágio.

ARTIGO 21º
Avaliação

1 – As componentes do exame final de estágio, prova escrita e oral, são integradas pelas matérias referentes aos conteúdos programáticos definidos em cada estágio, designadamente, os que correspondem aos temas das sessões formativas, dos estudos de caso e dos trabalhos e relatórios solicitados aos estagiários.

2 – As matérias são determinadas pela comissão de coordenação de estágio no início de cada estágio.

3 – A composição, distribuição e atribuição dos júris das provas orais é da competência da comissão de coordenação de estágio.

4 – A duração, data e horário das provas são publicados no sítio da internet da Ordem, na plataforma informática de apoio ao estágio e notificados através do endereço de correio eletrónico profissional até trinta dias antes da realização de cada uma das provas.

ARTIGO 22º
Prova escrita

1 – São aprovados na prova escrita os solicitadores estagiários que obtiverem uma nota igual ou superior a 9,5 valores em cada uma das matérias.

2 – A classificação da prova escrita é igual à soma dos resultados obtidos em cada uma das matérias, classificadas numa escala de 0 a 20 valores, dividida pelo total de matérias, sem arredondamentos.

3 – O estagiário que reprove na primeira época realiza uma segunda época da prova escrita a todas as matérias.

4 – Sem prejuízo do disposto no número anterior, pode o solicitador estagiário realizar segunda época da prova escrita a um máximo de duas matérias desde que, em cada uma delas, tenha obtido uma classificação igual ou superior a 8 valores.

5 – O estagiário que tenha obtido aprovação na primeira época da prova escrita pode realizar a segunda época da prova escrita, pagando a respetiva taxa, no sentido de melhorar a classificação média obtida na primeira época, conservando a classificação média mais elevada conseguida numa das provas escritas em que tenha obtido aprovação.

6 – A faculdade prevista no número anterior pode ser exercida independentemente da realização da primeira época da prova oral e mesmo que, na sequência desta, o estagiário reprove no exame final de estágio.

ARTIGO 23º
Prova oral

1 – O solicitador estagiário aprovado na prova escrita realiza prova oral, sem prejuízo do nº 4.

2 – A classificação da prova oral é obtida pela soma das diferentes classificações dadas por cada um dos três elementos do júri, numa escala de 0 a 20 valores, dividida por três, sem arredondamentos.

3 – A classificação global do exame final resulta da soma da classificação média obtida na prova escrita com a classificação média da prova oral, dividida por dois, sendo considerado aprovado o solicitador estagiário que obtenha um resultado final igual ou superior a 9,5 valores.

4 – O associado estagiário que obtenha uma classificação média igual ou superior a 12 valores na prova escrita está isento da prestação de prova oral, considerando-se aprovado no exame final de estágio com a classificação da prova escrita.

5 – O estagiário que reprove na sequência da primeira época da prova oral realiza a segunda época da prova oral.

6 – A duração máxima da prova oral é de trinta minutos.

ARTIGO 24º
Cartão de estagiário

1 – O conselho geral promove a produção dos cartões de associado estagiário solicitador que são entregues até ao início do segundo período de estágio.

2 – O modelo e as menções obrigatórias do cartão são definidos por deliberação do conselho geral.

CAPÍTULO IV
Da reclamação

ARTIGO 25º
Reclamação de classificação

1 – Os estagiários podem reclamar por escrito e no prazo de quinze dias após a publicação das classificações obtidas nas provas escritas de avaliação.

2 – A comissão de coordenação de estágio pode disponibilizar formulário eletrónico próprio para a reclamação, publicitando a existência do mesmo no sítio da internet da Ordem, na plataforma informática de apoio ao estágio e notificando através do endereço de correio eletrónico profissional no momento da publicação das pautas de avaliação.

3 – A reclamação é sempre fundamentada sob pena de indeferimento liminar e a apreciação tem por objeto apenas o conteúdo da reclamação.

4 – A fundamentação aborda necessariamente as divergências da cotação atribuída em função dos critérios de correção publicitados, pelo que são liminarmente indeferidos os pedidos que não tenham sido precedidos de consulta de prova.

5 – A reclamação origina um procedimento de revisão que é distribuído a revisor distinto daquele que classificou originalmente a prova.

6 – O revisor elabora parecer, fundamentado técnica e cientificamente, cabendo à comissão de coordenação de estágio a deliberação sobre a classificação final, sem possibilidade de nova reclamação.

7 – Se a reclamação incidir sobre várias matérias, o requerimento deve identificá-las isoladamente.

8 – A falta da entrega do comprovativo relativo à taxa devida pela reclamação implica o indeferimento liminar do pedido.

9 – Se o pedido incidir exclusivamente sobre erro na soma de cotações, não há lugar ao pagamento de qualquer taxa.

10 – A classificação dada em sede de revisão pode ser distinta da inicialmente atribuída, mas em caso algum implica a reprovação do estagiário ou a perda de algum direito adquirido em função da classificação original, sendo que, neste último caso, a classificação final corresponde à mínima necessária para garantir a aprovação ou outro direito adquirido pelo estagiário.

CAPÍTULO V
Disposições finais e transitórias

ARTIGO 26º
Repositório informativo

Todas as deliberações, resoluções, decisões ou outros atos que possam afetar os direitos e garantias dos estagiários ou outros interessados, são publicitados no repositório informativo próprio criado na plataforma informática de apoio ao estágio e no sítio da Ordem na internet.

ARTIGO 27º
Bolsa de mérito

1 – O conselho geral, sob proposta da comissão de coordenação de estágio, pode determinar a atribuição de uma bolsa de mérito, que é distribuída aos cinco melhores estagiários de cada estágio.

2 – Serve de critério de atribuição da bolsa a classificação obtida no exame final de estágio.

3 – Em caso de empate na seriação, serve de critério de desempate a classificação média final obtida na licenciatura habilitante indicada no requerimento de inscrição no estágio.

ARTIGO 28º
Dispensa da frequência do estágio ou do exame final de profissionais jurídicos de reconhecido mérito que já tenham prestado provas públicas no exercício de outras funções

1 – Nos termos da alínea *c*) do nº 3 do artigo 132º do EOSAE, através de deliberação fundamentada do conselho geral, ouvida a comissão de coordenação de estágio e o conselho profissional, podem ser dispensados da realização do estágio ou do respetivo exame final, os profissionais jurídicos de reconhecido mérito que já tenham prestado provas públicas no exercício de outras funções.

2 – A deliberação mencionada no número anterior fixa a data da realização de eventuais provas exigíveis aos candidatos, designadamente no caso daquelas não coincidirem com as épocas agendadas para o estágio em curso.

3 – Se o candidato for dispensado da realização do estágio realiza o exame final de estágio.

4 – Tendo sido o candidato dispensado da realização do exame final de estágio, realiza estágio e prova escrita sobre os conteúdos deontológicos, estatutários e regulamentares da Ordem.

5 – A comissão de coordenação de estágio fixa a data e assegura a prova prevista no número anterior.

ARTIGO 29º
Candidatos e estagiários com deficiência

As exigências formais previstas no presente regulamento, designadamente quanto à realização de provas de avaliação, não prejudicam os direitos dos portadores de deficiência notória ou comprovada, cabendo à comissão de coordenação de estágio assegurar as condições de adaptabilidade exigíveis.

ARTIGO 30º
Arquivo de documentação

Toda a informação relativa ao estágio é arquivada nos termos da legislação em vigor, especialmente a relativa aos exames, pautas e relatórios.

ARTIGO 31º
Deveres e disciplina

Os associados estagiários estão sujeitos ao poder disciplinar da Ordem pela violação, por ação ou omissão, dos deveres deontológicos, estatutários e regulamentares, nos termos do artigo 134º, nºs 2 e 3 do EOSAE.

ARTIGO 32º
Omissões ou lacunas

Sem prejuízo da competência regulamentar da assembleia geral, as dúvidas e omissões do presente regulamento são resolvidas nos termos do artigo 31º, nº 1, alínea *p*) do EOSAE.

ARTIGO 33º
Norma transitória relativa às taxas

1 – Enquanto não for aprovada no regulamento respetivo, a taxa de inscrição no estágio para solicitadores é de 9,5 unidades de conta (UC) e o pagamento pode ser feito em cinco prestações iguais, sendo:

a) A primeira prestação paga até último dia do prazo de inscrição no estágio e cuja falta de apresentação do comprovativo de pagamento é motivo bastante para o indeferimento liminar do pedido;

b) A segunda prestação paga até ao final do terceiro mês do estágio;

c) A terceira prestação paga até ao início do segundo período de estágio;

d) A quarta prestação paga até ao final do nono mês do estágio;

e) A quinta prestação paga até quinze dias antes da data da realização da primeira época da prova escrita do exame final de estágio.

2 – Enquanto não forem aprovadas no regulamento respetivo, são ainda devidas:

a) Uma taxa de 1 UC pela reclamação das classificações da prova escrita do exame final de estágio, dividida pelo número total de matérias, paga em função do número de matérias a rever, havendo devolução da taxa apenas nos casos em que a alteração da nota inicial resulte de erro imputável ao formador corretor;

b) Uma taxa de 1,5 UC pela realização da segunda época da prova escrita do exame final de estágio, salvo se o estagiário faltar justificadamente à primeira época e requerer nova prova;

c) Uma taxa de 1 UC pela realização da segunda época da prova oral do exame final de estágio, salvo se o estagiário faltar justificadamente à primeira época da prova oral e requerer nova prova;

d) Uma taxa de 1,5 UC pela realização de época especial de prova de avaliação requerida nos termos do artigo 14º, sem prejuízo do disposto nas duas alíneas anteriores;

e) Uma taxa de 0,0025 UC por página pela reprodução ou digitalização das provas escritas de avaliação ou das atas das provas orais, para efeitos de consulta;

f) Uma taxa de 3 UC pela realização dos exames efetuados ao abrigo do artigo 28º, nº 3;

g) Uma taxa de 1,5 UC pela realização de uma eventual segunda época da prova escrita prevista no artigo 28º, nº 4;

h) Uma taxa de 0,5 UC pela alteração do patrono formador e respetiva emissão de um novo cartão de estagiário, sempre que a mesma se deva a facto respeitante ao estagiário.

3 – Ocorrendo a falta de pagamento de taxas, os associados estagiários são notificados para pagarem ou requererem a suspensão do estágio nos termos do artigo 11º, nº 1, sob pena da cessação da inscrição no estágio.

4 – O disposto no número anterior aplica-se, com as necessárias adaptações, aos demais candidatos e requerentes.

ARTIGO 34º
Norma revogatória e entrada em vigor

O presente regulamento entra em vigor no dia seguinte ao da sua publicação, sendo revogado o regulamento nº 105/2014, de 17 de março, relativo ao estágio para solicitadores, salvo quanto ao estágio em curso.

Aprovado em Assembleia Geral da Ordem dos Solicitadores e dos Agentes de Execução de 21 de outubro de 2016.

Homologado por despacho da Sra. Ministra da Justiça de 29 de novembro de 2016.

6 de dezembro de 2016. – O Presidente da Mesa da Assembleia Geral da Ordem dos Solicitadores e dos Agentes de Execução, *Rui Carvalheiro.*

Regulamento do Agente de Execução Contratado ou Associado

Regulamento nº 36/2017*

Proposta de regulamento do agente de execução contratado ou associado

Exposição de Motivos:

A Ordem dos Solicitadores e dos Agentes de Execução tem, nos termos da alínea *e*) do nº 2 do artigo 3º do EOSAE, competência para elaborar e aprovar os regulamentos internos de natureza associativa e profissional.

No Estatuto da Ordem dos Solicitadores e dos Agentes de Execução (EOSAE) foi prevista expressamente a possibilidade do agente de execução desempenhar as suas funções como empregado de outrem, desde que a entidade empregadora seja um agente de execução ou uma sociedade profissional, conforme dispõe o nº 2 do artigo 165º do EOSAE.

Atente-se também, por outro lado, que as sociedades profissionais têm a possibilidade de contratar agentes de execução enquanto associados, o que torna manifesta a necessidade de regulamentação nesta matéria.

Na elaboração deste novo regulamento, salientam-se os seguintes pontos:

a) O agente de execução contratado ou associado exerce as suas funções em regime de exclusividade para com a sua entidade patronal, seja esta um agente de execução ou uma sociedade que tenha no seu objeto a prática de atos de agentes de execução;

b) Inexistência de contas-cliente de exequentes e de executados do agente contratado ou associado ativas;

c) Inexistência de processos em curso no momento em que passa a exercer a atividade de agente de execução contratado ou associado;

d) Impossibilidade de nomeação para processos;

e) A lista de agentes de execução, bem como a cédula profissional, passa a identificar o agente de execução como contratado ou associado, com indicação da entidade patronal respetiva;

f) O domicílio profissional é obrigatoriamente coincidente com o da entidade patronal a que se encontra vinculado;

* *Publicado no Diário da República, 2ª série, nº 8, de 11 de janeiro de 2017.*

g) Obrigação de apresentar contrato de trabalho ou deliberação da sociedade que admita o agente de execução como associado;

h) O agente de execução contratado ou associado não pode assumir as funções previstas no nº 7 do artigo 174º do EOSAE.

A Assembleia Geral tem competência para aprovar os regulamentos da Ordem, nos termos do nº 3 do artigo 22º do Estatuto da Ordem dos Solicitadores e dos Agentes de Execução (EOSAE).

Foi promovida a audição pública nos termos do nº 2 do artigo 101º do Código do Procedimento Administrativo.

Foi promovida a audição do Conselho Superior, do Conselho Fiscal, do Conselho Profissional do Colégio dos Agentes de Execução e da Comissão para o Acompanhamento dos Auxiliares da Justiça ao abrigo das alíneas *b*) e *c*) do nº 3 do artigo 22º do EOSAE.

Nos termos da alínea *e*) do nº 2 do artigo 3º do EOSAE é aprovado o Regulamento do Agente de Execução Contratado ou Associado, o qual se rege pelas seguintes disposições:

ARTIGO 1º
Definições

1 – Entende-se por «agente de execução contratado» o agente de execução com a inscrição em vigor no respetivo colégio, que realiza os atos próprios da atividade para outro agente de execução ou para sociedade profissional que tenha no seu objeto a prática de atos de agentes de execução, com base num contrato de trabalho, não podendo ser dependente de mais que uma entidade patronal.

2 – Entende-se por «agente de execução associado» o agente de execução com a inscrição em vigor no respetivo colégio, que realiza os atos próprios da atividade para uma sociedade profissional que tenha no seu objeto a prática de atos de agentes de execução, com base na deliberação social que o admite naquela qualidade, não podendo ser associado de mais do que uma sociedade profissional.

ARTIGO 2º
Isenção e autonomia técnica

1 – A relação contratual não pode afetar os deveres deontológicos e a isenção e autonomia técnica do agente de execução contratado ou associado.

2 – O agente de execução contratado ou o agente de execução associado é excluído da lista de agentes de execução para efeitos de designação para novos processos.

ARTIGO 3º
Requisitos de inscrição

O agente de execução que pretenda inscrever-se como contratado ou associado deve, à data do pedido de inscrição, comprovar que:

a) Não tem processos pendentes;

b) Não tem contas-cliente de agente de execução abertas.

ARTIGO 4º
Pedido de inscrição como agente de execução contratado ou associado

1 – O pedido de inscrição de agente de execução contratado ou associado é realizado através de formulário, constante no sítio eletrónico da Ordem dos Solicitadores e dos Agentes de Execução (OSAE), de acordo com as condições aí publicadas, pagas as devidas taxas, e é subscrito simultaneamente pelo agente de execução contratado ou associado e pela entidade empregadora ou pela sociedade profissional que tenha no seu objeto a prática de atos de agente de execução.

2 – Ao pedido de inscrição é anexado o contrato de trabalho ou a deliberação da sociedade referidos no artigo 1º

3 – O pedido de inscrição é apreciado pelo Conselho Profissional do Colégio dos Agentes de Execução, no prazo de 15 dias, sendo a decisão comunicada aos requerentes.

ARTIGO 5º
Domicílio profissional, contactos telefónicos e endereço de correio eletrónico

1 – O domicílio profissional e os contactos telefónicos do agente de execução contratado ou associado, publicados no sítio eletrónico da OSAE, são obrigatoriamente coincidentes com o domicílio profissional ou escritório secundário, sede ou estabelecimento da entidade patronal ou da sociedade à qual está associado e onde efetivamente exerça a sua atividade

2 – O agente de execução contratado ou associado pode continuar a utilizar o endereço de correio eletrónico atribuído pela OSAE, devendo sempre assinar na respetiva qualidade.

ARTIGO 6º
Cartão de identificação de agente de execução

O cartão de identificação do agente de execução contratado ou associado contém a indicação do nome e morada da entidade empregadora ou da sociedade à qual está associado, com a indicação de que o agente de execução desenvolve a sua atividade exclusivamente para aquela, na respetiva qualidade.

ARTIGO 7º
Cessação da relação contratual do agente de execução

1 – A cessação da relação contratual do agente de execução com a entidade empregadora ou com a sociedade é comunicada à OSAE no prazo de 10 dias a contar da data de cessação, devendo o agente de execução indicar se pretende requerer uma das seguintes opções:

a) A recuperação da sua inscrição enquanto agente de execução individual, demonstrando o cumprimento dos requisitos de inscrição;

b) O cancelamento ou a suspensão da sua inscrição como agente de execução;

c) A indicação de nova entidade patronal;

d) A indicação de sociedade à qual está associado;

e) A integração como sócio em sociedade profissional que tenha no seu objeto a prática de atos de agente de execução.

2 – A entidade empregadora ou a sociedade devem comunicar à OSAE a data de cessação da relação contratual com o agente de execução, a partir da qual deve ser retirada a sua qualificação com dependente e os respetivos acessos.

ARTIGO 8º
Taxas

1 – Enquanto não for aprovado um regulamento geral de taxas no qual sejam previstas as situações do presente regulamento, fixam-se as seguintes taxas:

a) Pela inscrição do agente de execução contratado ou associado é devida uma taxa de 1/2 UC;

b) Pela cessação da relação contratual prevista no artigo 7º do presente regulamento é devida uma taxa de 1/2 UC.

ARTIGO 9º
Disposições transitórias

Os agentes de execução que à data da entrada em vigor do presente regulamento sejam associados ou contratados devem proceder à delegação integral dos processos:

a) No prazo de 90 dias, caso sejam contratados por outro agente de execução;

b) No prazo de 90 dias contados da data de disponibilização no SISAAE da nomeação das sociedades como agentes de execução.

ARTIGO 10º
Entrada em vigor

O presente regulamento entra em vigor no primeiro dia do mês seguinte ao da sua publicação.

Aprovado em Assembleia Geral da Ordem dos Solicitadores e dos Agentes de Execução de 27 de dezembro de 2016.

27 de dezembro de 2016. – O Presidente da Mesa da Assembleia Geral da Ordem dos Solicitadores e dos Agentes de Execução, *Rui Carvalheiro*.

Regulamento do Fundo de Garantia dos Agentes de Execução

Regulamento nº 172/2014*

Nota justificativa

O artigo 4º do Decreto-Lei nº 226/2008, de 20 de novembro, aditou ao Estatuto da Câmara dos Solicitadores (ECS) o artigo 127º-A, que cria o fundo de garantia dos Agentes de Execução bem como, o nº 4 do artigo 125º do ECS, que determina que o fundo "é solidariamente responsável pelas obrigações do agente de execução resultantes do exercício da sua atividade se houver falta de provisão em qualquer das suas contas-clientes ou irregularidades na sua movimentação até ao valor máximo de 100.000 euros".

Por sua vez, o nº 6 do artigo 127º do ECS estabelece que são cativados 10% das receitas anuais da Caixa de Compensações para o fundo de garantia dos Agentes de Execução.

Há a salientar, também, que o artigo 112º do ECS, aplicável aos agentes de execução por via do nº 1 do artigo 124º do ECS, determina que se presume, para todos os efeitos legais, que as quantias depositadas em conta-clientes não constituem património próprio do solicitador, neste caso, do agente de execução.

A experiência destes últimos dois anos impõe o aperfeiçoamento do Regulamento do Fundo de Garantia dos Agentes de Execução nº 484/2011, publicado no Diário da República, 2ª série, de 11 de agosto.

O fundo de garantia dos agentes de execução é um instrumento essencial para a credibilização da atividade dos agentes de execução, sendo prioritário o desenvolvimento das soluções consignadas no ECS, designadamente estabelecendo as soluções de pagamento e rateio.

Considerou-se de especial justiça privilegiar aqueles que são socialmente mais afetados pela falta de cumprimento tempestivo das obrigações do agente de execução.

O fundo de garantia é uma emanação da Caixa de Compensações, podendo ser regulamentado de forma autónoma ou alterado no âmbito dos respetivos regulamentos.

Consta da alínea *h)* do artigo 7º do Regulamento nº 133/2013, de 9 de abril (Regulamento da Caixa de Compensações dos Agentes de Execução), o já estatuído no

* *Publicado no Diário da República, 2ª série, nº 79, de 23 de abril de 2014.*

ECS a este respeito: são custos da caixa de compensações 10% das suas receitas anuais, até ao montante de € 1 000 000, as quais se destinam à constituição do fundo de garantia a que se refere o artigo 127º-A do Estatuto da Câmara dos Solicitadores.

A Caixa de Compensações dos Solicitadores de Execução foi criada pelo Estatuto da Câmara dos Solicitadores, Decreto-Lei nº 88/2003, de 26 de abril. Na medida em que aquela tem ainda saldo e valores a receber, permite a cativação de verbas destinadas ao fundo de garantia dos Solicitadores de Execução.

Foi ouvido o grupo de gestão da Comissão Para a Eficácia das Execuções.

PREÂMBULO

Assim, pelos motivos expostos na nota justificativa, e nos termos das alíneas *d*) e *f*) do artigo 30º do Estatuto da Câmara dos Solicitadores, é aprovado o Regulamento do fundo de garantia dos Agentes de Execução, o qual se rege pelas seguintes disposições:

Regulamento do Fundo de Garantia dos Agentes de Execução

ARTIGO 1º
Objeto

O fundo de garantia dos agentes de execução é o património autónomo, solidariamente responsável, nos termos do nº 4 do artigo 125º do Estatuto da Câmara dos Solicitadores (ECS), pelas obrigações do agente de execução, perante determinadas entidades, resultantes do exercício da sua atividade se houver falta de provisão em qualquer das suas contas-clientes ou irregularidade na respetiva movimentação, respondendo até ao valor máximo de € 100 000.

ARTIGO 2º
Constituição do fundo de garantia

O fundo de garantia dos agentes de execução tem as seguintes receitas:

a) As verbas anuais da Caixa de Compensações dos agentes de execução, nos termos estabelecidos no nº 6 do artigo 127º do ECS, bem como por outras receitas;

b) O rendimento dos bens do fundo de garantia;

c) O produto da alienação dos bens do fundo de garantia;

d) As liberalidades, dotações e subsídios.

ARTIGO 3º
Pressupostos de acionamento do fundo de garantia

1 – O fundo de garantia dos agentes de execução é acionado a requerimento de qualquer interessado, dirigido ao presidente do conselho geral.

2 – Os interessados no acionamento do fundo de garantia dividem-se em duas categorias:

a) Beneficiários prioritários; e
b) Restantes beneficiários.

3 – São beneficiários prioritários:

a) Os executados;

b) Outras entidades privadas que não sejam exequentes nem credores reclamantes; e

c) Os credores reclamantes e os exequentes:

i) Por créditos decorrentes do incumprimento de prestações de alimentos; ou

ii) Que sejam trabalhadores, por créditos laborais.

d) Os credores reclamantes e os exequentes que não sejam entidades públicas em processos em que não tenha sido escolhido o agente de execução, até ao montante de metade da alçada da Relação.

4 – São restantes beneficiários todos aqueles que não se incluam nas alíneas anteriores.

5 – O fundo de garantia dos agentes de execução só pode ser acionado após estarem reunidos cumulativamente os seguintes pressupostos:

a) A finalização da liquidação do escritório do agente de execução incumpridor;

b) A emissão de certidões pela entidade competente, nos termos do nº 3 do artigo 129º do ECS, que determinem a transferência dos eventuais saldos existentes em contas-clientes antes do bloqueio das mesmas;

c) A emissão de certidões que titulem as obrigações do agente de execução pela entidade competente, nos termos do nº 3 do artigo 129º do ECS, relativamente aos valores em falta;

d) A interpelação do agente de execução, dos seus herdeiros ou representantes legais para procederem ao pagamento das quantias em falta, tituladas na certidão; e

e) O decurso do prazo de 30 dias, a contar da interpelação, sem que o pagamento se mostre efetuado.

ARTIGO 4º
Liquidação

1 – A liquidação consiste numa auditoria aos movimentos das contas-clientes, de modo a verificar se há provisão suficiente nas mesmas para fazer face às obrigações do agente de execução.

2 – A liquidação é efetuada por outro agente de execução, denominado agente de execução liquidatário, selecionado por via de um processo isento e transparente, a definir pelo conselho geral.

ARTIGO 5º
Acionamento do fundo de garantia

1 – Se da liquidação e das correspondentes certidões, emitidas ao abrigo do nº 3 do artigo 129º do ECS, resultar a falta de valores nas contas-clientes, efetua-se a distribuição entre os interessados, pela seguinte ordem de prioridade:

a) Em primeiro lugar, efetua-se o pagamento às entidades referidas nas alíneas *a*) e *b*) do nº 3 do artigo 3º, que sejam pessoas singulares, até ao montante de metade da alçada do tribunal da Relação;

b) Em segundo lugar, efetua-se o pagamento das despesas da liquidação e às entidades referidas nas alíneas *a*) e *b*) do nº 3 do artigo 3º, que não sejam pessoas singulares, até ao montante de metade da alçada do tribunal da Relação;

c) Em terceiro lugar, efetua-se o pagamento às entidades referidas nas alíneas *a*) e *b*) do nº 3 do artigo 3º até ao montante do valor do crédito;

d) Em quarto lugar, efetua-se o pagamento às entidades referidas na alínea *c*) do nº 3 do artigo 3º, até ao montante da alçada do tribunal de primeira instância;

e) Em quinto lugar, efetua-se o pagamento às entidades referidas na alínea *c*) do nº 3 do artigo 3º, até ao montante de metade da alçada do tribunal da Relação;

f) Em sexto lugar, efetua-se o pagamento às entidades referidas na alínea *d*) do nº 3 do artigo 3º, até ao montante da alçada do tribunal de primeira instância;

g) Em último lugar, efetua-se o pagamento às entidades referidas na alínea *d*) do nº 3 do artigo 3º, até ao montante de metade da alçada do tribunal da Relação.

2 – O valor remanescente do fundo de garantia é rateado proporcionalmente aos valores dos créditos pelos restantes beneficiários do fundo de garantia e pelos beneficiários prioritários que ainda não tenham recebido a totalidade dos seus créditos.

3 – Os valores mencionados no número anterior apenas são pagos após a realização dos pagamentos, nos termos do nº 1, aos beneficiários prioritários em todas as liquidações em curso.

4 – Sempre que o montante do fundo de garantia não for suficiente para pagar integralmente os créditos abrangidos nas alíneas do nº 1, o montante do fundo a entregar deve ser distribuído na proporção dos montantes dos créditos aí abrangidos, tendo em conta os limites mencionados.

5 – As operações de entrega dos montantes referidos nas alíneas do nº 1 são efetuadas pelo agente de execução titular do processo, para quem é previamente transferida a verba das contas-clientes e do fundo de garantia.

6 – O disposto neste artigo sobre entregas a efetuar a executados não dispensa o agente de execução titular do processo de dar cumprimento ao disposto nos artigos 80º e 81º do Código de Procedimento e de Processo Tributário antes de proceder às entregas.

7 – A ordem de prioridade de pagamentos pelo fundo de garantia, entre várias liquidações, é estabelecida no termo dos 10 dias para decisão de eventual reclamação, decorridos 30 dias a contar da notificação do relatório final.

8 – Os exequentes que pretendam beneficiar do fundo de garantia devem requerê-lo até ao termo do prazo de três meses a contar da data de publicitação do acionamento do fundo na página eletrónica da Câmara dos Solicitadores.

9 – No início do procedimento de acionamento do fundo de garantia, consigna-se imediatamente o montante pelo qual o fundo responde para permitir o seu acionamento, em simultâneo, em várias liquidações.

10 – No caso de se apurar que o crédito reclamado resulta da prática de qualquer facto ilícito, o fundo de garantia não responde por aqueles valores.

ARTIGO 6º
Entrega de património à Câmara dos Solicitadores

1 – Se o agente de execução ou os seus herdeiros, consoante os casos, não conseguirem saldar as quantias em falta nas contas-clientes, podem, no prazo estabelecido na alínea *e*) do nº 5 do artigo 3º, oferecer garantias ou entregar património de outra natureza à Câmara dos Solicitadores.

2 – A entrega de património, nos termos do número anterior, está dependente de aceitação da Câmara dos Solicitadores e ainda da verificação das seguintes condições:

a) O património deve ser avaliado por perito independente, designado pela Câmara dos Solicitadores;

b) O património em causa deve ser vendido logo que possível ao melhor preço de mercado.

3 – A dívida do agente de execução apenas será reduzida do montante resultante da venda do património, descontados os custos da liquidação e das operações de acionamento do fundo de garantia e de venda de património.

4 – Se o património for vendido por valor superior ao da dívida, acrescido dos custos da liquidação e das operações de acionamento do fundo de garantia e de venda de património, deve a diferença ser entregue ao agente de execução ou aos seus herdeiros, consoante os casos.

ARTIGO 7º
Fundo de garantia dos solicitadores de execução

1 – É criado um fundo de garantia dos solicitadores de execução para responder solidariamente pelas obrigações do solicitador de execução resultantes do exercício da sua atividade se houver falta de provisão na conta-clientes ou irregularidade na respetiva movimentação, até ao valor máximo de € 100.000.

2 – Constituem verbas do fundo de garantia dos solicitadores:

a) 10% das verbas anuais da Caixa de Compensações S.E;

b) O rendimento dos bens do fundo de garantia dos solicitadores de execução;

c) O produto da alienação dos bens do fundo de garantia dos solicitadores de execução;

d) As liberalidades, dotações e subsídios.

3 – O conselho geral pode determinar a cativação de uma verba da Caixa de Compensações de S.E. superior à referida na alínea *a*) do número anterior.

4 – Só é acionado o fundo de garantia dos solicitadores de execução quando o último movimento a débito na conta-clientes tiver ocorrido antes de 31 de março de 2009, respondendo o fundo de garantia dos agentes de execução nos restantes casos.

5 – Ao fundo de garantia dos solicitadores de execução aplicam-se, com as necessárias adaptações, as disposições previstas para o fundo de garantia dos agentes de execução.

ARTIGO 8º
Direito de regresso

O fundo de garantia tem direito de regresso sobre o agente de execução ou sobre os seus herdeiros nos termos do artigo 524º do Código Civil.

ARTIGO 9º
Norma revogatória

Com o presente regulamento é revogado o Regulamento do fundo de garantia dos agentes de execução nº 484/2011, de 11 de agosto.

ARTIGO 10º
Produção de efeitos

O presente regulamento produz efeitos desde 31 de março de 2009.

ARTIGO 11º
Entrada em vigor

O presente regulamento entra em vigor no dia seguinte ao da sua publicação.

Aprovado em assembleia geral extraordinária da Câmara dos Solicitadores de 31 de março de 2014.

31 de março de 2014. – O Presidente da Mesa da Assembleia Geral da Câmara dos Solicitadores, *Rui Carvalheiro*.

Regulamento de Caução a Prestar pelos Agentes de Execução

Regulamento nº 37/2017*

Proposta de Regulamento de Caução a prestar pelos agentes de execução

O artigo 174º do Estatuto da Ordem dos Solicitadores e dos Agentes de Execução (EOSAE) determina que "os agentes de execução que recebam anualmente mais de 1.000 processos, ou que tenham pendentes mais de 2.000 processos, devem prestar uma caução em dinheiro, através de depósito a favor da CAAJ, que garanta o pagamento das despesas decorrentes da liquidação dos processos a seu cargo, ou da sociedade que integrem, quando cessem funções temporárias ou definitivamente ou seja extinta a sociedade, em função do número de processos".

Tratando-se de uma sociedade de agentes de execução, esta deve prestar caução quando o número de processos entrados e pendentes, dividido pelo número dos seus sócios, no final de cada ano civil, seja superior a qualquer dos limites previstos no nº 1 do artigo 174º do EOSAE, ou seja, o valor desta caução tem por base o cálculo do número de processos que ultrapasse algum dos limites referidos nesta norma, no final de cada ano civil, por um valor fixado entre 0,15 e 0,5 UC.

Nos termos do nº 6 do mesmo artigo, o valor a fixar para caução, por processo, o modo de prestação, os limites à gestão dos fundos depositados e o seu reembolso são definidos por regulamento a aprovar pela assembleia geral, sob proposta do conselho geral.

A competência da assembleia geral para aprovação de regulamentos da Ordem prevista no nº 3 do artigo 22º do Estatuto da Ordem dos Solicitadores e dos Agentes de Execução (EOSAE) foi delegada, relativamente ao presente regulamento, na assembleia de representantes do colégio dos agentes de execução, pela deliberação nº 1884/2016 alínea *a*), publicada no Diário da República, 2ª série, nº 240 de 16 de dezembro da assembleia geral do dia 21 de outubro de 2016, conforme previsto na alínea *d*) do nº 3 daquele artigo, bem como na alínea *b*) artigo 42º do EOSAE.

Foi promovida a audição pública nos termos do nº 2 do artigo 101º do Código do Procedimento Administrativo.

* *Publicado no Diário da República, 2ª série, nº 8, de 11 de janeiro de 2017.*

Foi promovida a audição do Conselho Superior, do Conselho Fiscal, do Conselho Profissional do Colégio dos Agentes de Execução e da Comissão para o Acompanhamento dos Auxiliares da Justiça ao abrigo das alíneas *b*) e *c*) do nº 3 do artigo 22º do EOSAE.

Assim, ao abrigo do nº 6 do artigo 174º do EOSAE, é aprovado o Regulamento de Caução a prestar pelos agentes de execução, o qual se rege pelas seguintes disposições:

ARTIGO 1º
Objeto

O presente regulamento disciplina o fator por processo a fixar para caução, o modo de prestação, os limites à gestão dos fundos depositados e o modo de reembolso da caução.

ARTIGO 2º
Fixação do valor

1 – Até 31 de dezembro de cada ano, a assembleia de representantes do colégio profissional dos agentes de execução, sob proposta do conselho geral, e após audição da Comissão para o Acompanhamento dos Auxiliares da Justiça (CAAJ), fixa o fator previsto no nº 3 do artigo 174º do Estatuto da Ordem dos Solicitadores e dos Agentes de Execução (EOSAE), publicando-o no sítio da Ordem.

2 – Não sendo fixado outro valor, considera-se o mínimo de 0,15 da UC, ali previsto.

3 – Para efeito de apuramento do valor caução, é considerada a unidade de conta que estiver em vigor no dia 31 de dezembro desse ano.

ARTIGO 3º
Modo de prestação

1 – A caução é prestada através de:

a) Transferência bancária para a conta titulada e indicada pela CAAJ; ou

b) Garantia bancária prestada por banco com atividade registada no Banco de Portugal.

2 – A garantia bancária é subscrita pela instituição garante através de impresso próprio, constante do anexo I ao presente regulamento, do qual faz parte integrante.

3 – A garantia bancária é prestada pelo período compreendido entre a data da sua emissão e o dia 31 de dezembro do ano seguinte ao da sua emissão, sendo automaticamente renovável por períodos de um ano se não for denunciada pela instituição garante, por meio de carta registada com aviso de receção, com a antecedência mínima de 60 dias em relação ao termo do período que estiver em curso.

4 – A caução é executada por deliberação da CAAJ, sem necessidade de prévia decisão judicial ou arbitral, quando se verifiquem os pressupostos para a sua utilização ou esteja pendente processo disciplinar com fundamento na movimentação indevida de fundos das contas-cliente, devendo o banco proceder à transferência do valor apurado no prazo de 30 dias após a notificação da decisão.

ARTIGO 4º
Limites à gestão dos fundos depositados

Os fundos confiados à CAAJ são depositados em conta titulada por esta junto da Agência de Gestão da Tesouraria e da Dívida Pública, EPE.

ARTIGO 5º
Reembolso da Caução

1 – O valor da caução é atualizado anualmente, de acordo com o previsto no nº 1 do artigo 174º do EOSAE, sendo parcial ou totalmente reembolsada até 31 de março, em consonância com os valores apurados.

2 – Não há lugar à restituição da caução sempre que, na data atrás referida, se verifiquem os pressupostos para a sua utilização.

ARTIGO 6º
Libertação e redução da garantia bancária

À redução ou libertação da garantia bancária aplica-se, com as necessárias adaptações, o disposto no artigo anterior.

ARTIGO 7º
Entrada em Vigor

O presente regulamento entra em vigor no primeiro dia do mês seguinte ao da sua publicação.

ANEXO I
(a que se refere o nº 2 do artigo 3º)
Modelo de prestação de caução por garantia bancária

Garantia bancária nº

Em nome e a pedido de____ (agente de execução), vem o(a) ____ (instituição garante), pelo presente documento, prestar, a favor da Comissão para o Acompanhamento dos Auxiliares da Justiça, beneficiária, uma garantia bancária, do qual se constitui principal pagador à primeira solicitação, até ao montante de [...](euro) ([...]), destinada(o) a caucionar o integral cumprimento das obrigações assumidas pelo(s) garantido(s) nos termos do artigo 174º do Estatuto da Ordem dos Solicitadores e dos Agentes de Execução.

A presente garantia corresponde e funciona como se estivesse constituída em moeda corrente, responsabilizando-se o garante, sem quaisquer reservas, por fazer a entrega de toda e qualquer importância, até ao limite da garantia, logo que interpelado por simples notificação escrita por parte da entidade beneficiária.

Fica bem assente que o banco garante, no caso de vir a ser chamado(a) a honrar a presente garantia, não poderá tomar em consideração quaisquer objeções do garantido, sendo-lhe igualmente vedado opor à entidade beneficiária quaisquer reservas ou meios de defesa de que o garantido se possa valer face ao garante.

A caução é prestada até ao dia 31 de dezembro do ano seguinte ao da data de início, sendo prorrogada automática e sucessivamente por períodos de um ano, se não for denunciada pelo banco por meio de carta registada com aviso de receção, com a antecedência mínima de 60 dias em relação ao período que estiver em curso.

[Data e assinatura dos representantes legais do Garante]

Aprovado em Assembleia de Representantes do Colégio Profissional de Agentes de Execução de 22 de dezembro de 2016.

27 de dezembro de 2016. – A Presidente da Mesa da Assembleia de Representantes do Colégio Profissional de Agentes de Execução, *Alexandra Cidades.*

Regulamento de Registo de Atos e Registo de Bens de Agente de Execução

Regulamento nº 38/2017*

Exposição de Motivos:

Considerando que a tramitação do processo de execução é eminentemente eletrónica, importa esclarecer que a manutenção do suporte físico do processo se circunscreve a determinado tipo de documentos, muito particularmente, aqueles que contêm a assinatura de terceiros (citação, autos de penhora, entre outros).

Esclarece-se ainda que não é admissível o acesso ao Sistema Informático de Suporte à Atividade dos Agentes de Execução (SISAAE) através de quaisquer outras aplicações informáticas, a manutenção em base de dados de dados pessoais que constem do processo de execução ou a utilização de aplicações informáticas externas para a tramitação de processos judiciais.

Apesar de resultar evidente do Código de Processo Civil e da sua regulamentação que o acesso aos processos judiciais só pode ser feito nos termos ali previstos, entendeu-se consignar esta informação no presente regulamento, a fim de melhor esclarecer os agentes de execução das limitações legais que existem nesta matéria, muito particularmente, no tratamento de dados pessoais.

A competência da assembleia geral para aprovação de regulamentos da Ordem prevista no nº 3 do artigo 22º do Estatuto da Ordem dos Solicitadores e dos Agentes de Execução (EOSAE) foi delegada, relativamente ao presente regulamento, na assembleia de representantes do colégio dos agentes de execução, pela deliberação nº 1884/2016 alínea *a*), publicada no Diário da República, 2ª série, nº 240, de 16 de dezembro da assembleia geral do dia 21 de outubro de 2016, conforme previsto na alínea *d*) do nº 3 daquele artigo, bem como na alínea *b*) artigo 42º do EOSAE.

Foi promovida a audição pública nos termos do nº 2 do artigo 101º do Código do Procedimento Administrativo.

* *Publicado no Diário da República, 2ª série, nº 8, de 11 de janeiro de 2017.*

Foi promovida a audição do conselho superior, do conselho fiscal, do conselho profissional do colégio dos agentes de execução e da Comissão para o Acompanhamento dos Auxiliares da Justiça ao abrigo das alíneas *b*) e *c*) do nº 3 do artigo 22º do EOSAE.

Nos termos dos nºs 2 a 4 do artigo 5º, nº 1 do artigo 8º, nº 3 do artigo 14º, nº 4 do artigo 31º, nºs 2 e 6 do artigo 44º da Portaria nº 282/2013, de 29 de agosto e ao abrigo da alínea *e*) do nº 2 do artigo 3º do Estatuto da Ordem dos Solicitadores e dos Agentes de Execução, é aprovado o regulamento de registo de atos e registo de bens de agente de execução, o qual se rege pelas seguintes disposições:

CAPÍTULO I
Disposição Geral

ARTIGO 1º
Objeto

O presente regulamento disciplina o registo eletrónico dos atos praticados pelo agente de execução e o registo dos bens penhorados.

CAPÍTULO II
Registo de Atos

ARTIGO 2º
Obrigação de registo de atos

1 – Com exceção dos atos que não tenham qualquer relevância processual, contabilística ou financeira, o agente de execução é obrigado a criar todos os seus atos processuais no processo executivo no Sistema Informático de Suporte à Atividade do Agente de Execução (SISAAE), bem como a registar todos os atos, tais como as diligências externas, que não sejam praticados através do SISAAE.

2 – Entende-se por registo:

a) A criação de um ato no SISAAE;

b) A junção ao SISAAE de um ato que não seja praticado através desta plataforma;

c) A junção ao SISAAE da digitalização, em formato pdf, de documento remetido por entidade terceira, em suporte físico ou digital.

3 – O registo dos atos a que se referem as alíneas *b*) e *c*) do número anterior deve ser efetuado no SISAAE até ao termo do segundo dia útil seguinte ao da prática do ato, sob pena de o agente de execução não poder ser reembolsado das despesas relativas ao ato realizado.

4 – Os atos são gerados ou registados de acordo com as instruções e metodologias constantes do SISAAE.

5 – Com a junção da digitalização do documento ao SISAAE presume-se que o ato respetivo foi praticado ou que o documento junto está conforme o original, não carecendo de declaração formal para o efeito.

6 – O registo de documentos de mero expediente, que não tenham qualquer relevância processual, contabilística ou financeira é facultativo.

7 – O registo de atos é também obrigatório para os atos em processos não executivos que estejam ou que venham a ser integrados para tramitação no SISAAE.

ARTIGO 3º
Suporte Físico

1 – Para além dos documentos a que se referem as alíneas *b*) e *c*) do nº 2 do artigo anterior, é obrigatória a conservação dos originais dos documentos em que esteja aposta a assinatura de terceiros, que não a do próprio agente de execução, designadamente das:

a) Certidão de citação/notificação;

b) Avisos de receção ou prova de depósito de carta;

c) Autos de penhora;

d) Autos de diligência.

2 – Está dispensada a conservação de suporte físico das certidões emitidas por serviços públicos ou cujo teor possa ser confirmado em arquivo público, sendo o seu registo obrigatório no SISAAE, nos termos do artigo anterior.

3 – Salvo autorização expressa do Conselho Profissional do Colégio dos Agentes de Execução, os suportes físicos dos processos judiciais são organizados em dossiers individualizados por processo.

ARTIGO 4º
Disponibilização do processo físico nos casos de delegação total ou de substituição do agente de execução

1 – Havendo delegação total do processo ou substituição do agente de execução, o agente de execução delegante ou substituído remete ao agente de execução delegado ou substituto o processo físico, acompanhado de todos os documentos que devam constar do suporte físico a que se refere o artigo anterior, assegurando previamente que todos os demais atos se encontram registados no SISAAE, por ordem cronológica e com o respetivo ato de suporte criado.

2 – O custo do envio dos documentos referidos no número anterior incumbe:

a) No caso de delegação total, ao delegante;

b) No caso de substituição, ao substituto, que o faz repercutir no custo do processo.

ARTIGO 5º
Proteção de dados

1 – O agente de execução não pode recolher quaisquer dados pessoais constante do SISAAE para integração com outros sistemas ou plataformas informáticas, salvo no que seja estritamente necessário ao cumprimento de obrigações fiscais.

2 – A disponibilização de informação sobre o processo ou sobre documento nele constante a pessoa que não seja interveniente processual ativo depende de requerimento prévio, devidamente fundamentado, que demonstre legítimo interesse na referida informação, devendo a mesma ser disponibilizada ao interessado mediante certidão, da qual consta, obrigatoriamente, a identificação do requerente e o fim a que a mesma se destina.

ARTIGO 6º
Realização de atos através de outros programas informáticos

1 – É proibido o acesso ao SISAAE através da utilização de programas informáticos alheios à OSAE.

2 – Sempre que sejam detetadas práticas que violem o referido no número anterior é dado conhecimento à Comissão para o Acompanhamento dos Auxiliares da Justiça, procedendo-se também à substituição das credenciais de acesso ao SISAAE do utilizador através do qual foram praticados os atos.

CAPÍTULO III
Registo de bens penhorados

ARTIGO 7º
Obrigatoriedade de registo informático dos bens penhorados

1 – O agente de execução é obrigado a manter um registo atualizado dos bens penhorados, com a identificação do fiel depositário e, quando aplicável, o local de depósito.

2 – O registo dos bens penhorados é realizado no SISAAE de acordo com as instruções nele constantes, devendo este ser efetuado no prazo de cinco dias contados da concretização da penhora ou da designação do fiel depositário.

3 – Os bens devem ser registados de forma individual, ou conjuntamente, caso tenham sido penhorados em conjunto.

ARTIGO 8º
Bens móveis removidos para depósito

Caso o agente de execução seja o fiel depositário ou caso os bens sejam removidos para depósito, o agente de execução deve manter os bens em depósito devidamente autonomizados, com a afixação nos bens do número da verba, data do auto de penhora e do número do processo judicial no âmbito do qual foram penhorados.

ARTIGO 9º
Normas transitórias

Nos processos em curso, o registo de bens, referido no artigo 7º, é efetuado com a primeira intervenção do agente de execução no processo ou até 31 de dezembro de 2017.

ARTIGO 10º
Entrada em vigor

O presente regulamento entra em vigor no primeiro dia do mês seguinte ao da sua publicação.

Aprovado em Assembleia de Representantes do Colégio Profissional de Agentes de Execução de 22 de dezembro de 2016.

27 de dezembro de 2016. – A Presidente da Mesa da Assembleia de Representantes do Colégio Profissional de Agentes de Execução, *Alexandra Cidades*.

Regulamento de Fiscalização e de Funcionamento das Comissões de Fiscalização dos Agentes de Execução

Regulamento nº 41/2014*

Nos termos do nº 2 do artigo 131º do Estatuto da Câmara dos Solicitadores compete ao Conselho Geral aprovar o regime de compensações das despesas e perda de rendimentos profissionais dos agentes de execução que integram as Comissões de Fiscalização.

Assim, em conformidade com o disposto no artigo 14º do regulamento nº 133//2013, de 9 de abril, relativo à Caixa de Compensações dos Agentes de Execução e em face das novas exigências legais impostas quer aos agentes de execução, quer ao órgão com competência disciplinar e de fiscalização da atividade destes, e sem prejuízo do cumprimento das regras gerais relativas à assunção de compromissos e pagamento de despesas, entende-se ser de aprovar o Regulamento de Fiscalização e de Funcionamento das Comissões de Fiscalização dos Agentes de Execução, para a elaboração do qual foi ouvida a Comissão Para a Eficácia das Execuções (CPEE).

Assim, nos termos do nº 2 do artigo 131º do Estatuto da Câmara dos Solicitadores, o Conselho Geral da Câmara dos Solicitadores aprova o seguinte regulamento:

Regulamento de Fiscalização e de Funcionamento das Comissões de Fiscalização dos Agentes de Execução

CAPÍTULO I
Disposições gerais

ARTIGO 1º
Objeto

O presente regulamento visa, nos termos do artigo 131º do Estatuto da Câmara dos Solicitadores disciplinar a compensação de despesas e de perda de rendimen-

* *Publicado no Diário da República, 2ª série, nº 23, de 3 de fevereiro de 2014.*

tos profissionais dos agentes de execução que integram as comissões de fiscalização, definindo a sua hierarquia remuneratória e impedimentos.

ARTIGO 2º
Membros das Comissões de Fiscalização

1 – As comissões de fiscalização podem ser integradas por:

a) Agentes de execução fiscalizadores coordenadores;

b) Agentes de execução fiscalizadores, a selecionar entre os agentes de execução que concluíram a formação de agente de execução fiscalizador;

c) Agentes de execução fiscalizadores em formação, que se encontram abrangidos pelo programa de formação inicial dos agentes de execução fiscalizadores.

2 – Compete à CPEE definir a classificação hierárquica dos agentes de execução fiscalizadores em função de critérios curriculares, de disponibilidade e de eficácia.

3 – Os membros das comissões de fiscalização sujeitam-se aos procedimentos de contratação de prestação de serviços, previstos no Código dos Contratos Públicos.

ARTIGO 3º
Impedimentos dos membros das Comissões de Fiscalização

1 – Tendo como referência o agente de execução ou a respetiva sociedade a fiscalizar, os agentes de execução fiscalizadores estão sujeitos aos impedimentos previstos no Código de Processo Civil para os juízes e para os representantes do Ministério Público.

2 – Os agentes de execução fiscalizadores que tenham relações sociais, familiares ou afins não podem integrar a mesma comissão de fiscalização.

3 – É impedimento do agente de execução fiscalizador o exercício das funções de liquidatário.

4 – Os agentes de execução fiscalizadores não podem aceitar, para si ou para sociedade que integrem, delegação parcial ou total de processos de agentes de execução que fiscalizem, durante um período de dois anos após a elaboração do respetivo relatório de fiscalização.

CAPÍTULO II
Fiscalização

ARTIGO 4º
Tipos de fiscalização

1 – As fiscalizações podem ser presenciais ou não presenciais.

2 – São presenciais as fiscalizações que exijam a deslocação dos membros da comissão de fiscalização ao escritório do agente de execução fiscalizado.

3 – São não presenciais as fiscalizações que não impliquem a deslocação dos membros da comissão de fiscalização ao escritório do agente de execução.

ARTIGO 5º
Pagamento dos Serviços de Fiscalização

1 – Por cada período de prestação de serviço de fiscalização, presencial ou não presencial, correspondente a meio dia, os membros das comissões de fiscalização são compensados por perdas de remuneração nos seguintes termos:

a) 50% de uma unidade de conta, para agentes de execução fiscalizadores coordenadores;

b) 37,5% de uma unidade de conta, para agentes de execução fiscalizadores;

c) 12,5% de uma unidade de conta para agentes de execução fiscalizadores em formação.

2 – O pagamento dos serviços de fiscalização é efetuado após a emissão do respetivo relatório e contra a entrega da correspondente fatura-recibo e comprovativos de despesas.

3 – Para efeitos de pagamento, os documentos justificativos das compensações são objeto de confirmação pela CPEE seguindo as normas internas da Câmara dos Solicitadores.

4 – Os recibos relativos a estas compensações são emitidos pelo agente de execução fiscalizador

5 – Considera-se dia completo o somatório de oito horas.

6 – Os profissionais a que refere o nº 2 do artigo 131º do Estatuto da Câmara dos Solicitadores são compensados com o valor correspondente a 50% do previsto para os agentes de execução fiscalizadores.

ARTIGO 6º
Limite máximo mensal de compensação para os agentes de execução que prestem serviços de fiscalização

1 – O agente de execução fiscalizador não pode receber mensalmente um valor superior a 12 UC's como compensação por perdas de rendimento profissional mensal em fiscalizações.

2 – O agente de execução fiscalizador não pode receber mensalmente como compensação por perdas de vencimento enquanto fiscalizador, dirigente ou por formações ou serviços pagos pela Câmara dos Solicitadores, um valor cumulado superior ao determinado no regulamento nº 131/2013, de 9 de abril, para os dirigentes da Câmara dos Solicitadores.

3 – O agente de execução fiscalizador não pode dedicar às fiscalizações mais do que 10 dias mensais.

ARTIGO 7º
Despesas das Comissões de Fiscalização no âmbito das ações de fiscalização

1 – As despesas com as deslocações dos membros das comissões de fiscalização são reembolsadas nos seguintes termos:

a) São reembolsados os quilómetros efetivamente percorridos entre o local do escritório do agente de execução membro da comissão de fiscalização e o local onde decorra a ação de fiscalização, privilegiando-se a utilização de transportes públicos;

b) Não sendo possível a utilização de transportes públicos e na medida do possível é utilizada apenas uma viatura nas deslocações de cada comissão de fiscalização;

c) O valor devido por quilómetro é o estabelecido para as deslocações dos funcionários do Estado em viatura própria.

2 – As despesas com a alimentação de cada membro das comissões de fiscalização são reembolsadas até ao limite máximo da ajuda de custo definida para os funcionários do Estado.

3 – As despesas com as deslocações e a alimentação dos membros das comissões de fiscalização são registadas em formulário disponibilizado pela Comissão para a Eficácia das Execuções.

4 – Para as despesas com o alojamento é estabelecido o valor devido para o alojamento dos funcionários do Estado em território nacional.

5 – Todos os recibos comprovativos das despesas são emitidos em nome da Câmara dos Solicitadores, segundo os respetivos procedimentos internos e são objeto de confirmação pela CPEE.

(Redação dada pelo Regulamento nº 89/2014, publicado no DR nº 45, II série, de 05-03)

ARTIGO 8º
Disposições finais

1 – As reuniões de trabalho convocadas pela CPEE são equiparadas a fiscalizações não presenciais.

2 – Os membros das comissões de fiscalização designados para ações de fiscalização não presencial que impliquem a deslocação do seu escritório recebem uma compensação para as suas deslocações com o limite máximo de sete euros diários.

Aprovado em reunião do conselho geral de 26 de outubro de 2013.

Publique-se.

26 de outubro de 2013. – O Presidente da Câmara dos Solicitadores, *José Carlos Resende.*

Regulamento de Contabilidade e Conta-Cliente de Agente de Execução

Regulamento nº 52/2017*

Exposição de Motivos

A conta-cliente é, indubitavelmente, um elemento central e estrutural da atividade dos agentes de execução, estando ligada a cada um dos processos.

Ao longo de 13 anos de atividade dos agentes de execução, tem-se vindo a assistir a um acréscimo na regulamentação das contas-cliente de agente de execução, realçando-se dois marcos significativos:

a) A distinção entre contas-cliente exequentes e contas-cliente executados, ocorrida em virtude da alteração ao Estatuto da Câmara dos Solicitadores pelo Decreto-Lei nº 226/2008, de 20 de novembro;

b) A introdução dos mecanismos de conciliação e de registo prévio de movimentos a débito, em 2012.

Com o Estatuto da Ordem dos Solicitadores e dos Agentes de Execução (EOSAE), muito particularmente a partir do momento em que as sociedades passam a ser nomeadas para os processos, impõe-se a criação de novas regras, não só na forma como as contas são movimentadas, mas também na definição do modo como se vai operar a transição das contas-cliente individuais para as contas das sociedades.

São também prementes várias alterações às regras funcionais, porquanto é muito complexa a análise de todo o histórico de movimentos nas contas-cliente anteriores a 2012 e, em particular, os efetuados antes de 2009.

Acresce que o normativo quanto à distribuição dos juros, estabelecido no nº 5 do artigo 171º do EOSAE, é de difícil implementação. A este respeito, é necessário que se estabeleça de forma clara e inequívoca uma base de cálculo automatizada, baseada numa nova realidade, sem as incertezas que se verificam nas contas-cliente atualmente existentes, em virtude da dificuldade de conciliação integral dos movimentos bancários.

* *Publicado no Diário da República, 2ª série, nº 15, de 20 de janeiro de 2017.*

Em termos práticos, as alterações referidas obrigam à liquidação de todas as contas-cliente, liquidação essa que deve ocorrer com brevidade.

A competência da assembleia geral para aprovação de regulamentos da Ordem prevista no nº 3 do artigo 22º do Estatuto da Ordem dos Solicitadores e dos Agentes de Execução (EOSAE) foi delegada, relativamente ao presente regulamento, na assembleia de representantes do colégio dos agentes de execução, pela deliberação nº 1884/2016 alínea *a*), publicada no Diário da República, 2ª série, nº 240 de 16 de dezembro da assembleia geral do dia 21 de outubro de 2016, conforme previsto na alínea *d*) do nº 3 daquele artigo, bem como na alínea *b*) artigo 42º do EOSAE.

Foi promovida a audição pública nos termos do nº 2 do artigo 101º do Código do Procedimento Administrativo.

Foi promovida a audição do conselho superior, do conselho fiscal, do conselho profissional do colégio dos agentes de execução e da Comissão para o Acompanhamento dos Auxiliares da Justiça ao abrigo das alíneas *b*) e *c*) do nº 3 do artigo 22º do EOSAE.

Assim, nos termos do nº 18 do artigo 3º da Lei nº 154/2015, de 14 de setembro, da alínea *d*) do nº 3 do artigo 22º, da alínea *b*) do artigo 42º e 171º do Estatuto da Ordem dos Solicitadores e dos Agentes de Execução é aprovado o seguinte regulamento:

CAPÍTULO I
Disposições gerais

ARTIGO 1º
Objeto

O presente regulamento estabelece o regime a que devem obedecer a abertura, a movimentação e o encerramento das contas bancárias afetas ao exercício da atividade do agente de execução, denominadas contas-cliente e regras de contabilidade desses mesmos movimentos.

ARTIGO 2º
Âmbito subjetivo

1 – Apenas podem ter contas-cliente os agentes de execução com inscrição em vigor e as sociedades regularmente constituídas de agentes de execução ou de solicitadores e de agentes de execução.

2 – Os agentes de execução que exerçam a sua atividade integrados em sociedade profissional, como empregados ou associados, não podem ter contas-cliente.

ARTIGO 3º
Contas-cliente de agente de execução

1 – O agente de execução ou sociedade deve manter duas contas-cliente:

a) Conta-cliente de executados, abreviadamente designada por "CCexecutados", destinada a movimentar todos os valores entregues pelo executado ou por terceiros por conta deste;

b) Conta-cliente de exequentes, abreviadamente designada por "CCexequentes", destinada a movimentar todos os valores entregues a título de pagamento de honorários ou a compensação de despesas, bem como os respetivos adiantamentos, nomeadamente pelo exequente ou credor reclamante.

2 – As contas-cliente são tituladas pelo agente de execução, junto de instituição de crédito, de agora em diante designada por "Banco", que celebre protocolo para esse efeito com a Ordem dos Solicitadores e dos Agentes de Execução (OSAE).

ARTIGO 4º
Abertura de contas-cliente

1 – A abertura das contas-cliente é promovida pelo agente de execução ou sociedade junto do Banco.

2 – O Banco apenas pode dar início ao procedimento de abertura de conta-cliente depois de confirmar, junto da OSAE, a regularidade da inscrição do interessado como agente de execução ou da constituição da sociedade.

3 – O processo de abertura de conta-cliente conclui-se com a configuração da mesma no sistema informático de suporte à atividade do agente de execução (SISAAE), após comunicação pelo Banco da informação necessária para esse efeito à OSAE.

ARTIGO 5º
Movimentação das contas-cliente

1 – Sem prejuízo das competências da Comissão para o Acompanhamento dos Auxiliares da Justiça (CAAJ), as contas-cliente são movimentadas pelo agente de execução ou sociedade.

2 – A movimentação de contas clientes deve ser suportada por uma instrução de pagamento prévia, emitida no SISAAE, com a seguinte informação:

a) Um identificador único de pagamento (IUP);

b) A identificação do processo a que o movimento diz respeito;

c) A menção da natureza do movimento;

d) A identificação da entidade que efetua o pagamento, com indicação do número de identificação fiscal;

e) A identificação do destinatário do pagamento.

3 – É da exclusiva responsabilidade do agente de execução verificar os pressupostos legais e regulamentares que permitem a movimentação da conta-cliente.

4 – A caracterização dos movimentos das contas clientes são as que constam do SISAAE, sendo aprovada pelo Conselho Profissional do Colégio dos Agentes de Execução.

5 – O mandato para movimentação das contas-cliente depende da autorização prévia do Conselho Profissional do Colégio dos Agentes de Execução.

6 – A CAAJ pode impor limitações à movimentação das contas-cliente em resultado de decisão disciplinar ou de medida cautelar.

7 – O Banco assegura que o IUP gerado consta do respetivo extrato bancário.

8 – O SISAAE deve assegurar a conciliação bancária dos movimentos realizados com o respetivo IUP.

9 – Quando um agente de execução for substituído num processo, as instruções de pagamento emitidas mantêm-se válidas, passando o seu pagamento a ser creditado, automaticamente, na conta-cliente do agente de execução substituto.

ARTIGO 6º
Movimentação a crédito de contas-cliente

1 – Sem prejuízo da emissão de instrução de pagamento prévia, as contas-cliente podem ser movimentadas a crédito com os seguintes meios de pagamento:

a) Numerário;
b) Cheque visado ou bancário;
c) Referência Multibanco;
d) Outra plataforma de pagamentos desenvolvida ou protocolada com a OSAE.

2 – Não sendo o pagamento efetuado em Portugal e não sendo possível recorrer a uma das formas de pagamento referidas no número anterior, o interessado pode efetuar transferência bancária para o IBAN da conta-cliente.

3 – A utilização dos meios de pagamento referidos nas alíneas *a*) e *b*) do nº 1 deve ser realizada junto do balcão do Banco.

4 – No prazo máximo de cinco dias após o movimento a crédito, os montantes estarão disponíveis na conta-cliente.

ARTIGO 7º
Movimentos a débito de contas-cliente

1 – As contas-cliente podem ser movimentadas a débito, mediante a emissão de instrução de pagamento prévia que titule a movimentação dos fundos numa das seguintes modalidades:

a) Transferência para o IBAN de destino;
b) Pagamento de referência Multibanco;
c) Pagamento ao Estado por Documento Único de Cobrança;
d) Pagamento ao balcão do Banco;
e) Transferência para conta bancária de país da União Europeia ou do estrangeiro.

2 – A concretização de um movimento a débito pressupõe que o agente de execução verificou:

a) Estarem reunidos os pressupostos legais e regulamentares para realizar a operação;

b) A existência de fundos suficientes na conta-cliente;

c) A existência de fundos suficientes no respetivo processo;

d) A inexistência de movimentos a débito por conciliar posteriores a 1 de maio de 2012;

e) Estarem totalmente conciliados os movimentos a crédito e a débito respeitante ao processo.

3 – O SISAAE pode impedir os movimentos a débito quando não estejam cumpridos os pressupostos previstos nas alíneas *b*), *c*) e *d*) do número anterior.

4 – Não devem ser realizados movimentos a débito no processo até que seja confirmada a boa cobrança do respetivo movimento a crédito, devendo o SISAAE impedir essa movimentação.

5 – A efetivação da movimentação a débito ocorre por ordem do agente de execução, utilizando para esse efeito a plataforma eletrónica do Banco, nos termos e nas condições técnicas acordadas com este.

6 – Tratando-se de operações a débito na "CCexecutados", o IBAN de destino deve resultar automaticamente do requerimento executivo, de requerimento PEPEX, de petição inicial ou de requerimento subscrito pela parte ou seu mandatário e comunicado ao agente de execução através da plataforma do sistema informático de apoio à atividade dos tribunais (CITIUS) ou de outra legalmente prevista.

7 – O valor devido à caixa de compensações é debitado automaticamente na CCexequentes, em simultâneo com o pagamento da fase 1.

8 – As operações a débito a favor de contas bancárias sediadas fora de Portugal dependem da apresentação prévia ao Banco do documento de autorização emitido pelo SISAAE.

ARTIGO 8º
Impossibilidade temporária de acesso aos sistemas de informação

1 – No caso de não ser possível movimentar a crédito, durante mais de cinco dias, a "CCexecutados", em resultado de indisponibilidade do sistema de pagamentos, o agente de execução notifica o interessado em proceder ao pagamento para o fazer através de depósito autónomo.

2 – No caso de não ser possível movimentar a débito, durante mais de cinco dias, a "CCexecutados", em resultado de indisponibilidade do sistema de pagamentos, o agente de execução deve solicitar, por escrito, ao órgão de fiscalização autorização para a prática do ato em causa, indicando:

a) O número do processo judicial;

b) A conta-cliente;

c) O IBAN da conta bancária de destino;

d) A identificação das partes;

e) A conta corrente da qual resultem os movimentos a débito realizados e o saldo que pretende ver transferido.

3 – No caso referido no número anterior, o órgão de fiscalização remete o pedido de transferência ao Banco.

4 – No caso de não ser possível comunicar ao agente de execução o IBAN de destino nos termos do nº 5 do artigo anterior, esse dado deve ser comunicado ao agente de execução em suporte de papel, em documento assinado pelo beneficiário do pagamento, com reconhecimento presencial da assinatura.

5 – Os movimentos realizados nos termos previstos neste artigo devem ser registados pelo agente de execução no SISAAE, no prazo de 24 horas após a disponibilização no sistema do extrato bancário atualizado.

ARTIGO 9º
Conciliação bancária

1 – Os movimentos nas contas-cliente são automaticamente conciliados nos respetivos processos pelo SISAAE.

2 – No caso de a conciliação automática não ser possível, mas o agente de execução ter informação suficiente para identificar o processo respetivo, os movimentos devem ser conciliados manualmente pelo agente de execução, no prazo de dez dias contados do lançamento na conta bancária do movimento.

3 – A conciliação manual faz-se indicando o número do processo, a natureza do movimento e as entidades envolvidas, de acordo com as instruções constantes do SISAAE.

4 – Se os movimentos não forem passíveis de ser identificados, devem ser conciliados a processos operacionais específicos, de acordo com as instruções constantes do SISAAE.

5 – Uma vez realizada a conciliação de um movimento, não é possível a sua anulação, mas sim a sua regularização, de acordo com as instruções determinadas no SISAAE.

ARTIGO 10º
Movimentação de contas-cliente de sociedades

1 – Os sócios com autorização para movimentação das contas-cliente devem ser, obrigatoriamente, agentes de execução em pleno exercício de funções.

2 – O pacto social deve estabelecer, pelo menos, duas formas alternativas de movimentação das contas-cliente, garantindo que a impossibilidade, ainda que temporária, de uma das soluções não impeça a movimentação das contas.

3 – Nas sociedades profissionais com um único agente de execução, o disposto nos números anteriores é cumprido através da nomeação de agente de execução substituto, nos termos do nº 7 do artigo 174º do EOSAE.

4 – A comunicação de alteração de condições de movimentação é remetida pela sociedade à OSAE, que insere a informação no SISAAE e informa o Banco.

ARTIGO 11º
Afetação dos juros na conta-cliente executados

1 – Os juros que se vençam na conta "CCexecutados" não pertencem ao agente de execução, devendo ser divididos pelos respetivos processos nos termos do artigo 171º do EOSAE.

2 – Uma vez creditados na conta, o agente de execução concilia o movimento a um processo operacional designado "JUROS", salvo se tal conciliação for feita de forma automática.

3 – O valor dos juros, deduzido de eventuais impostos, é automaticamente dividido pelos processos de acordo com o previsto no nº 5 do artigo 171º do EOSAE.

4 – O saldo a favor do fundo de garantia, resultante da aplicação do limite previsto no nº 5 do artigo 171º do EOSAE, após a dedução de impostos a que esteja sujeito, é acumulado no processo operacional "JUROS" e automaticamente movimentado para a conta do fundo de garantia no primeiro dia útil de janeiro.

ARTIGO 12º
Encerramento de contas-cliente

1 – O encerramento de contas-cliente não ocorre através de ato voluntário do agente de execução ou dos sócios, implicando a intervenção dos órgãos competentes da OSAE e a liquidação prévia do escritório do agente de execução ou sociedade, quando necessária, bem como a transferência dos valores nos termos legais e regulamentares.

2 – A entrada em liquidação determina a suspensão dos movimentos das contas-clientes.

3 – Ainda que não esteja concluída a liquidação, em caso de reinscrição, levantamento da suspensão ou voltando o agente de execução a exercer individualmente, é necessário proceder à abertura de novas contas-cliente.

4 – A revogação junto do Banco das condições gerais ou particulares de movimentação das contas-cliente, pelo agente de execução ou pela sociedade que integre, é, para todos os efeitos, equiparada ao encerramento da conta-cliente, estando assim dependente das operações referidas no número anterior.

ARTIGO 13º
Acesso dos interessados aos movimentos da conta-cliente

1 – As pessoas com interesse legítimo no processo de execução podem obter um relatório dos movimentos das contas-cliente de um determinado processo.

2 – Através de protocolo celebrado entre o exequente e a OSAE, pode ainda ser disponibilizada a relação dos processos com o saldo individualizado.

3 – Nos processos iniciados após 1 de setembro de 2013, o acesso dos interessados à conta do processo em que sejam intervenientes é efetuado através do sítio de Internet da OSAE, sem necessidade de prévia intervenção do agente de execução.

4 – Nos demais processos que se encontrem em curso, o relatório é disponibilizado pelo agente de execução, no prazo de 10 dias, através de ato próprio disponível no SISAAE e acessível pelos interessados através do sítio de Internet da OSAE, sem prejuízo de poderem ser notificados deste nos termos gerais.

5 – Nos processos extintos e arquivados, o acesso ao relatório é disponibilizado nos termos do número anterior, mediante prévio pagamento da certidão eletrónica ou em papel.

6 – Tratando-se de processo que já não tenha agente de execução em exercício de funções, a OSAE emitirá certidão, com a ressalva de que os dados constantes da mesma não são da sua responsabilidade, a qual reflita os dados inseridos na plataforma pelo agente de execução que tramitou o processo.

7 – O SISAAE assegura que a consulta da conta fica documentada processualmente, com cópia eletrónica do relatório ou da certidão emitida, da qual consta a identificação do respetivo requerente.

CAPÍTULO II
Contabilidade

ARTIGO 14º
Contabilidade organizada

O agente de execução tem de ter contabilidade organizada de acordo com as regras previstas no Sistema de Normalização de Contabilística, mas está dispensado da certificação de contas por contabilista certificado, salvo se essa obrigação resultar das leis fiscais.

ARTIGO 15º
Apresentação de contas

1 – Para além das sociedades, que nos termos estatutários, têm já a obrigação de entregar a Informação Empresarial Simplificada, o agente de execução que esteja obrigado à certificação de contas nos termos do artigo anterior, tem de entregar à OSAE declaração com idêntico conteúdo, no prazo previsto para as sociedades comerciais.

2 – A declaração deve ser apresentada em formulário próprio, disponível no sítio eletrónico da OSAE.

3 – A OSAE disponibiliza as contas anuais à CAAJ.

4 – A falta de entrega das declarações previstas no nº 1 é também comunicada pela OSAE à CAAJ.

ARTIGO 16º
Integração na contabilidade dos movimentos das contas-cliente

1 – Os movimentos das contas-cliente com data posterior à data da entrada em vigor do presente regulamento devem estar refletidos na contabilidade do agente de execução até ao final do mês seguinte ao do seu lançamento.

2 – A fim de simplificar o processo de integração dos movimentos das contas--cliente na contabilidade, a OSAE disponibiliza um ficheiro estruturado com os movimentos da conta-cliente, em que são identificados, pelo menos, os seguintes dados, de acordo com o que ficou registado no SISAAE:

a) IBAN da conta-cliente;

b) Natureza da conta-cliente;

c) Data do movimento;

d) Valor;

e) Número de processo a que diz respeito;

f) Identificador único de processo;

g) Natureza do movimento;

h) Número da fatura ou recibo, sempre que a determinado movimento no Banco esteja associada esta informação;

i) Nos movimentos a débito nas contas-cliente, o nome beneficiário do pagamento e, sempre que conste do sistema, o seu número fiscal.

ARTIGO 17º
Reflexo na contabilidade das quantias confiadas ao agente de execução

O reflexo dos movimentos nas contas clientes na contabilidade é da responsabilidade do contabilista certificado, sendo conveniente que os respeitantes à CCexecutados estejam refletidos na conta "278 – Outros devedores e credores" e os movimentos da CCexequentes na conta "218 – Adiantamentos de clientes".

CAPÍTULO III
Movimentos anteriores a 1 de maio de 2012

ARTIGO 18º
Conciliação de movimentos anteriores a 1 de maio de 2012

1 – A conciliação dos movimentos a crédito e a débito anteriores a 1 de maio de 2012 é obrigatória:

a) Nos processos em curso ou terminados depois de 1 de maio de 2012;

b) Nos processos que apresentem saldo negativo numa ou mais conta-cliente;

c) Nos processos terminados até 1 de maio de 2012, quando haja movimentos a crédito ou a débito após aquela data.

2 – A conciliação referida no número anterior tem, ainda, que ser concretizada sempre que não estejam reunidas as seguintes condições:

a) Os movimentos a débito posteriores a 1 de maio de 2012 estejam totalmente conciliados;

b) Inexistência de movimentos a crédito não conciliados de valor igual ou superior a 1.000,00 €, posteriores a 1 de maio de 2012;

c) O número de movimentos a crédito, não conciliados, após 1 de maio de 2012, seja inferior a 1% do número de movimentos da conta;

d) Inexistência de processos com saldo conciliado negativo;

e) Saldo de cada uma das contas-cliente igual ou superior ao somatório do saldo dos processos em curso.

ARTIGO 19º
Prazos para a conciliação

1 – A conciliação prevista no artigo anterior deve ser realizada nos seguintes prazos:

a) Três meses a partir da data da entrada em vigor do presente regulamento ou da verificação da existência de saldo conciliado negativo, no caso previsto na alínea *b*) do nº 1 do artigo anterior;

b) Seis meses a partir da data da entrada em vigor do presente regulamento, no caso previsto na alínea *c*) do nº 1 do artigo anterior;

c) Previamente à realização de qualquer ato no respetivo processo ou, não sendo caso disso, até 31 de dezembro de 2018, nos casos previstos na alínea *a*) do nº 1 e o nº 2 do artigo anterior.

2 – Por decisão da CAAJ os prazos previstos no número anterior podem ser reduzidos.

3 – O agente de execução pode requerer à CAAJ a prorrogação dos prazos previstos nos números anteriores, por período não superior a 12 meses, fundamentado os motivos que impossibilitam o cumprimento do prazo e propondo objetivos intermédios.

4 – O requerimento referido no número anterior é acompanhado da declaração do agente de execução, designado nos termos do nº 7 do artigo 174º do EOSAE, em que assuma a responsabilidade pelo acompanhamento do cumprimento dos objetivos que vierem a ser aceites pela CAAJ.

ARTIGO 20º
Movimentos com conciliação incompleta ou pré-conciliados

1 – Considera-se movimentos com conciliação incompleta ou pré-conciliados, os movimentos da conta cliente que estão afetos a um ou mais processos, sem que haja caracterização do movimento ou associação da entidade pagadora ou beneficiária.

2 – A conciliação dos movimentos referidos no número anterior é dispensada quando:

a) Não se trate de um movimento múltiplo ou em bloco; ou

b) Seja um movimento afeto a processo extintos.

3 – O disposto no número anterior não impede os órgãos com competência em matéria de fiscalização de determinar a conclusão da conciliação dos movimentos aí referidos.

4 – Não é admitida a emissão de instrução de pagamento nos processos que tenham movimentos com conciliação incompleta.

ARTIGO 21º
Conciliação de movimentos múltiplos ou em bloco

1 – Considera-se movimento múltiplo ou em bloco quando um ou mais movimentos na conta-cliente dizem respeita a mais do que um processo.

2 – Os movimentos múltiplos ou em bloco, que não estejam completamente conciliados, não são considerados para efeitos de apuramento de saldos dos processos, sendo para todos os efeitos tidos como movimentos não conciliados.

CAPÍTULO IV
Regime transitório para liquidação e encerramento das atuais contas-cliente

ARTIGO 22º
Contas-cliente constituídas até de 31 de dezembro de 2016

Os agentes de execução ou sociedades que tenham contas-cliente constituídas até de 31 de dezembro de 2016, devem constituir duas novas contas-cliente, uma de exequentes e outra de executados, até 31 de março de 2017.

ARTIGO 23º
Movimentos a crédito nas contas-cliente constituídas até de 31 de dezembro de 2016

1 – As contas-cliente constituídas até 31 de dezembro de 2016 deixam de receber movimentos a crédito a partir de 30 de abril de 2017.

2 – Naquela data, as referências de pagamento são automaticamente associadas às novas contas-cliente.

ARTIGO 24º
Movimentos a débito nas contas-cliente constituídas até 31 de dezembro de 2016

A partir do momento em que sejam constituídas as novas contas clientes, os movimentos a débito nas contas-cliente constituídas até 31 de dezembro de 2016, só podem ter como destino:

a) A nova conta-cliente, de exequentes ou de executados, dependendo de onde se encontre o saldo, que é automaticamente conciliada ao processo;

b) Para o fundo de garantia dos agentes de execução;

c) Para a caixa de compensações.

CAPÍTULO V
Disposições finais

ARTIGO 25º
Contabilidade nas contas-cliente constituídas antes de 31 de dezembro de 2016

1 – Os movimentos creditados ou debitados nas contas-cliente em data anterior a 31 de março de 2017 não têm que ser individualmente refletidos na contabilidade do agente de execução, sendo, no entanto, obrigatório refletir o saldo de cada processo, sem prejuízo do disposto no número seguinte.

2 – Qualquer alteração do saldo do processo por afetação de valores existentes na conta-cliente antes de 31 de março de 2017, mas conciliados no processo em data posterior, é refletida na contabilidade com evidenciação de que se trata de movimento anterior a essa data.

ARTIGO 26º
Fiscalização

1 – Sem prejuízo da responsabilidade do agente de execução ou da sociedade, o SISAAE deve procurar assegurar a impossibilidade da ocorrência de movimentos nas contas-cliente que não tenham uma instrução de pagamento prévia válida.

2 – Sem prejuízo do acesso às contas-cliente na sequência de fiscalização promovida pelos órgãos competentes, podem ser criados mecanismos de análise que visem a deteção e a prevenção de fraudes na sua utilização, condicionando a efetivação dos movimentos à confirmação da existência dos pressupostos legais que os sustentam.

3 – Quando haja suspeita da ocorrência de irregularidades na instrução de pagamento pretendida, o agente de execução é contactado no sentido de fundamentar a regularidade do movimento.

4 – Não sendo a fundamentação considerada satisfatória, a entidade de fiscalização notifica o agente de execução da motivação da suspensão do pagamento, podendo este ser realizado se forem removidas as dúvidas quanto à sua regularidade ou por determinação judicial.

5 – O disposto no número anterior não prejudica a participação para efeitos disciplinares.

ARTIGO 27º
Prorrogação de prazos

O conselho geral pode determinar a prorrogação dos prazos constantes deste regulamento por período não superior a 6 meses.

ARTIGO 28º
Revogação

É revogado o Regulamento nº 386/2012, de 30 de agosto, e alterado pelo Regulamento nº 128/2013, de 8 de abril.

ARTIGO 29º
Produção de efeitos

A produção de efeitos do disposto no artigo 13º depende da constituição das novas contas-clientes.

ARTIGO 30º
Entrada em vigor

O presente regulamento entra em vigor no primeiro dia do mês seguinte ao da sua publicação.

Aprovado em Assembleia de Representantes do Colégio Profissional de Agentes de Execução de 22 de dezembro de 2016.

27 de dezembro de 2016. – A Presidente da Mesa da Assembleia de Representantes do Colégio Profissional de Agentes de Execução, *Alexandra Cidades.*

Regulamento de Estruturas e Meios do Escritório do Agente de Execução

Regulamento nº 27/2017*

EXPOSIÇÃO DE MOTIVOS

Nos termos do Estatuto da Ordem dos Solicitadores e dos Agentes de Execução (EOSAE), o agente de execução está sujeito a regras próprias de independência, incompatibilidades e impedimentos, de sigilo e de conservação de documentos.

Incumbe à Ordem dos Solicitadores e dos Agentes de Execução (OSAE) aprovar os requisitos para a inscrição e as regras próprias a que ficam sujeitos os associados integrados em colégios da especialidade. Incumbe à assembleia geral aprovar o regulamento das estruturas e meios informáticos mínimos do agente de execução. De acordo com o artigo 108º do EOSAE, o agente de execução só pode iniciar funções após dispor das estruturas e meios informáticos mínimos, definidos por regulamento aprovado pela assembleia geral.

As alterações estatutárias, de entre as quais se destacam: a incompatibilidade com o mandato judicial, a nomeação das sociedades como agentes de execução e a consagração da figura do agente de execução contratado, implicam o estabelecimento de novas regras.

A Ordem dos Solicitadores e dos Agentes de Execução tem competência para elaborar e aprovar os regulamentos internos de natureza associativa e profissional.

Impõe-se assim a revisão do Regulamento das Estruturas e Meios do Escritório do Agente de Execução existente.

A competência da assembleia geral para aprovação de regulamentos da Ordem prevista no nº 3 do artigo 22º do Estatuto da Ordem dos Solicitadores e dos Agentes de Execução (EOSAE) foi delegada, relativamente ao presente regulamento, na assembleia de representantes do colégio dos agentes de execução, pela deliberação nº 1884/2016 alínea *a*), publicada no Diário da República, 2ª série, nº 240 de 16 de dezembro da assembleia geral do dia 21 de outubro de 2016, conforme previsto na alínea *d*) do nº 3 daquele artigo, bem como na alínea *b*) artigo 42º do EOSAE.

* *Publicado no Diário da República, 2ª série, nº 6, de 9 de janeiro de 2017.*

Foi promovida a audição pública nos termos do nº 2 do artigo 101º do Código do Procedimento Administrativo.

Foi promovida a audição do Conselho Superior, do Conselho Fiscal, do Conselho Profissional do Colégio dos Agentes de Execução e da Comissão para o Acompanhamento dos Auxiliares da Justiça ao abrigo das alíneas *b*) e *c*) do nº 3 do artigo 22º do EOSAE.

Nos termos da alínea *e*) do nº 2 do artigo 3º e da alínea *a*) do nº 1 do artigo 108º do EOSAE, é aprovado o Regulamento de Estruturas e Meios do Escritório do Agente de Execução, o qual se rege pelas seguintes disposições:

ARTIGO 1º
Inscrição

1 – Para além das restantes obrigações estatutárias, o início de funções por parte do agente de execução implica a verificação prévia da existência das estruturas e meios informáticos do seu escritório, previstos no presente regulamento e no Estatuto da Ordem dos Solicitadores e dos Agentes de Execução (EOSAE).

2 – A verificação é igualmente necessária aquando do requerimento de mudança de escritório ou da abertura de escritório secundário.

3 – A verificação prévia prevista no nº 1 implica a elaboração de um relatório, emitido de acordo com modelo constante de anexo I ao presente regulamento, do qual faz parte integrante.

ARTIGO 2º
Escritório de agente de execução

1 – O escritório do agente de execução deve assegurar a sua autonomia, tendo obrigatoriamente acesso próprio à via pública ou a uma parte comum do prédio e deste para a via pública, com atendimento e receção devidamente identificados.

2 – Considera-se assegurada a autonomia quando:

a) Seja evidente ao cidadão que naquele local não é desenvolvida outra qualquer atividade, sem prejuízo do disposto no nº 4;

b) Seja garantido o atendimento com privacidade.

3 – O acesso ao arquivo, às bases de dados, ao sistema informático, às comunicações telefónicas e telefax e aos demais equipamentos eletrónicos que contenham arquivo sob a forma informática é da exclusiva responsabilidade do agente de execução, com as garantias de confidencialidade decorrentes do exercício da profissão e da especialidade, não podendo, de qualquer forma, ser partilhado com terceiros alheios ao exercício da atividade de agente de execução.

4 – Quando, no mesmo espaço, seja desenvolvida atividade de advocacia ou de solicitadoria, deve constar, em local bem visível e com acesso ao público, um aviso emitido através de documento disponibilizado pelo sistema informático de suporte à atividade do agente de execução (SISAAE), com o nome de todos os que ali desenvolvem essas atividades, com a indicação da qualidade de solicitador ou de advogado, conforme o previsto no anexo I.

5 – Quando o mesmo escritório seja partilhado por vários agentes de execução não constituídos em sociedade, os nomes de todos devem estar publicados em local visível ao público.

6 – Quando o espaço pertença a uma sociedade profissional que tenha como objeto a prática de atos de agentes de execução, os nomes de todos os sócios, associados e agentes de execução contratados devem estar publicados em local visível ao público, com indicação das respetivas qualidades.

ARTIGO 3º
Horário de atendimento presencial e telefónico

1 – O agente de execução deve assegurar o atendimento presencial e telefónico por si ou por empregado forense de agente de execução registado na OSAE, durante o horário de abertura ao público dos Tribunais.

2 – Caso o agente de execução pretenda cumprir horário diferente do referido no número anterior, tem de assegurar o atendimento presencial e telefónico, no mínimo, durante duas horas em cada dia útil, entre as 07.00 horas e as 21.00 horas.

3 – O horário de atendimento referidos nos números anteriores deve estar publicitado:

a) Em local visível ao público sempre que o escritório esteja encerrado;

b) Nas comunicações emitidas pelo agente de execução;

c) Através de mensagem automática no telefone do escritório a informar o respetivo horário.

4 – A alteração do regime horário só pode ser efetuada no início de cada trimestre e será divulgada na página da OSAE.

ARTIGO 4º
Meios informáticos e de comunicação do agente de execução

1 – O agente de execução tem de garantir a existência, no mínimo, dos seguintes meios técnicos e informáticos, em condições de plena funcionalidade:

a) Computador;

b) Telefone e acesso à Internet;

c) Equipamento de receção e envio de telefax, podendo este ser substituído por e-fax;

d) Impressora;

e) Fotocopiadora;

f) Equipamento de digitalização.

2 – O conselho geral pode determinar as especificações técnicas, nomeadamente de hardware, do sistema operativo e de softwares necessários e das configurações mínimas dos equipamentos, fixando o prazo em que estas sejam aplicadas, o qual não poderá ser inferior a 60 dias, sendo estes requisitos publicados no SISAAE.

ARTIGO 5º
Telefone e telefax

1 – O agente de execução é obrigado a ter um número de telefone e fax, podendo aquele ser partilhado por vários escritórios desde que seja assegurada a possibilidade de transferência de chamadas entre os mesmos.

2 – Quando haja partilha de escritório entre dois ou mais agentes e execução que não estejam constituídos em sociedade, o número de telefone pode ser partilhado entre agentes de execução.

3 – Os contactos telefónicos e de telefax são obrigatoriamente configurados pelo agente de execução no SISAAE, de acordo com as instruções ali constantes.

ARTIGO 6º
Disposições finais

1 – O agente de execução que não assegure o estabelecido no presente regulamento não pode inscrever-se na especialidade de agente de execução.

2 – O conselho profissional do colégio dos agentes de execução (CPCAE) pode, a todo o tempo, solicitar esclarecimentos complementares relativamente ao cumprimento do presente regulamento, bem como determinar que se proceda a verificações específicas quanto ao seu cumprimento.

3 – O agente de execução que deixe de preencher os requisitos determinados no presente regulamento deve requerer a suspensão ou o cancelamento de inscrição no colégio dos agentes de execução.

4 – Quando haja indícios de que não estão a ser cumpridos os requisitos, os órgãos competentes determinam a fiscalização ao escritório, por forma a apurar se o agente de execução cumpre as normas estabelecidas no regulamento.

5 – Verificando-se o incumprimento, o órgão competente, além do procedimento disciplinar, pode aplicar as medidas cautelares previstas no EOSAE

ARTIGO 7º
Disposições transitórias

1 – Os agentes de execução já inscritos têm o prazo de 90 dias para adequarem as estruturas e meios previstos no presente regulamento.

2 – A OSAE deve promover a verificação oficiosa de todos os escritórios no prazo de um ano.

ARTIGO 8º
Revogação

É revogado o Regulamento das Estruturas e Meios Informáticos do Escritório do Agente de Execução, aprovado pelo Regulamento nº 292/2011, de 11 de maio.

ARTIGO 9º
Entrada em vigor

O presente regulamento entra em vigor no primeiro dia do mês seguinte ao da sua publicação.

ANEXO I
(a que se refere o nº 3 do artigo 1º e o nº 4 do artigo 2º do presente regulamento)

Identificação do Agente de Execução:

Nome

Cédula n.º

Qualidade:

Solicitador

Advogado

Agente de Execução

Escritório:

Principal

Secundário

Endereço

Rua/Av/Pr.

n.º/Lt.

Andar

Lado/Letra

Código Postal

Comarca

Coordenadas GPS

Publicitação em local visível e de acesso ao público, da identificação destes (excepto Æ's)?	Sim ☐ - Não -
Foto	
Publicitação da identificação dos Æ's que partilham o escritório (exceto sociedade)?	Sim ☐ - Não -
Foto	
O escritório pertence a uma sociedade profissional de Æ's ou de Solicitadores e Æ's? Qual ______ ?	Sim ☐ - Não -
Publicitação do nome de todos os sócios e associados e respetivas qualidades? *Foto*	Sim ☐ - Não -

Agentes de Execução contratados	
Nome	Cédula

Funcionários Forenses	
Nome	Cédula

Arquivo físico (*morto*) Sim ☐ - Não ☐ -

É desenvolvida outra atividade no escritório?	Sim ☐ Qual? ____________ - Não ☐ -

É garantida privacidade no atendimento?	Sim ☐ - Não ☐ -
Foto	

Publicitação dos horários de atendimento presencial e telefónico em local visível?	Sim ☐ - Não ☐ -
Este horário está de acordo com o art. 3.º do Regulamento?	Sim ☐ - Não ☐ -
Fotos	
Acesso próprio à via pública ou a parte comum do prédio e deste para a via pública?	Sim ☐ - Não ☐ -
Existe sinalética?	Sim ☐ - Não ☐ -
Fotos	

Observações

Data da verificação

_____/_____/_____

Assinaturas

____________________ ____________________

Aprovado em Assembleia de Representantes do Colégio Profissional de Agentes de Execução de 22 de dezembro de 2016.

27 de dezembro de 2016. – A Presidente da Mesa da Assembleia de Representantes do Colégio Profissional de Agentes de Execução, *Alexandra Cidades*.

Regulamento de Delegações

Regulamento nº 435/2009*

Com a entrada em vigor da Lei nº 14/2006 de 27/04, foi levantada a limitação territorial a que estavam sujeitos os solicitadores de execução, abrindo-se a possibilidade para o exercício da especialidade em todo o território nacional.

Esta alteração, não veio no entanto acabar com a necessidade das delegações entre agentes de execução.

As delegações permitem dar uma resposta mais célere e racional no exercício dos actos dos agentes de execução, sendo um factor positivo para a celeridade do sistema e a melhor administração da justiça.

Atenta a importância da delegação no exercício da especialidade de agente de execução, impõe-se estabelecer um regime simples e transparente, que permita uniformizar o acto da delegação, estabelecer o seu alcance, e definir os seus custos.

Com o intuito de agilizar o acto de delegação e o prazo para a realização das diligências delegadas.

Com o intuito de uniformizar os procedimentos do acto de delegação, tarifas e remunerações a aplicar.

Com o intuito de adaptar o regulamento de delegações dos agentes de execução à nova realidade criada pelo Decreto-Lei nº 226/2008 de 20 de Novembro.

O Conselho Geral, reunido no dia 6 de Junho de 2009, sob recomendação da Assembleia Geral de Agentes de Execução de 30 de Maio de 2009, delibera ao abrigo do nº 5º do artigo 128º do Estatuto da Câmara dos Solicitadores, aprovado pelo Decreto-Lei nº 88/2003, de 26 de Abril, com as alterações introduzidas pelo Decreto-Lei nº 226/2008 de 20 de Novembro, aprovar o seguinte Regulamento de Delegações:

* *Publicado no Diário da República, 2ª série, nº 216, de 6 de novembro de 2009.*

CAPÍTULO I
Disposições gerais

ARTIGO 1º
Definição

O Agente de Execução pode delegar noutro Agente de Execução a competência para a prática de todos ou de determinados actos numa execução, comunicando prontamente tal facto à parte que o designou.

ARTIGO 2º
Tipos de delegação

As delegações podem ser totais ou apenas para a prática de determinados actos.

1 – A delegação de competências para a prática de todos os actos numa execução carece de consentimento do exequente, que pode indicar o Agente de Execução a quem pretende ver delegada a competência. Nada dizendo a delegação é efectuada no Agente de Execução designado pelo delegante.

a) A delegação total pode ocorrer em qualquer momento do processo.

b) O Agente de Execução delegante, transfere para o delegado, o saldo das contas-clientes após liquidação das quantias que lhe sejam devidas e a qualidade de fiel depositário caso existam bens penhorados e,

c) Ao Agente de Execução delegado é remetido o processo via sistema informático de suporte à actividade dos agentes de execução acompanhado de relatório elaborado pelo delegante.

2 – A delegação de competências para a prática de determinados actos deve especificar o acto ou actos delegados e o Agente de Execução delegante mantém-se responsável a título solidário.

a) Salvo autorização expressa do delegante, ou situação de carácter urgente, o delegado, sem prejuízo de dar conhecimento dos actos que pratica através do registo no SISAAE (Sistema Informático de Suporte à Actividade do Agente de Execução), não deve dirigir requerimentos directamente ao Tribunal ou ao exequente.

ARTIGO 3º
Prazos

1 – O Agente de Execução delegado tem o prazo de 5 dias para aceitar a delegação;

2 – Nas delegações de determinados actos o Agente de execução delegado tem o prazo de 30 dias a contar da recepção da provisão, se pedida, para a realização dos actos delegados.

3 – Realizada a diligência, esta deverá ser comunicada ao Agente de Execução delegante no mais curto prazo de tempo possível.

4 – Findo aquele prazo sem que o Agente de Execução delegado tenha realizado os actos delegados, deverá informar o Agente de Execução delegante.

5 – O relatório referido no artigo anterior, no tocante à delegação total, deverá ser remetido no prazo de 5 dias após a aceitação da delegação.

6 – O Agente de Execução delegante pode fazer cessar a delegação 5 dias após a interpelação para a realização do acto.

ARTIGO 4º
Registo no Sistema Informático

1 – As delegações, totais ou de determinados actos, devem ser registadas no sistema informático de suporte à actividade do Agentes de Execução e os actos especificados.

2 – O SISAAE no caso de delegação total assegura a transferência electrónica do processo após a aceitação.

3 – O Agente de Execução delegado procede ao registo da prática de todos os actos no processo no sistema informático de suporte à actividade dos agentes de execução.

4 – As comunicações entre os Agentes de Execução são preferencialmente efectuadas via SISAAE

ARTIGO 5º
Honorários e Despesas

1 – É livre o acordo entre os Agentes de Execução para a fixação do valor dos actos e da remuneração adicional, não podendo ultrapassar os limites estabelecidos nas Portarias nº 708/2003 de 04/08 para os processos executivos entrados em juízo até 30/03/2009 e Portaria 331-B/2009 de 30/03 para os processos executivos entrados em juízo após aquela data.

2 – O valor das despesas não comprovadas, salvo acordo diverso, não pode exceder o valor máximo de 20,00 euros.

3 – O disposto no presente artigo não se aplica à delegação total.

ARTIGO 6º
Provisão

1 – Os pedidos de adiantamento por conta de honorários e despesas só é aplicável às delegações para a prática de determinados actos.

2 – O comprovativo de pagamento da provisão, deve ser enviado juntamente com o restante expediente da delegação.

ARTIGO 7º
Regularização de contas na delegação total

1 – Antes de proceder à delegação total, o Agente de execução que cessa funções, deverá liquidar e pagar todas as quantias em dívida por serviços que tenham sido prestados no âmbito do processo, notificar o autor ou exequente do saldo das conta-cliente e pagar os valores em débito à Caixa de Compensações.

2 – Os saldos credores das contas-clientes, deverão ser transferidos para as contas-clientes do Agente de Execução delegado,

3 – Não é permitida a delegação total nos casos de falta, insuficiência ou irregularidade de saldo nas contas-clientes do processo delegado.

ARTIGO 8º
Recibo

Das quantias pagas ao Agente de Execução delegado será emitido recibo fiscalmente válido ao Agente de Execução delegante, salvo acordo diferente.

ARTIGO 9º
Sociedades de Agentes de Execução

Na delegação entre sócios ou associados nas sociedades de agentes de execução é bastante o registo da delegação no SISAAE.

CAPÍTULO II
Bolsa de Actos

ARTIGO 10º
Finalidade

A bolsa de actos pretende disponibilizar e dinamizar a delegação de determinados actos, explorando a sinergia da movimentação dos Agentes de Execução pelo território nacional. Para tal fim será criada no SISAAE plataforma com os requisitos necessários à prossecução da bolsa.

ARTIGO 11º
Requisitos

Podem ser oferecidos quaisquer actos a delegar.

1 – Na oferta do acto deverão constar os seguintes elementos:

a) O acto oferecido;
b) O local exacto da realização;
c) O valor que o delegante pretende pagar pela realização do acto;
d) O prazo para a realização do acto.

e) Os documentos necessários à prática do acto, que só serão visíveis pelo delegado, após a aceitação.

ARTIGO 12º
Aceitação

1 – O agente de execução que pretenda realizar determinado acto constante da bolsa, selecciona-o e aceita-o no SISAAE.

2 – O delegante recebe por via exclusivamente telemática a informação de quem aceitou a prática do acto oferecido. Com a aceitação são disponibilizados automaticamente os documentos necessários à realização do acto.

3 – Decorrido o prazo de realização estipulado sem que o mesmo tenha sido praticado é gerado automaticamente alerta para ambos os Agentes de Execução.

4 – Neste caso o delegado ficará impedido de aceder à bolsa por um período de 90 dias, salvo, motivo atendível por parte do delegante a ser comunicado através do SISAAE no prazo de 1 dia.

ARTIGO 13º
Pagamento

1 – O valor será pago, de imediato, após a informação de que o acto foi praticado.

2 – O documento da realização do acto será remetido ao delegante após o pagamento do acto.

CAPÍTULO III
Mediação de conflitos nas delegações

ARTIGO 14º
Resolução de conflitos

Os agentes de execução intervenientes nas delegações, em caso de conflito, poderão recorrer à resolução alternativa de litígios desde que se submetam sem reservas à decisão a proferir.

1 – É competente para mediar ou arbitrar estes conflitos, o Conselho de Especialidade de Agentes de Execução.

2 – O Conselho de Especialidade de Agentes de Execução chamado a dirimir qualquer conflito, terá o prazo de 10 dias para tomar uma decisão e poderá, se entender conveniente, ouvir, em acareação os Agentes de Execução.

3 – As decisões do Conselho de Especialidade de Agentes de Execução devem ser divulgadas no seio dos Agentes de Execução sem identificação dos intervenientes e locais.

CAPÍTULO IV
Disposições Finais

ARTIGO 16º
Entrada em vigor

O presente regulamento entra em vigor no dia seguinte ao da sua publicação, salvo o disposto no Capítulo II, que entra em vigor no dia seguinte à sua disponibilização no SISAAE.

29 de Outubro de 2009. – O Presidente, *António Gomes da Cunha*.

Regulamento da Caixa de Compensações dos Agentes de Execução

Regulamento nº 133/2013*

NOTA JUSTIFICATIVA

Nos termos da alínea *d*) do nº 1 do artigo 30º do Estatuto da Câmara dos Solicitadores (ECS) compete à Assembleia Geral aprovar os regulamentos da caixa de compensações.

O regulamento da caixa de compensações dos agentes de execução foi aprovado pelo Regulamento nº 430/2011, publicado no Diário da República, 2ª série, de 15 de julho.

No final de janeiro do presente ano entrou em vigor o Decreto-Lei nº 4/2013, de 11 de janeiro, o qual aprovou um conjunto de medidas urgentes de combate às pendências em atraso no domínio da ação executiva.

Um dos objetivos deste diploma foi o de responsabilizar o exequente, enquanto principal interessado no sucesso da execução, pela sua forma de atuação no processo. Deste modo, previu-se a extinção das execuções que estejam paradas, sem qualquer impulso processual do exequente há mais de seis meses, quando este seja devido, ou quando o exequente não efetue o pagamento das quantias devidas ao agente de execução a título de honorários ou despesas, impedindo assim a regular tramitação das execuções por si promovidas.

Assim, com a entrada em vigor do Decreto-Lei nº 4/2013, deixou de ser necessário desencadear o procedimento previsto no artigo 15º-A da Portaria nº 331-B/ /2009, de 30 de março.

O Decreto-Lei nº 4/2013, por outro lado, torna conveniente a aprovação de novos regulamentos das caixas de compensações, que adequem a regulamentação existente a este diploma, de modo a cumprir os objetivos de extinção de processos por falta de impulso do exequente.

Assim, este novo regulamento da caixa de compensações dos agentes de execução, que mantém, em regra, as normas constantes do Regulamento nº 430/2011, reforça a existência de critérios de transparência da atividade e de igualdade entre os membros da Câmara dos Solicitadores que exercem a especialidade de agente de execução.

* *Publicado no Diário da República, 2ª série, nº 69, de 9 de abril de 2013.*

Com a nova regulamentação introduz-se também um princípio de diferenciação entre os que cumprem as suas obrigações legais e estatutárias, designadamente no que diz respeito ao pagamento dos valores em débito à caixa de compensações sendo bloqueado o acesso aos serviços não essenciais àqueles que mantém débitos por regularizar.

PREÂMBULO

A gestão da caixa de compensações dos agentes de execução é essencial para assegurar o cumprimento das obrigações estatutárias.

Com o presente regulamento mantém-se uma solução de cobrança automática da caixa de compensações, de forma a diminuir de forma drástica o tempo despendido pelo agente de execução na liquidação e pagamento dos valores devidos.

Subsistem dois regimes específicos, um para os processos posteriores a 31 de março de 2009 e anteriores à data de entrada em vigor do presente regulamento e um segundo regime para os processos posteriores a essa data.

A gestão e cobrança da caixa de compensações nos processos anteriores a 31 de março de 2009 é objeto de outro regulamento autónomo.

Prevê-se a possibilidade do agente de execução alterar a declaração que haja sido feita, solicitando a devolução de valores que hajam sido indevidamente pagos.

Nos termos do disposto na alínea *d*) do nº 1 do artigo 30º do Estatuto da Câmara dos Solicitadores, e do disposto no nº 2 do artigo 22º, do artigo 23º e do artigo 25º, todos da Portaria nº 331-B/2009, de 30 de março, na redação dada pela Portaria nº 308/2011, de 21 de dezembro, é aprovado o regulamento da caixa de compensações dos agentes de execução, o qual se rege pelas seguintes disposições:

Regulamento da caixa de compensações dos agentes de execução

CAPÍTULO I
Caixa de Compensações

SECÇÃO I
Disposições Gerais

ARTIGO 1º
Âmbito

1 – O presente regulamento disciplina a gestão da caixa de compensações, os pagamentos aos agentes de execução dos valores que lhe forem devidos por deslocações e a cobrança das permilagens devidas pelos agentes de execução, nos termos previstos no artigo 127º do Estatuto da Câmara dos Solicitadores e no artigo

23º da portaria nº 331-B/2009, de 30 de março, ou seja, os valores devidos no âmbito dos processos executivos e providências cautelares intentados a partir de 31 de março de 2009.

2 – A gestão, o pagamento e a cobrança da caixa de compensações nos processos executivos ou declarativos intentados em data anterior a 31 de março de 2009 são objeto de regulamento autónomo.

ARTIGO 2º
Contabilização

A contabilização das verbas arrecadadas e despendidas com as obrigações da caixa de compensações são objeto de registo próprio, embora integradas nas contas do conselho geral da Câmara dos Solicitadores.

ARTIGO 3º
Dever de informação

Compete ao conselho geral a aprovação e divulgação dos mapas de dados estatísticos sobre a utilização das verbas da caixa de compensações, elaborados pelo profissional designado para gerir a caixa de compensações a que alude o nº 5 do artigo 127º do Estatuto da Câmara dos Solicitadores.

SECÇÃO II
Gestão da Caixa de Compensações

ARTIGO 4º
Gestor da Caixa de Compensações

1 – O profissional nomeado para gerir a caixa de compensações, a que se refere o nº 5 do artigo 127º do Estatuto da Câmara dos Solicitadores, desempenha as respetivas funções nas instalações do conselho geral da Câmara dos Solicitadores.

2 – O gestor da caixa de compensações reúne periodicamente com o presidente da Câmara dos Solicitadores, com o tesoureiro do conselho geral e com o presidente do conselho da especialidade de agentes de execução.

3 – As despesas que ocorram com a gestão da caixa de compensações são suportadas por esta, nos mesmos termos que o conselho geral ou os conselhos regionais suportam as dos respetivos órgãos.

ARTIGO 5º
Competência

Compete ao gestor da caixa de compensações:

a) Aceitar ou recusar os pedidos de compensação de deslocações;
b) Aceitar ou recusar as retificações às declarações de valores a liquidar pelos agentes de execução à caixa de compensação;

c) Verificar a existência ou não de disponibilidades financeiras para suportar os custos com os serviços de fiscalização e ações de formação;

d) Elaborar trimestralmente um mapa de origem e aplicação de fundos, com estimativa para o trimestre ou trimestres seguintes;

e) Elaborar os mapas estatísticos referidos no artigo 3º deste Regulamento, submetendo-os à aprovação do conselho geral;

f) Propor ao conselho geral a adoção de medidas extraordinárias de afetação dos recursos da caixa de compensações, sempre que a margem de solvência existente seja igual ou inferior ao indicador referido no artigo 14º deste Regulamento;

g) Assegurar o funcionamento e eficácia dos meios ao dispor da caixa de compensações;

h) Promover a cobrança dos valores devidos à caixa de compensações.

SECÇÃO III
Receitas e Custos da Caixa de Compensações

ARTIGO 6º
Receitas da Caixa de Compensações

Para além das permilagens resultantes da Portaria nº 331-B/2009, de 30 de março, constituem ainda receitas da caixa de compensações os juros produzidos por aplicações financeiras dos seus fundos, as multas aplicadas aos agentes de execução pela comissão para a eficácia de execuções, as dotações extraordinárias e quaisquer outras verbas que lhe sejam ou venham a ser atribuídas por lei ou regulamento.

ARTIGO 7º
Custos da Caixa de Compensações

São custos da caixa de compensações:

a) A compensação das deslocações de agentes de execução previstas no nº 2 do artigo 127º do Estatuto dos Solicitadores;

b) O pagamento das ações de formação de agentes de execução ou candidatos a agentes de execução enquadráveis no seu âmbito;

c) O desenvolvimento e a manutenção das aplicações informáticas necessárias ao exercício da atividade de agente de execução;

d) O pagamento dos serviços de fiscalização de agentes de execução enquadráveis no seu âmbito;

e) Os custos de funcionamento dos meios de fiscalização gestão e controlo da atividade dos agentes de execução;

f) Quaisquer outros custos de funcionamento conexos com a formação ou fiscalização dos agentes de execução.

g) Os custos inerentes à respetiva gestão;

h) 10% das suas receitas anuais, até ao montante de 1 000 000 €, as quais se destinam à constituição do fundo de garantia a que se refere o artigo 127º-A do Estatuto da Câmara dos Solicitadores;

i) A aquisição e manutenção do parque informático necessário ao funcionamento das aplicações informáticas;

j) O apoio técnico às aplicações disponibilizadas pela Câmara dos Solicitadores aos agentes de execução, bem como outros apoios fornecidos à respetiva atividade;

k) O apoio logístico à comissão para a eficácia das execuções, de acordo com o artigo 3º do Decreto-Lei nº 165/2009, de 22 de julho.

ARTIGO 8º
Ativo da Caixa de Compensações

São ativos da caixa de compensações:

a) Os depósitos bancários e as aplicações financeiras;

b) Os direitos de crédito sobre os agentes de execução que não hajam liquidado e ou pago o valor devido à caixa de compensações.

ARTIGO 9º
Passivo da Caixa de Compensações

Constituem passivo da caixa de compensações as verbas adiantadas pelo conselho geral no âmbito da atividade dos agentes de execução.

ARTIGO 10º
Margem de solvência

O gestor da caixa de compensações procura assegurar a existência de uma margem de solvência de 0,7 (zero vírgula sete), calculada nos termos da seguinte fórmula:

$$MS = (VC + VF + DF + OO)/(RD + RL)$$

em que:

MS – margem de solvência;

VC – valor das compensações pedidas e ainda não pagas;

VF – valor das despesas previstas com as comissões de fiscalização e ainda não pagas;

DF – despesas correntes de funcionamento;

OO – outras obrigações de curto prazo;

RD – receitas disponíveis;

RL – receitas liquidadas e ainda não recebidas.

ARTIGO 11º
Registo das verbas arrecadadas

As verbas arrecadadas para a caixa de compensações, dada a sua natureza, são objeto de contabilização própria, embora integradas nas contas do conselho geral.

SECÇÃO IV
Despesas de deslocações

ARTIGO 12º
Beneficiários das compensações por deslocações

1 – O direito às compensações por deslocações é o que resulta do disposto no artigo 24º da Portaria nº 331-B/2009, de 30 de março, e do nº 2 do artigo 127º do Estatuto da Câmara dos Solicitadores.

2 – Só podem ser pagas as compensações por deslocações a agentes de execução que não tenham dívidas para com a caixa de compensações.

3 – As liquidações de verbas devidas e os pagamentos da responsabilidade da caixa de compensações aos agentes de execução são efetuados mensalmente.

4 – Os créditos de compensações por deslocações são pagáveis aos agentes de execução quando atinjam um mínimo de 100 euros.

5 – No caso do valor apurado mensalmente ser inferior, acumula para o mês ou meses seguintes até perfazer aquele valor mínimo.

ARTIGO 13º
Pedidos de compensação

Os pedidos de compensação de deslocações devem ser remetidos à caixa de compensações mensalmente, em formulário aprovado pelo conselho geral, até ao dia 10 do mês seguinte àquele a que digam respeito.

ARTIGO 14º
Pagamento dos serviços de fiscalização

1 – Para além do pagamento dos meios de fiscalização telemática, o pagamento dos serviços das comissões de fiscalização obedece ao que sobre a matéria dispuser o regulamento de fiscalização previsto no nº 2 do artigo 131º do Estatuto da Câmara dos Solicitadores.

2 – As nomeações de comissões de fiscalização são sempre comunicadas, pelos órgãos disciplinares, ao gestor da caixa de compensações, a fim de ser cativada a verba para suportar o seu custo de funcionamento.

ARTIGO 15º
Valor do quilómetro percorrido

1 – O valor devido por quilómetro para pagamento das compensações de deslocações a que se refere o artigo 24º da Portaria nº 331-B/2009, é o estabelecido para as deslocações de funcionários do Estado em viatura própria.

2 – O conselho geral pode deliberar o aumento do valor definido no número anterior em determinadas regiões e por períodos limitados.

ARTIGO 16º
Verificação de distâncias

Para a verificação das distâncias percorridas e lançadas na aplicação SISAAE/GPESE pelos agentes de execução, a Câmara dos Solicitadores utiliza aplicação informática de cálculo automático de distâncias, disponibilizada livremente no mercado e da qual dá conhecimento àqueles.

ARTIGO 17º
Pagamento dos quilómetros percorridos

1 – O pagamento dos quilómetros percorridos e verificados é efetuado ao agente de execução até ao final do mês seguinte àquele a que disser respeito.

2 – Só são pagos os valores referidos no número anterior, desde que se encontrem regularizadas todas as quantias devidas pelo agente de execução à caixa de compensações.

ARTIGO 18º
Pagamento de ações de formação

As ações de formação suscetíveis de enquadramento no âmbito da caixa de compensações, para que dela possam beneficiar, devem ser sempre previamente comunicadas ao respetivo gestor, que informa o conselho geral da existência ou não de disponibilidades financeiras para o efeito.

CAPÍTULO II
Liquidação e Cobrança dos valores devidos à Caixa de Compensações

SECÇÃO I
Liquidação e cobrança

ARTIGO 19º
Âmbito

1 – A liquidação e cobrança das permilagens devidas à caixa de compensações são feitas em função da data em que foram intentados os processos judiciais onde foram praticados atos sujeitos a liquidação:

a) Processos de execução intentados após a data de entrada em vigor do presente regulamento;

b) Processo de execução intentados após 30 de março de 2009, tramitados à luz da Portaria nº 331-B/2009, de 30 de março, até à data de entrada em vigor do presente regulamento.

2 – Nos termos do nº 2 do artigo 1º do presente regulamento, a liquidação e cobrança da caixa de compensações nos processos anteriores a 31 de março de 2009, é objeto de regulamento autónomo.

ARTIGO 20º
Comprovativos de liquidação e pagamento

1 – A Câmara dos Solicitadores deve assegurar que, em cada processo tramitado no SISAAE/GPESE, fica a constar um comprovativo eletrónico de liquidação e pagamento à caixa de compensações.

2 – Sem prejuízo do comprovativo referido no número anterior, a Câmara dos Solicitadores emite mensalmente uma fatura/recibo dos valores cobrados, a ser remetida ao agente de execução ou à sociedade que este integre, preferencialmente por via eletrónica.

SUBSECÇÃO I
Processos de Execução posteriores à entrada em vigor do presente regulamento – "novos"

ARTIGO 21º
Liquidação e Cobrança

1 – Nos casos em que os agentes de execução autorizem o débito direto na conta-clientes de exequentes, o valor devido à caixa de compensações é automaticamente debitado nesta conta, no momento em que for pago ao agente de execução a provisão prevista para a fase I, conforme definido na Portaria nº 331-B/2009, de 30 de março.

2 – Sempre que a provisão relativa à fase I for paga através de referência multibanco, a aplicação informática SISAAE/GPESE regista automaticamente esse pagamento.

3 – Quando o valor for pago por outra forma, o agente de execução está obrigado a fazer constar tal informação na aplicação informática SISAAE/GPESE, no prazo de 5 dias após o recebimento, utilizando para o efeito os atos especialmente destinados a esse fim.

4 – Se o agente de execução não tiver autorizado o débito direto na conta-clientes deve, no prazo de 5 dias após o recebimento da provisão, proceder ao pagamento da taxa da caixa de compensações através de identificador único de pagamento gerado pela aplicação informática SISAAE/GPESE.

ARTIGO 22º
Limitações à movimentação dos processos

1 – Enquanto não se mostrar comprovado, na aplicação informática SISAAE/GPESE, o pagamento do valor da Fase 1 e o pagamento da caixa de compensações, o agente de execução apenas pode praticar os atos previstos no artigo 4º do Decreto-Lei nº 4/2013, de 11 de janeiro.

2 – A confirmação do pagamento da fase 1 é feita através de validação eletrónica da receção da provisão na conta cliente de exequentes.

3 – Salvaguarda-se a possibilidade de não serem impostas limitações à movimentação quando o exequente beneficie de apoio judiciário na modalidade de nomeação de agente de execução e seja proferido despacho judicial que ordene o prosseguimento da execução por agente de execução que não oficial de justiça.

4 – Não é devido o valor à caixa de compensações sempre que:

a) O processo de execução se extinga por força do disposto do artigo 4º do Decreto-Lei nº 4/2013, de 11 de janeiro;

b) Tiver sido verificado erro na distribuição do processo do qual resulte que o agente de execução deva devolver ao exequente o valor que lhe havia sido indevidamente pago pela fase 1.

5 – Deixa de se verificar o pressuposto na alínea *a*) número anterior se a provisão de honorários da fase 1 vier a ser posteriormente paga.

SUBSECÇÃO II
Processos de execução posteriores a 31/03/2009 e anteriores à entrada em vigor do presente regulamento

ARTIGO 23º
Liquidação

1 – Nos processos tramitados ao abrigo da Portaria nº 331-B/2009, de 30 de março, não incluídos na subsecção anterior, a liquidação dos valores a pagar à caixa de compensações é feita no prazo de 60 dias contados da entrada em vigor do presente regulamento, através da aplicação informática SISAAE//GPESE;

2 – O agente de execução deve, no referido prazo, declarar os processos sobre os quais pretende liquidar a permilagem devida à caixa de compensações, ou declarar os motivos para não liquidar, nos termos do artigo seguinte.

3 – Decorrido o prazo previsto no nº 1, presume-se que o agente de execução recebeu os honorários da fase 1 e, como tal, é liquidada a permilagem devida à caixa de compensações em todos os processos que não haja sido invocado fundamento para não pagar a caixa de compensações.

ARTIGO 24º
Fundamentos para não pagamento da caixa de compensações

1 – Não é devida a taxa da caixa de compensações nos processos em que se constate:

a) A falta de pagamento da provisão;

b) Erro na distribuição do processo;

c) Que o exequente beneficia de apoio judiciário na modalidade de nomeação e pagamento dos honorários de agente de execução, nos termos do artigo 35º-A da Lei nº 34/2004, de 29 de julho, na redação dada pela Lei nº 47/2007 de 28 de agosto;

d) Que tenha sido proferida decisão judicial a ordenar o agente de execução a prática de atos processuais, que não os previstos no artigo 4º do Decreto-Lei nº 4/2013, sem pagamento de provisão;

e) Erro na classificação do processo;

f) Ter o agente de execução sido designado em substituição de outro, a quem havia sido paga a provisão devida pela fase 1.

2 – Sempre que seja declarado o motivo previsto na alínea *a*) do número anterior, é aplicável, com as necessárias adaptações, o disposto no artigo 22º

3 – Sempre que seja declarado algum dos motivos previstos nas alíneas *b*) e *e*) do nº 1 do presente artigo, o processo é arquivado.

ARTIGO 25º
Pagamento

1 – No final do mês seguinte à data em que termina o prazo previsto no artigo 17º, ou da data em que for declarado o processo para liquidação, se posterior, a Câmara dos Solicitadores remete ao agente de execução, ou à sociedade que este integre, fatura do valor a pagar, contendo ou sendo acompanhada da listagem dos processos.

2 – A fatura e demais comunicações devem, sempre que possível, ser feitas através da plataforma SISAAE/GPESE.

3 – O pagamento do valor devido à caixa de compensações deve ser feito no prazo de 60 dias contados do envio da fatura.

SECÇÃO II
Retificação de declarações

ARTIGO 26º
Retificação de declarações

1 – No prazo de 12 meses após a declaração de um processo para liquidação ou do prazo da extinção da instância, o agente de execução pode retificar a declaração anteriormente feita, com algum dos fundamentos previstos no artigo 24º

2 – O pedido de retificação da declaração é feito através da plataforma SISAAE/GPESE.

3 – A retificação da declaração é deferida pelo gestor da caixa de compensações, verificando-se os fundamentos invocados.

4 – Até ao final do mês seguinte e verificados os fundamentos do pedido de retificação, é emitida nota de crédito e depositado, em conta bancária do agente de execução, o somatório dos valores apurados.

5 – Da decisão de indeferimento da retificação da declaração, sem prejuízo de poder ser submetido novo pedido no prazo de 30 dias, cabe reclamação para a secção regional deontológica da área do domicílio principal do agente de execução.

SECÇÃO III
Atraso no pagamento

ARTIGO 27º
Atraso no pagamento

1 – O atraso superior a 60 dias no pagamento pelo agente de execução de valores superiores a 25 UC, liquidados e devidos à caixa de compensações importa, pelo período em que durar o não pagamento:

a) O bloqueio do acesso à penhora eletrónica de veículos automóveis no SISAAE/GPESE;

b) O bloqueio do acesso a consultas ao registo predial através do SISAAE/GPESE;

c) O bloqueio do acesso a consultas ao registo comercial através do SISAAE/GPESE;

d) O bloqueio do acesso da emissão de documentos no SISAAE/GPESE com prévia inclusão de identificadores de registo postal;

e) O bloqueio do acesso a atendimento no apoio informático (help desk);

f) O não acesso às ações de formação ou conferências promovidas pela Câmara dos Solicitadores de caráter gratuito ou subsidiado;

g) O cancelamento ou a suspensão do certificado digital exclusivo de agente de execução;

h) A não renovação, o cancelamento ou a suspensão do seguro de responsabilidade civil profissional disponibilizado pela Câmara dos Solicitadores.

2 – O disposto no número anterior não é aplicável quando o agente de execução estabeleça com o gestor da caixa de compensações um plano de pagamento e que este esteja a ser pontualmente cumprido.

3 – A Câmara dos Solicitadores notifica o agente de execução para, em sede de audiência prévia, se pronunciar, por escrito, no prazo de 10 dias, sobre a aplicação do disposto no nº 1.

4 – Após a audiência prévia do agente de execução, a Câmara dos Solicitadores comunica ao agente de execução, com a antecedência mínima de 10 dias, a aplicação do disposto no nº 1.

ARTIGO 27º-A
Faturação coletiva

Caso ocorra atraso no pagamento de faturas emitidas à sociedade profissional que o agente de execução integre ou tenha integrado, é aplicável o disposto no artigo anterior, no que respeita ao agente de execução titular do processo, quando:

a) A soma dos valores liquidados e devidos à caixa de compensações, nos processos atribuídos a cada um dos sócios com os valores liquidados e devidos individualmente pelo agente de execução, seja superior a 25 UC;

b) O atraso no pagamento seja superior a 60 dias.

(Aditado pelo Regulamento nº 200/2015, publicado no DR nº 82, II série, de 28-04)

CAPÍTULO III
Disposições finais

ARTIGO 28º
Responsabilidade disciplinar

Constitui infração disciplinar, a apreciar nos termos estatutários, o não cumprimento das obrigações decorrentes do presente Regulamento.

ARTIGO 29º
Suprimento de dúvidas ou omissões

Quaisquer dúvidas ou omissões do presente Regulamento, são resolvidas por deliberação específica ou interpretativa do conselho geral da Câmara dos Solicitadores.

ARTIGO 30º
Irregularidades

As irregularidades detetadas no registo pelos agentes de execução das verbas devidas à caixa de compensações ou eventuais falsas declarações sobre a exigibilidade das mesmas são objeto de participação disciplinar, nos termos do Estatuto da Câmara dos Solicitadores.

ARTIGO 31º
Reembolso

O reembolso das verbas referidas no artigo 9º é efetuado logo que haja saldo suficiente na caixa de compensações.

ARTIGO 32º
Revogação

É revogado o regulamento da caixa de compensações dos agentes de execução, aprovado pelo Regulamento nº 430/2011, publicado no Diário da República, 2ª série, de 15 de julho.

ARTIGO 33º
Entrada em vigor

O presente regulamento entra em vigor cinco dias após a sua publicação.

Aprovado em assembleia geral da Câmara dos Solicitadores de 25 de março de 2013.

25 de março de 2013. – O Presidente da Câmara dos Solicitadores, *José Carlos Resende.*

Regulamento do Estágio de Agentes de Execução

Regulamento nº 275/2011*

Preâmbulo

O presente regulamento corresponde, no essencial, ao aprovado para o estágio que decorreu em 2009. Inseriram-se pequenas correcções decorrentes de algumas lições dadas pela prática. Aproveitou-se para expurgar do regulamento uma série de normas que copiavam disposições estatutárias.

ARTIGO 1º
Âmbito de aplicação

O presente regulamento consagra o regime de funcionamento do estágio de agentes de execução no uso da competência prevista no nº 2 do artigo 118º do Estatuto da Câmara dos Solicitadores.

ARTIGO 2º
Competência

O Conselho Geral da Câmara dos Solicitadores mantém centros de estágio, organiza e ministra o curso de formação correspondente ao primeiro período de estágio e estabelece programas de formação prática durante o segundo período de estágio, sem prejuízo da delegação de funções aos Conselhos Regionais.

ARTIGO 3º
Competências da Entidade Externa

1 – A entidade externa e independente é responsável pela elaboração, realização e avaliação do exame anónimo de admissão a estágio.

2 – Compete à entidade externa e independente, em matéria de admissão a exame anónimo nacional de admissão a estágio, designadamente:

a) Aprovar o Regulamento de Avaliação;

* *Publicado no Diário da República, 2ª série, nº 86, de 4 de maio de 2011.*

b) Designar um responsável pedagógico pela fase de admissão a estágio, que assegure, designadamente, a ligação ao Conselho Geral da Câmara dos Solicitadores e à Comissão para a Eficácia das Execuções;

c) Receber da Câmara dos Solicitadores a listagem das inscrições definitivas dos candidatos a exame;

d) Decidir os recursos interpostos dos resultados dos exames;

e) Graduar os candidatos de acordo com a classificação final;

f) Entregar ao Conselho Geral da Câmara dos Solicitadores e à Comissão para a Eficácia das Execuções a lista dos candidatos admitidos e dos não admitidos ao estágio de agente de execução, com a respectiva graduação

g) Afixar a lista final dos candidatos admitidos e não admitidos na sede da entidade externa e publicitá-la no sítio da entidade externa na Internet;

h) Entregar ao Conselho Geral da Câmara dos Solicitadores os processos dos candidatos a agente de execução estagiário, para arquivo.

ARTIGO 4º
Inscrição para realização do exame

1 – O período de inscrição para a realização do exame anónimo de admissão a estágio de agente de execução é definido e divulgado pela entidade externa escolhida com comunicação prévia ao Conselho Geral da Câmara dos Solicitadores.

2 – A inscrição para a realização do exame anónimo de admissão a estágio de agente de execução é feita junto do Conselho Geral da Câmara dos Solicitadores e depende da verificação dos requisitos de inscrição.

ARTIGO 5º
Regulamento de Avaliação

1 – O Regulamento de Avaliação define:

a) A estrutura do exame e a sua duração;

b) Os critérios de avaliação do exame;

c) As regras relativas ao espaço físico, distribuição, recolha e vigilância dos exames;

d) As regras relativas à realização do exame;

e) A escala de classificação;

f) A ponderação de cada um dos critérios de avaliação na escala de classificação utilizada;

g) A publicitação do enunciado do exame e respectiva grelha de correcção;

h) O regime de recursos;

i) A graduação dos candidatos admitidos;

j) A afixação na sede da entidade externa e a publicitação no sítio da entidade externa na Internet da lista dos candidatos admitidos e não admitidos a estágio.

2 – Os resultados dos exames anónimos de admissão a estágio são afixados no sítio da entidade externa na Internet e na sede da entidade externa, devendo conter uma lista graduada dos candidatos admitidos a estágio de agente de execução.

ARTIGO 6º
Inscrição no Estágio

1 – São admitidos ao estágio de agente de execução os candidatos que preencham os requisitos impostos no Estatuto da Câmara dos Solicitadores e que se inscrevam no respectivo Conselho Geral no prazo de 10 dias a contar da data da afixação da lista graduada dos candidatos admitidos.

2 – A inscrição depende do pagamento prévio de uma taxa definida em regulamento da Câmara dos Solicitadores.

ARTIGO 7º
Deveres dos agentes de execução estagiários

São deveres dos agentes de execução estagiários durante o estágio:

a) Observar escrupulosamente as regras, condições e limitações admissíveis na utilização do escritório do patrono;

b) Guardar respeito e lealdade para com o patrono;

c) Submeter-se aos planos de estágio que vierem a ser definidos pelo escritório ou sociedade de agentes de execução em que se insiram;

d) Colaborar com o patrono sempre que este o solicite e efectuar os trabalhos que lhe sejam determinados, desde que se revelem compatíveis com a actividade do estágio;

e) Colaborar com empenho, zelo e competência em todas as actividades, trabalhos e acções de formação que venha a frequentar no âmbito dos programas de estágio;

f) Os agentes de execução estagiários estão vinculados, adaptadamente, ao dever de reserva e de segredo de justiça, nos mesmos moldes em que se encontram os agentes de execução

g) Comunicar ao centro de estágio qualquer facto que possa condicionar ou limitar o pleno cumprimento das normas estatutárias e regulamentares inerentes ao estágio;

h) Cumprir em plenitude todas as demais obrigações legais, deontológicas e regulamentares no exercício da actividade profissional.

ARTIGO 8º
Competências

1 – Compete ao Conselho Geral da Câmara dos Solicitadores, através dos centros de estágio:

a) Durante o primeiro período de estágio, organizar e ministrar o curso de formação;

b) Durante o segundo período de estágio, assegurar de forma coordenada e permanente, o acompanhamento dos agentes de execução estagiários, desenvolvendo acções de formação presenciais ou à distância.

2 – Compete ainda ao Conselho Geral, através das suas próprias estruturas ou no âmbito de protocolos de colaboração com outras entidades, durante o segundo período de estágio:

a) Promover a realização de conferências, seminários, colóquios e acções de formação eminentemente práticas que, pelo seu objecto ou finalidade, se enquadrem nos objectivos do segundo período de estágio;

b) Incentivar a participação dos patronos nas tarefas do estágio e procurar solucionar divergências no domínio do seu relacionamento com os agentes de execução estagiários;

3 – O Conselho Geral pode designar coordenadores para o segundo período de estágio.

ARTIGO 9º
Formadores

Os formadores exercem a sua actividade mediante contrato remunerado de prestação de serviços, a celebrar com o Conselho Geral ou os Conselhos Regionais com base em critérios uniformes, designadamente os seguintes:

a) Sendo solicitadores, ter, pelo menos, cinco anos de exercício efectivo da solicitadoria e não lhe ter sido aplicada sanção disciplinar superior a multa;

b) Sendo advogados, ter, pelo menos, cinco anos de exercício efectivo de advocacia e não lhe ter sido aplicada sanção disciplinar superior a multa;

c) Sendo docentes universitários, ter, pelo menos, três anos de docência.

ARTIGO 10º
Transferência de centros de estágio

1 – Havendo motivo ponderoso, pode o agente de execução estagiário requerer ao Conselho Geral a sua transferência para outro centro de estágio.

2 – Caso o requerimento previsto no artigo anterior seja deferido, o centro de estágio cessante envia para o centro de estágio para o qual o agente de execução estagiário for transferido o processo individual do agente de execução estagiário, o qual inclui todas as informações exigidas pelo presente regulamento, relativas ao tempo de estágio decorrido sob a alçada do centro de estágio cessante.

3 – Cabe ao centro de estágio para o qual o estagiário foi transferido dar a informação relevante para a avaliação final, caso a mesma seja solicitada pela entidade externa e independente.

ARTIGO 11º
Suspensão do estágio

1 – O estágio pode ser suspenso através de requerimento fundamentado dirigido ao Conselho Geral.

2 – O estágio terá de ser reiniciado no imediatamente seguinte retomando-se na mesma fase em que foi suspenso.

3 – Se ao estágio imediatamente seguinte vierem a ser aplicáveis outras normas para admissão e frequência o estagiário só pode reiniciá-lo se assegurar o seu cumprimento nos termos que vierem a ser determinados por decisão do conselho geral.

ARTIGO 12º
Primeiro período de estágio. Conteúdos e objectivos.

1 – O primeiro período de estágio é constituído por um curso de formação destinado aos inscritos no estágio de agente de execução, a ser ministrado nos centros de estágio, visando munir os agentes de execução estagiários dos conhecimentos necessários ao desempenho das suas funções.

2 – O tempo lectivo do curso de formação tem a duração de 210 horas, das quais pelo menos 147 horas devem ser destinadas à formação sobre as seguintes matérias:

a) Direitos Fundamentais;

b) Novas tecnologias de informação e de comunicação a utilizar no desempenho das funções de agente de execução;

c) Técnicas de resolução de conflitos, designadamente em situações de sobre-endividamento;

d) Fiscalidade e contabilidade do processo aplicada às funções de agente de execução.

3 – O tempo do curso de formação que não for ocupado pelas matérias previstas no número anterior deve versar sobre:

a) Processo executivo;

b) Ética e deontologia profissional.

c) Psicologia comportamental.

4 – O programa das sessões do curso e o seu horário serão fixados pelo centro de estágio, de acordo com as suas possibilidades.

5 – A frequência do curso de formação é obrigatória, não podendo os agentes de execução estagiários faltar, ainda que justificadamente, a mais de um terço das sessões efectivamente ministradas.

6 – A justificação das faltas do agente de execução estagiário deve ser apresentada junto do Conselho Geral.

7 – O agente de execução estagiário que falte injustificadamente a mais de um sexto das sessões efectivamente ministradas é excluído do estágio.

ARTIGO 13º
Realização de provas de aferição

1 – Durante ou no final do curso de formação, o centro de estágio pode organizar a realização de provas de aferição dos conhecimentos adquiridos durante o curso de estágio.

2 – Sempre que o centro de estágio organize provas de aferição nos termos do número anterior, a sua realização é obrigatória para todos os agentes de execução estagiários.

3 – A classificação negativa obtida na prova de aferição não obsta à transição para o segundo período de estágio.

4 – A classificação obtida na prova de aferição será tida em conta no âmbito da avaliação final a realizar pela entidade externa e independente do trabalho desenvolvido pelo agente de execução estagiário durante o estágio.

ARTIGO 14º
Segundo período de estágio. Início e admissão.

São admitidos ao segundo período de estágio os estagiários que tenham frequentado o primeiro período e não tenham ultrapassado o número de faltas previsto no nº 5 do artigo 12º

ARTIGO 15º
Prática profissional tutelada

1 – Durante o segundo período de estágio, o exercício da actividade profissional do agente de execução estagiário decorre sob a direcção do patrono e sempre sob a sua alçada e orientação.

2 – No segundo período de estágio o agente de execução estagiário pode praticar todos os actos de natureza executiva em todo o tipo de processos de valor inferior à alçada dos tribunais de primeira instância e sempre sob a direcção do patrono.

3 – O patrono subscreve conjuntamente todos os actos que o agente de execução estagiário pratique nos seus processos.

4 – Ao agente de execução estagiário é permitido promover citações em processos de natureza declarativa e notificações avulsas, em processos que o patrono lhe confie, sempre sob a sua alçada e direcção.

5 – O agente de execução estagiário pode acompanhar e realizar diligências, sem no entanto as poder subscrever, nas acções executivas não compreendidas no ponto 2. Sendo tomadas em consideração para o cumprimento dos actos de realização obrigatória, desde que validados pelo patrono.

ARTIGO 16º
Deveres específicos dos agentes de execução estagiários

1 – Para além dos deveres previstos no artigo 7º, constituem, ainda deveres do agente de execução estagiário durante o segundo período de estágio:

a) Participar nos processos judiciais que lhe forem confiados pelo patrono e sob sua orientação.

b) A realização de 100 intervenções em procedimentos judiciais;

c) A apresentação de relatório final da sua autoria referente a todas as suas actividades de estágio.

2 – Consideram-se como intervenções para os efeitos da alínea *b*) do nº 1 os actos e as diligências processuais, no mesmo ou em vários processos, desde que possam ser devidamente comprovadas por meio idóneo.

3 – Para efeitos da alínea *c*) do nº 1, quando o estágio tiver decorrido sob a orientação de mais do que um patrono, deve o agente de execução estagiário apresentar tantos relatórios quanto o número de patronos, devendo a ponderação final daqueles ser efectuada pela entidade externa no âmbito da avaliação final.

4 – O relatório elaborado pelo agente de execução estagiário é apresentado sob compromisso de honra quanto ao seu conteúdo.

ARTIGO 17º
Relatório do patrono

No termo do segundo período de estágio, o patrono elabora um relatório final acerca da actividade exercida pelo estagiário, concluindo com parecer fundamentado sobre a sua aptidão ou inaptidão para o exercício das funções de agente de execução, o qual é apresentado sob compromisso de honra quanto ao seu conteúdo.

ARTIGO 18º
Escolha

1 – O patrono que acompanha o segundo período de estágio de agente de execução tem de estar inscrito ou registado no respectivo Colégio há pelo menos dois anos e sem punição disciplinar superior à de multa, sendo livremente escolhido pelo agente de execução estagiário ou, a pedido deste, nomeado pelo Conselho Geral

2 – A indicação do patrono é feita no momento de inscrição para o estágio e é acompanhada da declaração de aceitação.

ARTIGO 19º
Funções

1 – O patrono desempenha um papel fundamental e imprescindível ao longo do segundo período do estágio, sendo o principal responsável pela orientação e direcção do exercício profissional do agente de execução estagiário.

2 – Ao patrono cabe promover e incentivar a formação durante o estágio e apreciar a aptidão e idoneidade técnica, ética e deontológica do estagiário para o exercício da profissão.

ARTIGO 20º
Deveres do patrono

O patrono fica vinculado ao cumprimento dos seguintes deveres:

a) Permitir ao agente de execução estagiário o acesso ao seu escritório e a utilização deste, nas condições e com as limitações que venha a estabelecer;

b) Confiar ao agente de execução estagiário a prática de actos de natureza executiva, num mínimo de 30 processos, até ao valor da alçada da primeira instância, para que este os tramite sob sua orientação, nos seguintes termos:

Os processos de natureza executiva, devem ser de número igual ou superior a 25;

A prática de actos e diligências não se deve circunscrever a uma única fase do processo executivo,

c) Aconselhar, orientar e informar o agente de execução estagiário durante todo o tempo de formação;

d) Permitir que o agente de execução estagiário tenha acesso a actos e peças forenses da autoria do patrono e que assista a diligências relacionadas com as funções de agente de execução;

e) Facilitar o acesso à utilização dos serviços do escritório, designadamente de telefones, fax, computadores e outros nas condições e com as limitações que venha a determinar;

f) Consentir a aposição da assinatura do agente de execução estagiário juntamente com a do patrono, em todos os trabalhos por aquele realizados;

g) Cumprir as formalidades legais inerentes à realização do estágio.

ARTIGO 21º
Escusa

1 – O patrono nomeado pelo Conselho Geral pode pedir escusa, desde que fundamentada, mediante solicitação escrita dirigida ao Conselho Geral no prazo de dez dias a contar da data em que lhe for comunicada a nomeação.

2 – É fundamento de escusa a circunstância de o patrono indicado ter três ou mais estagiários.

3 – O Conselho Geral pode limitar o número máximo de estagiários por patrono.

ARTIGO 22º
Encerramento do estágio

No final do segundo período de estágio, o agente de execução estagiário deve apresentar à entidade externa e independente, no prazo máximo de 15 dias, os seguintes elementos:

a) A auto-avaliação do estagiário;

b) O relatório do patrono a que se refere o artigo 23º;

c) O relatório de atividades do agente de execução estagiário a que se refere a alínea *c*) do nº 1 do artigo 16º;

d) O certificado da classificação obtida na prova de aferição de conhecimentos, quando esta tenha ocorrido;

e) Outros elementos de informação que venham a ser indicados no Regulamento de Avaliação aprovado pela entidade externa.

(Cf. Declaração de Retificação nº 449/2012, publicada no DR nº 63, II Série, de 28-03)

ARTIGO 23º
Avaliação final

1 – A avaliação final compreende a avaliação do trabalho desenvolvido pelo agente de execução estagiário durante o estágio e é realizada pela entidade externa e independente designada pela Comissão para a Eficácia das Execuções.

2 – A entidade externa e independente define no Regulamento de Avaliação os critérios e elementos a ter em conta na avaliação final, que devem tomar em consideração, designadamente:

a) A auto-avaliação do estagiário;

b) Uma entrevista ao estagiário acerca dos processos em que teve intervenção e dos actos que praticou;

c) O grau de aplicação dos conhecimentos adquiridos no primeiro período do estágio relativamente às matérias de direitos fundamentais, novas tecnologias de informação e comunicação a utilizar no desempenho das funções de agente de execução, técnicas de resolução de conflitos, designadamente em situações de sobreendividamento, fiscalidade e contabilidade do processo aplicada às funções de agente de execução, processo executivo, ética, deontologia profissional e psicologia comportamental;

d) O relatório do patrono a que se refere o artigo 23º;

e) O relatório do estagiário a que se refere a alínea *c*) do nº 1 do artigo 22º;

f) A classificação obtida na prova de aferição de conhecimentos, quando esta tenha ocorrido.

3 – A ponderação de cada um destes critérios e elementos de avaliação na atribuição da classificação final do estágio é definida pela entidade externa e independente no Regulamento de Avaliação aprovada por esta.

ARTIGO 24º
Faltas à entrevista

1 – Os agentes de execução estagiários que faltem à entrevista, e cuja falta seja considerada justificada, poderão realizar a mesma em data que lhes for designada e notificada pela entidade externa e independente, mantendo inalterada, até essa data, a sua situação estatutária.

2 – São consideradas justificadas as faltas que decorram de motivo atendível, devendo a justificação ser requerida, perante a entidade externa e independente, no prazo máximo de 5 dias a contar da data designada para a realização da entrevista, em requerimento devidamente fundamentado.

3 – Podem ser ainda consideradas justificadas as faltas imprevisíveis que sejam comunicadas à entidade externa e independente logo que possível.

4 – Nos casos previstos nos nºs 2 e 3, a entidade externa e independente pode solicitar ao agente de execução estagiário a prova dos factos invocados para a justificação.

ARTIGO 25º
Conclusão do estágio com aproveitamento

A classificação positiva na avaliação final do trabalho desenvolvido pelo agente de execução estagiário durante o estágio implica a conclusão do estágio com aproveitamento.

ARTIGO 26º
Inscrição definitiva e juramento

Findo o período de estágio, compete ao Conselho Geral verificar o cumprimento dos requisitos de inscrição, nos termos do Estatuto da Câmara dos Solicitadores e do regulamento de inscrição dos agentes de execução.

ARTIGO 27º
Aplicação no tempo

O presente Regulamento aplica-se ao curso de estágio iniciado em 2011 e revoga o regulamento 391/2009 publicado em 24/09/2009.

(Aprovado em reunião do Conselho Geral de 05 de Março de 2011)

11 de Abril de 2011. – O Presidente da Câmara dos Solicitadores, *José Carlos Resende.*

ÍNDICE ANALÍTICO

A

Agente de execução
Caixa de compensações, art. 175º
Caução, art. 174º
Competências, art. 162º, nº 2
Contas-cliente, arts. 122º, 171º e 172º
Definição, art. 162º
Delegação, art. 177º
Deveres de informação, art. 169º
Deveres para com a comunidade, art. 124º
Deveres, 168º e ss
Estágio, art. 163º
Exercício da atividade, art. 162º
Fiscalização, art. 179º
Fundo de Garantia, art. 176º
Impedimentos e suspeições, arts. 103º e 166º
Incompatibilidades, arts. 102º, 165º
Infrações disciplinares, arts. 180º e ss.
Início de funções, art. 108º
Inscrição na Ordem, arts. 105º e 108º
Integridade, art. 121º
Liquidatário, art. 178º
Responsabilidade civil profissional, art. 123º
Sanções acessórias, art. 192º
Sociedades, arts. 95º, 220º e ss e 223º
Substituição, art. 168º, nº 1, als. g) e j); art. 174º, nº 7, al. d); art. 177º, nº 4, al. a)
Tarifas, art. 173º
Título profissional, arts. 89º e 104º

Apreensão
Da cédula e dos selos profissionais, art. 117º
De documentos, art. 142º

Arbitragem, art. 210º

Arrolamentos, art. 120º

Assembleia de representantes
Competência, art. 28º
Composição, art. 26º
Convocação, art. 27º, nºs 2 a 4
Eleição dos membros, art. 60º
Hierarquia protocolar, art. 13º, nº 4
Órgãos nacionais da Ordem, art. 13º, nº 1, al. c)
Quórum, art. 27º, nº 5
Representação do conselho geral, art. 27º, nºs 10 e 11
Reunião, art. 27º

Assembleia-geral
Competência, art. 22º
Composição, art. 22º
Convocatórias, art. 24º
Documentos, art. 24º
Hierarquia protocolar, art. 13º, nº 4
Mesa, art. 23º
Órgãos nacionais da Ordem, art. 13º, nº 1, al. b)
Quórum, art. 24º

Representação, art. 24º
Reuniões, art. 25º

Assembleias de representantes dos colégios profissionais
Competência, art. 42º
Composição, art. 40º
Eleição de membros, art. 65º
Hierarquia protocolar, art. 13º, nº 4
Órgãos nacionais da Ordem, art. 13º, nº 1, al. h)
Reuniões, art. 41º

Assembleias distritais
Competência, art. 52º
Composição, art. 51º
Órgãos locais da Ordem, art. 13º, nº 3, al. a)
Reuniões, art. 53º

Assembleias regionais
Competência, art. 47º
Composição, art. 46º
Hierarquia protocolar, art. 13º, nº 4
Órgãos regionais da Ordem, art. 13º, nº 2, al. a)
Reuniões, art. 48º

Associado
Arquivos de documentos, art. 101º
Categorias, art. 90º
Comunicações da ordem, art. 98º
Correspondente, art. 94º
Domicílio fiscal, art. 97º
Efetivo, art. 91º
Estagiário, art. 92º
Formação contínua, art. 99º
Honorário, art. 93º
Listas públicas, art. 100º

Audiências de julgamento, arts. 151º e 185º, nº 6

B
Balcão único, art. 224º

Bastonário
Competências, art. 20º
Conceito, art. 19º
Delegação, art. 20º, nºs 3 e 4
Eleição, art. 61º
Hierarquia protocolar, art. 13º, nº 4
Órgãos nacionais da Ordem, art. 13º, nº 1, al. d)
Participação à Ordem, art. 185º
Substituição por impedimento ou renúncia, art. 75º

Buscas em escritórios, art. 120º

C
Caixa de compensações, art. 175º

Caixa de previdência, art. 5º

Candidatura
Eleições intercalares, art. 69º
Proporcionalidade nas listas, art. 15º
Regulamento eleitoral, art. 70º

Cédula profissional, art. 104º
Apreensão, art. 117º
Emissão, art. 109º

Centros de estágio, art. 157º

Comércio eletrónico, art. 139º

Competência
Agente de execução, art. 162º, nº 2
Assembleia de representantes, art. 28º
Assembleia-geral, art. 22º
Assembleias de representantes dos colégios profissionais, art. 42º
Assembleias distritais, art. 52º
Assembleias regionais, art. 47º
Bastonário, art. 20º
Congresso, art. 39º
Conselho fiscal, art. 36º
Conselho geral, art. 31º

Conselho superior, art. 33º
Conselhos profissionais, art. 45º
Conselhos regionais, art. 50º

Composição
Assembleia de representantes, art. 26º
Assembleia-geral, art. 22º
Assembleias de representantes dos colégios profissionais, art. 40º
Assembleias distritais, art. 51º
Assembleias regionais, art. 46º
Congresso, art. 37º
Conselho fiscal, art. 35º
Conselho geral, art. 29º
Conselho superior, art. 32º
Conselhos profissionais, art. 43º
Conselhos regionais, art. 49º

Conflito de interesses, art. 143º

Congresso
Competências, art. 39º
Composição, art. 37º
Eleição dos delegados, art. 52º, al. f)
Órgãos nacionais da Ordem, art. 13º, nº 1, al. a)
Presidência, art. 20º
Realização, art. 38º

Conselho fiscal
Competência, art. 36º
Composição, art. 35º
Eleição de membros, art. 64º
Hierarquia protocolar, art. 13º, nº 4
Órgãos nacionais da Ordem, art. 13º, nº 1, al. g)

Conselho geral
Competência, art. 31º
Composição, art. 29º
Eleição de membros, art. 62º
Órgãos nacionais da Ordem, art. 13º, nº 1, al. f)
Participação à Ordem, art. 185º
Reuniões, art. 30º

Conselho superior
Competência, art. 33º
Composição, art. 32º
Eleição de membros, art. 63º
Funcionamento, art. 34º
Hierarquia protocolar, art. 13º, nº 4
Órgãos nacionais da Ordem, art. 13º, nº 1, al. e)

Conselhos profissionais
Competência, art. 45º
Composição, art. 43º
Eleição de membros, art. 66º
Hierarquia protocolar, art. 13º, nº 4
Órgãos nacionais da Ordem, art. 13º, nº 1, al. i)
Participação à Ordem, art. 185º
Reuniões, art. 44º

Conselhos regionais
Competências, art. 50º
Composição, art. 49º
Eleição de membros, art. 67º
Hierarquia protocolar, art. 13º, nº 4
Órgãos regionais da Ordem, art. 13º, nº 2, al. b)
Participação à Ordem, art. 185º

Conta-clientes, art. 122º
Do agente de execução, art. 171º
Falta de provisão, art. 172º
Irregularidades, art. 172º
Liquidação, art. 147º

Contrato de trabalho
Celebrado com o solicitador, art. 140º
Do agente de execução, art. 165º

Cooperação administrativa, art. 226º

D

Delegação, art. 177º

Delegações distritais
Competências, art. 55º

Composição, art. 54º
Divisão, art. 11º
Eleição de membros, art. 68º
Hierarquia protocolar, art. 13º, nº 4
Órgãos locais da Ordem, art. 13º, nº 3, al. b)

Delegados concelhios
Hierarquia protocolar, art. 13º, nº 4
Órgãos locais da Ordem, art. 13º, nº 3, al. c)

Destituição
De cargo nos órgãos da ordem, art. 192º, nº 1, al. e)
De órgãos nacionais, art. 24º, nº 4

Deveres
Do estagiário, art. 134º
Dos patronos, art. 133º
Gerais de conduta profissional, art. 121º, nº 2
Para com a comunidade, art. 124º
Para com a Ordem, art. 125º
Recíprocos dos associados, art. 130º

Diploma, art. 109º

Direito de voto, art. 58º

Discussão pública de questões profissionais, art. 131º

Documentos
Apreensão, art. 142º
Requisição, art. 6º

Domicílio fiscal, art. 97º

Dotações orçamentais, art. 88º

E
Elegibilidade, art. 59º

Eleição
Bastonário, art. 61º
Direito de voto, art. 58º
Intercalar e antecipada, art. 72º
Membros da assembleia de representantes, art. 60º
Membros das assembleias de representantes dos colégios profissionais, art. 65º
Membros das delegações distritais, art. 68º
Membros do conselho fiscal, art. 64º
Membros do conselho geral, art. 62º
Membros do conselho superior, art. 63º
Membros dos conselhos profissionais, art. 66º
Membros dos conselhos regionais, art. 67º
Regulamento eleitoral, art. 70º

Escusa
De mandato, art. 74º
De patrono, art. 134º, nº 6

Estágio
De agente de execução, arts. 163º e ss
Direitos e deveres do estagiário, art. 134º
Direitos e deveres dos patronos, art. 133º
Organização, art. 132º
Para solicitador, arts. 156º e ss
Seguros, art. 135º

Estágio para solicitador
Cessação, art. 161º
Inscrição, art. 158º
Objetivo e duração, art. 156º
Primeiro período, art. 159º
Regime de suspensão, art. 161º
Segundo período, art. 160º
Serviços, art. 157º

Estágio de agente de execução
Direitos e deveres dos estagiários, art. 164º
Direitos e deveres dos patronos, art. 164º
Objetivo e duração, art. 163º

F
Fiscalização, art. 179º

Formação contínua, art. 99º

Fundo de garantia
Dos agentes de execução, art. 176º
Dos solicitadores, art. 155º

G
Garantias
Decisões recorríveis, art. 207º
Em geral, art. 118º
Reabilitação, art. 209º
Revisão, art. 208º

H
Hierarquia protocolar, art. 13º, nº 4

Honorários, art. 149º

I
Impedimento, arts. 103º e 166º

Imposição de selos, art. 120º

Incompatibilidades
Agente de execução, arts. 102º e 165º
Genéricas, art. 102º
No exercício de funções, art. 17º

Independência, art. 119º

Integridade, art. 121º

Infração criminal, art. 184

Infração disciplinar
Conceito, art. 181º
De solicitador, art. 154º
Do agente de execução, art. 180º
Participação, art. 185º
Simultaneamente infração criminal, art. 184º

Inscrição
Cancelamento, art. 114º
Cédula profissional, arts. 104º, 109º e 117º
Cessação, art. 111º
Diploma, art. 109º
Formalidades, art. 107º
Início de funções de agente de execução, art. 108º
Nova, art. 115º
Requisitos, art. 105º
Restrições, art. 106º
Suspensão, arts. 110º, 112º, 113º e 116º

Insígnia, arts. 2º e 79º

L
Legitimidade
Participação à Ordem, art. 185º
Processual, art. 188º

Listas
Proporcionalidade, art. 15º
Públicas dos associados e dos prestadores em livre prestação de serviços, art. 100º

M
Mandato
Duração, art. 71º
Escusa e renúncia, art. 74º
Impedimento de renovação, art. 71º, nºs 2 e 3
Judicial, arts. 136º, nº 1, 165º, nº 1, al. a) e 166º, nº 5
Perda, art. 78º
Recusa, art. 152º, al. a)

Medidas cautelares, art. 205º

N
Natureza e sede, art. 1º

O
Orçamento, art. 87º

Organizações associativas de profissionais de outros Estados membros da UE e do EEE, art. 96º

Órgãos locais, art. 13º
Assembleias distritais, art. 51º e ss
Delegações distritais, art. 54º e ss
Delegados concelhios, art. 13º
Eleições, art. 58º e ss
Mandatos, art. 71º e ss
Perda de mandato, art. 78º
Remuneração, art. 73º
Substituição por impedimento ou renúncia, art. 76º
Substituição por impedimento temporário, art. 77º
Títulos honoríficos, art. 79º

Órgãos nacionais, art. 13º
Assembleia de representantes, art. 26º e ss
Assembleia-geral, art. 22º e ss
Assembleias de representantes dos colégios profissionais, art. 40º e ss
Bastonário, art. 19º e ss
Congresso, art. 37º e ss
Conselho fiscal, art. 35º e ss
Conselho geral, art. 29º e ss
Conselho superior, art. 32º e ss
Conselhos profissionais, art. 43º e ss
Eleições, art. 58º e ss
Hierarquia protocolar, art. 13º, nº 4
Mandatos, art. 71º e ss
Perda de mandato, art. 78º
Remuneração, art. 73º
Substituição por impedimento ou renúncia, arts. 75º e 76º
Substituição por impedimento temporário, art. 77º
Títulos honoríficos, art. 79º

Órgãos regionais, art. 13º
Assembleias regionais, art. 46º e ss
Conselhos regionais, art. 49º e ss
Eleições, art. 58º e ss
Hierarquia protocolar, art. 13º, nº 4
Mandatos, art. 71º e ss
Perda de mandato, art. 78º
Remuneração, art. 73º
Substituição por impedimento ou renúncia, art. 76º
Substituição por impedimento temporário, art. 77º
Títulos honoríficos, art. 79º

P

Patrono
Direitos e deveres, arts. 133º e 164º
Pedido de escusa, art. 133º, nº 6

Participação
Desistência, art. 186º
Infração disciplinar, art. 185º

Perda de mandato, art. 78º

Poder disciplinar
Do exercício, art. 185º e ss.
Do processo, art. 202º e ss.
Garantias, art. 207º e ss
Infração disciplinar, art. 181º
Prescrição do procedimento disciplinar, art. 184º
Responsabilidade disciplinar, arts. 182º e 183º
Sanções disciplinares, art. 190º e ss.

Prescrição
Das sanções disciplinares, art. 200º
Do procedimento disciplinar, art. 184º

Previdência social, art. 5º

Processo
De inquérito, art. 203º, nºs 1 e 2
Disciplinar, arts. 203º, nºs 1 e 3 e 204º
Natureza secreta, art. 206º

Provedor
Competências, art. 57º
Designação, art. 57º
Exercício do cargo, art. 57º
Hierarquia protocolar, art. 13º, nº 4
Participação à Ordem, art. 185º

Provisões, art. 148º

Publicidade, art. 128º

Q
Quotas, arts. 83º e 84º

R
Reabilitação, art. 209º

Resolução de litígios
Arbitragem, art. 210º
Tentativa de conciliação, art. 211º

Receitas
Cobrança, art. 84º
Da Ordem, art. 82º
Finalidade, art. 86º
Fundo de garantia dos agentes de execução, art. 176º
Fundo de garantia dos solicitadores, art. 155º
Taxa pelos serviços de reforço de segurança documental, art. 85º

Referendos, arts. 80º e 81º

Responsabilidade civil profissional, art. 123º

Revisão, art. 208º

S
Sanções disciplinares
Aplicação, art. 190º
Comunicação e publicidade, art. 199º
De interdição definitiva do exercício da atividade profissional, art. 195º
De suspensão superior a dois anos, art. 195º
Execução, art. 196º
Graduação, art. 191º
Início de produção de efeitos, art. 197º
Prazo para pagamento da multa, art. 198º
Prescrição, art. 200º
Princípio do cadastro, art. 201º
Sanções acessórias, art. 192º
Suspensão, art. 194º
Unidade e acumulação de infrações, art. 193º

Segredo profissional, art. 127º e 141º

Selo e insígnia, arts. 2º e 79º

Sociedades de agentes de execução
Administração, art. 221º
Capital social, art. 221º
Designação para processo ou procedimento, art. 222º
Direitos de voto, art. 221º
Objeto, art. 221º
Regime aplicável, art. 220º

Sociedades de profissionais, art. 95º

Sociedades de solicitadores
Administração da sociedade, art. 218º
Alteração do contrato, art. 214º
Associados, art. 213º
Correspondência e documentos, art. 215º
Dissolução imediata, art. 219º
Participações sociais, art. 216º
Sócios, art. 212º
Votos, art. 217º

Sociedades de solicitadores e agentes de execução, art. 223º

Solicitador
Apreensão de documentos, art. 142º
Conflito de interesses, art. 143º
Contas-cliente, arts. 122º, 146º e 147º
Contrato de trabalho, art. 140º
Correspondência, art. 153º
Deveres, arts. 124º, 144º e 152º
Direitos, art. 150º
Estágio, art. 156º e ss
Fundo de garantia dos solicitadores, art. 155º

Honorários, art. 149º
Impedimentos, art. 103º
Infrações disciplinares, art. 154º
Incompatibilidades, art. 102º
Inscrição de nacionais de outros Estados, art. 137º
Livre prestação de serviços, art. 138º
Provisões, art. 148º
Sanções acessórias, art. 192º
Segredo profissional, art. 141º
Sociedades, arts. 95º, 212º e ss e 223º
Título profissional, art. 89º
Valores e documentos do cliente, art. 145º

Substituição
Do bastonário, 75º
Dos agentes de execução, art. 168º, nº 1, als. g) e j); art. 174º, nº 7, al. d); art. 177º, nº 4, al. a)
Dos membros da mesa da assembleia de representantes, art. 27º, nº 9
Dos membros dos órgãos colegiais, art. 13º, nº 6
Por impedimento ou renúncia dos restantes órgãos, art. 76º
Por impedimento temporário, art. 77º

Suspensão da inscrição
Apreensão da cédula e dos selos profissionais, art. 117º
Casos de cessação, art. 111º
Causas, art. 110º
Cessação por iniciativa própria, art. 116º
Inibição do exercício da profissão, art. 113º
Por iniciativa própria, art. 112º

T

Tarifas, art. 173º

Taxa pelos serviços de reforço de segurança documental, art. 85º

Tentativa de conciliação, art. 211º

Tesouraria, art. 87º

Títulos honoríficos, art. 79º

V

Voto, arts. 58º, 217º e 221º

ÍNDICE-SUMÁRIO

ESTATUTO DA ORDEM DOS SOLICITADORES
E DOS AGENTES DE EXECUÇÃO
Lei nº 154/2015, de 14 de setembro 7
TÍTULO I Da Ordem dos Solicitadores e dos Agentes de Execução 13
CAPÍTULO I Disposições gerais 13
CAPÍTULO II Organização, estrutura orgânica, composição dos órgãos e competências 16
SECÇÃO I Disposições gerais 16
SECÇÃO II Órgãos nacionais 21
SUBSECÇÃO I Bastonário 21
SUBSECÇÃO II Assembleia-geral 22
SUBSECÇÃO III Assembleia de representantes 25
SUBSECÇÃO IV Conselho geral 27
SUBSECÇÃO V Conselho superior 29
SUBSECÇÃO VI Conselho fiscal 32
SUBSECÇÃO VII Congresso 33
SUBSECÇÃO VIII Assembleias de representantes dos colégios profissionais 34
SUBSECÇÃO IX Conselhos profissionais 35
SECÇÃO III Órgãos regionais 36
SUBSECÇÃO I Assembleias regionais 36
SUBSECÇÃO II Conselhos regionais 37
SECÇÃO IV Órgãos locais 38
SUBSECÇÃO I Assembleias distritais 38
SUBSECÇÃO II Delegações distritais 39
SUBSECÇÃO III Delegações concelhias 40
SECÇÃO V Provedor 40
CAPÍTULO III Eleições, mandatos, referendos e exercício dos cargos 41
SECÇÃO I Disposições gerais 41
SECÇÃO II Mandatos 44
SECÇÃO III Referendos 47

CAPÍTULO IV Regime financeiro 48
TÍTULO II Das atividades profissionais 51
CAPÍTULO I Disposições gerais 51
CAPÍTULO II Incompatibilidades, impedimentos e inscrição 57
SECÇÃO I Incompatibilidades e impedimentos 57
SECÇÃO II Inscrição 60
SECÇÃO III Suspensão da inscrição 63
CAPÍTULO III Direitos e deveres profissionais 66
SECÇÃO I Princípios gerais 66
SECÇÃO II Relações com terceiros 69
SECÇÃO III Regras gerais sobre o estágio 74
CAPÍTULO IV Dos solicitadores 76
SECÇÃO I Exercício da atividade de solicitador 76
SECÇÃO II Direitos e deveres do solicitador 82
SECÇÃO III Infrações disciplinares 83
SECÇÃO IV Fundo de garantia dos solicitadores 84
SECÇÃO V Estágio para solicitador 84
CAPÍTULO V Dos agentes de execução 86
SECÇÃO I Exercício da atividade e estágio 86
SECÇÃO II Incompatibilidades, impedimentos e limites de designação 88
SECÇÃO III Deveres do agente de execução 89
SECÇÃO IV Infrações disciplinares 100
CAPÍTULO VI Poder disciplinar 100
SECÇÃO I Disposições gerais 100
SECÇÃO II Do exercício do poder disciplinar 103
SECÇÃO III Das sanções disciplinares 104
SECÇÃO IV Do processo 110
SECÇÃO V Das garantias 112
CAPÍTULO VII Resolução de litígios 114
CAPÍTULO VIII Sociedades profissionais dos associados 115
SECÇÃO I Sociedades de solicitadores 115
SECÇÃO II Sociedades de agentes de execução 116
SECÇÃO III Sociedades de solicitadores e agentes de execução 117
TÍTULO III Disposições complementares e finais 118

LEGISLAÇÃO COMPLEMENTAR

LEI DOS ATOS PRÓPRIOS DOS ADVOGADOS E DOS SOLICITADORES
Lei nº 49/2004, de 24 de agosto 123

REGULAMENTO DA CAIXA DE PREVIDÊNCIA DOS ADVOGADOS E SOLICITADORES
Decreto-Lei nº 119/2015, de 29 de junho 129
CAPÍTULO I Disposições gerais 137
CAPÍTULO II Organização 138
SECÇÃO I Órgãos 138
SECÇÃO II Direção 138
SECÇÃO III Conselho geral 140
SECÇÃO IV Conselho de fiscalização 141
SECÇÃO V Assembleias dos advogados e dos associados da Câmara dos Solicitadores 143
CAPÍTULO III Beneficiários 146
CAPÍTULO IV Eventualidades e benefícios 148
SECÇÃO I Disposições gerais 148
SECÇÃO II Reforma 148
SECÇÃO III Invalidez 152
SECÇÃO IV Subsídio por morte 154
SECÇÃO V Subsídio de sobrevivência 154
SECÇÃO VI Assistência 157
SUBSECÇÃO I Disposições comuns 157
SUBSECÇÃO II Subsídios normais 158
SUBSECÇÃO III Subsídios eventuais 159
CAPÍTULO V Contribuições 160
CAPÍTULO VI Penalidades 164
CAPÍTULO VII Gestão financeira 165
SECÇÃO I Receitas 165
SECÇÃO II Despesas 166
SECÇÃO III Tesouraria 166
SECÇÃO IV Fundos próprios 166
CAPÍTULO VIII Controle de gestão 168
SECÇÃO I Relatório e contas 168
CAPÍTULO IX Disposições complementares, transitórias e finais 168

CÓDIGO DEONTOLÓGICO DOS SOLICITADORES E DOS AGENTES DE EXECUÇÃO
Regulamento nº 202/2015 173
CAPÍTULO I Disposições comuns a solicitadores e agentes de execução 174
CAPÍTULO II Disposições específicas relativas aos solicitadores 183
CAPÍTULO III Disposições específicas relativas aos agentes de execução 184

REGULAMENTO DAS COMPENSAÇÕES
Regulamento nº 178/2014 189

REGULAMENTO DISCIPLINAR DA ORDEM DOS SOLICITADORES E DOS AGENTES DE EXECUÇÃO
Regulamento nº 87/2019 193
CAPÍTULO I Disposições Gerais 194
CAPÍTULO II Competências 194
CAPÍTULO III Participação e Inquérito 197
CAPÍTULO IV Processo Disciplinar 199
CAPÍTULO V Processos Especiais 203
CAPÍTULO VI Disposições Finais 204

REGULAMENTO ELEITORAL E DE REFERENDO
Regulamento nº 325/2017 205
CAPÍTULO I Disposições Gerais 206
CAPÍTULO II Votação 210
CAPÍTULO III Apuramento dos resultados 212
CAPÍTULO IV Eleição dos órgãos nacionais e regionais 213
CAPÍTULO V Eleição dos delegados concelhios 214
CAPÍTULO VI Eleição dos delegados ao Congresso 214
CAPÍTULO VII Referendo 214
CAPÍTULO VIII Disposições finais 215

REGULAMENTO DOS EMPREGADOS DE SOLICITADORES E AGENTES DE EXECUÇÃO
Regulamento nº 431/2011 217

REGULAMENTO DE TAXAS, SEGURO OBRIGATÓRIO E COBRANÇA E ISENÇÃO DE QUOTAS
Regulamento nº 341/2017 223
CAPÍTULO I Disposição Geral 224
CAPÍTULO II Taxas 225
CAPÍTULO III Quotas 226
CAPÍTULO IV Oferta de seguro de responsabilidade civil profissional a associados 227
CAPÍTULO V Disposições finais 228

REGULAMENTO DO TRAJO PROFISSIONAL E DAS INSÍGNIAS DE ASSOCIADOS DA ORDEM DOS SOLICITADORES E DOS AGENTES DE EXECUÇÃO
Regulamento nº 1109/2016 233

REGULAMENTO DE LAUDOS
Regulamento nº 330/2017 237

REGULAMENTO DAS COMUNICAÇÕES DA ORDEM E USO DO CORREIO E CERTIFICADO ELETRÓNICO
Regulamento nº 331/2017 245

REGULAMENTO DO EXAME PARA AVALIAÇÃO SOBRE ATUALIZAÇÃO DOS CONHECIMENTOS E COMPETÊNCIAS
Regulamento nº 547/2017 251

REGULAMENTO DO PROJETO GEOPREDIAL
Regulamento nº 291/2013 255
CAPÍTULO I Disposições Gerais 257
CAPÍTULO II Processo de Identificação de imóvel 260
SECÇÃO I Regras do processo de identificação 260
SECÇÃO II Atualizações ao PIII 264
SECÇÃO III Requisitos técnicos 265
CAPÍTULO III Condições de adesão 269
CAPÍTULO IV Taxas 271
CAPÍTULO V Fiscalização, ação disciplinar e reclamação 271
SECÇÃO I Fiscalização e reclamação 271
SECÇÃO II Sanções 272
CAPÍTULO VI Publicidade e Proteção de dados 272
CAPÍTULO VII Disposições finais e transitórias 274

REGULAMENTO DA CAIXA DE COMPENSAÇÕES DOS SOLICITADORES DE EXECUÇÃO
Regulamento nº 132/2013 277
CAPÍTULO I Caixa de Compensações 278
SECÇÃO I Disposições Gerais 278
SECÇÃO II Gestão da Caixa de Compensações 279
SECÇÃO III Receitas e Custos da Caixa de Compensações 280
SECÇÃO IV Despesas de deslocações 282
CAPÍTULO II Liquidação e Cobrança dos valores devidos à Caixa de Compensações 283
SECÇÃO I Liquidação e cobrança 283
SECÇÃO II Retificação de declarações 285
SECÇÃO III Atraso no pagamento 286
CAPÍTULO III Disposições finais 287

REGULAMENTO DE ARQUIVO
Regulamento nº 328/2017 289
CAPÍTULO I Objeto e âmbito 291
CAPÍTULO II Normas gerais 291
CAPÍTULO III Arquivo dos solicitadores 293

CAPÍTULO IV Arquivo dos agentes de execução 294
CAPÍTULO V Arquivos assumidos pela OSAE 296

REGULAMENTO DE PUBLICIDADE, IMAGEM E UTILIZAÇÃO DE MARCAS DE TITULARIDADE DA ORDEM
Regulamento nº 548/2017 299
CAPÍTULO I Publicidade 301
SECÇÃO I Geral 301
SECÇÃO II Publicidade funcional 302
SECÇÃO III Publicidade Pessoal 302
SECÇÃO IV Sociedades 305
SECÇÃO V Pareceres 305
CAPÍTULO II Imagem dos Atos de Solicitador e de Agente de Execução 305
CAPÍTULO III Imagem de Solicitadores e de Agentes de Execução 306
CAPÍTULO IV Cessação do Direito de Uso da Imagem 307
CAPÍTULO V Balcão Único do Solicitador (BUS) 308
SECÇÃO I Natureza, Imagem, Direitos e Deveres 308
SECÇÃO II Inscrição 310
CAPÍTULO VI Disposições Finais e Transitórias 311

REGULAMENTO DAS CONTAS-CLIENTE DE SOLICITADOR
Regulamento nº 611/2017 315

REGULAMENTO DE ESTÁGIO PARA SOLICITADORES
Regulamento nº 1108/2016 321
CAPÍTULO I Princípios e disposições gerais 322
CAPÍTULO II Estrutura orgânica do estágio e competências dos órgãos 328
CAPÍTULO III Do estágio 329
CAPÍTULO IV Da reclamação 331
CAPÍTULO V Disposições finais e transitórias 332

REGULAMENTO DO AGENTE DE EXECUÇÃO CONTRATADO OU ASSOCIADO
Regulamento nº 36/2017 337

REGULAMENTO DO FUNDO DE GARANTIA DOS AGENTES DE EXECUÇÃO
Regulamento nº 172/2014 341

REGULAMENTO DE CAUÇÃO A PRESTAR PELOS AGENTES DE EXECUÇÃO
Regulamento nº 37/2017 347

REGULAMENTO DE REGISTO DE ATOS E REGISTO DE BENS DE AGENTE DE EXECUÇÃO
Regulamento nº 38/2017 351
CAPÍTULO I Disposição Geral 352
CAPÍTULO II Registo de Atos 352
CAPÍTULO III Registo de bens penhorados 354

REGULAMENTO DE FISCALIZAÇÃO E DE FUNCIONAMENTO DAS COMISSÕES DE FISCALIZAÇÃO DOS AGENTES DE EXECUÇÃO
Regulamento nº 41/2014 357
CAPÍTULO I Disposições gerais 357
CAPÍTULO II Fiscalização 358

REGULAMENTO DE CONTABILIDADE E CONTA-CLIENTE DE AGENTE DE EXECUÇÃO
Regulamento nº 52/2017 361
CAPÍTULO I Disposições gerais 362
CAPÍTULO II Contabilidade 368
CAPÍTULO III Movimentos anteriores a 1 de maio de 2012 369
CAPÍTULO IV Regime transitório para liquidação e encerramento das atuais contas-cliente 371
CAPÍTULO V Disposições finais 372

REGULAMENTO DE ESTRUTURAS E MEIOS DO ESCRITÓRIO DO AGENTE DE EXECUÇÃO
Regulamento nº 27/2017 375

REGULAMENTO DE DELEGAÇÕES
Regulamento nº 435/2009 383
CAPÍTULO I Disposições gerais 384
CAPÍTULO II Bolsa de Actos 386
CAPÍTULO III Mediação de conflitos nas delegações 387
CAPÍTULO IV Disposições Finais 388

REGULAMENTO DA CAIXA DE COMPENSAÇÕES DOS AGENTES DE EXECUÇÃO
Regulamento nº 133/2013 389
CAPÍTULO I Caixa de Compensações 390
SECÇÃO I Disposições Gerais 390
SECÇÃO II Gestão da Caixa de Compensações 391
SECÇÃO III Receitas e Custos da Caixa de Compensações 392
SECÇÃO IV Despesas de deslocações 394

CAPÍTULO II Liquidação e Cobrança dos valores devidos à Caixa de Compensações 395
SECÇÃO I Liquidação e cobrança 395
SUBSECÇÃO I Processos de Execução posteriores à entrada em vigor do presente regulamento – "novos" 396
SUBSECÇÃO II Processos de execução posteriores a 31/03/2009 e anteriores à entrada em vigor do presente regulamento 397
SECÇÃO II Retificação de declarações 398
SECÇÃO III Atraso no pagamento 399
CAPÍTULO III Disposições finais 400

REGULAMENTO DO ESTÁGIO DE AGENTES DE EXECUÇÃO
Regulamento nº 275/2011 403

SUMÁRIO

ESTATUTO DA ORDEM DOS SOLICITADORES
E DOS AGENTES DE EXECUÇÃO
Lei nº 154/2015, de 14 de setembro 7

LEGISLAÇÃO COMPLEMENTAR

LEI DOS ATOS PRÓPRIOS DOS ADVOGADOS
E DOS SOLICITADORES
Lei nº 49/2004, de 24 de agosto 123

REGULAMENTO DA CAIXA DE PREVIDÊNCIA DOS ADVOGADOS
E SOLICITADORES
Decreto-Lei nº 119/2015, de 29 de junho 129

CÓDIGO DEONTOLÓGICO DOS SOLICITADORES
E DOS AGENTES DE EXECUÇÃO
Regulamento nº 202/2015 173

REGULAMENTO DAS COMPENSAÇÕES
Regulamento nº 178/2014 189

REGULAMENTO DISCIPLINAR DA ORDEM DOS SOLICITADORES
E DOS AGENTES DE EXECUÇÃO
Regulamento nº 87/2019 193

REGULAMENTO ELEITORAL E DE REFERENDO
Regulamento nº 325/2017 205

REGULAMENTO DOS EMPREGADOS DE SOLICITADORES E AGENTES DE EXECUÇÃO
Regulamento nº 431/2011 217

REGULAMENTO DE TAXAS, SEGURO OBRIGATÓRIO E COBRANÇA E ISENÇÃO DE QUOTAS
Regulamento nº 341/2017 223

REGULAMENTO DO TRAJO PROFISSIONAL E DAS INSÍGNIAS DE ASSOCIADOS DA ORDEM DOS SOLICITADORES E DOS AGENTES DE EXECUÇÃO
Regulamento nº 1109/2016 233

REGULAMENTO DE LAUDOS
Regulamento nº 330/2017 237

REGULAMENTO DAS COMUNICAÇÕES DA ORDEM E USO DO CORREIO E CERTIFICADO ELETRÓNICO
Regulamento nº 331/2017 245

REGULAMENTO DO EXAME PARA AVALIAÇÃO SOBRE ATUALIZAÇÃO DOS CONHECIMENTOS E COMPETÊNCIAS
Regulamento nº 547/2017 251

REGULAMENTO DO PROJETO GEOPREDIAL
Regulamento nº 291/2013 255

REGULAMENTO DA CAIXA DE COMPENSAÇÕES DOS SOLICITADORES DE EXECUÇÃO
Regulamento nº 132/2013 277

REGULAMENTO DE ARQUIVO
Regulamento nº 328/2017 289

REGULAMENTO DE PUBLICIDADE, IMAGEM E UTILIZAÇÃO DE MARCAS DE TITULARIDADE DA ORDEM
Regulamento nº 548/2017 299

REGULAMENTO DAS CONTAS-CLIENTE DE SOLICITADOR
Regulamento nº 611/2017 315

REGULAMENTO DE ESTÁGIO PARA SOLICITADORES
Regulamento nº 1108/2016 321

REGULAMENTO DO AGENTE DE EXECUÇÃO CONTRATADO OU ASSOCIADO
Regulamento nº 36/2017 337

REGULAMENTO DO FUNDO DE GARANTIA DOS AGENTES DE EXECUÇÃO
Regulamento nº 172/2014 341

REGULAMENTO DE CAUÇÃO A PRESTAR PELOS AGENTES DE EXECUÇÃO
Regulamento nº 37/2017 347

REGULAMENTO DE REGISTO DE ATOS E REGISTO DE BENS DE AGENTE DE EXECUÇÃO
Regulamento nº 38/2017 351

REGULAMENTO DE FISCALIZAÇÃO E DE FUNCIONAMENTO DAS COMISSÕES DE FISCALIZAÇÃO DOS AGENTES DE EXECUÇÃO
Regulamento nº 41/2014 357

REGULAMENTO DE CONTABILIDADE E CONTA-CLIENTE DE AGENTE DE EXECUÇÃO
Regulamento nº 52/2017 361

REGULAMENTO DE ESTRUTURAS E MEIOS DO ESCRITÓRIO DO AGENTE DE EXECUÇÃO
Regulamento nº 27/2017 375

REGULAMENTO DE DELEGAÇÕES
Regulamento nº 435/2009 383

REGULAMENTO DA CAIXA DE COMPENSAÇÕES DOS AGENTES DE EXECUÇÃO
Regulamento nº 133/2013 389

REGULAMENTO DO ESTÁGIO DE AGENTES DE EXECUÇÃO
Regulamento nº 275/2011 403

ÍNDICE ANALÍTICO 413
ÍNDICE-SUMÁRIO 421
SUMÁRIO 429